税务稽查疑难180问

吴天如　陈晓黎◎编著

中国经济出版社
CHINA ECONOMIC PUBLISHING HOUSE
北京

图书在版编目（CIP）数据

税务稽查疑难180问／吴天如，陈晓黎编著．--北京：中国经济出版社，2022.11 （2023.3重印）

ISBN 978-7-5136-7030-2

Ⅰ.①税… Ⅱ.①吴… ②陈… Ⅲ.①税务稽查-中国-问题解答 Ⅳ.①F812.423-44

中国版本图书馆CIP数据核字（2022）第189273号

责任编辑　彭　欣
责任印制　马小宾
封面设计　久品轩

出版发行　中国经济出版社
印 刷 者　北京富泰印刷有限责任公司
经 销 者　各地新华书店
开　　本　710mm×1000mm　1/16
印　　张　28.75
字　　数　395千字
版　　次　2022年11月第1版
印　　次　2023年3月第2次
定　　价　89.00元
广告经营许可证　京西工商广字第8179号

中国经济出版社　**网址** www.economyph.com　**社址** 北京市东城区安定门外大街58号　**邮编** 100011
本版图书如存在印装质量问题，请与本社销售中心联系调换（联系电话：010-57512564）

前言

Preface

历时一年的精心准备，几易其稿，这本《税务稽查疑难180问》得以与各位读者相见。

本书着眼解决基层执法人员在实际工作中遇到的难点、痛点和重点问题，以稽查执法流程与税收案件定性为出发点，以稽查疑难问题剖析、重点税收政策演变、税收证据收集要点和涉税法律法规汇编四个方向为着力点，循序渐进，有的放矢。书中精选的疑难问题大多来源于各地税务稽查工作一线的实践，具有极强的代表性。对于少数存在争议的问题，本书列举了不同观点，并提出了自己的见解，为稽查同人提供工作中不同的思路、灵感和借鉴。税收政策演变历程是本书的创新所在，通过对不断演变的重点税收政策归纳和梳理，帮助大家厘清政策的来龙去脉，最大限度地把握好政策要义；税收证据收集要点是结合各地税务工作实践，归纳各类涉税问题及取证注意事项，最大限度地确保证据完整真实，切实帮助执法人员规避执法风险；另外，考虑到涉税法律法规经常修订，本书汇编了常用法律法规最新文本，为大家准确把握法律法规要义，进一步做好稽查执法工作提供帮助。

本书在写作过程中，得到了系统内法制、稽查岗位各位同人的悉心帮助，在此表示诚挚的感谢。感谢好友严颖、刘海湘、曹春亮对本书的意见和建议，使本书更加贴近实务。感谢安庆市税务局何军、阜阳市税务局曹磊两位同志，在百忙之中对本书进行了精心校对，使本书更趋完善。感谢公众号“财税蜂语”的《税务通》电子书提供了强大的政策查询支持，解决了写作中四处查找文件的难题。正是大家的无私帮助，使本书得以增色良多。由于作者业务水平有限，书中难免存在疏漏之处，恳请各位读者不吝指点，以便有幸再版时得以改正。本书勒口处留有作者公众号二维码，期盼与各位读者进行友好的交流和磋商。

最后，用一句话与诸位读者共勉：“法律不是冷冰冰的规则、条例，虽然法律有时显得不近人情，但是我们在税收工作中仍要兼顾税法的刚性与温度，让人民群众充分感受到公平正义，这才是当代税务人的初心和使命。”

吴天如　陈晓黎

2022 年 6 月 12 日

Contents

目录

虚开增值税发票问题处理篇

001. 收到开票方所在地稽查局发出的《已证实虚开通知单》，能否直接认定受票方接受虚开？…… 3

002. 纳税人善意取得虚开专票，是否适用《中华人民共和国税收征收管理法》规定的税款追征期？…… 4

003. 在税务稽查过程中，由于涉嫌接受虚开发票数量众多，能否采取抽样方法检查涉及的银行汇票，从而以资金流入手，推定该企业获取的全部发票可以定性为接受虚开？…… 6

004. 企业开具增值税专用发票不符合“三流一致”原则，能否直接认定企业存在虚开行为？…… 8

005. “双向虚开”行为涉及的开票方、受票方应当如何分别定性？…… 9

006. 仅凭“资金回流”证据，能否直接定性纳税人实施虚开行为？…… 10

007. 四方企业间由于存在相关业务关系签订了“债权债务互抵协议”，“资金流与发票流不一致”，是否会被认定为虚开增值税专用发票？ …… 12

008. 下游企业接受有货虚开，被受票方所在地的稽查局检查发现后，依据受票方企业询问笔录、资金回流、虚开手续费证据、货物流，能否定性为虚开？如果仅仅取得部分虚开手续费证据，是对全部涉及的发票定性为虚开，还是仅对“资金回流”佐证部分定性为虚开？ …… 13

009. 某棉纱厂取得棉花作为原料，进行农产品核定扣除，部分农产品取得农产品收购发票定性为虚开，能否允许其在企业所得税税前扣除？ …… 15

010. 无法确定相关农产品是否属于无货虚开，应当如何处理？ …… 16

011. 纳税人对外虚开增值税专用发票，是否要在《税务处理决定书》中注明？ …… 17

012. 在税务稽查过程中，如果发票开具与“实际经营业务情况”的一致性真伪不明，纳税人是否应承担虚开发票的行政责任？ …… 18

013. 纳税人能否对《已证实虚开通知单》直接提起行政诉讼？ …… 19

014. 纳税人取得虚开增值税专用发票，是应该适用国家税务总局公告2014年第39号文件规定准予正常抵扣，还是应该适用国税发〔2000〕187号文件定性善意取得？ …… 20

015. 善意取得的增值税专用发票不能税前扣除，能否依据其他凭证税前扣除？ …… 22

016. 自然人股东刘某为逃避缴纳个人所得税，让自然人钱某到税务局大厅虚开200万元工程发票给公司，是否属于《中华人民共和国发票管理办法》所称的“虚开发票行为”？ …… 24

017. 纳税人接受虚开增值税普通发票后，担心产生税收风险又将虚开发票退回，是否构成税收违法行为？ …… 25

018. 发现企业存在“票货分离”行为，是否应当定性为虚开？ …… 26

019. 上游开票企业走逃失联，当地稽查局发出《已证实虚开通知单》仅附有发票清单，定性虚开是否合规？ …… 30

偷骗税问题处理篇

020. 被税务稽查的企业属于小型微利企业，检查调增的应纳税所得额是否适用小微企业税收优惠政策？ …… 35

021. 认定纳税人存在偷税行为，是否需要考虑主观故意？ …… 36

022. 认定偷税的查补收入能否作为企业所得税计算业务招待费用基数？ …… 40

023. 某直播平台与直播人员因为矛盾纠纷，举报直播人员偷逃个人所得税，直播人员是否能定性为偷税？ …… 41

024. 企业被举报有偷税行为，在稽查检查环节主动申报税款，能否减少税款罚款基数？ …… 42

025. 税源管理部门电话通知纳税人申报，但是纳税人拒不申报，能否按照《中华人民共和国税收征收管理法》第六十三条规定，认为其属于“通知申报而拒不申报”定性为偷税？ …… 43

026. 定性偷税存在主观故意，应当如何证明？ …… 45

027. 企业在经营过程中既存在多缴税款行为，也存在少缴税款行为，是否应定性为漏税而非偷税？ …… 46

028. 税务稽查过程中依法核定征收的税款，能否定性为偷税？ …… 48

029. 企业对外货物投资未作增值税视同销售处理，稽查部门依据组成计税价格计算销售额，能否将其行为定性为偷税？ …… 49

030. 某自然人作为三家企业的实际控制人，每家企业均发生一起偷税行为，是否能将此自然人定性为发生多次偷税行为，并依法移送公安机关？ …… 51

031. 网络直播改变收入性质，属于偷税行为吗？ …… 52

032. 增值税销售额超过小规模纳税人标准，偷税数额如何界定？ …… 52

033. 税务稽查发现某企业某年度有偷税行为，是否应当考虑对以后年度税收少缴产生的传导作用？ …… 53

034. 纳税人发生预缴税款的少缴行为能否定性为偷税？ …… 54

035. 企业购入一家亏损企业后，将原本自己负责的部分业务交给亏损企业，造成少缴税款是否认定为偷税？ …… 54

036. 稽查部门在检查中，对企业中途改变成本核算方法，多结转产品销售成本如何定性？ …… 55

037. 企业账务处理时已计提税金，在税务机关通知申报后，由于资金不足未进行申报，能否认为企业有偷税的主观故意？ …… 57

038. 个人股东王某向企业借款 1000 万元未归还（未超过 1 年），后企业虚构一项对外债务 1000 万元，会计账簿记载这笔债务由借款股东支付，并冲减股东应还借款 1000 万元。2 年后上述行为被稽查部门检查发现，股东个人是否应该定性为偷税？ …… 57

039. 纳税人在稽查局进行税务检查前主动补正申报、补缴税款，是否可以不定性为偷税？ …… 58

040. 骗税有哪些常见手段？ …… 59

041. 甲企业是增值税一般纳税人，2021 年 3 月将部分应税收入延迟到 8 月开票造成少缴税款 20 万元，是否属于偷税？ …………………… 62

042. 某小型企业前期内部财务管理不善，会计账簿记载混乱，后聘请会计师事务所重新梳理会计账簿，此时被人举报，并予以立案检查。企业配合检查主动交出账簿，税务机关发现存在少缴税款，能否定性为偷税？ ……………………………………………………… 63

043. 房地产开发企业未能及时预缴税款，用进项留抵税额抵减预缴税款缴清了欠税，还需要加收滞纳金吗？ …………………………… 64

044. 企业在无购进货物的情况下接受虚开增值税专用发票，此时企业账面存在留抵税额，还能定性为偷税吗？ ………………………… 65

行政处罚问题处理篇

045. 涉嫌犯罪案件移送公安机关前，税务机关能否对其进行税务行政处罚？ ……………………………………………………………… 71

046. 税务机关将案件移送公安机关立案侦查后，能否进行税务行政处罚？ ……………………………………………………………… 73

047. 2021 年新修订的《中华人民共和国行政处罚法》生效后，定性偷税主观故意是否不再需要税务机关负责举证？ …………………… 74

048. 内部人员挪用资金，造成企业资金短缺未及时履行纳税申报义务，是否应当进行行政处罚？ …………………………………… 74

049. 如何理解“首违不罚”概念？ ……………………………………… 75

050. 如何理解《中华人民共和国税收征收管理法》与《中华人民共和国行政处罚法》的关系？ …………………………………………… 76

051. 如何理解行政处罚信息公示和税收违法“黑名单”公示二者间的差异？ …… 77
052. 税务机关在作出行政处罚前，已告知纳税人有听证权利，是否还要作陈述申辩笔录？ …… 80
053. 纳税人在行政处罚听证时对税务处理决定不服，能否直接在听证会上对此予以陈述申辩？ …… 81
054. 纳税人准备向税务机关提起行政复议或者行政诉讼，律师是否有权向税务机关调取税务稽查案件资料？ …… 82
055.《税务处理决定书》与《税务行政处罚决定书》的事实是否必须一致？ …… 83
056. 举行行政处罚听证是否都是依据国税发〔1996〕190 号文件作出的？ …… 84
057. 当事人主张对税收相关法律法规不了解导致违法，能否认定“主观无过错”？ …… 85
058. 税务听证时是否需要同步录音录像？如果听证笔录与录音内容不完全一致，如何判定证据有效性？ …… 86
059. 纳税人只提交纸质陈述申辩意见，陈述申辩记录是否需要同步记录？ …… 86
060. 纳税人由于新冠肺炎疫情防控等各种特殊原因无法准时参加听证，行政处罚听证是继续依法按时举行还是同意延期举行？ …… 87
061. 稽查案件提交重大税收案件审理委员会审理后，作出了减轻行政处罚的决定，是否仍需要告知纳税人可以提起听证？ …… 88
062. 行政处罚中如果未按照行政处罚裁量基准决定处罚，是否会造成行政处罚被撤销的结果？ …… 88

063. 暂不办理、暂缓办理出口退税是否属于行政处罚？ …………… 89

064.《中华人民共和国行政处罚法》修订对税务稽查执法的影响主要有哪些？ …………………………………………………………… 90

065. 纳税人张某是某公司股东，因为 2017 年少缴工资薪金的个人所得税行为，于 2021 年 6 月被相关人员举报到稽查部门，并向主管税务机关反映。主管税务机关了解后主动对张某进行约谈，张某主动补缴清 2017 年税款、滞纳金。2021 年 8 月税务稽查部门立案后，认定张某违反《中华人民共和国税收征收管理法》第六十四条，决定予以 1 倍罚款是否合理？ ………………………………… 93

066. 纳税人在检查过程中逃避、拒绝或者以其他方式阻挠税务检查，稽查局能否作出停止向其发售发票的决定或其他行政处罚决定？ …… 95

067. 法院判决纳税人不构成虚开发票罪，稽查部门能否继续以虚开发票追究纳税人的行政责任？ ……………………………………… 96

068. 行政处罚文书送达后发现错误，应当如何处理？ ……………… 97

税务稽查综合篇

069. “税收违法行为追究时效”如何理解？ ………………………… 101

070. 税务稽查期限存在不当延长，滞纳金是否应该中止计算？ …… 102

071. 被稽查的企业存在欠缴增值税、城市维护建设税、教育费附加、地方教育附加、企业所得税，稽查部门进行税务处理应当采取何种顺序？ ……………………………………………………………… 104

072. 纳税人已经提供情况说明，检查人员能否免于制作《询问（调查）笔录》？ ……………………………………………………… 105

073. 制作《税务处理决定书》和《税务行政处罚决定书》时，引用税收规范性文件有哪些要求？ …… 106

074. 注销企业能否作为税务稽查对象？ …… 108

075. 如何理解税务执法文书中的时间要求？ …… 110

076. 制定《询问（调查）笔录》是否必须要同时下达《询问通知书》？ …… 111

077. 税务稽查未发现税收违法问题后下达税务稽查结论，是否还需要制作《不予处罚决定书》？ …… 112

078. 如何准确区分不予处罚与免予处罚？ …… 113

079. 补征税款后账务应如何调整和处理？ …… 114

080. 税务执法过程中，要求纳税人提供对自己有利的证据，是否在《询问（调查）笔录》中告知即可，不再需要制作《税务事项通知书》？ …… 117

081. 被定性偷税的纳税人向税务稽查局提出信息公开，要求公开行政处罚决定相关资料，包括《税务稽查工作底稿》《税务稽查报告》《税务稽查审理报告》《税务稽查结案审批表》《税务稽查结论》及相关证据资料是否合法？ …… 118

082. 税务稽查在检查时发现企业符合加计扣除优惠政策但未享受，是否需要提醒企业在办理汇算清缴时享受？ …… 119

083. 查补销售额应计入税款所属期还是申报期，以计算企业是否超过小规模纳税人标准？ …… 119

084. 如何证明穷尽其他手段后无法送达，只能进行公告送达？ …… 121

085. 制作《税务行政处理书》《税务行政处罚决定书》时引用相关法条，应当注意哪些方面？ …… 123

086. 纳税争议案件中，是否复议机关不受理时纳税人不得就原行政行为提起行政诉讼？ …… 127

087. 复议机关撤销行政处罚决定，税务机关能否再次作出行政处罚？ …… 127

088. 涉税刑事案件被司法机关认定事实不清，证据不足，税务机关所作出的税务行政处理和行政处罚是否需要撤销？ …… 128

089. 通过邮寄方式向纳税人送达相关文书，是否可以选择不同的快递公司邮寄？ …… 129

090. 如果对纳税人实施行政处罚，那么应当如何有效保障当事人的陈述申辩权？ …… 129

091. 纳税人拒绝在《税务稽查工作底稿》上签字，是否影响对案件的最终处理？ …… 131

092. 检查一户企业涉嫌偷税，稽查部门担心检查结束后税款有流失风险，了解到区财政局准备对该企业支付财政补贴，能否在检查环节直接进行税收保全？ …… 132

093. 已经申报的欠税，是否可以无限期追征，是否受到《中华人民共和国税收征收管理法》第五十二条追征期的限制？ …… 133

094. 稽查部门接收《已证实虚开通知单》，能否以核查发票的名义直接调取企业会计账簿进行检查？ …… 134

095. 税法中的“不可抗力”应当如何理解？ …… 135

096. 对于实际取得非经营所得的个人所得的纳税人，税务机关能否自行对其欠缴的税款进行强制执行？ …… 136

097. 税务机关如何认定纳税人之间签订的购销合同效力？ …… 137

098. 审阅会计资料的注意事项有哪些？ …… 138

099. 现场笔录和勘验笔录作为证据的区别点是什么？ ······ 140

100. 制作《询问（调查）笔录》有哪些注意事项？ ······ 141

101. 税务稽查局核定税款是否超越职责范围？ ······ 142

102. 举报人对稽查部门处理结果及行政奖励不满意，能否提起行政复议或者行政诉讼？ ······ 143

103. 行政执法期限要求有哪些？ ······ 144

104. 税务执法证据有哪几种类别？ ······ 146

105. 税务稽查局于 2022 年 1 月 1 日对企业下发《税务处理决定书》，要求其 15 日之内缴纳税款，企业未按时缴纳，2022 年 1 月 20 日被强制执行。企业能否申请行政复议？ ······ 146

106. 纳税人对稽查部门作出的补税处理决定不服，应该向主管税务机关还是稽查局提出办理复议前置手续？ ······ 148

107. 下游企业接受虚开货物专票，货物交易真实存在，企业虽然设置账簿但是账目混乱，此时能否进行企业所得税核定？ ······ 148

108. 纳税人接受有货虚开，开票企业是非正常经营户，无法换开发票，如何根据《企业所得税税前扣除凭证管理办法》（国家税务总局公告 2018 年第 28 号）提供资料进行税前扣除？ ······ 150

109.《询问通知书》应当在抬头处填写接受询问人员吗？ ······ 151

110. 税务稽查对纳税人作出补缴教育费附加等行政规费的处理决定后，纳税人拒绝缴纳，税务机关能否申请人民法院强制执行？ ······ 152

111.《税务处罚决定书》要不要载明证据？ ······ 154

112. 税务稽查证据的证明标准应当如何选择？ ······ 155

113. 查询涉案相关人员的第三方支付平台交易记录，应当使用《协助检

查通知书》，还是使用全国统一格式的《检查存款账户许可证明》？ …… 156

114. 采取违反会计准则的会计处理，造成偷税行为的发生，税务机关能否要求企业更正会计处理？ …… 157

115. 填写《税务文书送达回证》的注意事项有哪些？ …… 158

116. 在《税务处理决定书》中引用了不予公开文件会造成什么样的法律后果？ …… 159

117. 企业内部发生矛盾，股东携带印章失联，造成税务行政处罚听证时企业法务人员取得的委托书上没有企业印章，此时应如何处理？ …… 159

118. 企业在被税务检查时聘请律师提前介入，向检查人员了解情况，此时检查人员应当如何处理？ …… 160

涉税犯罪综合篇

119. 公安机关先行立案，提供相关证据并请税务机关补充，税务机关能否以公安机关的刑事证据直接作为税务行政处理的依据？ …… 163

120. 税收违法案件涉嫌刑事犯罪已经移送公安机关立案侦查，税务机关是否还可以作出行政处理决定？ …… 164

121. 企业被稽查部门定性为逃税罪准备移送公安机关，是否需要先行处罚，以避免与《中华人民共和国刑法》规定的逃税罪关于补税免责的规定相冲突？ …… 165

122. 甲企业主动从他人处购买增值税专用发票抵扣后又将进项税额转出，被税务机关发现后，甲企业是否仍然构成虚开行为，稽查部门是否需要将甲企业移送公安机关处理？ …… 167

123. 公安机关对于涉税案件先行立案，目前案件正在审查阶段，尚未决定是否起诉，此时税务机关能否对其实施行政处罚？ ………… 168

124. 因融资需要虚开增值税专用发票，是否定性为虚开增值税专用发票罪？ ………… 169

125. 纳税人认为税务稽查部门没有在《税务处理决定书》中列明虚开认定后移送公安机关，属于侵害其知情权，纳税人能否据此提起行政诉讼？ ………… 170

126. 企业既有偷税行为，又有虚开行为，以虚开增值税专用发票罪移送，公安机关作出不立案决定退回，能否再次以偷税罪进行移送？ ………… 171

127. 法院审理涉税刑事案件过程中，要求稽查部门提供的《涉嫌犯罪案件情况调查报告》必须修改与公安机关侦查证据保持一致，是否合法？ ………… 171

128. 涉嫌偷税案件如何判断是否应当移送公安机关？ ………… 173

129. 张某在虚开机动销售车统一发票过程中，同步伪造了《车辆购置税完税证明》，检察院拟对其伪造完税证明的犯罪行为，以伪造公文罪起诉是否准确？ ………… 175

130. 税务机关经检查发现，企业融资需要虚开增值税专用发票，符合《最高人民检察院关于充分发挥检察职能服务保障“六稳”“六保”的意见》，能否直接作出不予移送的决定？ ………… 176

131. 企业间“环开”增值税专用发票骗取财政补贴，不构成虚开增值税专用发票罪吗？ ………… 177

132. 企业通过虚开增值税普通发票骗取国家财政补贴款的行为如何定性，税务机关以何种罪名移送？ ………… 178

133. 伪造海关进口增值税专用缴款书等具有抵扣税款功能的完税凭证的

行为，是属于伪造发票还是伪造证件？ …………………………… 180

134. 虚开增值税专用发票罪的税收损失是仅指增值税损失还是包含所有其他各税种损失？ ………………………………………………………… 181

税收综合问题篇

135. 如何界定税款追征期的“三年”和“五年”？ ………………… 187

136. 对于代持股行为，税收上应当如何处理？ ……………………… 188

137.《国家税务总局关于纳税人虚开增值税专用发票征补税款问题的公告》（国家税务总局公告 2012 年第 33 号）在实际使用时有哪些应当注意的误区？ ……………………………………………………… 189

138. 取得异常凭证，能否在企业所得税汇算清缴中进行税前扣除？ ……………………………………………………………………… 193

139. 善意取得增值税专用发票，其不得抵扣的增值税进项税额，能否在企业所得税汇算清缴时进行税前扣除？ …………………………… 196

140. 企业同一违法行为如果同时符合虚开和偷税定义，是否只能采取其中一种违法行为从重处罚？ …………………………………… 197

141. 不能提供成本费用证据，被查企业能否适用核定征收？ ……… 197

142. 平台企业税前扣除凭证应当如何确定？ ………………………… 199

143. 股东个人向企业借款超过一年未归还需要按照股息红利处理，这里的“一年”是指一个纳税年度，还是指实际时间为一年整？ ………… 199

144. 企业未预扣预缴个人所得税，支付的工资薪金能否税前扣除？ … 200

145. 征收税款加收滞纳金的金额能否超过税款本金？ ……………… 201

146. 某商贸企业于 2018 年开业，采取查账征收方式，2019 年账簿被盗已经报警，并登报声明，税务机关在对其检查时能否依据国税发〔2008〕30 号文件，对 2019 年已经申报税款部分重新核定？ … 203
147. 取得商业单用途预付卡的不征税增值税普通发票，能否在企业所得税税前扣除？ …… 204
148. 城市基础设施配套费纳入契税的计税依据是否合规？ …… 208
149. 企业销售不合格产品，被主管机关责令全部收回销毁，相关已缴纳税款是否可以申请退税？ …… 209
150. 纳税人出售加油站，超过评估价的溢价属于转让特许权使用费吗？ …… 210
151. 在线交易平台向代理人发放奖励，是否需要预扣预缴个人所得税？ …… 211
152. 如何理解关于从法定亏损弥补年度中减除停止生产经营年度的规定？ …… 213
153. 企业被认定为善意取得，增值税进项转出后补缴税款，但是不缴滞纳金，以增值税作为计税依据的城市维护建设税是否也不需要缴纳滞纳金？ …… 214
154.《国家税务总局关于纳税人对外开具增值税专用发票有关问题的公告》（国家税务总局公告 2014 年第 39 号）如何运用？ …… 215
155. 对企业检查调增的应纳税所得额，应如何计算弥补亏损金额？ …… 216
156. 没有足够证据证明某服装厂取得的农产品收购发票是有货虚开还是无货虚开，企业所得税能否允许税前扣除？ …… 217
157. 转让股权和转让土地使用权是不同的行为，能否主张追缴土地增值税？ …… 218

158. 研发补贴是否属于《国家税务总局关于取消增值税扣税凭证认证确认期限等增值税征管问题的公告》（国家税务总局公告2019年第45号）“与收入或者数量直接挂钩的补贴”应征收增值税？ …… 219

159. 某棉纱厂取得棉花作为原料，运用农产品核定扣除政策，部分农产品未取得普通发票，能否允许其计算抵扣增值税进项税额？ ……… 220

160. 企业采用新收入准则，如何确认企业所得税应税收入？ ……… 221

161. 企业收到政府补贴是否需要缴纳增值税，发票怎么开具？ …… 221

162. 纳税人收到不合规发票，是否按照《国家税务总局关于发布〈企业所得税税前扣除凭证管理办法〉的公告》（国家税务总局公告2018年第28号）生效时间前后确定不同的处理方式？ ……………… 223

163. 在房地产企业确认收入时间时，如何解决适用《国家税务总局关于确认企业所得税收入若干问题的通知》（国税函〔2008〕875号）和《国家税务总局关于印发〈房地产开发经营业务企业所得税处理办法〉的通知》（国税发〔2009〕31号）的冲突？ ……………… 224

164. 不是高新技术企业，能否享受研发费用加计扣除？ ……………… 225

165. 剩余欠税加收滞纳金如何计算？ …………………………………… 226

166. 税务稽查立案是否影响企业申请增量留抵退税？ ………………… 227

167. 仅保留电子发票的纸质打印件能否在所得税税前扣除？ ……… 228

168. 企业发生捐赠收入，如何确认纳税义务时间？ …………………… 229

169. 某钢材企业经营资金不足，股东个人向银行借款4000万元用于公司。银行要求股东个人购买银行不良资产作为抵押物，股东个人从公司借款1000万元购买银行不良资产后，挂在个人名下获得贷款，并转借给企业。此时能否认为企业为股东购买不动产，按照股息红利所得征收个人所得税？ ………………………………………… 229

170. 某公司自取得高新技术企业证书起享受减按15%优惠税率，次年税务机关在日常管理过程中发现该公司不再符合高新技术企业认定条件，是否需要补缴已享受的企业所得税税收优惠？ …………… 230

171. 纳税人提供的纳税担保到期后，欠税足额缴清，滞纳金没有同时缴纳，属于欠缴状态，税务机关应对纳税担保走强制拍卖程序，还是可以缓交？ …………………………………………………… 231

172. 个人发生退股退款，能否申请退税？ …………………………… 232

173. 企业发放红包，个人所得税处理常见方式有哪些？ …………… 235

174. 一般纳税人提供“四项服务”（邮政服务、电信服务、现代服务、生活服务），按规定计提的加计抵减额，也可用于计算增量留抵税额吗？另外，企业在办理留抵退税后，已退留抵税额期间的前期进项税额，尚未计提加计抵减额的，还可计提加计抵减额吗？ …………… 238

175. 企业由一般纳税人转为小规模纳税人，在一般纳税人时形成的留抵能申请退税吗？ ………………………………………………… 239

176. 企业如果享受过即征即退、先征后返（退）政策，就不能享受增量、存量留抵退税了吗？缴回的留抵退税款，能否结转到下期继续抵扣？ ……………………………………………………………… 240

177. 增值税留抵退税常见风险点有哪些？ …………………………… 241

178. “未申报”与“不申报”、“拒不申报”与“虚假申报”的区别是什么？ …………………………………………………………………… 244

179. 某生产企业接受虚开专票抵扣，已经根据货物购销合同缴纳部分印花税，此时应当如何处理？ …………………………………… 245

180. 以公允模式计量的投资性房地产，在会计上不计提折旧，在税务处理时能否允许计算折旧或摊销从税前扣除？ ………………… 246

附录一　税收政策演变历程专题

一、失控发票和异常凭证的前世今生 ………………………… 247
二、认定偷税相关税收政策的前世今生 ……………………… 251
三、逃税罪司法认定的前世今生 ……………………………… 256
四、认定虚开专票税收政策的前世今生 ……………………… 264
五、虚开专票犯罪司法认定的前世今生 ……………………… 270
六、定性虚开还是偷税，应当三思而后行 …………………… 274
七、无法定性善意取得或虚开，应当如何处理 ……………… 279

附录二　税务检查证据专题

一、行政执法证据种类的收集与固定 ………………………… 290
二、具体违法行为所需证据 …………………………………… 294

附录三　涉税法律法规、部门规章专题

◎ 中共中央办公厅　国务院办公厅印发《关于进一步深化税收征管改革的意见》 ……………………………………………… 309
◎《中华人民共和国行政处罚法》及官方解读 ……………… 317
◎《最高人民法院关于行政诉讼证据若干问题的规定》（法释〔2002〕21号） ………………………………………………… 339
◎《中华人民共和国刑法》涉税犯罪条款 …………………… 355
◎《最高人民检察院　公安部关于公安机关管辖的刑事案件立案追诉标准的规定（二）》涉税相关条款 ……………………… 359
◎《最高人民检察院、全国整顿和规范市场经济秩序领导小组办公室、公安部、监察部关于在行政执法中及时移送涉嫌犯罪案件的意见》（高检会〔2006〕2号） ……………………………… 363
◎《行政执法机关移送涉嫌犯罪案件的规定》（中华人民共和国国务

院令第 310 号公布 根据中华人民共和国国务院令第 730 号修订）
…………………………………………………………………… 367
◎《最高人民法院关于审理骗取出口退税刑事案件具体应用法律若干问题的解释》（法释〔2002〕30 号） ………………………… 372
◎《最高人民法院关于审理偷税抗税刑事案件具体应用法律若干问题的解释》（法释〔2002〕33 号） ……………………………… 374
◎《最高人民法院关于在司法机关对当事人虚开增值税专用发票罪立案侦查之后刑事判决之前，税务机关又以同一事实以偷税为由对同一当事人能否作出行政处罚问题的答复》（2008 年 9 月 19 日〔2008〕行他字第 1 号） ………………………………………… 377
◎《最高人民法院研究室〈关于如何认定以“挂靠”有关公司名义实施经营活动并让有关公司为自己虚开增值税专用发票行为的性质〉征求意见的复函》（法研〔2015〕58 号） …………………… 378
◎《最高人民检察院关于充分发挥检察职能服务保障“六稳”“六保”的意见》相关条款 ……………………………………………… 381
◎《税务行政复议规则》（国家税务总局令第 21 号公布，国家税务总局令第 39 号、国家税务总局令第 44 号修正） ……………… 382
◎《税务稽查案件办理程序规定》（国家税务总局令第 52 号） …… 403
◎ 关于《税务稽查案件办理程序规定》的解读 ………………… 419
◎《重大税务案件审理办法》（国家税务总局令第 34 号公布，国家税务总局令第 51 号修正） ………………………………………… 424
◎ 关于《国家税务总局关于修改〈重大税务案件审理办法〉的决定》的解读 …………………………………………………………… 432

虚开增值税发票问题处理篇

001 收到开票方所在地稽查局发出的《已证实虚开通知单》，能否直接认定受票方接受虚开？

答：不能。依据《税收违法案件发票协查管理办法（试行）》（税总发〔2013〕66号）第九条规定："已确定虚开发票案件的协查，委托方应当按照受托方一户一函的形式出具《已证实虚开通知单》及相关证据资料，并在所附发票清单上逐页加盖公章，随同《税收违法案件协查函》寄送受托方。"

《已证实虚开通知单》作为税务机关的内部行政文书，是查办税收违法案件的稽查局（以下简称"委托方"）办理案件时，传递给需异地调查取证的发票委托有管辖权的税务局稽查局（以下简称"受托方"）的协查文件，仅供税务机关内部使用，并不直接送达行政相对人，对相对人的权利和义务不会产生直接影响。对受托方而言，只能以《已证实虚开通知单》作为线索开展立案检查，然后根据查明的受票方是否存在违法情况，最终作出相关税务处理、处罚决定。

为什么受托方不能直接依据《已证实虚开通知单》将受票方定性为虚开？原因在于委托方受制于税务管理权限，只能查明开票方存在虚开行为，并不能对受票方进行检查，无法证明受票方是否知情、是否属于有货虚开等情况，仍然需要受托方进一步查证。在稽查实践中，受票方收到虚开发票存在多种原因，不能简单直接"一刀切"，定性为虚开行为。

注意以下三类情形。

【情形一】如果受票方有真实交易，并且不存在“让他人为自己开具与实际经营业务情况不符的发票”的主观故意性，就不能认定受票方接受虚开行为；如果完全符合《国家税务总局关于纳税人善意取得虚开的增值税专用发票处理问题的通知》（国税发〔2000〕187号）文件规定，则应当定性为善意取得。

【情形二】如果受票方有真实交易，但是不完全符合国税发〔2000〕187号文件要求，此时就不能给受票方定性为善意取得；如果没有证据表明其存在接受虚开的主观故意性，由于证据不足就不能认定受票方存在虚开行为，只能依据《中华人民共和国增值税暂行条例》第九条作出进项税额转出处理，并按照《中华人民共和国税收征收管理法》第三十二条规定依法加收滞纳金。

【情形三】如果查明受票方存在“让他人为自己开具与实际经营业务情况不符的发票”的主观故意性，那么此时无论受票方是否存在真实交易，都可以定性为虚开。

综上所述，由于仅凭《已证实虚开通知单》无法直接得出受票方存在虚开的结论，因此受托方需要取得其他证据形成相互支撑的证据链，才能认定受票方存在虚开行为。

002 纳税人善意取得虚开专票，是否适用《中华人民共和国税收征收管理法》规定的税款追征期?

案例

A公司地处甲市区，属于增值税一般纳税人，专业从事钢材批发销售。2015年1月，该公司购进一批钢材，增值税价税合计117万元，涉及2份增值税专用发票。2021年12月，该公司收到甲市稽查局通知，收到开票方企业主管税务机关发出的《已证实虚开通知单》，证实接受的上述2份增值税专用发票定性为虚开。经过检查确认2份发票属于善意取得，但是需要进项税额转出。企业认为，税款追征期已经超过5年，不接受税务机关的处理意见。甲市稽查局认为，按照《国家税务总局关于纳税人善意取得虚开的增值税专用发票处理问题的通知》（国税发〔2000〕187号）规定，定性善意取得虚开增值税专用发票并没有时间限制，因此对发票涉及的进项税额作出转出处理并无不当。

答：首先，“善意取得增值税专用发票”是增值税政策中的概念，民法意义上的“善意取得”是指对动产所有权外观（占有）的合理信赖，法律应当保护善意第三人的合法权益。国家税务总局借鉴民法“善意第三人”的理念，出台了《关于纳税人善意取得虚开的增值税专用发票处理问题的通知》（国税发〔2000〕187号）。该文件规定，购货方与销售方存在真实的交易；销售方使用的是其所在省（自治区、直辖市和计划单列市）的专用发票；专用发票注明的销售方名称、印章、货物数量、金额及税额等全部内容与实际相符；且没有证据表明购货方知道销售方提供的专用发票是以非法手段获得。符合这四个条件的受票方为“善意取得增值税专用发票”。

其次，对于实际工作中由于征纳双方的疏忽、计算错误等造成的纳税人、扣缴义务人未缴或者少缴税款，我国税收法律规定了追征期。如果允许无限期追征，则既不利于社会经济关系的稳定，又会给征、纳双方带来许多麻烦和问题。因此《中华人民共和国税收征收管理法》第五十二条第二款规定：“因纳税人、扣缴义务人计算错误等失误，未缴或者少缴税款的，税务机关在三年内可以追征税款、滞纳金；有特殊情况的，追征期可以延长到五年。”

最后，依据《中华人民共和国发票管理办法》第二十二条第二款明确规定：“任何单位和个人不得有下列虚开发票行为：（一）为他人、为自己开具与实际经营业务情况不符的发票；（二）让他人为自己开具与实际经营业务情况不符的发票；（三）介绍他人开具与实际经营业务情况不符的发票。”

由于上述条款采取了正列举方式进行界定，虽然没有直接将主观故意作为判定行政法意义上虚开发票的构成要件，但是从《中华人民共和国发票管理办法》行文中的关键字可以看出：“为”“不符”“让”“介绍”的出现，使故意、主动自然成为条款包含应有之义，只有在故意的驱使下才能作出上述行为。正是有了主观故意的考虑，才能区分受票方是否知情，才有了后面善意取得和非善意（恶意）取得的划分。税务机关既然认定企业属于善意取得，就应当认定企业属于失误而非主观故意，此时应当考虑适用《中华人民共和国税收征收管理法》第五十二条第二款。

综上所述，本书认为既然税务机关能够有证据证明企业善意取得虚开发票，也就是间接认定企业取得发票没有主观故意，而是属于过失。因此，不能对超过五年的进项税额进行追溯，否则与上位法《中华人民共和国税收征收管理法》第五十二条规定相抵触。如果税务机关已调取的证据无法证明企业存在主观故意，则应根据行政法中行政机关对行政相对人违法事实承担证明责任的基本原则，适用追征期规定，予以追溯。但也应当从有利于纳税人的角度考虑，按照一般情形或特殊情形，分别适用三年和五年的追征期限。

003 在税务稽查过程中，由于涉嫌接受虚开发票数量众多，能否采取抽样方法检查涉及的银行汇票，从而以资金流入手，推定该企业获取的全部发票可以定性为接受虚开？

答：不能。抽样统计理论规定，抽样推断是在根据随机原则从总体中抽取部分实际数据的基础上，运用数理统计方法，对总体某一现象的数量性作出具有一定可靠程度的估计判断，并非完全等同于实际情况。即使采用专业抽样方法进行统计工作，也会出现一定程度的偏差。

有部分税务机关认为，《中华人民共和国行政处罚法》（2021 年 1 月 22 日，第十三届全国人民代表大会常务委员会第二十五次会议修订）第五十六条规定：“行政机关在收集证据时，可以采取抽样取证的方法。”同时，《最高人民法院关于行政诉讼证据若干问题的规定》（法释〔2002〕21 号）第十一条规定：“根据行政诉讼法第三十一条第一款第（二）项的规定，当事人向人民法院提供物证的，应当符合下列要求：（一）提供原物。提供原物确有困难的，可以提供与原物核对无误的复制件或者证明该物证的照片、录像等其他证据；（二）原物为数量较多的种类物的，提供其中的一部分。”依据上述文件，得出虚开发票可以采取抽样推断的结论。

实际上，根据税务稽查工作要求，证人证言、当事人陈述、视听资料、鉴定结论、现场笔录以及书证都不能采用抽样取证。比如，需取得纳税人账簿、凭证、合同及发票等内容证明纳税人存在税收违法行为的，应当调取全部相关资料，不允许怀着“窥一斑而知全豹”的理念进行取舍。作出税务处理、行政处罚的前提是事实清楚、证据确凿，在只有部分事实情况清楚的条件下，不能采取以部分推断整体的武断方法，直接认定涉及的所有发票均属于虚开。税务机关只能就查实的专用发票认定虚开，其余证据不足的专用发票只能以事实不清从无，不予定性虚开。但是在实践中，少数单位认为要规避自身执法风险，在相关证据不足的情况下，依然将其定性为接受虚开发票。根据《中华人民共和国行政诉讼法》第三十四条的规定：“被告对作出的行政行为负有举证责任，应当提供作出该行政行为的证据和所依据的规范性文件。被告不提供或者无正当理由逾期提供证据，视为没有相应证据。但是，被诉行政行为涉及第三人合法权益，第三人提供证据的除外。”如果司法机关认定虚开行为没有取得相应证据，行政机关就可能面临败诉的风险。

004 企业开具增值税专用发票不符合“三流一致”原则，能否直接认定企业存在虚开行为？

答：仅凭开具专票不符合“三流一致”原则，不能直接认定企业存在虚开行为。

（1）不符合“三流一致”是虚开行为的常见特征，对于识别虚开行为发挥了很大的作用。

在市场经济起步的阶段，考虑到开票方与收款方高度一致，同时开票方又是货物销售方，国家出台的《国家税务总局关于加强增值税征收管理若干问题的通知》（国税发〔1995〕192 号），第一条第（三）款规定：“购进货物或应税劳务支付货款、劳务费用的对象。纳税人购进货物或应税劳务，支付运输费用，所支付款项的单位，必须与开具抵扣凭证的销货单位、提供劳务的单位一致，才能够申报抵扣进项税额，否则不予抵扣。”在实践中，大家将上述规定概括为“三流一致”。可以说出现的“三流一致”概念，很大程度上符合当时的商业情况。依据“三流一致”判定企业是否存在虚开行为，具有很高的准确性，发挥了重要作用。

（2）“三流不一致”不能直接等同于存在虚开行为。众所周知，“三流一致”是简单经济交易下的理想化模式。随着市场经济的不断发展，新兴交易模式日益增多，更复杂的交易模式、更高效的商品及资金流转，往往达不到理想状态下的“三流一致”，这种状况下并非虚开。相反，有些虚开行为虽符合“三流一致”的形式要求，但是本身属于虚假交易，此时虚开的性质并不会因为符合“三流一致”形式要求而变得合法。

国家税务总局出台的一系列文件，也从侧面证明了“三流不一致”的情形，不能直接等同于虚开行为。比如，《国家税务总局关于项目运营方利用信托资金融资过程中增值税进项税额抵扣问题的公告》（国家税务总局公告 2010 年第 8 号）规定，在信托融资模式下，项目运营方于建设期内取得的增值税专用发票等，虽然产权属于信托公司，但允许按规定抵扣。

《国家税务总局关于跨境应税行为免税备案等增值税问题的公告》（国家税务总局公告2017年第30号）规定，自2017年9月1日起，无运输工具承运人“自行采购并交给实际承运人使用的成品油和支付的道路、桥、闸通行费，同时符合下列条件的，其进项税额准予从销项税额中抵扣：（一）成品油和道路、桥、闸通行费，应用于纳税人委托实际承运人完成的运输服务；（二）取得的增值税扣税凭证符合现行规定”。

上述交易行为明显与“三流一致”要求不符，但取得的发票仍可抵扣。政策依然允许抵扣，是基于现实经营方式作出的考虑。

综上所述，“三流一致”只是判定是否存在虚开的辅助证据，实际经营活动真实，以及发票开具与“实际经营业务情况”一致才是判定企业是否存在虚开的关键所在。

提示：《国家税务总局关于纳税人对外开具增值税专用发票有关问题的公告》（国家税务总局公告2014年第39号）明确列举货物（劳务、服务）、资金（索款凭据）、发票“三流合一”可以抵扣，比起国税发〔1995〕192号文件列举货物、资金、发票“三流合一”才能抵扣，前者的范围更大。

005 “双向虚开”行为涉及的开票方、受票方应当如何分别定性?

答：所谓“双向虚开”，是指行为人既接受虚开增值税专用发票，又对外实施虚开增值税专用发票的违法行为。在“双向虚开”行为中，对于开票方而言，既存在虚开增值税专用发票的违法行为，又有接受虚开增值税专用发票抵扣税款并从中牟利的违法行为。这两种行为不能割裂开来，应当认定为接受虚开只是手段，对外虚开牟利是目的，两者之间属于牵连行为。

对于开票方而言，应当注意区分以下两类情形。

（1）在购、销两个环节自始至终没有真实交易，只是为掩盖其虚开行为，主观上并没有利用取得虚开发票偷逃国家税款的故意，此时直接定性为虚开，虚开发票为牟利。

（2）开票方在购、销两个环节中部分或大部分的交易是真实的，只有一部分购销交易是虚假的情形。如果取得虚开增值税专用发票的目的是平衡账目，掩盖其对外虚开增值税专用发票的事实，则定性为虚开。对于取得虚开增值税专用发票的目的是抵扣其真实销项税额的，则定性为偷税，同时又构成虚开，形成了行政法意义上的法条竞合。依据《中华人民共和国行政处罚法》第二十九条“对当事人的同一个违法行为，不得给予两次以上罚款的行政处罚。同一个违法行为违反多个法律规范应当给予罚款处罚的，按照罚款数额高的规定处罚”规定，选择罚款数额高的进行处罚。

对于受票方而言，对其接受虚开增值税专用发票的行为，首先应当查实是否构成了善意取得。如果不构成，并且有证据证明其对此知情，则将其接受虚开增值税专用发票并造成不缴、少缴税款的行为定性为偷税；如果没有造成偷税的后果，则应当定性为接受虚开。如果证据不足，但不构成善意取得，则只能认定对方接受不合规发票，依据《中华人民共和国增值税暂行条例》第九条规定，对受票方作出进项税额转出处理，同时依据《中华人民共和国税收征收管理法》第三十二条规定，自滞纳税款之日起，按日加收滞纳税款万分之五的滞纳金。

006 仅凭“资金回流”证据，能否直接定性纳税人实施虚开行为？

答：不能直接定性纳税人实施虚开行为。在税务稽查工作中，“资金回流”一般是指将资金从采购方对公账户转入销售方对公账户，以证明支付款项的事实，同时销售方在短时间内（通常为当天或者次日）通过其他对公账户或者个人账户将资金返还到采购方法人代表或者利益相关人的个人账户。这是税务稽查部门认定企业存在虚开的重要手段，也是公安机关侦办此类虚开案件的重要线索。

但是仅仅依靠"资金回流"证据，无法得出纳税人实施虚开行为的唯一结论。因为在现实中，"资金回流"只是一种资金运动的客观现象，其出现可能是由多种因素造成的，比如企业主之间的私人借贷等资金往来十分频繁，账户之间所谓"资金回流"的迹象很容易形成。但判断资金流向是否系虚开发票所致，不能仅仅看资金的流动迹象，更应该看每次流动所依据的交易实质。如果仅凭"资金回流"便认定虚开，就会陷入"因无货认定资金回流""因资金回流认定无货"的循环论证中。

在检查过程中，有部分单位认为依据经验，开票方会收取一定的开票费作为报酬。开票方在收取货款并扣除开票费后，把剩余款项回流至受票方的关联账户中，这样在流转过程中会出现金额减少。在与回流资金匹配发票时，选取金额相近的发票，并将"资金回流"与货款差额直接关联认为属于开票手续费，也就是"票点费"，并倒推得出"票点费"比例。比如货款 1000 万元，回流 980 万元，认定"票点费"为 20 万元，票点为 2%。实际上这样做缺乏足够的事实依据，更多是依赖个人经验。由于虚开企业以及其他当事人并未在询问笔录中承认虚开行为，仅凭回流的资金运动表象无法形成证据闭环，因此不能得出企业存在虚开行为的唯一结论。此时，需要增加企业注册经营、发票开具申报、货物储运交付等证据补强，与资金结算收付形成完整的证据链时，才具有真正的说服力。而不是结论先行认定存在虚开，根据"资金回流"和发票金额计算比例，然后有意识地搜集相关证据论证其属于虚开，用结果倒推论证，形成税收执法风险。

007 四方企业间由于存在相关业务关系签订了"债权债务互抵协议","资金流与发票流不一致",是否会被认定为虚开增值税专用发票?

案例

乙公司承运甲公司货物,乙公司购买丙公司煤炭,甲公司欠乙公司运输款未付,乙公司欠丙公司煤炭款未付,丙公司欠甲公司控股公司丁公司业务款未付。鉴于以上交易关系,四方签订了债权债务互抵协议,四家企业间的业务均真实发生。乙公司向甲公司开具增值税专用发票,丙公司向乙公司开具增值税专用发票。请问:开具的增值税专用发票是否会因为"资金流与发票流不一致"而被认定为虚开增值税专用发票?

答:首先,民事主体发生民事行为只要是真实意思表示就具备法律效力。《中华人民共和国民法典》第一百四十三条规定:"具备下列条件的民事法律行为有效:(一)行为人具有相应的民事行为能力;(二)意思表示真实;(三)不违反法律、行政法规的强制性规定,不违背公序良俗。"《中华人民共和国民法典》第五百零二条第一款规定:"依法成立的合同,自成立时生效,但是法律另有规定或者当事人另有约定的除外。"

由此可见,从合同订立的角度出发,上述公司签订的债权债务协议有效,可以作为本次行为的直接证据。

其次,"三流不一致"不等于虚开。根据《国家税务总局关于纳税人对外开具增值税专用发票有关问题的公告》(国家税务总局公告2014年第39号)规定:"纳税人通过虚增增值税进项税额偷逃税款,但对外开具增值税专用发票同时符合以下情形的,不属于对外虚开增值税专用发票:一、纳税人向受票方纳税人销售了货物,或者提供了增值税应税劳务、应税服务；二、纳税人向受票方纳税人收取了所销售货物、所提供应税劳务或者应税服务的款项，或者取得了索取销售款项的凭据；三、纳税人按规定向受票方纳税人开具的增值税专用发票相关内容，与所销售货物、所提供应税劳务或者应税服务相符，且该增值税专用发票是纳税人合法取得、并以自己名义开具的。受票方纳税人取得的符合上述情形的增值税专用发票，可以作为增值税扣税凭证抵扣进项税额。”

根据该条款第二项原则，开票方收到款项或者取得索取销售款项的凭据，二者有其一即可，并没有要求开票方必须收款这一条件。因此，如果其他条件均满足，则属于真实交易，开票方没有收款也不属于虚开。

008 下游企业接受有货虚开，被受票方所在地的稽查局检查发现后，依据受票方企业询问笔录、资金回流、虚开手续费证据、货物流，能否定性为虚开？如果仅仅取得部分虚开手续费证据，是对全部涉及的发票定性为虚开，还是仅对“资金回流”佐证部分定性为虚开？

答：上述定性虚开的证据依然不充分。根据实际工作经验，一般开票方所在地主管税务机关定性虚开，如果是受票方主管税务机关，则要慎定虚开。因为仅仅依靠企业询问笔录、资金回流、虚开手续费证据、货物流，其证明力度并不充分，还需要其他相关证据补强，实际难以做到。

首先，需要取得货物流相关证据。定性虚开需要证明开具发票与“实际经营业务不符”，而“实际经营业务”不能等同于货物流向。对于上游“双向虚开”的货物进销，有时并不需要货物实际发生移库，如果已经走逃，那么货物流向更难查清，还需要通过取得实际销售方的询问笔录、勘验笔录佐证货物真实存在。

其次，要注意间接证据的运用。税务部门在检查中，能够获得一些间接证据。例如，名义法定代表人对企业的存在不知情的言辞证据；银行开设账户未发生资金收付的证据；实际经营场所不存在；从未发生过正常经营所应当发生的经营费用；生产企业无生产能力，或未发生生产所必须消耗的水电支出而销售自产产品等。这些证据虽然不能直接证实其未从事过发票所列的经营业务，但可以通过证据组合，以日常生活经验法则，推定其未从事过实际经营业务而定性虚开。根据《最高人民法院关于行政诉讼证据若干问题的规定》（法释〔2002〕21号）第六十八条规定，根据日常生活经验法则推定的事实是法庭可以直接认定的证据。

最后，对于已经取得的询问笔录、资金回流、虚开手续费证据要注意取证细节。比如，根据证据规则，其他证人证言优于涉案当事人及与其有密切关系的证人证言。对于虚开涉案人员自己承认虚开的言词证据，虽可以作为虚开证据，但效力较弱，为防止其推翻自己的供词，应当采取补强证据原则，结合其他证人证言或书证、物证等形成相互印证的闭环证据链条才能定性。对于虚假的资金支付或明显的资金回流在日常经验认知中也不符合企业正常的经营业务，虽然按照《最高人民法院关于行政诉讼证据若干问题的规定》（法释〔2002〕21号）第六十八条规定属可直接认定的证据，但也要结合其他诸如发票、账簿资料、询问笔录之类的证据才能定性为虚开。对于查明银行账户中无收款记录的，还应取得受票方是否已发生付款行为、以何种方式付款的证据，防止后期出现开票方推脱“现金结算”的情况。如果检查中发现虚开手续费金额较大，且当事人供认不讳，那么这既是定性虚开的有力证据，也是能够佐证虚开犯罪嫌疑人具有“为他人虚开、为自己虚开、让他人为自己虚开、介绍他人虚开”主观故意性的相关证据。

但如果仅仅取得部分虚开手续费证据，其他证据如货物流、询问笔录等并不充分，那么定性虚开要慎重。由于资金回流存在多种因素，并非虚开的必然条件，如果相关人员针对资金回流提出现金结算等理由进行推脱，并在询问笔录中予以否认，那么税务机关在未能取得虚开手续费的情况下，是无法形成完整的闭环证据链的。

009 某棉纱厂取得棉花作为原料，进行农产品核定扣除，部分农产品取得农产品收购发票定性为虚开，能否允许其在企业所得税税前扣除？

答：能否允许企业在企业所得税税前扣除，应当看该企业是否有证据证明业务真实存在。在核定扣除的前提下，如果只是部分农产品收购发票不允许税前扣除，即使发票不合规也不能否定企业成本支出的真实性，更不能等同于该项真实合理的支出不能税前扣除。《企业所得税税前扣除凭证管理办法》第十四条规定："企业在补开、换开发票、其他外部凭证过程中，因对方注销、撤销、依法被吊销营业执照、被税务机关认定为非正常户等特殊原因无法补开、换开发票、其他外部凭证的，可凭以下资料证实支出真实性后，其支出允许税前扣除：（一）无法补开、换开发票、其他外部凭证原因的证明资料（包括工商注销、机构撤销、列入非正常经营户、破产公告等证明资料）；（二）相关业务活动的合同或者协议；（三）采用非现金方式支付的付款凭证；（四）货物运输的证明资料；（五）货物入库、出库内部凭证；（六）企业会计核算记录以及其他资料。前款第一项至第三项为必备资料。"如果企业无法补开、换开相关发票，可以依据上述资料进行企业所得税税前扣除。

《企业所得税税前扣除凭证管理办法》第十五条规定："汇算清缴期结束后，税务机关发现企业应当取得而未取得发票、其他外部凭证或者取得不合规发票、不合规其他外部凭证并且告知企业的，企业应当自被告知之日起60日内补开、换开符合规定的发票、其他外部凭证。其中，因对方特殊原因无法补开、换开发票、其他外部凭证的，企业应当按照本办法第十四条的规定，自被告知之日起60日内提供可以证实其支出真实性的相关资料。"

根据上述规定，企业应当在60日内完成换票，或者提供证明资料。如果超出上述期限，那么企业即使取得资料也永久丧失了税前扣除权。需要注意的是，此时应当通过《税务事项通知书》告知企业，以送达文书回证确认告知时间。如果仅仅通过电话告知或者当面口头告知，税务机关就可能面临举证不能的局面。

有单位询问，执法记录仪能否证明稽查部门已经完成告知义务？众所周知，执法记录仪要求在实施税务检查、发票检查、管户巡查、举报现场、执法现场、税务约谈、强制执行等税收措施时同步录音、录像，可以对执法过程进行及时、全面、准确的数字化记录，起到了保护纳税人合法权益、规范税务人员执法行为、提高税收执法质量“三重”作用。但是，由于告知事项里有规定使用执法文书，从规范执法的角度看，还是以送达执法文书为妥。

010 无法确定相关农产品是否属于无货虚开，应当如何处理？

答：在稽查实践中，稽查人员往往依托“投售人”出具的证明、询问笔录确认相关人员有没有向企业销售相关初级农产品，但是仅仅依据笔录，并不能否定企业未购进相关农产品。企业可能存在购进农产品的真实行为，但购进的是不符合税法规定的初级农产品，因而不能享受农产品税收优惠政策。

因此，在处理此类问题时应当结合询问笔录、工业企业产出物耗比、勘验笔录等辅助证据。同时，要向纳税人出具《税务事项通知书》，告知其应当在规定时间提供上述情况说明，以及相关货物购进情况的物流单、入库单、出库单等佐证单据。如果不能提供，则从侧面证明了实际货物销售并不存在，可定性为无货虚开。如果达到立案标准，依照《行政执法机关移送涉嫌犯罪案件的规定》（中华人民共和国国务院令第 310 号发布，国务院令第 730 号修改）规定，依法移送公安机关。

备注：投售的意思是拿到市场出售，因此按照税务稽查实践，投售人就是拿货物到市场上出售的个人，主要是指销售初级农产品的自然人。

011 纳税人对外虚开增值税专用发票，是否要在《税务处理决定书》中注明？

答：应当在《税务处理决定书》中注明。因为《税务处理决定书》是税务机关对各类税务违法行为依法调查、审理后作出补税等税务处理决定的税收执法文书。它适用于向被处理对象追缴税款、加收滞纳金等，但是有些税务机关错误地认为该种文书只适用于征税行为。定性虚开对开票方、受票方的纳税人权益已产生了实质性影响，受票方将丧失抵扣进项税额权利，开票方则面临行政处罚，以及移送公安机关追究刑事责任，受票方追究税收损失的民事责任等诸多风险。此时，定性虚开已经不是税务机关的内部行为，而是外部化的具体行政行为。如果不列入《税务处理决定书》，开票方纳税人将无法通过行政复议或者行政诉讼方式，依法向税务机关请求撤销或变更其违法不当的行政行为，受损害的合法权益将无法得到法律救济。

需要注意的是，如果虚开行为涉嫌犯罪，暂不出具《行政处罚决定书》。依据《中华人民共和国行政处罚法》第五十七条“调查终结，行政机关负责人应当对调查结果进行审查，根据不同情况，分别作出如下决定：……（四）违法行为涉嫌犯罪的，移送司法机关”规定，应将案件移送公安机关。对于公安机关决定不予立案的案件，依照有关法律、法规或者规章的规定应当给予行政处罚的，依法实施行政处罚并出具《行政处罚决定书》。

012 在税务稽查过程中，如果发票开具与“实际经营业务情况”的一致性真伪不明，纳税人是否应承担虚开发票的行政责任？

案例

贸易公司的老板A与运输公司负责人B是朋友，A委托B联系钢材货源（无委托书），B为其联系了生产企业负责人C。A与C电话商定了钢材价格、运输方式、开票方式、B是承运方等（没有书面合同）内容。由于B担心运输费难以收回，故A先将货款打给B，B扣除运费后再将货款转给C。对此应当如何定性？

答：实践中对此类问题有两种观点。

一种观点认为，C涉嫌虚开增值税专用发票，理由是货物流——A采购的钢材来源于B；资金流——A的货款流向B。发票开具与“实际经营业务情况”的一致性真伪不明，纳税人应承担对其不利的后果。

另一种观点认为，因为A与C存在事实上的交易，所以C不涉嫌虚开。

上述案例中，我们需要结合《中华人民共和国民法典》对此问题进行分析。

首先，《中华人民共和国民法典》第四百六十九条规定：“当事人订立合同，可以采用书面形式、口头形式或者其他形式。”因此，当事人通过口头合同约定并不违法，税务机关也无权直接否定其合同的有效性。

其次，A与C的交易方式违反商业常理。由于钢材交易金额巨大，双方素未谋面，即使通过书面合同约定权利和义务，也存在违约风险，仅仅通过口头方式约定开票方式、支付价款等关键事项，一旦出现违约就会面临举证不能的困境，与商业常规不符，因此可能存在票货分离式虚开发票的嫌疑。

最后，在办理税务案件过程中，应当以事实为依据，以法律为准绳。如果相关调查结束后，认为发票开具与“实际经营业务情况”的一致性真伪不明，但是符合“三流一致”的要求，则此时不予抵扣进项税额，可是由于证据不足，不能辨明真伪，所以不予定性为虚开。因为定性为虚开后，一旦纳税人提起行政诉讼，按照《中华人民共和国行政诉讼法》第三十四条第一款规定：“被告对作出的行政行为负有举证责任，应当提供作出该行政行为的证据和所依据的规范性文件。”若税务机关自身证据不充分，就会面临定性虚开、举证不能的局面，产生行政诉讼败诉的结果。

013 纳税人能否对《已证实虚开通知单》直接提起行政诉讼?

答：各地法院对此问题的认识分为两种观点。

一种观点认为，纳税人不能提起行政诉讼。“《已证实虚开通知单》属于《税收违法案件协查函》的具体内容或附件，是异地税务机关之间的内部公文，是行政行为之间确立委托协查关系的文件以及协查的工作内容，仅供税务机关内部使用，其性质显属内部行政行为。”“从《已证实虚开通知单》的内容看，其只能证明委托方查处的发票属于虚开，并不能证明该发票的相关方具有税务违法行为。只有税务机关按照《税务稽查工作规程》立案检查作出的相关处理决定才能明确行政相对人的具体权利义务，才对行政相对人产生实际影响。”［广西壮族自治区高级人民法院（2019）桂行申 347 号 再审行政裁定书］

另一种观点认为，纳税人虽可以提起行政诉讼，但应当先经过行政复议。“起诉人所诉的《已证实虚开通知单》系税务机关作出税务处理决定的事项之一，依法应先申请行政复议，起诉人未经行政复议，不属于行政诉讼受案范围，不符合立案条件。”［福建省漳州市芗城区人民法院行政裁

定书（2017）闽0602行初146号]

综上所述，税务稽查部门在处理过程中，如果直接凭据《已证实虚开通知单》向下游企业追缴税款及滞纳金等，那么税务稽查部门的追缴行为已侵犯了行政相对人的财产权益，《已证实虚开通知单》也被认为属于向纳税人进行执法的外部文书。很显然，行政相对人可对税务稽查部门凭借《已证实虚开通知单》征税的行为提起行政诉讼。税务稽查部门如果按照稽查税收违法案件发票协查管理要求，将委托方开具的《已证实虚开通知单》作为线索，对涉案企业开展立案检查，根据企业税务违法情况作出处理，《已证实虚开通知单》作为税务机关内部文书，并未对相对人的合法权益造成直接损害，则此时不具有可诉性。

014 纳税人取得虚开增值税专用发票，是应该适用国家税务总局公告2014年第39号文件规定准予正常抵扣，还是应该适用国税发〔2000〕187号文件定性善意取得？

答：《国家税务总局关于纳税人对外开具增值税专用发票有关问题的公告》（国家税务总局公告2014年第39号）界定了纳税人的三类情形行为不属于虚开增值税专用发票，目的在于既保护国家税款安全，又维护纳税人的合法权益。依据国家税务总局2014年第39号公告规定，对其中票货、票款一致，交易真实的行为允许抵扣进项税额。

《国家税务总局关于纳税人善意取得虚开的增值税专用发票处理问题的通知》（国税发〔2000〕187号）则规定了认定善意取得虚开增值税专用发票的四要素，“购货方与销售方存在真实交易，销售方使用的是其所在省（自治区、直辖市和计划单列市）的专用发票；专用发票注明的销售方名称、印章、货物数量、金额及税额等全部内容与实际相符，且没有证据表明购货方知道销售方提供的专用发票是以非法手段获得的”。

上述文件的逻辑关系如下。

（1）如果该笔业务对应的货物（劳务、服务）、资金（索款凭据）、发票“三流合一”，则属于真实存在的正常交易，销售方该笔业务对应开具的专票不得定性为虚开。开票方未定性为虚开，受票方不成立接受虚开，已经抵扣的进项税额不必作转出处理。

（2）如果销售方主管税务机关向购买方主管税务机关出具《已证实虚开通知单》，则此时按《国家税务总局关于纳税人取得虚开的增值税专用发票处理问题的通知》（国税发〔1997〕134号）、《国家税务总局关于〈国家税务总局关于纳税人取得虚开的增值税专用发票处理问题的通知〉的补充通知》（国税发〔2000〕182号）、《国家税务总局关于纳税人善意取得虚开的增值税专用发票处理问题的通知》（国税发〔2000〕187号）、《国家税务总局关于纳税人善意取得虚开增值税专用发票已抵扣税款加收滞纳金问题的批复》（国税函〔2007〕1240号）规定，区分是否符合善意取得分别进行处理。

如果符合善意取得，则对购买方不以偷税或骗税论处，虽不进行行政处罚，但不予抵扣进项税额、不予出口退税；已经抵扣进项税款或已取得出口退税的，应依法予以追缴。

如果不符合善意取得条件，且证据不足无法定性为接受虚开，则进项税额可作转出处理，加收滞纳金，由于事实不清、证据不足，因此不应进行行政处罚。

如果符合接受虚开，则应当区分是否已经抵扣税款或申请出口退税，构成不交或少交税款的后果。如果构成不交或少交税款的后果，则应视为虚开和偷税的法条竞合，行政处罚择一重处；如果取得专用发票尚未申报抵扣税款，或未申请出口退税的，则定性为虚开处理。

（3）销货方对外虚开，依据国家税务总局2012年第33号规定，对虚开金额全额征税，其取得与虚开相关的进项不得抵扣。由于增值税是链条税，环环相扣，因此增值税一般纳税人抵扣进项税额的前提是上游企业正常纳税，对其虚开全额补税，除防止下游企业走逃给国家造成税款损失之外，还带有一定的惩罚性质。

015 善意取得的增值税专用发票不能税前扣除，能否依据其他凭证税前扣除？

答：20 世纪末 21 世纪初，我国虚开增值税专用发票泛滥，严重侵蚀了增值税税基。国家税务总局一方面加紧开发防伪税控系统，另一方面加大了对虚开增值税专用发票犯罪的打击力度，陆续发布了《国家税务总局关于纳税人取得虚开的增值税专用发票处理问题的通知》（国税发〔1997〕134 号）、《国家税务总局关于〈国家税务总局关于纳税人取得虚开的增值税专用发票处理问题的通知〉的补充通知》（国税发〔2000〕182 号）等文件，对虚开行为严肃处理。但文件中对于虚开行为采取“一刀切”式的处理方式，在购货方（受票方）不知道取得的增值税专用发票（以下简称“专用发票”）是销售方虚开的情况下，无法维护不知情的纳税人的合法权益。因此，国家税务总局借鉴民法“善意第三人”的理念，下发了《关于纳税人善意取得虚开的增值税专用发票处理问题的通知》（国税发〔2000〕187 号）。该通知规定符合以下条件的受票方为“善意取得增值税专用发票”：“购货方与销售方存在真实的交易，销售方使用的是其所在省（自治区、直辖市和计划单列市）的专用发票，专用发票注明的销售方名称、印章、货物数量、金额及税额等全部内容与实际相符，且没有证据表明购货方知道销售方提供的专用发票是以非法手段获得的。”

在实际操作中，税务机关依据《国家税务总局关于加强企业所得税管理的意见》（国税发〔2008〕88 号）规定，加强发票核实工作，不符合规定的发票不得作为税前扣除凭据。执法从严时往往不允许企业进行税前扣除。在实践中，纳税人提出，根据《中华人民共和国企业所得税法》第八条规定：“企业实际发生的与取得收入有关的、合理的支出，包括成本、费用、税金、损失和其他支出，准予在计算应纳税所得额时扣除。”得出税法并未强调只能以票扣除的结论。由于税务机关与纳税人各执一词，形成税企争议，因此纳税人会提起行政诉讼。在法院判决中，比较经典的是金××铜业有限公司诉淮安市国家税务局稽查局案［（2014）淮中行终字第0139号］。对于此案，法院认为善意取得的虚开增值税发票，依法不得作为增值税合法有效的扣税凭证抵扣进项税额，但对企业所产生的成本等是否可以作为所得税税前列支没有规定，认定稽查局要求上诉人补缴企业所得税并加收滞纳金的税务处理决定法律依据不足，依法予以撤销。

2018年，国家税务总局发布《国家税务总局关于发布〈企业所得税税前扣除凭证管理办法〉的公告》（国家税务总局公告2018年第28号），其中第十三条规定：“企业应当取得而未取得发票、其他外部凭证或者取得不合规发票、不合规其他外部凭证的，若支出真实且已实际发生，应当在当年度汇算清缴期结束前，要求对方补开、换开发票、其他外部凭证。补开、换开后的发票、其他外部凭证符合规定的，可以作为税前扣除凭证。”第十四条规定：“企业在补开、换开发票、其他外部凭证过程中，因对方注销、撤销、依法被吊销营业执照、被税务机关认定为非正常户等特殊原因无法补开、换开发票、其他外部凭证的，可凭以下资料证实支出真实性后，其支出允许税前扣除：（一）无法补开、换开发票、其他外部凭证原因的证明资料（包括工商注销、机构撤销、列入非正常经营户、破产公告等证明资料）；（二）相关业务活动的合同或者协议；（三）采用非现金方式支付的付款凭证；（四）货物运输的证明资料；（五）货物入库、出库内部凭证；（六）企业会计核算记录以及其他资料。前款第一项至第三项为必备资料。”

依照上述规定，如果定性为善意取得，则纳税人应当首先补开或者换开（在实际操作中基本上很难实现），若不能重新取得发票，纳税人可自行举证业务确属真实发生，此时依据国家税务总局2018年第28号公告，应允许纳税人在企业所得税税前扣除。

016 自然人股东刘某为逃避缴纳个人所得税，让自然人钱某到税务局大厅虚开200万元工程发票给公司，是否属于《中华人民共和国发票管理办法》所称的“虚开发票行为”？

答：属于虚开发票行为。在税收执法实践中，判定发票虚开违法行为的行政法规依据是《中华人民共和国发票管理办法》（国务院令第587号修订）第二十二条规定：“开具发票应当按照规定的时限、顺序、栏目，全部联次一次性如实开具，并加盖发票专用章。任何单位和个人不得有下列虚开发票行为：（一）为他人、为自己开具与实际经营业务情况不符的发票；（二）让他人为自己开具与实际经营业务情况不符的发票；（三）介绍他人开具与实际经营业务情况不符的发票。”

在实际执行上述条款过程中需要关注以下三点。

首先，《中华人民共和国发票管理办法》中所称的“个人”，不仅限于从事经营活动的个体工商户等，也包括自然人。因此，刘某、钱某的虚开发票行为也属于《中华人民共和国发票管理办法》禁止之列。

其次，发票专用章是发票开具方加盖在发票上的信用证明，便于纳税人及用票单位正确使用发票和公众辨别发票。虽然税务机关代开发票并加盖了发票专用章，但是税务机关对于合同资料仅为形式审查，为其代开发票并不能为其交易的真实性提供合法性保证。相反，二人串谋虚构交易事项以骗取税务机关代开发票，构成虚开发票行为。由于现行《中华人民共和国发票管理办法》仅对虚开发票行为进行认定，没有进一步划分虚开增值税普通发票行为和虚开增值税专用发票行为。因此在作出认定时，需要结合其他税收文件认定虚开增值税普通发票行为。

最后，要注意行政执法与刑事司法的衔接。根据新修订的《最高人民检察院　公安部关于公安机关管辖刑事案件立案追诉标准的规定（二）》第五十七条：“［虚开发票案（刑法第二百零五条之一）］虚开刑法第二百零五条规定以外的其他发票，涉嫌下列情形之一的，应予立案追诉：（一）虚开发票金额累计在五十万元以上的；（二）虚开发票一百份以上且票面金额在三十万元以上的；（三）五年内因虚开发票受过刑事处罚或者二次以上行政处罚，又虚开发票，数额达到第一、二项标准百分之六十以上的。”

一旦达到立案标准，税务机关就应当及时向公安机关移送，而不能简单以行政处罚代替刑事追究，否则可能构成渎职罪。

需要注意的是《最高人民法院关于对〈审计署关于咨询虚开增值税专用发票罪问题的函〉的复函》（法函〔2001〕66号）中指出，地方税务机关实施“高开低征”或者“开大征小”等违规开具增值税专用发票的行为，不属于《中华人民共和国刑法》第二百零五条规定的虚开增值税专用发票的犯罪行为。造成国家税款重大损失的，对有关主管部门的国家机关工作人员，应当根据刑法有关渎职罪的规定追究其刑事责任。

017 纳税人接受虚开增值税普通发票后，担心产生税收风险又将虚开发票退回，是否构成税收违法行为？

答：构成虚开增值税普通发票行为。《中华人民共和国发票管理办法》第二十二条规定，“让他人为自己开具与实际经营业务情况不符的发票”属于虚开发票行为。这里的“虚开发票行为”既包括虚开增值税专用发票行为，也包括虚开增值税普通发票行为。纳税人接受虚开发票，明显存在主观故意。由于《中华人民共和国发票管理办法》的重点在于追究违法行为，中途撤回并不能改变其接受虚开发票的客观事实。也就是说，只要实施了虚开行为，就应当依法进行处罚，而不是单纯以是否产生危害结果作为评价依据，这也是刑法和行政法认定虚开发票行为的差异所在。

所以，税务机关应当依据《中华人民共和国发票管理办法》第三十七条规定：“违反本办法第二十二条第二款的规定虚开发票的，由税务机关没收违法所得；虚开金额在1万元以下的，可以并处5万元以下的罚款；

虚开金额超过1万元的，并处5万元以上50万元以下的罚款；构成犯罪的，依法追究刑事责任。”考虑到纳税人自身有悔过行为，作出行政处罚时应适当从轻。

需要注意的是，从近几年的司法判例来看，法院在判决是否构成虚开增值税发票罪时，主要从“是否属于真实业务、是否给国家税款造成损失”两个方面考虑。如果以上两者均不构成，则倾向于不认定为虚开增值税发票罪。

018 发现企业存在“票货分离”行为，是否应当定性为虚开？

答：“票货分离”并非正式的税法定义，而是税务稽查工作中形成的一种约定俗成的说法，具体是指存在货物流与发票流分离的现象。由于票面所载情况与实际经营业务的事实不一致，因此可能存在较大的虚开增值税发票的嫌疑。

按照“三流一致”原则，实际交易应当是两方，即销售方和购买方。销售方收款开票，购买方则是付款后接受发票。因此，双方在关系上就是销售方（开票方）、购买方（受票方）在民法上构成货物买卖合同，在税法上分别完成开具发票、抵扣专票和纳税申报。

但是“票货分离”的出现，导致了上述简单的两方关系变成了三方关系，开票方、受票方（名义购买方）、实际购买方，然而“票货分离”并不能简单地等同于虚开，需要分情况定性。

案例1

顺某建材公司为增值税一般纳税人，与A品牌家具厂家签订正规合同，订购1000万元家具。由于家具主要销售给个人，并没有开具发票，因此顺某建材公司手中有大量富余票。2020年，顺某建材公司得知B酒店缺乏进项发票，二者商定由其为酒店开具价税合计

339 万元专票，B 酒店支付 339 万元资金转账到顺某建材公司对公账户，顺某建材公司则在当日扣除 9 万元开票费后，利用控制关联账户将资金拆分后再转给 B 酒店。

按照民法相关规定，上述业务中顺某建材公司与 A 品牌家具厂家构成真实的货物买卖关系。对于开票方 A 品牌家具厂家，经营业务真实存在，发票开具符合规定，开票方不构成虚开。

对于开票方顺某建材公司，其与 B 酒店并没有实际的购销合同，属于为掩盖不法目的的无效合同。顺某建材公司为并不存在的经营业务开具专票，从中牟取不法利益，造成国家税款损失，应当定性为虚开增值税专用发票。

对于受票方 B 酒店，其购进专票抵扣税款，降低自身税负，既属于《中华人民共和国税收征收管理法》第六十三条规定的偷税行为，也属于《中华人民共和国发票管理办法》第二十二条规定的虚开发票行为。按照《中华人民共和国行政处罚法》第二十九条规定，“同一个违法行为违反多个法律规范应当给予罚款处罚的，按照罚款数额高的规定处罚”予以处罚。

案例2

甲公司是一家矿山机械生产厂家，增值税一般纳税人。2018 年，甲公司急需 A 型号零配件，四处寻觅无果后，在某电商平台 B 商户处发现，价格 150000 元。甲公司提出需要 B 商户提供专票，B 商户允诺并提供营业执照电子图片，显示登记信息为 G 公司。后 B 商户将货物运送给甲公司，同时提供价税合计 150000 元专票一张。甲公司认证通过后付款。后稽查部门发现该发票属于虚开。B 商户实际登记信息为 C 公司，属于小规模纳税人，无法为甲公司提供 16% 专票，故借用 G 公司资质开票。此时 C 公司已经走逃失联。

在本案中，受票方甲公司与C公司之间存在真实交易，对开票方的违法行为并不知情，被精心设计的交易模式欺骗，应当定性为善意取得虚开发票。

开票方G公司和销售方C公司属于共同实施虚开行为，均应当定性为虚开。但是其类别存在差异，开票方G公司属于“为他人开具与实际经营业务情况不符的发票”，销售方C公司属于“介绍他人开具与实际经营业务情况不符的发票”。

案例3

2018年6月，徐某注册成立A贸易有限公司，该公司于2020年7月取得一般纳税人资格，后因经营状况一般，欲打算获取专票抵扣税款，并对外虚开增值税专用发票从中牟利。与B批发公司负责油品销售的业务员王某联系后，在得知销售油品过程中会有部分购油者不需要增值税专用发票的情况后，经与王某商议，徐某决定以A贸易有限公司名义向B批发公司打款买油，B批发公司再向中石油或中石化等石油公司打款购油，收到B批发公司购油款的石油公司开出提油单和增值税专用发票给B批发公司，B批发公司收到石油公司的提油单和增值税专用发票后，开具相应的增值税专用发票给向其购油的A贸易有限公司，同时王某拿A贸易有限公司开出的委托书和提油单向石油公司提油，自行对外销售。王某在扣除徐某承诺的4%左右好处费后，将款项打回徐某个人账户，徐某及A贸易有限公司不承担后续王某售油的盈亏风险。通过此种方式，徐某控制的A贸易有限公司共获得B批发公司开出的增值税专用发票52张，并均已申请抵扣，税款共计300万元人民币。

B批发公司作为独立法人，无证据证实其有为徐某虚开发票的故意，而是受到王某与徐某设计的交易模式蒙蔽，在不知实情的情况下开出涉案发票52张，故B批发公司不构成虚开增值税专用发票罪。

中间人王某在明知徐某只要增值税专用发票而不需要货物，还愿意给返点等不符合企业正常经营，而且主观上也应当知道徐某可能在从事虚开增值税专用发票犯罪的情况下，仍伪造资金流，利用 B 批发公司的管理模式，通过票货分离的方式帮助徐某从 B 批发公司获得增值税专用发票，因此应当定性为“介绍他人开具与实际经营业务情况不符的发票”。

徐某的违法分为两个部分。第一，定性为对外虚开发票。徐某得到上述发票后再为他人虚开，在其向下游企业虚开销项发票的过程中造成国家税款流失，因此应当定性为“为他人开具与实际经营业务情况不符的发票”。第二，定性为偷税。徐某在支付货款后，货物所有权归 A 贸易有限公司，其转交给王某变卖后，扣除好处费并收回货款，应当认定其对外隐匿销售收入，构成《中华人民共和国税收征收管理法》第六十三条规定的不计或者少计收入的偷税手段，因此应当定性为偷税。

值得注意的是，并非所有的“票货分离”都属于违法行为。比如，大宗商品贸易中频繁出现了观念交付、拟制交付等商品交付方式，货物往往经过多次流转才最终销售给实际消费者。此时，为了节省物流成本，中间交易各方之间不再发生点对点的货物物理位置转移，而是由最终购买者从货物源头自行提取货物，节约了流转费用。而位于源头的销售方对最终提货者并不知情，只能根据购买方的指示交付货物。此种情况下，货物的所有权实际发生了流转，购买方只要依法申报其销售情况，就不构成偷税或虚开，而是属于正常的商业交易行为。

综上所述，“票货分离”是对一种经济现象的客观描述。如果有人利用“票货分离”模式从事税收违法活动，税务机关就要重点关注业务的真实性和资金支付方向，这样才能给相关活动准确定性，而非直接将“票货分离”等同于虚开，造成定性错误。

019 上游开票企业走逃失联，当地稽查局发出《已证实虚开通知单》仅附有发票清单，定性虚开是否合规？

答：不应定性为虚开。根据《税收违法案件发票协查管理办法（试行）》第九条规定："已确定虚开发票案件的协查，委托方应当按照受托方一户一函的形式出具《已证实虚开通知单》及相关证据资料，并在所附发票清单上逐页加盖公章，随同《税收违法案件协查函》寄送受托方。"

按照查处走逃（失联）企业涉嫌虚开增值税专用发票检查要求，这里的相关证据包括税务登记信息及其证据、征管信息相关情况及其证据、增值税专用发票相关情况及其证据、资金流相关情况及其证据、生产经营真实性核定情况及其证据、其他情况及其证据资料，只有证据齐全才能从多角度、多层面证明走逃（失联）企业涉嫌虚开增值税专用发票。但是在实践中，部分开票方主管税务机关由于种种因素，往往在上述资料不齐全的情况下，通过集体审理程序将其定性为虚开，并发出《已证实虚开通知单》，提请受票方所在地稽查局进行查处。

由于《已证实虚开通知单》属于内部行政执法文书，因此受托方稽查部门要求受票方进行进项税额转出。由于稽查局作出的《已证实虚开通知单》没有附录认定涉案的发票系虚开发票的证据、列明事实认定过程、列举认定受票方取得的发票系虚开发票的法律依据。因此在实践中，部分纳税人会向发出《已证实虚开通知单》的稽查局提起行政诉讼。

在行政诉讼案件中，税务机关对作出的行政行为负有举证责任，应当提供作出该行政行为的证据和所依据的规范性文件。由于未收集上述证据，因此存在行政诉讼败诉的法律风险。在实务中，如果相关证据无法支持作出虚开认定，则建议由税源管理部门依据《国家税务总局关于走逃（失联）企业开具增值税专用发票认定处理有关问题的公告》（国家税务总局公告2016年第76号）第二条规定，将走逃（失联）企业所对应属期开具的增值税专用发票列入异常增值税扣税凭证（以下简称“异常凭证”）范围。同时，异常凭证由开具方主管税务机关推送至接受方所在地税务机关进行处理。

与认定虚开发票相比，异常凭证只是暂时冻结纳税人的税款抵扣权，《国家税务总局关于异常增值税扣税凭证管理等有关事项的公告》（国家税务总局公告2019年第38号）规定：“纳税信用A级纳税人取得异常凭证且已经申报抵扣增值税、办理出口退税或抵扣消费税的，可以自接到税务机关通知之日起10个工作日内，向主管税务机关提出核实申请。”“纳税人对税务机关认定的异常凭证存有异议，可以向主管税务机关提出核实申请。”其为纳税人提供了后续权利救济渠道。

引用案例

福建省漳州市中级人民法院行政裁定书（2017）闽06行终138号中记载，法院认为：“下游企业根据上述《已证实虚开通知单》要求上诉人补缴税款额，故上诉人与上述《已证实虚开通知单》存在利害关系，上诉人所诉事项属于《中华人民共和国行政诉讼法》第十二条第一款人民法院受理公民、法人或者其他组织提起的下列诉讼：……（十二）认为行政机关侵犯其他人身权、财产权等合法权益的规定的行政诉讼的受案范围，具有可诉性。根据《中华人民共和国税收征收管理法实施细则》第一百条的规定，纳税争议是指纳税人、扣缴义务人、纳税担保人对税务机关确定的纳税主体、征税对象、征税范围、减税、免税及退税、适用税率、计税依据、纳税环节、纳税期限、纳税地点以及税款征收方式等具体行政行为有异议而发生的争议。上诉人所诉的《已证实虚开通知单》不属于上述纳税争议规定的范围，不适用《中华人民共和国税收征收管理法》第八十八条关于纳税争议需要行政复议前置的规定，可以直接提起行政诉讼。”

税　务　稽　查　疑　难　180　问

偷骗税问题处理篇

020 被税务稽查的企业属于小型微利企业，检查调增的应纳税所得额是否适用小微企业税收优惠政策?

答：可以享受小微企业税收优惠政策。根据《中华人民共和国企业所得税法》第二十八条第一款规定，符合条件的小型微利企业，减按20%的税率征收企业所得税。

（注：小型微利企业与小微企业的概念并不相同。在政策实际执行过程中应当注意二者的区别。）

“小微企业”是一个习惯性叫法，并没有严格意义上的界定，目前所说的“小微企业”是和“大中企业”相对而言的。如果要找一个比较接近的解释，就是工业和信息化部、国家统计局、国家发展改革委和财政部于2011年6月发布的《工业和信息化部、国家统计局、国家发展和改革委员会、财政部关于印发中小企业划型标准规定的通知》（工信部联企业〔2011〕300号）中，根据企业从业人员、营业收入、资产总额等指标，将16个行业的中小企业划分为中型、小型、微型3种类型。因此，“小微企业”可以理解为其中的小型企业和微型企业。

按照《中小企业划型标准规定》（工信部联企业〔2011〕300号）和《金融业企业划型标准规定》（银发〔2015〕309号）确定营业收入指标、资产总额指标。其中，资产总额指标按照纳税人上一会计年度年末值确定。营业收入指标按照纳税人上一会计年度增值税销售额确定；不满一个会计年度的，按照以下公式计算。

增值税销售额（年）=上一会计年度企业实际存续期间增值税销售额/企业实际存续月数×12

本公告所称的“增值税销售额”，包括纳税申报销售额、稽查查补销售额、纳税评估调整销售额。适用增值税差额征税政策的，以差额后的销售额确定。

对于工信部联企业〔2011〕300号文件和银发〔2015〕309号文件所列行业以外的纳税人，以及工信部联企业〔2011〕300号文件所列行业但未采用营业收入指标或资产总额指标划型确定的纳税人，微型企业标准为增值税销售额（年）100万元以下（不含100万元）；小型企业标准为增值税销售额（年）2000万元以下（不含2000万元）；中型企业标准为增值税销售额（年）1亿元以下（不含1亿元）。

“小型微利企业”的出处是《中华人民共和国企业所得税法》及其实施条例，指从事国家非限制和禁止行业，且同时符合年度应纳税所得额不超过300万元、从业人数不超过300人、资产总额不超过5000万元等3个条件的企业。从条件限制可知，“小型微利企业”是符合税法规定条件的特定企业，其特点不只体现在“小型”上，还要求“微利”，主要用于企业所得税优惠政策方面。

经过几次政策变化，小型微利企业的标准不断提高，范围不断扩大。一定要注意税法中的“小型微利”四个字，并按照企业所得税相关规定判断是否符合小型微利企业税收优惠条件。

021 认定纳税人存在偷税行为，是否需要考虑主观故意？

答：《中华人民共和国税收征收管理法》第六十三条第一款明确了对偷税行为的认定：“纳税人伪造、变造、隐匿、擅自销毁账簿、记账凭证，或者在账簿上多列支出或者不列、少列收入，或者经税务机关通知申报而拒不申报或者进行虚假的纳税申报，不缴或者少缴应纳税款的，是偷税。对纳税人偷税的，由税务机关追缴其不缴或者少缴的税款、滞纳金，并处不缴或者少缴的税款百分之五十以上五倍以下的罚款；构成犯罪的，依法追究刑事责任。”

但是在实际执行过程中，对于上述条款应当如何理解，存在比较大的分歧，主要有以下三种观点。

（1）无须考虑说。有相当多的税务机关认为，偷税行为的行为方式或者手段可能在某种程度上受到行为人的主观支配，但仅从现行《中华人民共和国税收征收管理法》第六十三条规定来看，只要符合此条款中列举的任一情形就构成偷税，并没有将主观故意列入判定偷税行为的构成要件。换言之，只要构成《中华人民共和国税收征收管理法》第六十三条规定的四种情形之一，且造成不缴或者少缴税款的后果，行政法意义上的偷税行为就成立，对其主观过错在所不问，行为人是否存在主观故意并不影响对其偷税行为的认定。

关于无须考虑说的理解，上述税务机关认为，认定偷税行为的主观状态本身具有高度复杂性。《中华人民共和国税收征收管理法》第六十三条所列的情形已经隐含了行为人的主观形态，既包括行为人对不缴或少缴税款的积极追求，也包括行为人对不缴或少缴税款结果的默许，还包括行为人对税款流失的侥幸和漠视。如果以主观故意为偷税的构成要件，则实际上混淆了税法和刑法规定的区别，不能因为刑法上的逃税罪以主观故意作为构成要件，就类推得出行政处理也应该考虑主观故意的结论。

（2）部分考虑说。有部分税务机关认为，对于《中华人民共和国税收征收管理法》第六十三条列举的四种情形应当区别看待，对于“纳税人伪造、变造、隐匿、擅自销毁账簿、记账凭证，或者在账簿上多列支出或者不列、少列收入，或者经税务机关通知申报而拒不申报”这 3 类行为无须考虑主观故意，因为上述行为的偷税意图十分明显，不可能在失误情况下做出上述行为。比如，多列支出或者不列、少列收入，作为企业来说，收入和支出反映了企业的实际经营状况，如果出现虚假记录就意味着传递错误信息，干扰企业决策，与市场经济上的理性人角色背道而驰，逃避履行纳税义务的意图十分明显，因此无须再寻找主观故意的证明。但是，进行虚假的纳税申报则需要考虑行为人是否有偷税的主观故意。原因在于，出现申报错误的可能性既存在主观故意，也可能有过失，如果不加分析一律定性为偷税，就会造成打击面过宽。《中华人民共和国税收征收管理法》第五十二条第二款规定："因纳税人、扣缴义务人计算错误等失误，未缴或者少缴税款的，税务机关在三年内可以追征税款、滞纳金；有特殊情况的，追征期可以延长到五年。"如果不考虑主观故意就一律定为偷税，不仅会造成该条款形同虚设，更不利于将偷税违法行为和税收过错行为区分处理，与公平公正原则背道而驰。

（3）必须具备说。从国家税务总局出台的一系列文件来看，始终将主观故意作为判定偷税行为的重要依据之一。

《国家税务总局办公厅关于呼和浩特市昌隆食品有限公司有关涉税行为定性问题的复函》（国税办函〔2007〕513 号）指出，《中华人民共和国税收征收管理法》未具体规定纳税人自我纠正少缴税行为的性质问题，在处理此类情况时，仍应按《中华人民共和国税收征收管理法》关于偷税应当具备主观故意、客观手段和行为后果的规定进行是否偷税的定性。

税务机关在实施检查前纳税人自我纠正属于补报补缴少缴的税款，不能证明纳税人存在偷税的主观故意，不应定性为偷税。

《国家税务总局关于税务检查期间补正申报补缴税款是否影响偷税行为定性有关问题的批复》（税总函〔2013〕196 号）指出，纳税人在稽查局进行税务检查前主动补正申报补缴税款，并且税务机关没有证据证明纳税人具有偷税主观故意的，不按偷税处理。

《国家税务总局关于北京聚菱燕塑料有限公司偷税案件复核意见的批复》（税总函〔2016〕274 号）指出，从证据角度不能认定存在偷税的主观故意，不认定为偷税。

但是现实困境在于，上述文件只是传达了一种理念、一种导向，虽然具有一定的指导作用，但是根据《税收个案批复工作规程（试行）》的规定，税收个案拟明确的事项需要普遍适用的，应当按照《税收规范性文件制定管理办法》制定税收规范性文件，非公告不能作为执法依据。

在各地一系列行政诉讼判决案例中，多数案件的最终判决还是倾向做出偷税的认定必须有主观故意的相关证据。

对于这个问题的争议，最终在 2021 年 1 月 22 日第十三届全国人民代表大会常务委员会第二十五次会议修订的《中华人民共和国行政处罚法》第三十三条第二款做出了明确的规定："当事人有证据足以证明没有主观过错的，不予行政处罚。法律、行政法规另有规定的，从其规定。"

需要注意这里的两个关键词："不予行政处罚"和"主观过错"。

对于"不予行政处罚"，我们要注意把握不予处罚和免予处罚的区别。不予处罚是针对违法事实不构成行政处罚意义上的违法，本不应该处罚而不对行为人进行处罚的情况；免予处罚是针对违法事实已构成行政违法，只是由于考虑到有特殊情况存在，如情节显著轻微等，不再处以行政处罚的情况。按照上述解释，如果偷税行为认定为缺乏主观故意，就不能定性为偷税。

"主观过错"是一个法律概念，主要存在于刑法、民法等领域，一般情况下是承担法律责任的必要条件之一。主观过错要件是行为人在实施行为时主观上的心理状态，而不是客观表现。主观过错分为两种基本形态，即故意和过失。其中，故意是行为人即使预见了自己行为的结果，仍然希望它发生或者听任它发生的主观心理状态。行为人应当认识到或者预见到行为的结果，同时又希望或听任其发生。

根据上述阐述，偷税行为必然是主观故意导致的。实际上，主观状态的差异将导致偷税的认定与否，偷税处理金额、处罚幅度的不同则增加了法律适用的难度，也增加了税务机关的执法取证难度。因此，修订后的《中华人民共和国行政处罚法》采取了举证倒置的方法，行为人将证明自己在偷税问题上没有主观故意。换言之，如果行为人无法举证自己没有主观过错，就会面临被认定为偷税的不利后果。

022 认定偷税的查补收入能否作为企业所得税计算业务招待费用基数？

答：可以作为企业所得税计算业务招待费用基数。根据《中华人民共和国企业所得税法实施条例》第四十三条规定：“企业发生的与生产经营活动有关的业务招待费支出，按照发生额的60%扣除，但最高不得超过当年销售（营业）收入的5‰。”企业在计算业务招待费、广告费和业务宣传费等费用扣除限额时，其销售（营业）收入额应包括《中华人民共和国企业所得税法实施条例》第二十五条规定的视同销售（营业）收入额。

可以扣除的业务招待费＝Min［（主营业务收入＋其他业务收入＋视同销售收入＋被投资企业分回股息红利和股权转让相关的“投资收益”＋房地产开发未完工产品预售收入）×5‰，业务招待费×60%］

综上所述，稽查查补收入属于销售（营业）收入范畴的，企业可将其作为允许税前扣除的业务招待费计算基数，税务机关应当按照收入与成本配比原则，允许纳税人将计算的业务招待费支出并依法进行税前扣除。

注意：存在查补收入，不能直接等同于存在偷税行为。根据《国家税务总局关于查增应纳税所得额弥补以前年度亏损处理问题的公告》（国家税务总局公告2010年第20号）第一条规定：“根据《中华人民共和国企业所得税法》第五条的规定，税务机关对企业以前年度纳税情况进行检查时调增的应纳税所得额，凡企业以前年度发生亏损且该亏损属于企业所得税法规定允许弥补的，应允许调增的应纳税所得额弥补该亏损……”

综上所述，检查时调增的应纳税所得额经过弥补亏损后仍有余额的，按照《中华人民共和国企业所得税法》规定计算缴纳企业所得税。对检查调增的应纳税所得额应根据其情节，依照《中华人民共和国税收征收管理法》有关规定进行处理或处罚。

023 某直播平台与直播人员因为矛盾纠纷，举报直播人员偷逃个人所得税，直播人员是否能定性为偷税？

答：首先要明确直播人员从平台获得的收入按照业务实质判定属于“劳务报酬所得”还是“经营所得”。按照税收实践，直播人员在平台上从事设计、咨询、讲学、录音、录像、演出、表演、广告等劳务取得的收入，属于“劳务报酬所得”应税项目，由支付劳务报酬的单位或个人预扣预缴个人所得税，年度终了时并入综合所得，按年计税，多退少补。直播人员注册成立个体工商户或者虽未注册但在平台从事生产、经营性质活动的，其取得的收入属于“经营所得”应税项目。“经营所得”以每一纳税年度的收入总额减除成本费用以及损失后的余额为应纳税所得额，适用经营所得税税率表，按年计税。

具体分为以下四种方式。

（1）直播人员以独立身份工作，直播平台只是一个场所。平台和直播人员之间不是雇佣关系而是劳务关系，因此平台应该按照劳务报酬预扣预缴个人所得税。

（2）直播人员成立个人工作室，工作室将平台作为宣传销售的渠道，工作室与直播平台属于劳务关系。由于工作室一般属于个人独资企业，所以取得收入按照经营所得交纳个人所得税。

（3）直播人员与经纪公司签约通过平台直播。个人与直播平台没有直接关系，与经纪公司的关系取决于签订协议的形式。如果签订劳动协议，则经纪公司按照工资、薪金所得扣缴个人所得税；如果签订劳务协议，则经纪公司按照劳务报酬所得扣缴个人所得税。

（4）直播人员与直播平台签订劳动合同，形成雇佣关系，作为平台的员工进行直播，平台应该按照“工资、薪金所得”项目代扣代缴个人所得税。

对照以上四种方式，可以看出，如果平台公司与直播人员签订劳动合同或者劳务合同，则此时平台公司属于个人所得税的扣缴义务人。偷税的行为人一般为纳税人，但是如果扣缴义务人平台公司采取伪造、变造、隐匿、擅自销毁账簿、记账凭证，或者在账簿上多列支出或者不列、少列收入，或者经税务机关通知申报而拒不申报或者进行虚假的纳税申报，不缴或者少缴已扣、已收税款，则构成偷税。如果扣缴义务人未履行扣缴义务，则此时依据《中华人民共和国税收征收管理法》第六十九条规定，“扣缴义务人应扣未扣、应收而不收税款的，由税务机关向纳税人追缴税款，对扣缴义务人处应扣未扣、应收未收税款百分之五十以上三倍以下的罚款”予以处罚。

《中华人民共和国个人所得税法》第十三条第二款规定：“纳税人取得应税所得，扣缴义务人未扣缴税款的，纳税人应当在取得所得的次年六月三十日前，缴纳税款；税务机关通知限期缴纳的，纳税人应当按照期限缴纳税款。”扣缴义务人负有扣缴义务而未履行，直播人员在汇算清缴期已履行纳税义务，不构成偷税。

如果直播人员是个人独资公司，则此时平台公司并非纳税人或者扣缴义务人，不构成偷税。

如果直播人员与经纪公司签订劳动协议，则此时扣缴义务人为经纪公司而非直播平台。若经纪公司未履行扣缴义务，直播人员也未在汇算清缴期履行申报义务，则构成偷税；反之，则不构成。

024 企业被举报有偷税行为，在稽查检查环节主动申报税款，能否减少税款罚款基数？

答：纳税人在稽查局进行税务检查前主动补正申报、补缴税款，并且税务机关没有证据证明纳税人具有偷税主观故意的，不按偷税处理。但是，如果纳税人在被检查期间申报补缴已过当期的未缴或少缴税款，则其动机是迫于被检查的压力，而不是自我纠错行为。这与纳税人主动自查申报补缴已过当期少缴税款的性质截然不同。

即使纳税人在被检查期间申报补缴已过当期的未缴或少缴税款，但是税收违法行为的表现手段已客观存在，也不能改变过去偷税行为的客观事实，这与纳税人主动自查纠错行为不能混为一谈。对此种行为的认定，应参照《国家税务总局关于税务检查期间补正申报补缴税款是否影响偷税行为定性有关问题的批复》（税总函〔2013〕196号）："税务机关认定纳税人不缴或者少缴税款的行为是否属于偷税，应当严格遵循《中华人民共和国税收征收管理法》第六十三条的有关规定。纳税人未在法定的期限内缴纳税款，且其行为符合《中华人民共和国税收征收管理法》第六十三条规定的构成要件的，即构成偷税，逾期后补缴税款不影响行为的定性。"

鉴于纳税人在被检查期间，已做出知错改过的行为表现，与稽查部门出具税务处理决定书后追缴相比，存在一定的主动性，税务机关在实施行政处罚时可视情节按照各地行政处罚裁量基准予以考虑从轻处罚，以体现行政处罚适当的原则，而不宜一律采取处以未缴或者少缴的税款百分之五十以上五倍以下的罚款。

需要注意的是，如果纳税人按照税务稽查部门要求预缴税款，那么此时只能停止滞纳金计算，而不能减少计算罚款的基数。

025 税源管理部门电话通知纳税人申报，但是纳税人拒不申报，能否按照《中华人民共和国税收征收管理法》第六十三条规定，认为其属于"通知申报而拒不申报"定性为偷税?

答：不能定性为偷税。在实际执行过程中，有税务机关认为，按照《最高人民法院关于审理偷税抗税刑事案件具体应用法律若干问题的解释》（法释〔2002〕33号）第二条第二款规定："具有下列情形之一的，应当认定为刑法第二百零一条第一款规定的‘经税务机关通知申报’：（一）纳税人、扣缴义务人已经依法办理税务登记或者扣缴税款登记的；（二）依法不需要办理税务登记的纳税人，经税务机关依法书面通知其申报的；（三）尚未依法办理税务登记、扣缴税款登记的纳税人、扣缴义务人，经税务机关依法书面通知其申报的。”纳税人、扣缴义务人已经依法办理税务登记或者扣缴税款登记的，应当视为经税务机关通知申报，无须再下达税务事项通知书催报。

需要注意的是，法释〔2002〕33号文件第二条是针对偷税罪刑事责任认定的构成要件，不能直接平移作为税务行政处理的要求，因此法律条文不得进行类推解释。依据《国家税务总局关于落实“三证合一”登记制度改革的通知》（税总函〔2015〕482号）第二条第二款规定，“新设立企业、农民专业合作社（以下统称‘企业’）领取由工商行政管理部门核发加载法人和其他组织统一社会信用代码（以下称统一代码〔GB32100—2015〕）的营业执照后，无须再次进行税务登记，不再领取税务登记证。企业办理涉税事宜时，在完成补充信息采集后，凭加载统一代码的营业执照可代替税务登记证使用”。2016年6月30日，国务院办公厅发布了《关于加快推进“五证合一、一照一码”登记制度改革的通知》国办发〔2016〕53号，从2016年10月1日起，全国范围内实施“五证合一”“一照一码”登记，本书认为纳税人不再符合法释〔2002〕33号第二条规定中“纳税人已经依法办理税务登记”的情形。

参考《中华人民共和国刑法修正案（七）》第二百零一条的具体规定：“纳税人采取欺骗、隐瞒手段进行虚假纳税申报或者不申报，逃避缴纳税款数额较大并且占应纳税额百分之十以上的，处三年以下有期徒刑或者拘役，并处罚金；数额巨大并且占应纳税额百分之三十以上的处三年以上七年以下有期徒刑，并处罚金。扣缴义务人、采取前款所列手段，不缴或者少缴已扣、已收税款，数额较大的依照前款的规定处罚。对多次实施前两款行为，未经处理的，按照累计数额计算。有第一款行为，经税务机关依法下达追缴通知后，补缴应纳税款，缴纳滞纳金，已受行政处罚的，不予追究刑事责任；但是，五年内因逃避缴纳税款受过刑事处罚或者被税务机关给予二次以上行政处罚的除外。”如果追究刑事责任，就应当下达追缴通知，那么对于税源管理而言，在纳税人不再符合法释〔2002〕33号文件第二条规定的“纳税人已经依法办理税务登记”情况下，仍必须履行自身责任。否则，单纯的电话通知将无法证明通知内容，即便有约谈记录，在发生涉税争议引发的诉讼时，法院也未必认可税务机关已经履行自身职责。

如果税源管理部门未下发追缴税款的《税务事项通知书》，那么稽查部门在界定案件性质时，就不得将纳税人定性为通知申报而拒不申报并作为偷税处理，但是不影响对案件中出现其他四类行为的偷税定性。

注意：此处适用的《税务事项通知书》，应当适用《国家税务总局关于修订部分税务执法文书的公告》（国家税务总局公告2021年第23号）列出的格式，而非《关于印发全国统一税收执法文书式样的通知》（国税发〔2005〕179号）列出的格式。自2017年6月27日起，修订后的《中华人民共和国行政诉讼法》将“收到通知之日起三个月内依法向人民法院起诉”条款改为“收到通知之日起六个月内依法向人民法院起诉”，新《税务事项通知书》在填写说明中也对此进行了修改。

026 定性偷税存在主观故意，应当如何证明？

答：依据《中华人民共和国税收征收管理法》第六十三条规定，伪造、变造、隐匿、擅自销毁账簿、记账凭证；在账簿上多列支出或者不列、少列收入；经税务机关通知申报而拒不申报；进行虚假的纳税申报等四类行为属于偷税行为。

定性为偷税意味着“主观故意”已内化于其中，其行为必然伴随着故意。主观状态其实属于一种心理状态，有税务机关错误理解了主观故意的概念，将证明主观故意等同于证明纳税人的心理活动，结果得出了无法证明纳税人有偷税的主观故意的结论，从而放弃了对证明主观故意的证据搜集。

实际上，税务机关需要通过行为人外在表现的行为证据，对其内在的心理状态进行印证。比如，在账簿上多列支出或少列收入，需要有多列支出的账簿（总账、明细账）、记账凭证、原始凭证（发票、合同等）进行客观举证，再通过对涉税嫌疑人的询问笔录进行主观举证；少列收入则需要从银行资金、货物出入库凭据、合同及收款收据等方面结合询问笔录进行举证等。

证明主观故意最好有言词证据作为佐证，如果没有言词证据，纳税人在收到《税务处理决定书》及《税务处罚事项告知书》时，对定性为偷税的放弃陈述、申辩等权利也可视为其默认有主观故意的存在。

027 企业在经营过程中既存在多缴税款行为，也存在少缴税款行为，是否应定性为漏税而非偷税？

答：对于给企业定性偷税，必须考虑其是否存在主观故意。对采取欺骗、隐瞒手段故意不缴、少缴税款的，应当认定为偷税。对涉嫌偷税案件的，要着重取得不缴、少缴税款主观故意方面的证据，查明采取欺骗、隐瞒手段的事实。对未采取欺骗、隐瞒手段，只是因理解税收政策不准确、计算错误等失误导致未缴、少缴税款的，依法追缴税款、滞纳金，不定性为偷税。因此，对于企业同时存在少缴和多缴税款行为，应当查明实际原因。

如果是由财务人员对某些税收政策理解失误造成的，就应当实事求是地处理，而不能因为所谓的“规避执法风险”，简单地认为少缴税款属于偷税，多缴税款则不予处理。

对于失误造成的少缴税款，应当按照《中华人民共和国税收征收管理法》第五十二条第二款规定，“因纳税人、扣缴义务人计算错误等失误，未缴或者少缴税款的，税务机关在三年内可以追征税款、滞纳金；有特殊情况的，追征期可以延长到五年”予以处理。

对于多缴的税款，根据《中华人民共和国税收征收管理法》第五十一条规定，“纳税人超过应纳税额缴纳的税款，税务机关发现后应当立即退还；纳税人自结算缴纳税款之日起三年内发现的，可以向税务机关要求退还多缴的税款并加算银行同期存款利息，税务机关及时查实后应当立即退还；涉及从国库中退库的，依照法律、行政法规有关国库管理的规定退还”予以处理。需要注意的是，由纳税人发现的多缴税款，纳税人应当自结算缴纳税款之日起三年内向税务机关提出退还申请；对于超过三年时效期限提出的退税申请，税务机关将不再受理。

对多征的税款需要退还纳税人的，税务机关自发现或接到《纳税人申请退款书》之日起六十日内予以退还，也可按纳税人的要求抵缴下期应纳税款。如果纳税人存在不同税种的多缴和少缴税款，如企业所得税多缴，增值税少缴，多缴的企业所得税款不能直接抵减少缴的增值税。如果同时出现不同年度的增值税少缴或者多缴，则可以抵缴下期的应纳税款或者通过调序方式予以解决。

如果有证据证明少缴税款属于偷税行为，那么多缴税款行为若符合上述退税情形，且和少缴税款属于同一税种，则应先行抵减同税种的少缴税款、滞纳金，余额依法予以退款。

需要注意的是，对于《中华人民共和国税收征收管理办法》第五十一条的规定，应当理解为纳税人多缴纳税款，税务局通过金三系统记录可以发现是多缴的，无论是否超过三年，不管纳税人是否申请或者超期申请，税务机关都要立即退税；如果纳税人是单纯申报错误，税务机关无法通过申报表判断，则可按纳税人申请处理，有三年的时效期限。

028 税务稽查过程中依法核定征收的税款，能否定性为偷税？

答：核定征收计算的税款能否定性为偷税，在实务中有以下三种观点。

第一种观点认为，核定征收是一种税款征收方式，符合《中华人民共和国税收征收管理法》第三十五条规定的，应予核定征收。偷税是一种涉税违法行为，满足《中华人民共和国税收征收管理法》第六十三条规定的手段和结果，就应该定性为偷税，两者规范的是不同领域的事情，应该分别考虑、分别判定，它们之间并没有必然的联系，因此核定征收可以被定性为偷税并进行处罚。

第二种观点认为，核定不是通过直接充分的证据证明，而是带有一定的推理性，它是在税务机关只能查清楚部分事实的情况下，法律赋予税务机关运用这部分事实，通过合理方法和法定规则对纳税人整体应纳税事实作出的一种推定。《中华人民共和国税收征收管理法》第六十三条规定："纳税人伪造、变造、隐匿、擅自销毁账簿、记账凭证，或者在账簿上多列支出或者不列、少列收入，或者经税务机关通知申报而拒不申报或者进行虚假的纳税申报，不缴或者少缴应纳税款的，是偷税。"《中华人民共和国行政处罚法》第四十条规定："……违法事实不清、证据不足的，不得给予行政处罚。"而核定征收实际上只查清楚了部分事实，造成不缴或少缴的应纳税款只是一个推定的数字，因此不应将其定性为偷税进行处罚。

第三种观点认为，部分情形下可以认定为偷税。由于核定征收方式可以具体分为核定应税所得率征收及核定税额征收。依据收入核定应税所得率征收方式能正确核算、合理计算纳税人应纳税额，如发现账外经营的隐匿收入时，应当认为事实清楚，可以定性为偷税；而依据成本费用总额的核定应税所得率征收方式则更多地反映间接性和不稳定性。核定税额征收方式适用于收入总额和成本费用总额均不能查实、合理计算和推定。

本书赞同第三种观点，税务机关应当坚持处罚与教育相结合的原则，如果纳税人主观故意不足，并能够积极配合核定征收入库税款，则可以不定性为偷税。需要注意的是，即使是仅补缴税款不处罚，也应当告知纳税人核定的依据，如为什么要补税，具体依据是《中华人民共和国税收征收管理法》第三十五条中的哪一项；税款是如何计算的。听取纳税人陈述申辩，并告知纳税人如有异议，需在规定期限内提供相应证据予以陈述申辩。

029 企业对外货物投资未作增值税视同销售处理，稽查部门依据组成计税价格计算销售额，能否将其行为定性为偷税？

答：认定偷税必须符合《中华人民共和国税收征收管理法》第六十三条规定："纳税人伪造、变造、隐匿、擅自销毁账簿、记账凭证，或者在账簿上多列支出或者不列、少列收入，或者经税务机关通知申报而拒不申报或者进行虚假的纳税申报。"同时，存在不缴或者少缴应纳税款的后果。而视同销售是税收上的规定，在会计核算中不作为收入处理，对应偷税的四种手段，与之相接近的只有"不列、少列收入"或者"进行虚假的纳税申报"。

《中华人民共和国税收征收管理法释义》规定："所谓不列、少列收入，是指瞒报或者少报收入，并在账簿上作虚假登记，以不缴或者少缴应纳税款的行为。"由此可见，释义中的"收入"是指按照会计准则应当计入的会计收入，而视同销售属于税收收入，二者范畴不同，不能直接界定为"在账簿上多列支出或者不列、少列收入"。同时，《中华人民共和国税收征收管理法释义》规定："所谓进行虚假的纳税申报，是指纳税人在进行纳税申报的过程中，制造虚假情况，不如实填写或者提供纳税申报表、财务会计报告及其他纳税资料的行为。"由于视同销售收入在填写申报表时需要予以真实反映，所以税务机关一般据此将虚假的纳税申报定性为偷税。但是，由于视同销售是税法的规定，如果无法取得其市场价格的情况，则税务稽查部门根据《中华人民共和国增值税暂行条例实施细则》第十六条第（三）项规定按组成计税价格核定其销售额。本书认为如果无法获取市场价格，那么偷税事实属于并不完全清楚，此时定性为偷税过于牵强。

有人认为，《国家税务总局关于修改〈国家税务总局关于增值税一般纳税人发生偷税行为如何确定偷税数额和补税罚款的通知〉的通知》（国税函〔1999〕739号）关于偷税数额的确定，“纳税人账外经营部分的销售额（计税价格）难以核实的，应根据《中华人民共和国增值税暂行条例实施细则》第十六条第（三）项规定按组成计税价格核定其销售额”，说明视同销售可以依据组成计税价格作为偷税事实。但运用上述文件的前提是账外经营，也就是“在账簿上多列支出或者不列、少列收入”，视同销售此类情况则与此不符，不能强行套用。

在实务中，纳税人如主张其符合《中华人民共和国税收征收管理法》第五十二条第二款规定：“因纳税人、扣缴义务人计算错误等失误，未缴或者少缴税款的，税务机关在三年内可以追征税款、滞纳金；有特殊情况的，追征期可以延长到五年。”此时，若稽查局不能提出纳税人主观故意的直接证据，就只能将其定性为漏税而不能定性为偷税。

同时，《中华人民共和国增值税暂行条例实施细则》的释义：“增值税是从价计征，在经济活动中可能出现纳税人之间为了共同利益在价格上进行减少或降低，以达到少纳税甚至不纳税的目的。针对这种情形，税法规定纳税人销售货物或者应税劳务的价格明显偏低并无正当理由的，由主管税务机关核定其销售额。”要分清楚的是，核定税款仅仅是依职权的一种税务行政行为，税务机关依职权核定税款不能直接得出纳税人有偷税的主观故意。

030 某自然人作为三家企业的实际控制人，每家企业均发生一起偷税行为，是否能将此自然人定性为发生多次偷税行为，并依法移送公安机关？

答：不能定性为多次偷税行为。“实际控制人”的概念源于《中华人民共和国公司法》第二百一十六条定义：“是指虽不是公司的股东，但通过投资关系、协议或者其他安排，能够实际支配公司行为的人。”而在证券、基金领域，对“实际控制人”的定义还包含公司股东。简而言之，实际控制人就是实际控制上市公司的自然人、法人或其他组织。

修正后的《中华人民共和国刑法》第二百零一条规定：“逃税罪是指纳税人采取欺骗、隐瞒手段进行虚假纳税申报或者不申报，逃避缴纳税款数额较大并且占应纳税额百分之十以上的，扣缴义务人采取前款所列手段，不缴或者少缴已扣、已收税款，数额较大的，依照前款的规定处理。对多次实施前两款行为，未经处理的，按照累计数额计算。有第一款行为，经税务机关依法下达追缴通知后，补缴应纳税款、缴纳滞纳金，并已受行政处罚的，不予追究刑事责任；但五年内因逃避缴纳税款受过刑事处罚或者被税务机关给予二次以上行政处罚的除外。”可见，无论是刑法还是行政法，基本上都是将一户企业作为独立且完整的纳税人主体去看待。

因此，上述自然人实际控制的三家企业分别发生一次偷税行为，不能视为一个整体合并计算，也不能认定实际控制人实施了三次偷税行为，从而得出需要移送公安机关追究刑事责任的结论。

031 网络直播改变收入性质，属于偷税行为吗?

答：从基础法律关系来说，主播从事直播带货取得的佣金，是主播通过向委托方提供出镜、宣传、网络推广等综合性营销劳务所收取的对价。这类劳务具有明显的人身依附性，依赖于主播个人的外观、形象、口碑等要素。从经济实质来说，主播佣金只能是主播个人提供营销劳务取得的对价，不因合同签订主体、款项记载账簿等法律形式发生改变。表面上看是通过改变业务性质，通过不同税目、税率差进行套利，实际是通过对法律形式的“筹划”改变收入的税法定性，主观上明知经营性质不符申报实际，却依然采取虚假申报方式处理的，应当定性为偷税。

032 增值税销售额超过小规模纳税人标准，偷税数额如何界定?

答：稽查查补销售额和纳税评估调整销售额均计入查补税款申报当月的销售额，以界定增值税小规模纳税人年应税销售额。

《国家税务总局关于界定超标准小规模纳税人偷税数额的批复》（税总函〔2015〕311号）规定：“纳税人年应税销售额超过小规模纳税人标准且未在规定时限内申请一般纳税人资格认定的，主管税务机关应制作《税务事项通知书》予以告知。纳税人在《税务事项通知书》规定时限内仍未向主管税务机关报送一般纳税人认定有关资料的，其《税务事项通知书》规定时限届满之后的销售额依照增值税税率计算应纳税额，不得抵扣进项税额。税务机关送达的《税务事项通知书》规定时限届满之前的销售额，应按小规模纳税人简易计税方法，依3%征收率计算应纳税额。”

033 税务稽查发现某企业某年度有偷税行为，是否应当考虑对以后年度税收少缴产生的传导作用？

答：应当考虑上一年度偷税行为对以后年度税收少缴的传导作用。比如，A 企业 2019 年度企业虚列成本 50 万元，实际可弥补税前亏损额为 300 万元，此时应当调增应纳税所得额 50 万元，最后应纳税所得额为 -250万元。表面上看，当年虽然发生偷税行为，但是并未造成不缴或者少缴企业所得税的后果，不应当定性为偷税。但是，该偷税行为的结果影响了下一年度的税收计算。比如，2020 年度正常应纳税所得额原本为 200 万元，但是虚列成本致使企业亏损数额被人为放大，结果造成应纳税所得额成为 150 万元，造成少缴企业所得税 50×25% =12.5（万元）。如果偷税行为在 2021 年被查实，则 2020 年少缴税款的结果已经出现。此时，在可以查明纳税人存在主观故意的前提下，应当认定 A 企业造成 2020 年度企业所得税少缴，因此定性为偷税。

同样的还有增值税。比如，A 企业为增值税一般纳税人，2019 年销项税额为 100 万元，假设没有进项税额转出和不得抵扣的进项税额，企业取得真实进项税额 120 万元，虚开进项税额 100 万元，此时产生留抵进项税额 120 万元。表面上看，进项税额转出 100 万元后依然有 20 万元留抵，不应当定性为偷税。但是，该偷税行为的结果影响了下一年度的税收计算。如果 2020 年度销项税额为 170 万元，那么实际应纳税额为 170 -20 =150（万元），但是由于虚抵进项税额的存在，导致 2020 年应纳税额为 170 -120 =50（万元），实际少缴纳 100 万元增值税。在可以查明存在主观故意的前提下，应当认定 A 企业少缴 2020 年度增值税，因此定性为偷税。

034 纳税人发生预缴税款的少缴行为能否定性为偷税？

答：不能定性为偷税。《国家税务总局关于在企业所得税预缴中对偷税行为如何认定问题的复函》（国税函〔1996〕8号）规定，企业所得税采取“按年计算，分期预缴，年终汇算清缴”，预缴是为了保证税款均衡入库的手段。企业的收入和费用列支要到会计年度结束后才能准确计算出来，预缴中无论是按纳税期限的实际数额预缴，还是按上一年度的一定比例预缴，或者按其他方法预缴，都不能准确计算当期应纳税所得额。因此，预缴中少缴的税款不应作为偷税处理。

有税务机关认为，上述文件仅规定了企业所得税，并未规定增值税或者土地增值税等税种少缴预缴税款的定性，所以依然可以定性为偷税。这种理解是机械的，所有税种对于预缴税款的处理都应当保持一致。实际上，增值税、土地增值税、企业所得税均存在预缴税款制度，增值税一般纳税人的纳税义务时间按月计算，企业所得税按年进行汇算清缴，土地增值税按项目进行清算。由于未达到纳税义务时间，因此纳税人应纳税额是存在不确定性的，预缴税款后到实际纳税义务发生时间后，可能存在多缴或者少缴现象。税务机关不能用一个暂时无法确定的情形，得出一个偷税的必然确定的结论，这与以事实为依据的处理原则背道而驰。因此，应当和国税函〔1996〕8号文件的核心精神保持一致，对少缴预缴税款行为不定性为偷税行为。

035 企业购入一家亏损企业后，将原本自己负责的部分业务交给亏损企业，造成少缴税款是否认定为偷税？

答：不能。税收管理不应当过度干预企业的整体经营方针和计划。

《中华人民共和国税收征收管理法》第三十五条规定了六类事项税务机关有权核定其应纳税额，其中第（六）项“纳税人申报的计税依据明显偏低，又无正当理由的”规定必须具备“无正当理由”的条件才可以依职权进行核定。由此可见，税法对纳税调整规定的总体原则有两项，一是交易价格偏低且无正当理由，可以理解成人为造成税款减少，有主观故意倾向；二是不具备合理的商业目的。如果某项商业交易行为虽然看似价格明显偏低，但是具有正当理由，符合公序良俗的要求，则不能以依职权核定为由予以调整；否则，就是滥用税收职权。同理，企业集团内部实施资产重组等计划时，如果没有违反税收规定，没有逃避纳税的主观故意，就不能被定性为偷税。

036 稽查部门在检查中，对企业中途改变成本核算方法，多结转产品销售成本如何定性?

答：税务稽查部门在检查中发现企业擅自改变成本核算方法，多结转产品销售成本，对此应该如何定性，一直是比较纠结的问题。比如，从形式上属于多列成本，且造成少缴税款的结果。从手段上是企业擅自改变成本计算方法，在某种程度上有故意人为调节利润的可能性，按照《中华人民共和国税收征收管理法》第六十三条可以定性为偷税。但企业提出申辩理由，原材料涨价（如油类商品在不同产期间的产成品是混同的）造成会计核算差异，产生了多转销售成本的后果，要求按照《中华人民共和国税收征收管理法》第六十四条予以定性。此时，应如何进行分析呢?

首先，除房地产企业以及不允许采用“后进先出法”进行成本核算的企业之外，税收文件并未规定其他行业企业必须采取某种特定的会计成本方法进行核算。成本真实、合法和合理是纳税人经营活动中发生支出可以进行税前扣除的主要条件和基本原则。其次，企业可根据自身行业特点选择变更会计成本方法，只要成本计量符合《中华人民共和国企业所得税法》第八条规定，“企业实际发生的与取得收入有关的、合理的支出，包括成本、费用、税金、损失和其他支出，准予在计算应纳税所得额时扣除”，就应当允许税前扣除。至于在不同时期由于采用的会计成本计量方法不同而形成的会计核算差异，属于会计制度允许的合理合法行为，不能因为有少缴税款的结果，就认定其属于违法行为予以处罚。

需要注意的是，《国家税务总局关于印发〈房地产开发经营业务企业所得税处理办法〉的通知》（国税发〔2009〕31号）第二十九条规定：“企业开发、建造的开发产品应按制造成本法进行计量与核算。其中，应计入开发产品成本中的费用属于直接成本和能够分清成本对象的间接成本，直接计入成本对象，共同成本和不能分清负担对象的间接成本，应按受益的原则和配比的原则分配至各成本对象，具体分配方法可按以下规定选择其一：（一）占地面积法。指按已动工开发成本对象占地面积占开发用地总面积的比例进行分配。1. 一次性开发的，按某一成本对象占地面积占全部成本对象占地总面积的比例进行分配。2. 分期开发的，首先按本期全部成本对象占地面积占开发用地总面积的比例进行分配，然后再按某一成本对象占地面积占期内全部成本对象占地总面积的比例进行分配。期内全部成本对象应负担的占地面积为期内开发用地占地面积减除应由各期成本对象共同负担的占地面积。（二）建筑面积法。指按已动工开发成本对象建筑面积占开发用地总建筑面积的比例进行分配。1. 一次性开发的，按某一成本对象建筑面积占全部成本对象建筑面积的比例进行分配；2. 分期开发的，首先按期内成本对象建筑面积占开发用地计划建筑面积的比例进行分配，然后再按某一成本对象建筑面积占期内成本对象总建筑面积的比例进行分配。（三）直接成本法。指按期内某一成本对象的直接开发成本占期内全部成本对象直接开发成本的比例进行分配。（四）预算造价法。指按期内某一成本对象预算造价占期内全部成本对象预算造价的比例进行分配。”

037 企业账务处理时已计提税金，在税务机关通知申报后，由于资金不足未进行申报，能否认为企业有偷税的主观故意？

答：是否具备纳税义务履行能力，不是排除企业是否具有偷税故意的必然条件。无论企业纳税资金是否充足，前提都是不允许进行虚假的纳税申报。企业在账面计提税金，证明其对应当负担的纳税义务有准确而清晰的认识。但是通知申报而未进行申报，与通知申报而拒不申报存在本质区别。通知申报而未进行申报，此时纳税人并没有拒绝申报的主观故意，只是由于不可抗力、资金不足等客观因素未履行申报义务造成违法，与偷税的主观故意相比存在着显著差别。而通知申报后拒不申报，是指认识到纳税义务的存在，此时有履行能力却拒绝履行，并不要求纳税人对不缴、少缴税款金额有具体清晰的认识。在实际处理过程中，只有区分两种行为的性质，才能考虑是否适用《中华人民共和国税收征收管理法》第六十三条将其定性为偷税。

038 个人股东王某向企业借款 1000 万元未归还（未超过 1 年），后企业虚构一项对外债务 1000 万元，会计账簿记载这笔债务由借款股东支付，并冲减股东应还借款 1000 万元。2 年后上述行为被稽查部门检查发现，股东个人是否应该定性为偷税？

答：由于个人股东属于自然人，并非从事生产经营活动的个体工商户，《中华人民共和国个人所得税法》并未规定自然人有建立账簿、记载收入和成本的义务，也未接到税务机关的《税务事项通知书》，因此无法归入“纳税人伪造、变造、隐匿、擅自销毁账簿、记账凭证，或者在账簿上多列支出或者不列、少列收入，或者经税务机关通知申报而拒不申报”

所列举的偷税方式，与之相关联的仅有“进行虚假的纳税申报”这一种偷税方式。

由于进行虚假纳税申报的前提是个人进行申报，如果王某一直未进行纳税申报，就无法对其定性为偷税。由于现行税法政策没有对漏税的直接定性，因此只能在发现股东未申报纳税后，由主管税务机关依法向其发出《税务事项通知书》，要求其限期交纳不缴或少缴的个人所得税款。此时，如果股东个人仍然不缴纳，则只有在证明其存在主观故意后，才可以定性为偷税。

如果无法获取股东个人的主观故意证据，就无法定性为偷税，这时能否依据《中华人民共和国税收征收管理法》第六十四条第二款进行处罚？依据《中华人民共和国个人所得税法》第十条规定，取得应税所得，扣缴义务人未扣缴税款，纳税人依法办理纳税申报。在实践中，《中华人民共和国税收征收管理法》第六十四条第二款仅适用于第六十三条规定之外未办理税务登记的纳税人在发生纳税义务以后不进行纳税申报，从而造成不缴或少缴税款结果的情形。

对于扣缴义务人未扣缴税款行为，应当依据《中华人民共和国税收征收管理法》第六十九条规定，“扣缴义务人应扣未扣、应收而不收税款的，由税务机关向纳税人追缴税款，对扣缴义务人处应扣未扣、应收未收税款百分之五十以上三倍以下的罚款”予以处理。

039 纳税人在稽查局进行税务检查前主动补正申报、补缴税款，是否可以不定性为偷税？

答：《国家税务总局办公厅关于呼和浩特市昌隆食品有限公司有关涉税行为定性问题的复函》（国税办函〔2007〕513号）规定：“《中华人民共和国税收征收管理法》未具体规定纳税人自我纠正少缴税行为的性质问题，在处理此类情况时，仍应按《中华人民共和国税收征收管理法》关于偷税应当具备主观故意、客观手段和行为后果的规定进行是否偷税的定性。税务机关在实施检查前纳税人自我纠正属补报补缴少缴的税款，不能证明纳税人存在偷税的主观故意，不应定性为偷税。”

《国家税务总局关于税务检查期间补正申报补缴税款是否影响偷税行为定性有关问题的批复》（税总函〔2013〕196 号）：“纳税人未在法定的期限内缴纳税款，且其行为符合《中华人民共和国税收征收管理法》第六十三条规定的构成要件的，即构成偷税，逾期后补缴税款不影响行为的定性。纳税人在稽查局进行税务检查前主动补正申报补缴税款，并且税务机关没有证据证明纳税人具有偷税主观故意的，不按偷税处理。”

上述两份文件的相同点在于：将纳税人在税务机关实施检查前的补缴视为主动纠错行为，同时没有证据证明其存在主观故意，不定性为偷税。但是，对检查时的补缴税款行为的定性存在分歧。国税办函〔2007〕513 号文件认为需要关注是否具备主观故意才能对其定性是否存在偷税，而税总函〔2013〕196 号文件则认为逾期后，客观要件符合即符合要求。

由于两份文件均为有效文件，因此在实际操作中产生了一定的争议。在《中华人民共和国行政处罚法》修订后，此问题得到了进一步明确，定性行政处罚必须有主观过错，而主观过错包含主观故意。由于定性偷税必须有主观故意，因此在实际运用过程中应当注意上述文件的区别，以免错用。

040 骗税有哪些常见手段？

答：通过对骗税类型中货物流向、资金流向进行归类，大致可以将骗税手段分为以下六种。

（1）买单配票。

“买单配票”是指中间人利用出口企业的代理出口业务平台，假借出口企业名义，通过买卖出口企业空白出口货物报关单（信息），将不需要退税的出口货物通过上述企业抬头报关出口，进行虚假出口贸易。随后，通过虚开增值税专用发票、伪造出口单证方式匹配出口货物资料，从而骗取国家出口退税款的违法行为。

“买单配票”分为两步：第一步是“买单”，骗税分子收集不需要退税的货物出口信息（常见为外商在小商品市场采购后的出口货物信息），买卖使用有进出口经营权企业提供的空白出口货物报关单报关出口，制造出口企业自营出口假象；第二步是“配票”，骗税分子取得虚假出口货物报关单等出口资料后，通过虚开增值税专用发票，倒卖外汇、虚构外销合同等虚假备案资料，向税务部门申请出口退税。骗税分子往往在“买单配票”违法过程中充当中间人的角色，游离于监管体系之外，借用外贸公司的出口资质，暗箱操作骗税的全过程，严重扰乱了正常的出口秩序，是当前最容易诱发出口骗税的一种操作手段。

（2）道具出口。

“道具出口”是指骗税分子利用物理属性与申报出口货物类似的道具货物制造货物出口假象，从而骗取国家出口退税款的违法行为。在日常操作中，为了应对海关查验，骗税分子往往将“道具货物”与申报出口货物的相关属性进行匹配。上述“道具货物”出口后，或者以极低的价格在境外直接销售，或者就地报废处理，或者通过走私等途径运回国内进行“循环出口”。“循环出口”是“道具货物”出口中最典型的一种表现形式。骗税分子使用同一批出口道具重复通关，制造多次出口假象，并向税务部门申请出口退税。一般为了节约运输成本，“循环出口”骗税的出口境外地主要集中于我国周边国家和地区。

（3）低值高报。

“低值高报”是指骗税分子将单位价值较低的货物在出口时虚报价格，以单位价值高的货物申报出口，从而骗取国家出口退税款的违法行为。在货物真实出口情况下，骗税分子通过高报出口货物价格、虚增进项、倒卖外汇等手段达到骗取出口退税款的目的。一般来说，“低值高报”的情形主要存在于外贸出口企业中［外贸出口企业实行出口退（免）税政策，相比生产企业的退税方式较为简单］。对于这类骗取出口退税行为的检查，一方面应关注外汇取得情况；另一方面要关注产品本身，与同类产品相比是否存在高报价格的疑点。

（4）伪报海关编码。

“伪报海关编码”是指骗税分子在货物出口过程中，将低退税率的货物商品通过伪报海关编码，假报成高退税率商品，进而骗取国家出口退税款的违法行为。在出口过程中，海关负责认定出口货物海关编码，税务部门根据海关编码认定出口退税率。货物的首道认定环节由海关负责。在实际操作中，骗税分子为了达到骗取出口退税款的目的，将低退税率产品伪装成较为接近的高退税率产品进行申报。由于海关查验率的限制，一旦货物放行通过，骗税分子就可以据此向税务部门申报退税。

（5）空箱闯关。

“空箱闯关”也叫“冲关出口”，是指骗税分子在没有货物出口交易的情况下，用杂货、废料充当出口货物，甚至是空集装箱直接申报出口，虚构货物真实出口假象，以此骗取国家出口退税款。“空箱闯关”骗税手段简单粗暴，在实际操作中，骗税分子为了应对海关查验系统，提高机检通过率，一般都会对“货物”的摆放、外包装、重量等进行精心伪装，具有很强的迷惑性。

（6）组合骗税。

“组合骗税”是指骗税分子为了获取更大的犯罪利益，将上述骗税手法相结合实施骗取出口退税款的行为。例如，在“买单配票”过程中，往往存在着“低值高报”的情形，在“道具出口”过程中往往夹杂着“伪报海关编码”的情形。同时，随着近几年出现的新型贸易方式，如跨境电子商务进出口贸易等的快速崛起，骗税分子利用上述进出口优惠平台，极具针对性地实施犯罪行为，并且形式更加隐蔽、手段更加繁杂。

041 甲企业是增值税一般纳税人，2021 年 3 月将部分应税收入延迟到 8 月开票造成少缴税款 20 万元，是否属于偷税?

答：首先，纳税人无论是否开票，一旦到达纳税义务发生时间就应当如实进行申报。《中华人民共和国增值税暂行条例》第十九条规定："增值税纳税义务发生时间：（一）发生应税销售行为，为收讫销售款项或者取得索取销售款项凭据的当天；先开具发票的，为开具发票的当天。（二）进口货物，为报关进口的当天。"

《中华人民共和国发票管理办法》第二十三条规定："开具发票应当按照规定的时限、顺序，逐栏、全部联次一次性如实开具。"《中华人民共和国发票管理办法实施细则》规定："填开发票的单位和个人必须在发生经营业务确认营业收入时开具发票。"

其次，由于增值税实行链条抵扣机制，以纳税人当期销项税额抵扣进项税额后的余额为应纳税额，由于企业存在进项税额留抵，延迟开票造成少缴或不缴税款的后果，应当被定性为偷税。但是，在做出税务处理时应当注意定性偷税的具体类型。

【情形一】如果纳税人会计账簿记载完整，只是在填写纳税申报表时填写内容不实，则此时应定性为虚假的纳税申报。

【情形二】如果纳税人存在不计、少计收入，并在填写纳税申报表时填写内容不实，则此时应定性为不计、少计收入，以及虚假的纳税申报。原因在于，为完成偷税行为，纳税人不仅在会计账簿上进行了不计、少计收入，为达到欺骗隐瞒的效果，还向税务机关报送虚假的纳税申报表、财务报表、代扣代缴税款报告表、代收代缴税款报告表或者其他纳税申报资料。如果仅对其定性为不计、少计收入，那么对其提供虚假纳税申报资料的行为属于遗漏评价。

有的税务机关对此问题存在认识误区，认为只定性一种具体手段并不影响偷税定性。但是，如果违法事实显示纳税人采用了多种偷税手段，存在较大的社会危害性，且金额较大，就可以认定为情节严重。在运用行政处罚裁量基准时，可以适用从重处罚，以达到处罚与教育相结合的目的。

042 某小型企业前期内部财务管理不善，会计账簿记载混乱，后聘请会计师事务所重新梳理会计账簿，此时被人举报，并予以立案检查。企业配合检查主动交出账簿，税务机关发现存在少缴税款，能否定性为偷税?

答：税务机关认定纳税人存在偷税行为的法律依据是《中华人民共和国税收征收管理法》第六十三条第一款："纳税人伪造、变造、隐匿、擅自销毁账簿、记账凭证，或者在账簿上多列支出或者不列、少列收入，或者经税务机关通知申报而拒不申报或者进行虚假的纳税申报，不缴或者少缴应纳税款的，是偷税。"如果要定性为偷税，就必须同时具备三个条件：一是存在上述列举的偷税情形，二是造成不缴或少缴税款的后果，三是存在主观故意。

如果企业只是会计账簿记载混乱，属于企业管理不规范现象，无法直接提供真实、完整的纳税资料，则不能直接等同于"伪造、变造、隐匿、擅自销毁账簿、记账凭证"。税务机关可以根据《中华人民共和国税收征收管理法》第三十五条第（四）款规定进行核定，"虽设置账簿，但账目混乱或者成本资料、收入凭证、费用凭证残缺不全，难以查账的"，税务机关有权核定其应纳税额。

纳税人前期内部管理混乱是其客观实际，该企业后续规范了会计账簿，经过税务稽查发现存在少缴或不缴税款的后果，虽然前期账簿混乱时出现"在账簿上多列支出或者不列、少列收入"情形，但是如果没有主观故意的证据，仍然不宜定性为偷税。

043 房地产开发企业未能及时预缴税款，用进项留抵税额抵减预缴税款缴清了欠税，还需要加收滞纳金吗？

案例

甲公司为房地产开发企业，因公司资金周转困难，没有预交税款，如果按照《国家税务总局关于增值税一般纳税人用进项留抵税额抵减增值税欠税问题的通知》（国税发〔2004〕112号）规定用进项留抵税额抵减预缴税款，那么欠税缴清还需要加收滞纳金吗？

答：首先，预缴税款是指在实际纳税时间之前预先缴纳的税款。预缴税款是为了保证税款均衡入库的一种手段。根据《中华人民共和国税收征收管理法》第三十二条规定："纳税人未按照规定期限解缴缴纳税款的，扣缴义务人未按照规定期限解缴税款的，税务机关除责令限期缴纳外，从滞纳税款之日起，按日加收滞纳税款万分之五的滞纳金。"此处的预缴税款也属于缴纳税款。

其次，依据《中华人民共和国税收征收管理法释义》规定，纳税人、扣缴义务人按照法律、行政法规规定的或者税务机关依照法律、行政法规的规定确定的期限，缴纳或者解缴税款。这是对纳税人、扣缴义务人缴纳税款或者解缴税款法定期限的规定。如果纳税人、扣缴义务人未按照法定期限缴纳或者解缴税款，就是违法行为，应当受到法律的制裁。本条规定对这种行为加收滞纳金，就是一种经济补偿和制裁措施。

《国家税务总局关于〈房地产开发企业销售自行开发的房地产项目增值税征收管理暂行办法〉的公告》（国家税务总局2016年第18号）第十二条规定："一般纳税人应在取得预收款的次月纳税申报期向主管国地税已合并机关预缴税款。"

综上所述，预缴税款在未及时缴纳后已经转化为欠税，此时应当依据

《中华人民共和国税收征收管理法》第三十二条依法加收滞纳金。

044 企业在无购进货物的情况下接受虚开增值税专用发票，此时企业账面存在留抵税额，还能定性为偷税吗?

案例

2021 年 4 月，企业被稽查部门发现存在少计收入情况：2018 年 3 月少申报增值税销项税额 10 万元，完成纳税申报后留抵税额 12 万元；2018 年 7 月，少申报增值税销项税额 20 万元，完成纳税申报后留抵税额 15 万元；2022 年 4 月企业账面有留抵税额 34 万元。企业认为，按照《中华人民共和国税收征收管理法》第六十三条规定，认定偷税要存在不缴或少缴税款的后果。企业自身存在留抵税款，并且大于少缴税款，即便重新申报后也无须缴纳税款，不应当被定性为偷税。

答：企业的观点是不准确的。按照《中华人民共和国增值税暂行条例》第二十三条规定，增值税的纳税期限分别为 1 日、3 日、5 日、10 日、15 日、1 个月或者 1 个季度。因此，只要企业在对应的纳税期限内造成了少缴税款的结果，并且符合其他认定偷税的条件，就应当被定性为偷税，而非随意将一定时间段内的销项税额、进项税额合并计算，再与当期的留抵税额比较，确定是否属于偷税。

上述案例中，2018 年 3 月重新申报后，由于销项税额 10 万元小于当月留抵税额 12 万元，仍存在 2 万元留抵税额，因此不存在少缴税款的后果；2018 年 7 月，重新申报后，由于销项税额 20 万元大于当月留抵税额 12 万元，少缴税款为 8 万元，因此存在少缴税款的后果。无购进货物取得进项税额抵扣，则带有明显的偷税意图，所以应当定性为偷税。

我们可以参考一下国家税务总局 2007 年的答疑回复：

我是本省某基层税务机关的税务稽查人员，最近我们在对某工业企业实施税务稽查。该企业是外商独资企业，生产汽车轮毂，产品全部出口，至检查日企业办妥出口退税后仍存在大额留抵税金。经对企业2004年以来的纳税情况进行检查，发现企业采用销售下脚料不入账、在建工程未转出进项税金等手段，少计增值税销项税金或多抵扣进项税金合计220余万元。但将上述查补税金分解至各纳税期与留抵税金相抵减后，该企业仍未产生应缴税金。对该企业如何定性处理，我们内部存在两种不同意见：一种观点认为，少计的销项税金和多计的进项税金之和小于留抵税金的，应认定为没有造成实际不缴和少缴税款，企业的行为不符合税收征管法第六十三条规定的偷税概念，不能定性为偷税，应按税收征管法第六十四条第一款，纳税人、扣缴义务人编造虚假计税依据的，由税务机关责令限期改正，并处五万元以下的罚款。而另一种观点认为，应当执行国税发〔1998〕66号文件第一条第一款、第二款和第二条、第三条的规定，在偷税性质认定和数额认定上不考虑留抵税额问题，偷税数额应为少计的销项和多计的进项之和，只是在补缴税款时考虑留抵税额问题。而且国税发〔1998〕066号文件尚未失效或作废。因国税发〔1998〕066号文件和税收征管法第六十三条相抵触，如何执行盼明示？

回复意见：您好，您在我们网站上提交的纳税咨询问题收悉。现针对您所提供的信息简要回复如下：《中华人民共和国税收征收管理法》第六十三条在对偷税的认定上规定纳税人采用各种手段，实施了偷税行为并且造成了少缴、未缴税款的结果，给国家税收造成了损失才是偷税。《中华人民共和国税收征收管理法》第六十四条第一款规定了纳税人在采取了编造虚假计税依据而没有造成少缴、未缴税款事实的情况下应受到的法律处罚。征管法第六十三条与第六十四条第一款的区别在于是否造成少缴税款的事实，即如果有少缴税款的事实则构成偷税，如果没有少缴税款的事实，则适用第六十四条第一款的规定。从问题所提及的内容来看，该被查企业虽然实施销售下脚料不入账和未转出在建工程进项税金等手段，但是将查补税金分解到各个纳税期与留抵税金相抵减后，该企业仍未产生应交税金，即没有造成当期少缴应缴税款的事实，因此不能被认定为偷税，而应该适用征管法第六十四条第一款的规定，责令该企业限期改正，并处以五万元以下的罚款。上述回复仅供参考。有关具体办理程序方面的事宜请直接向您的主管或所在地税务机关咨询。欢迎您再次提问。

国家税务总局

2007－11－07

需要注意的是，《国家税务总局关于增值税一般纳税人发生偷税行为如何确定偷税数额和补税罚款的通知》（国税发〔1998〕66号）规定："一、关于偷税数额的确定。（一）由于现行增值税制采取购进扣税法计税，一般纳税人有偷税行为，其不报、少报的销项税额或者多报的进项税额，即是其不缴或少缴的应纳增值税额。因此，偷税数额应当按销项税额的不报、少报部分或者进项税额的多报部分确定。如果销项、进项均查有偷税问题，其偷税数额应当为两项偷税数额之和。（二）纳税人的偷税手段如属账外经营，即购销活动均不入账，其不缴或少缴的应纳增值税额即偷税额为账外经营部分的销项税额抵扣账外经营部分中已销货物进项税额后的余额。已销货物的进项税额按下列公式计算：已销货物进项税额＝账外经营部分购货的进项税额－账外经营部分存货的进项税额（注：国税函〔2005〕763号文件规定其取得的账外经营部分防伪税控专用发票，未按规定时限认证或者未在认证时通过当月申报抵扣的，不得抵扣）。（三）如账外经营部分的销项税额或已销货物进项税额难以核实，应当根据《中华人民共和国增值税暂行条例实施细则》第十六条第（三）项规定，按照组成计税价格公式核定销售额，再行确定偷税数额。凡销项税额难以核实的，以账外经营部分已销货物的成本为基础核定销售额；已销货物进项税额难以核实的，以账外经营部分的购货成本为基础核定销售额。"《国家税务总局关于修改〈国家税务总局关于增值税一般纳税人发生偷税行为如何确定偷税数额和补程罚款的通知〉的通知》（国税函〔1999〕739 号）文件废止上述条款，将其修改为："纳税人账外经营部分的销售额（计税价格）难以核实的，应根据《中华人民共和国增值税暂行条例实施细则》第十六条第（三）项规定按组成计税价格核定其销售额。"

税务稽查疑难 180 问

行政处罚问题处理篇

045 涉嫌犯罪案件移送公安机关前，税务机关能否对其进行税务行政处罚？

答：涉嫌税收犯罪案件移送公安机关前，税务机关可以给予其行政处罚。

《中华人民共和国行政处罚法》第三十五条第二款规定："违法行为构成犯罪，人民法院判处罚金时，行政机关已经给予当事人罚款的，应当折抵相应罚金；行政机关尚未给予当事人罚款的，不再给予罚款。"

实践中，行政执法机关在移送案件时未作出行政处罚决定的，原则上应当在公安机关决定不予立案或者撤销案件、人民检察院作出不起诉决定、人民法院作出无罪判决或者免予刑事处罚后，再决定是否给予行政处罚。这里需要注意以下三点。

第一，按照《中华人民共和国行政处罚法》"违法行为涉嫌犯罪的，行政机关应当及时将案件移送司法机关，依法追究刑事责任"的规定，行政执法机关一经发现涉嫌犯罪的，"应当及时将案件移送"，并无可作出行政处罚决定"依法"操作的时间。因而，"行政执法机关在移送案件时已经作出行政处罚决定"，必然是在发现涉嫌犯罪之前作出的。比如，税务部门调查发现当事人虚开增值税普通发票20万元，先给予了行政处罚，又发现其另外30万元的虚开行为，此时已达追诉标准，不宜再作行政处罚，须按涉嫌犯罪予以移送，前面作出的行政处罚决定书亦应一并抄送。

第二，结合"未作出行政处罚决定的……"实际也说明，当行政执法机关已经发现涉嫌犯罪时，是不可以作出行政处罚决定后再移送的，而是在司法机关作出不予刑事处罚决定（裁判）后退回才可以。如果在发现涉嫌犯罪时作出行政处罚决定后再移送，则按照规定应当先向纳税人送达《税务行政处罚决定书》。如果纳税人提起听证，此时《税务行政处罚决定书》尚未制作，就无法按照要求将《税务行政处罚决定书》一并抄送公安机关、人民检察院，并且按照《行政执法机关移送涉嫌犯罪案件的规定》（国务院令第310号公布，国务院令第730号修订）第五条规定，行政执法机关正职负责人或者主持工作的负责人应当自接到报告之日起3日内作出批准移送或者不批准移送的决定。决定批准的，应当在24小时内向同级公安机关移送。

按照上述规定移送有时间限制，而《中华人民共和国行政处罚法》第六十四条要求：“（一）当事人要求听证的，应当在行政机关告知后五日内提出；（二）行政机关应当在举行听证的七日前，通知当事人及有关人员听证的时间、地点。”因此，听证时间已经超过上述时限要求，将造成案件无法及时移送的结果。

第三，所谓“未作出行政处罚决定的，原则上应当在……，再决定是否给予行政处罚”中“原则上”的理解，不是给予行政执法机关在涉嫌犯罪案件移送前可以作出行政处罚决定的特殊处理，而是考虑刑事处罚并不及于某些行政处罚事项，比如吊销证照等，若一律禁止其作出行政处罚决定，未免不妥。

按照上述规定，移送前给予行政处罚要符合一定条件：一是考虑行政处罚大多属于财产罚，而刑事处罚往往是人身罚，处罚力度更大；二是考虑违法行为本身的社会危害性，因此实践中一般应当移送后等待司法机关处理，再决定是否给予行政处罚。

046 税务机关将案件移送公安机关立案侦查后，能否进行税务行政处罚？

答：要视具体情况而定。虽然不能作出财产罚，但是可以作出行为罚和申诫罚。

税务机关将案件移送公安机关立案侦查后，又以当事人涉嫌偷税立案，并作出罚款的行政处罚决定，属行政程序违法，违背《中华人民共和国行政处罚法》第二十九条“一事不二罚款”原则，应予撤销。

《最高人民法院关于司法机关对当事人虚开增值税专用发票罪立案之后刑事判决之前，税务机关又以同一事实以偷税为由对同一当事人能否作出行政处罚问题的答复》（〔2008〕行他字第1号）指出：“税务机关在发现涉嫌犯罪并移送公安机关进行刑事侦查后，不再针对同一违法行为作出行为罚和申诫罚以外的行政处罚”。

《中华人民共和国行政处罚法》第九条中警告、通报批评属于申诫罚；罚款、没收违法所得、没收非法财物属于财产罚；限制开展生产经营活动、责令停产停业、责令关闭、限制从业属于行为罚。一般来说，税务机关应根据实际情况选择适用的行政处罚。

需要注意的是，《税务行政复议规则》第十四条规定：“行政复议机关受理申请人对税务机关下列具体行政行为不服提出的行政复议申请：……（五）行政处罚行为：1. 罚款；2. 没收财物和违法所得；3. 停止出口退税权。”

《国家税务总局关于发布〈税务行政处罚裁量权行使规则〉》第四条规定：“税务行政处罚的种类包括：（一）罚款；（二）没收违法所得、没收非法财物；（三）停止出口退税权；（四）法律、法规和规章规定的其他行政处罚。”

加处罚款属于行政强制执行，不是行政处罚。

047 2021年新修订的《中华人民共和国行政处罚法》生效后，定性偷税主观故意是否不再需要税务机关负责举证？

答：《中华人民共和国行政处罚法》第三十三条第二款规定："当事人有证据足以证明没有主观过错的，不予行政处罚。法律、行政法规另有规定的，从其规定。"上述规定仅规定了当事人可以举证，税务机关可以不予行政处罚，但是并没有排除税务机关对于偷税主观故意的举证责任。

行政机关是否应主动调查当事人主观上是否有过错，取决于案件适用的法条对于主观过错是否是行政处罚的构成要件，从而得出举证责任是否归属于行政机关的结论。需要注意的是，是否存在"主观过错"是处罚中自由裁量的考量因素，根据行政处罚案件全面调查取证的原则，建议对当事人实施行为时的主观状态作出调查。

此外，如果在行政执法中完全没有了解当事人是否有主观过错以及当事人是否会以此为由要求不予处罚；当事人在处罚作出后对此不服，提出行政复议或者行政诉讼，并且能够自证当事人作出涉税行为时并不存在主观故意，那么税务机关作出的处罚决定存在被法院依法撤销的法律风险。

048 内部人员挪用资金，造成企业资金短缺未及时履行纳税申报义务，是否应当进行行政处罚？

答：企业内部人员挪用资金，属于企业内控制度不健全引发的内控风险，不能以此作为企业未及时履行纳税义务的申辩理由。税务机关应按照《中华人民共和国税收征收管理法》第六十二条规定，"纳税人未按照规定的期限办理纳税申报和报送纳税资料的，或者扣缴义务人未按照规定的期限向税务机关报送代扣代缴、代收代缴税款报告表和有关资料的，由税务机关责令限期改正，可以处二千元以下的罚款；情节严重的，可以处二千元以上一万元以下的罚款”予以处罚。税收实务中，一般从有利于纳税人的角度出发，很多情形下只是责令其限期改正，以教育为主、以处罚为辅。《税务行政处罚“首违不罚”事项清单》规定：纳税人未按照《中华人民共和国税收征收管理法》及实施细则等有关规定的期限办理纳税申报和报送纳税资料，属于“首违不罚”清单事项。对于首次发生清单中所列事项且危害后果轻微，在税务机关发现前主动改正或者在税务机关责令限期改正的期限内改正的，不予行政处罚。

049 如何理解“首违不罚”概念？

答：《中华人民共和国行政处罚法》第三十三条规定：“违法行为轻微并及时改正，没有造成危害后果的，不予行政处罚。初次违法且危害后果轻微并及时改正的，可以不予行政处罚。当事人有证据足以证明没有主观过错的，不予行政处罚。法律、行政法规另有规定的，从其规定。对当事人的违法行为依法不予行政处罚的，行政机关应当对当事人进行教育。”

在行政处罚领域，国家税务总局先后下发了两次“首违不罚”清单。适用行政处罚“首违不罚”需符合三个条件：一是首次发生清单中所列事项，二是危害后果轻微，三是在税务机关发现前主动改正或者在税务机关责令限期改正的期限内改正。符合上述三个条件的，税务机关应主动对当事人适用“首违不罚”。其中，第一批行政处罚“首违不罚”事项清单有10个事项，第二批行政处罚“首违不罚”事项清单有4个事项，兼顾了资料报送、纳税申报和票证管理等多类型轻微税收违法行为。税务机关对发生清单所列事项，且符合公告规定条件的纳税人、扣缴义务人适用“首违不罚”。对适用“首违不罚”的纳税人、扣缴义务人，税务机关应当以适当方式加强税法宣传和辅导。

如当事人认为其符合适用“首违不罚”的条件，但税务机关未主动适用的，当事人可以进行申辩并要求适用“首违不罚”。同时，国家税务总局发布清单时也特别强调，对于“危害后果轻微”的认定排除两种情形，即违法行为造成不可挽回的税费损失或者较大社会影响的，不能认定为“危害后果轻微”，不能适用“首违不罚”。

同时，“首违不罚”只能适用于非主观意愿的违法行为，而不适用于其他违法行为。税务部门对于清单之外的税收违法行为，依然要进行处罚。需要注意以下两方面。

（1）纳税人、扣缴义务人可以在税务机关发现前主动改正，也可以在税务机关责令限期改正的期限内改正，两种改正方式均可，但结果必须是已改正。如果没有及时改正，即使满足前两个条件，也不能适用“首违不罚”。

（2）以“首违不罚”清单内单项违法行为作为判断对象。因税收违法行为手段多样，推出“首违不罚”的目的是对纳税人的轻微违法行为给予一次救济和教育的机会，以达到教育与惩戒相结合的目的。如果将所有的违法行为均作为判断对象，就相当于只给予了纳税人一次不罚的机会，与制度推出的初衷不符。因此，本书认为“首违不罚”应以单项违法行为作为判断对象。

050 如何理解《中华人民共和国税收征收管理法》与《中华人民共和国行政处罚法》的关系？

答：《中华人民共和国税收征收管理法》规定的是处罚标准，这个标准并不解决如何执行的问题；而《中华人民共和国行政处罚法》规定的是处罚规则，解决的恰恰是当其他法律规范规定了处罚标准时，如何执行标准的问题。这是两种不同的问题，两者并不矛盾，都是应当执行的法律规范，即处罚标准依据《中华人民共和国税收征收管理法》的规定，而如何执行《中华人民共和国税收征收管理法》的标准，则按《中华人民共和国行政处罚法》的规定办理，当属于《中华人民共和国行政处罚法》规定的从轻、减轻处罚或不予行政处罚情形时，可以在《中华人民共和国税收征收管理法》规定的标准基础上从轻、减轻处罚或不予行政处罚。

051 如何理解行政处罚信息公示和税收违法“黑名单”公示二者间的差异?

答：主要存在以下四个方面的区别。

（1）行政处罚信息公示和列入税收违法“黑名单”公示的条件不同。

纳税人和其他税务当事人因违反税收征管秩序（但尚未构成犯罪）被处罚，税务局稽查局依法作出《税务处理决定书》《税务行政处罚决定书》后，行政处罚信息将在“信用中国”网站上予以公示。

如果当事人的违法行为符合《重大税收违法失信主体信息公布管理办法》（以下简称《办法》）所列标准时，将被列入税收违法“黑名单”。

根据《办法》第六条，具体有以下标准：“本办法所称‘重大税收违法失信主体’（以下简称‘失信主体’）是指有下列情形之一的纳税人、扣缴义务人或者其他涉税当事人（以下简称‘当事人’）：（一）伪造、变造、隐匿、擅自销毁账簿、记账凭证，或者在账簿上多列支出或者不列、少列收入，或者经税务机关通知申报而拒不申报或者进行虚假的纳税申报，不缴或者少缴应纳税款100万元以上，且任一年度不缴或者少缴应纳税款占当年各税种应纳税总额10%以上的，或者采取前述手段，不缴或者少缴已扣、已收税款，数额在100万元以上的；（二）欠缴应纳税款，采取转移或者隐匿财产的手段，妨碍税务机关追缴欠缴的税款，欠缴税款金额100万元以上的；（三）骗取国家出口退税款的；（四）以暴力、威胁方法拒不缴纳税款的；（五）虚开增值税专用发票或者虚开用于骗取出口退税、抵扣税款的其他发票的；（六）虚开增值税普通发票100份以上或者金额400万元以上的；（七）私自印制、伪造、变造发票，非法制造发票防伪专用品，伪造发票监制章的；（八）具有偷税、逃避追缴欠税、骗取出口退税、抗税、虚开发票等行为，在稽查案件执行完毕前，不履行税收义务并脱离税务机关监管，经税务机关检查确认走逃（失联）的；（九）为纳税人、扣缴义务人非法提供银行账户、发票、证明或者其他方便，导致未缴、少缴税款 100 万元以上或者骗取国家出口退税款的；（十）税务代理人违反税收法律、行政法规造成纳税人未缴或者少缴税款 100 万元以上的；（十一）其他性质恶劣、情节严重、社会危害性较大的税收违法行为。"

在《办法》第七条中又明确了确定失信主体的前提条件："税务机关对当事人依法作出《税务行政处罚决定书》，当事人在法定期限内未申请行政复议、未提起行政诉讼，或者申请行政复议，行政复议机关作出行政复议决定后，在法定期限内未提起行政诉讼，或者人民法院对税务行政处罚决定或行政复议决定作出生效判决、裁定后，有本办法第六条规定情形之一的，税务机关确定其为失信主体。对移送公安机关的当事人，税务机关在移送时已依法作出《税务处理决定书》，未作出《税务行政处罚决定书》的，当事人在法定期限内未申请行政复议、未提起行政诉讼，或者申请行政复议，行政复议机关作出行政复议决定后，在法定期限内未提起行政诉讼，或者人民法院对税务处理决定或行政复议决定作出生效判决、裁定后，有本办法第六条规定情形之一的，税务机关确定其为失信主体。"

（2）两者的公示期限不同。

第一，行政处罚公示。

按照失信行为造成后果的严重程度，划分为涉及一般失信行为和严重失信行为的行政处罚信息。严重失信行为的性质较为恶劣、情节严重、社会危害程度较大，其中以特定严重失信行为最为严重。

涉及一般失信行为的，行政处罚自决定之日起，在信用网站（"信用中国"网站及地方信用门户网站）最短公示期限为三个月，最长为一年。法律、法规、规章另有规定的从其规定。

涉及严重失信行为的，最短六个月，最长三年。

涉及特定严重失信行为的，按最长公示期限（三年）予以公示。

第二，税收违法“黑名单”。

失信主体信息自公布之日起满三年的，税务机关在五日内停止信息公布。

（3）两者的惩戒措施不同。

第一，对于行政处罚的公示主体，税务机关将依据对其作出的《税务行政处罚决定书》，进行罚款等相应行政处罚。

第二，对于税收违法“黑名单”的公示主体，①纳税信用级别将直接判为D级，适用相应的D级纳税人管理措施；②在出境前未按照规定结清应纳税款、滞纳金或者提供纳税担保的，税务机关可以依据相关规定，通知出入境管理机关阻止其出境；③税务机关将当事人信息提供给参与实施联合惩戒的相关部门，由相关部门依法对当事人采取联合惩戒和管理措施；④税务机关依法采取的其他严格管理措施。

（4）两者信用修复不同。

第一，对于行政处罚，可以分以下三种情况。

①涉及一般失信行为的，信用修复申请人须向网站提供相关身份材料和已履行行政处罚材料，公开作出信用修复承诺，信用网站核实后将在最短公示期满后撤下相关公示信息。可以通过“信用中国”网站或App便捷申请信用修复。主动向行政处罚决定机关提请开展信用修复的，经机关报送信用修复完成情况和信用信息公示的责任部门核实后，在最短公示期满后撤下相关公示信息。

②涉及严重失信行为的，除上述做法外，还应主动参加信用修复专题培训，并向信用网站提交信用报告，经核实后，在最短公示期满后撤下相关公示信息。

③涉及特定严重失信行为的，严格按照最长公示期限公示，公示期间不予修复。

第二，对于税收违法“黑名单”，在失信信息公布期间，符合下列条件之一的，失信主体或者其破产管理人可以向作出确定失信主体决定的税务机关申请提前停止公布失信信息：①按照《税务处理决定书》《税务行政处罚决定书》缴清（退）税款、滞纳金、罚款，且失信主体的失信信息公布满六个月的；②失信主体破产，人民法院出具批准重整计划或认可和解协议的裁定书，税务机关依法受偿的；③在发生重大自然灾害、公共卫生、社会安全等突发事件期间，因参与应急抢险救灾、疫情防控、重大项目建设或者履行社会责任作出突出贡献的。

以上停止公布信息是有前提条件的，假如失信主体有下列情形之一，则不予提前停止公布：①被确定为失信主体后，因发生偷税、逃避追缴欠税、骗取出口退税、抗税、虚开发票等税收违法行为受到税务处理或者行政处罚的；②五年内被确定为失信主体两次以上的。

通过比较可以看到，税收违法“黑名单”仅涉及重大税收违法失信案件，在案件违法事实的性质、情节方面更为严重，公示期较长，可信用修复的情形较少，惩戒力度较大。

052 税务机关在作出行政处罚前，已告知纳税人有听证权利，是否还要作陈述申辩笔录？

答：《中华人民共和国税收征收管理法》第八条第四款规定：“纳税人、扣缴义务人对税务机关所作出的决定，享有陈述权、申辩权；依法享有申请行政复议、提起行政诉讼、请求国家赔偿等权利。”

《国家税务总局关于纳税人权利与义务的公告》（国家税务总局公告2009年第1号，根据国家税务总局公告2018年第31号修改）指出：“您对我们作出的决定，享有陈述权、申辩权。如果您有充分的证据证明自己的行为合法，我们就不得对您实施行政处罚；即使您的陈述或申辩不充分合理，我们也会向您解释实施行政处罚的原因。我们不会因您的申辩而加重处罚。”

《中华人民共和国税收征收管理法》第八条第四款规定：“纳税人、扣缴义务人对税务机关所作出的决定，享有陈述权、申辩权。”而税务机关的决定，除了行政处罚决定以外，还包括税务处理决定。因此，当事人对于税务机关的处理、处罚决定，自然享有陈述申辩权，对于符合一定条件的处罚决定，还享有听证权，听证的目的也是进一步保障当事人享有的陈述申辩权，但是二者不能相互替代。不能因为已经告知纳税人可以行使听证权利，就剥夺纳税人的陈述申辩权利，侵害纳税人的合法权益。

注意：有部分单位认为，税务机关在稽查期间与当事人的沟通也是当事人行使陈述申辩权的表现形式，如《税务稽查工作底稿（二）》中有记载陈述申辩相关内容。这种观点是错误的，所谓“陈述申辩权”是对拟作出的行政行为的陈述与申辩，而不是调查过程中的沟通意见。行政决定的事实、理由、依据和内容均应当事先告知当事人，否则当事人在不知其可能承担的不利后果的前提下，无法提出充分的陈述申辩意见，导致陈述申辩权形同虚设。

053 纳税人在行政处罚听证时对税务处理决定不服，能否直接在听证会上对此予以陈述申辩？

答：行政处罚听证，主要依据《中华人民共和国行政处罚法》和《税务行政处罚听证程序实施办法（试行）》（国税发〔1996〕190号）的规定执行。根据《税务行政处罚听证程序实施办法（试行）》（国税发〔1996〕190号）规定，听证标准为“税务机关对公民作出2000元以上（含本数）罚款或者对法人或者其他组织作出1万元以上（含本数）罚款的行政处罚”。税务机关给出此标准的行政处罚时，“当事人要求听证的，税务机关应当组织听证”。因此，涉税当事人对相关处罚决定不服的，应当对行政处罚所依据的事实依据、法律依据进行质证。由于听证仅限于解决行政处罚决定争议，而税务处理决定争议不属于听证范围，因此所证不予受理相关诉求。一般来说，行政处罚决定所依据的事实和税务处理决定的事实是统一的，如果是对事实依据质疑，则依然可以进行质证；如果对事实无异议，同时对税务处理决定不服，则可以自收到处理决定书之日起六十日内依法向税务机关申请行政复议，或者自收到处理决定书之日起六个月内依法向人民法院起诉；如果是涉税争议，则应当先缴纳税款或者提供纳税担保，然后提起行政复议，对复议结果不服的，再向当地人民法院依法提起行政诉讼。

054 纳税人准备向税务机关提起行政复议或者行政诉讼，律师是否有权向税务机关调取税务稽查案件资料？

答：纳税人如果提起行政复议，代理律师不可以直接向稽查局调取稽查案件资料。根据《中华人民共和国行政复议法》第二十三条规定：“行政复议机关负责法制工作的机构应当自行政复议申请受理之日起七日内，将行政复议申请书副本或者行政复议申请笔录复印件发送被申请人。被申请人应当自收到申请书副本或者申请笔录复印件之日起十日内，提出书面答复，并提交当初作出具体行政行为的证据、依据和其他有关材料。申请人、第三人可以查阅被申请人提出的书面答复、作出具体行政行为的证据、依据和其他有关材料，除涉及国家秘密、商业秘密或者个人隐私外，行政复议机关不得拒绝。”

按照上述规定，被申请人作出具体行政行为的证据、依据和其他有关材料，应当提交给行政复议机关，申请人可以在行政复议机关处查阅，但是不得复制，也无须经过行政复议机关批准。

如果代理律师提起行政诉讼，则可以向税务机关申请查阅税务稽查案卷正本。依据《税务稽查案卷管理暂行办法》（以下简称《案卷管理暂行办法》）第四十二条第二款规定，“其他单位因工作需要，出示单位有效证明和经办人员有效身份证明，经税务稽查案卷所在税务机关审核同意，可以查阅、复制案卷正卷相关文件材料”，副本等相关文件材料属于密卷或者内部档案的，不得提供。

《税务稽查案卷管理暂行办法》第十三条规定：“装订成册的立案查处类税务稽查案卷有不宜对外公开内容的，应当分为正卷、副卷。正卷主要列入各类证据材料、税收执法文书正本以及可以对外公开的相关审批文书等证明定性处理处罚合法性、合理性的文件材料。副卷主要列入检举相关材料、案件讨论记录、法定秘密材料、结论性文书原稿、审批稿以及不宜对外公开的税务稽查报告、税务稽查审理报告等内部管理文书、对案件最终定性处理处罚不具有直接影响但反映税务稽查执法过程的文件材料。税务稽查案卷副卷作为密卷或者内部档案管理；作为密卷管理的，密级以卷内文件材料最高密级确定。”

055 《税务处理决定书》与《税务行政处罚决定书》的事实是否必须一致？

答：对于税务处理决定与行政处罚决定二者之间关系的认定，在司法实践中存在着以下三种不同观点。

第一种观点认为，税务处理决定与行政处罚决定所认定的违法事实不分彼此，是不可分割的整体。因此，在行政处罚决定案件中，当法院认定的事实与税务处理、处罚决定不一致时，引发诉讼的行政处罚决定需法院的认定予以变更，税务处理决定也应当一并变更。

第二种观点认为，税务处理决定所认定的违法事实是行政处罚的事实依据。相较税务处罚决定而言，税务处理决定具有基础性地位。虽然两种行政行为可能同时作出，但是税务处理决定应当在前，行政处罚决定与其存在依附关系。

第三种观点认为，税务处理决定与行政处罚决定是不同的行政行为，税务处理决定所认定的违法事实对行政处罚决定案件并无拘束力。税务处理决定与行政处罚决定虽以同一事实为基础，但彼此为相互独立的关系。

上述观点并无统一定论，本书赞同第三种观点，认为税务处理决定与行政处罚决定应相互保持独立，根据案件情形选择适用。毕竟从形式上而言，税务处理决定与行政处罚决定虽基于同一事实，但是从税务稽查程序来看，行政处罚决定要等行政处罚告知、听证等程序履行完毕才能作出。

056 举行行政处罚听证是否都是依据国税发〔1996〕190号文件作出的？

答：应当区分对待。

如果税务机关对公民作出2000元以上（含本数）罚款或者对法人或其他组织作出1万元以上（含本数）罚款，涉税当事人要求听证的，听证程序依据《税务行政处罚听证程序实施办法（试行）》（国税发〔1996〕190号）进行。

如果税务机关对纳税人作出没收较大数额违法所得、没收较大价值非法财物、其他较重的行政处罚，由于其不在国税发〔1996〕190号文件规定听证程序规范范围内，因此应当遵循《中华人民共和国行政处罚法》第六十三条至第六十五条规定的行政处罚一般程序执行。

需要注意的是，《中华人民共和国行政处罚法》第六十三条规定：“行政机关拟作出下列行政处罚决定，应当告知当事人有要求听证的权利，当事人要求听证的，行政机关应当组织听证：（一）较大数额罚款；（二）没收较大数额违法所得、没收较大价值非法财物；（三）降低资质等级、吊销许可证件；（四）责令停产停业、责令关闭、限制从业；（五）其他较重的行政处罚；（六）法律、法规、规章规定的其他情形。当事人不承担行政机关组织听证的费用。”第六十四条规定：“听证应当依照以下程序组织：（一）当事人要求听证的，应当在行政机关告知后五日内提出；

（二）行政机关应当在举行听证的七日前，通知当事人及有关人员听证的时间、地点；（三）除涉及国家秘密、商业秘密或者个人隐私依法予以保密外，听证公开举行；（四）听证由行政机关指定的非本案调查人员主持；当事人认为主持人与本案有直接利害关系的，有权申请回避；（五）当事人可以亲自参加听证，也可以委托一至二人代理；（六）当事人及其代理人无正当理由拒不出席听证或者未经许可中途退出听证的，视为放弃听证权利，行政机关终止听证；（七）举行听证时，调查人员提出当事人违法的事实、证据和行政处罚建议，当事人进行申辩和质证；（八）听证应当制作笔录。笔录应当交当事人或者其代理人核对无误后签字或者盖章。当事人或者其代理人拒绝签字或者盖章的，由听证主持人在笔录中注明。”第六十五条规定：“听证结束后，行政机关应当根据听证笔录，依照本法第五十七条的规定，作出决定。”

057 当事人主张对税收相关法律法规不了解导致违法，能否认定“主观无过错”？

答：《中华人民共和国行政处罚法》第三十三条第二款规定：“当事人有证据足以证明没有主观过错的，不予行政处罚。法律、行政法规另有规定的，从其规定。”可见，在对行政违法行为予以行政处罚时，原则上以当事人存在主观过错为要件，但法律另有规定的，从其规定。

一般来说，行政处罚需要考虑违法性认识错误。涉税当事人作为市场主体的重要组成部分，知法、守法是对其基本要求，应当具有认识违法性的能力，作为一个长期从事经营活动的主体，不能简单等同于自然人。不知道自己的行为在法律上是被禁止的，或者错误地认为自己的行为是法律认可的，造成涉税当事人长期实施连续性违法行为，不能因为其不懂法、不知法而免责，更不能据此认定“主观无过错”。

058 税务听证时是否需要同步录音录像？如果听证笔录与录音内容不完全一致，如何判定证据有效性？

答：《国务院办公厅关于全面推行行政执法公示制度执法全过程记录制度重大执法决定法制审核制度的指导意见》（国办发〔2018〕118号）第八项规定：“3. 推行音像记录。对现场检查、随机抽查、调查取证、证据保全、听证、行政强制、送达等容易引发争议的行政执法过程，要进行音像记录。”

组织召开听证会属于税务行政执法手段，是行政机关基于案件事实的调查，在作出大额的行政处罚之前，为确保行政处罚行为合法，依照当事人的申请召开的。在实务中，由于记录人员的打字速度等客观因素，可能会出现发言内容未能完全记载下来的情况，此时应当与影像资料进行核对后再请申请人签字确认。申请人核对签字后，不得再以记录不准确为由，要求重新制作听证笔录。

059 纳税人只提交纸质陈述申辩意见，陈述申辩记录是否需要同步记录？

答：给予当事人行政处罚前，必须告知当事人享有陈述申辩的法定权利。“告”是行政机关的法定义务，“知”是当事人的法定权利，履行告知义务是处罚前的法定程序要求。建议纳税人在提交陈述申辩意见后，做好陈述申辩记录。

《中华人民共和国行政处罚法》第三十八条第二款规定：“违反法定程序构成重大且明显违法的，行政处罚无效。”假如因未作陈述申辩笔录或者仅在陈述申辩笔录中注明“见附件”，执法人员被认定为没有履行告知义务，进一步被认定为程序严重违法，就会因小小疏忽导致整体行政处罚无效。

因此，给予当事人行政处罚前，应通过有效方式证明行政机关已履行告知当事人享有陈述申辩权利的法定义务。除送达《行政处罚事项告知书》之外，还应配合使用《当事人陈述申辩笔录》，记录当事人的陈述和申辩。

依据《国家税务总局关于印发全国统一税收执法文书式样的通知》（国税发〔2005〕179号）中关于《当事人陈述申辩笔录》使用说明中明确规定："检查人员在对纳税人、扣缴义务人等作出税务处理决定、行政处罚决定前听取其陈述申辩意见时使用。"制作这两份文书，从法律形式上保证了陈述申辩这一法定程序得以履行。需要提醒的是，如果当事人拒签陈述申辩笔录，执法人员在确保有效送达（比如留置送达）《行政处罚事项告知书》，确保当事人知晓其享有陈述申辩权的情况下，应在《当事人陈述申辩笔录》上注明"当事人拒签"。

060 纳税人由于新冠肺炎疫情防控等各种特殊原因无法准时参加听证，行政处罚听证是继续依法按时举行还是同意延期举行?

答：目前，相关法律、法规对于听证可以延期多长时间并没有明确规定，如果纳税人有特殊原因确实需要延期举行听证会的，则可以提交延期听证申请书申请延期举行听证，具体原因根据企业、单位申请为准，由税务机关审核后考虑是否采纳。

实践中，如果纳税人遇到不能预见、不能避免、不能克服的客观情况，在现行法律、法规没有明确规定的情况下，税务机关应当从有利于纳税人的角度出发，准予延期听证，切实保障纳税人的权利。由于纳税人遭遇特殊情况而税务机关难以及时发现，建议由纳税人作为听证申请人向主管税务机关提出，然后双方根据具体情形协商确定延期时间。

061 稽查案件提交重大税收案件审理委员会审理后，作出了减轻行政处罚的决定，是否仍需要告知纳税人可以提起听证?

答：稽查部门仍然需要履行告知义务。有少数单位认为，“加重处罚实际上减损了纳税人权益或者增加了其义务，此时应当告知其可以提起听证的权利。但是如果减轻行政处罚实际对纳税人有利，此时可以不告知”。

实际上，无论加重或减轻，都要考虑涉税当事人对于减轻行政处罚结果是否接受。不能主观推断对涉税当事人有利，其必然会接受减轻处罚的结果。实务中还存在一种可能性，纳税人对实施行政处罚存在异议，并不同意接受任何行政处罚，因此税务机关不能主观臆断纳税人必然接受处罚结果减轻的行政处罚决定，而是要履行行政处罚决定的告知程序。当事人如果向税务机关口头宣称放弃听证权利，则应当要求其出具放弃听证的书面文书，否则必须等到五日听证申请期限届满后，稽查部门才能作出《税务行政处罚决定书》。

062 行政处罚中如果未按照行政处罚裁量基准决定处罚，是否会造成行政处罚被撤销的结果?

答：《税务行政处罚裁量权行使规则》（国家税务总局公告 2016 年第 78 号）第十条规定：“税务机关在实施行政处罚时，应当以法律、法规、规章为依据，并在裁量基准范围内作出相应的行政处罚决定，不得单独引用行政处罚裁量基准作为依据。”各地税务机关出台的裁量基准属于税收规范性文件。

自由裁量权是现代行政权行使的重要组成部分，要求行政机关在自由裁量的范围内公平公正地行使，不能随心所欲，破坏依法行政要求，杜绝出现畸轻畸重或同案不同罚的违法现象。各地税务机关在作出行政处罚时，应当考虑税务行政裁量基准规定。

需要注意的是，对情节复杂、争议较大、影响较广的案件，作出拟减轻处罚或者拟作出的行政处罚高于或低于各地自行制定的行政处罚裁量基准规定幅度的，应当经具有与各地自行制定的行政处罚裁量基准规定幅度对应行政处罚权限的税务机关集体研究后方可作出。

063 暂不办理、暂缓办理出口退税是否属于行政处罚?

答：根据《中华人民共和国行政处罚法》第九条规定，行政处罚的情况共有六种，分别是：“警告、通报批评；罚款、没收违法所得、没收非法财物；暂扣许可证件、降低资质等级、吊销许可证件；限制开展生产经营活动、责令停产停业、责令关闭、限制从业；行政拘留；法律、行政法规规定的其他行政处罚。”

根据《中华人民共和国税收征收管理法》规定，行政处罚的种类又可压缩为四项，分别为罚款、没收违法所得、停止出口退税权以及吊销税务行政许可证件。

根据《出口货物劳务增值税和消费税管理办法》（依国家税务总局公告2013年第12号文件，部分条款废止）规定：“五、其他补充规定……（五）主管税务机关发现出口企业或其他单位的出口业务有以下情形之一的，该笔出口业务暂不办理出口退（免）税。已办理的，主管税务机关可按照所涉及的退税额对该企业其他已审核通过的应退税款暂缓办理出口退（免）税，无其他应退税款或应退应款小于所涉及退税额的，可由出口企业提供差额部分的担保。待税务机关核实排除相应疑点后，方可办理退（免）税或解除。1. 因涉嫌骗取出口退税被税务机关稽查部门立案查处未结案；2. 因涉嫌出口走私被海关立案查处未结案；3. 出口货物报关单、出口发票、海运提单等出口单证的商品名称、数量、金额等内容与进口国家（或地区）的进口报关数据不符；4. 涉嫌将低退税率出口货物以高退税率出口货物报关；5. 出口货物的供货企业存在涉嫌虚开增值税专用发票等需要对其供货的真实性及纳税情况进行核实的疑点。……（七）出口企业或其他单位被列为非正常户的，主管税务机关对该企业暂不办理出口退税。”

由此可见，实务中，税务机关有权依法做出各种具有惩罚性质的执法措施，如暂不办理、暂缓办理出口退税，但这种执法措施仅仅是税务机关的具体行政行为，并不属于行政处罚的范围。

064 《中华人民共和国行政处罚法》修订对税务稽查执法的影响主要有哪些?

答：行政处罚是行政机关有效实施行政管理，保障法律、法规贯彻施行的重要手段。现行《中华人民共和国行政处罚法》于 1996 年通过，对行政处罚的种类、设定和实施作了基本规定。《中华人民共和国行政处罚法》自 1996 年 10 月 1 日施行以来，对于规范行政处罚的设定和实施，保障和监督行政机关有效实施行政管理、维持公共利益和社会秩序，保护行政管理相对人的合法权益起了很好的促进作用。

2018 年 9 月 10 日，全国人大常委会对外公布了《十三届全国人大常委会立法规划》。其中，修改《中华人民共和国行政处罚法》被列为第一类项目，即“条件比较成熟、任期内拟提请审议的法律草案”。此次修订是这部法律自颁布实施 25 年来的首次全面修改。

2021 年 1 月 22 日，十三届全国人大常委会二十五次会议表决通过新修订的《中华人民共和国行政处罚法》，自 2021 年 7 月 15 日起施行。

新版《中华人民共和国行政处罚法》较旧版新增 22 条，分为总则、行政处罚的种类和设定、行政处罚的实施机关、行政处罚的管辖和适用、行政处罚的决定、行政处罚的执行、法律责任和附则 8 章，共 86 条。其中，对行政处罚的概念、行政处罚的种类、听证范围、法制审核范围、办案期限等作出较大修订。

一是新版《中华人民共和国行政处罚法》对行政处罚的种类进行了调整，将行政处罚种类从 8 类增加至 13 类，具体包括：警告、通报批评；罚款、没收违法所得、没收非法财物；暂扣许可证件、降低资质等级、吊销许可证件；限制开展生产经营活动、责令停产停业、责令关闭、限制从业；行政拘留；法律、行政法规规定的其他行政处罚。

根据《纳税信用管理办法（试行）》的相关规定，稽查部门作出的处理处罚决定有可能使被查纳税人的纳税信用等级直接降为 D 级，由于纳税信用等级会在贷款、投标、申请资质等多方面对纳税人产生影响，因此纳税信用等级降低会使纳税人权益出现减损。但现行《中华人民共和国行政处罚法》第九条所列举的行政处罚种类中的新增项“降低资质等级”能否包含“降低纳税信用等级”，实践中对于降低纳税信用等级是否属于行政处罚存在争议。作为税务机关，可根据《国家税务总局关于纳税信用修复有关事项的公告》（国家税务总局公告 2019 年第 37 号）规定，对“发生未按法定期限办理纳税申报、税款缴纳、资料备案等事项”“未按税务机关处理结论缴纳或者足额缴纳税款、滞纳金和罚款，未构成犯罪，纳税信用级别被直接判为 D 级的”等三种情况的纳税人，及时讲解有关修复纳税信用的规定，引导纳税人积极履行纳税义务。

二是新施行的《中华人民共和国行政处罚法》在第三十三条第一款中增加了“首违不罚”的规定。根据该法条表述，“首违不罚”必须同时符合“初次违法”“危害后果轻微”“及时改正”3 个条件。

“首违不罚”的规定被视为《中华人民共和国行政处罚法》的重大突破。行政执法的价值绝非“为罚而罚”，而是要达到预防违法的实际效果，“行政处罚具有制止和惩戒违法行为的性质，同时也有预防和减少违法行为的功能”。但是，由于《中华人民共和国行政处罚法》关于“首违不罚”的表述中未界定具体的行政违法适用情节，国家税务总局于2021年3月31日发布《行政处罚“首违不罚”事项清单》，将未按规定纳税申报和报送涉税资料等10项轻微税务违法行为列入“首违不罚”清单事项。对于首次发生清单中所列事项且危害后果轻微，在税务机关发现前主动改正或者在税务机关责令限期改正的期限内改正的，不予行政处罚。需要注意的是，实施“首违不罚”必须同时满足三个条件：纳税人、扣缴义务人首次发生清单中所列事项；危害后果轻微；在税务机关发现前主动改正或者在税务机关责令限期改正的期限内改正。

三是新版《中华人民共和国行政处罚法》不仅明确了没有主观过错不罚的规定，还明确了处罚的前提是存在主观过错，应该是考虑到行政执法不同于刑事司法，行政执法机关证明当事人是否有主观过错存在较大困难，因此从行政效率和行政成本角度出发增加了该条款。其价值逻辑是，只要当事人违反了税收法律、法规的规定，造成了危害后果即可对其进行行政处罚。如果当事人提出无主观过错，则需要当事人举证。该规定均衡处理了行政处罚中双方的举证责任。

四是新修订的《中华人民共和国行政处罚法》将行政执法“三项制度”内容上升为法律，为税务机关优化执法方式提供了法律依据。比如，在执法公示方面需要注意，对已公开的税务执法决定被依法撤销、确认违法或者要求重新作出的，要在三日内从信息公示平台撤下原执法决定信息。以往仅要求“及时”撤下，而未规定具体时限，现行《中华人民共和国行政处罚法》已明确行政处罚决定信息撤回时间为“三日内”，应特别注意这一时限，防止超期引发执法风险。

五是对听证笔录的效力作出明确规定。原《中华人民共和国行政处罚法》第四十二条在规定行政处罚听证程序时没有对听证笔录的效力作任何规定。这意味着，行政机关在拟对行政相对人作出行政处罚决定前为之举行的听证及各方经听证提交、出示、质证的证据，对其作出决定没有任何拘束力，听证在很大程度上只是一种形式，没有或者很少有实质性作用。

根据新修订《中华人民共和国行政处罚法》第六十五条的规定，本次修订不仅扩大了听证范围，还明确了听证笔录的强制拘束力："听证结束后，行政机关应当根据听证笔录，依照本法第五十七条的规定，作出决定。"行政机关既然为正确作出行政处罚决定组织了听证，就应当以听证笔录为处罚根据，这对解决听证"走过场"具有重要意义。

065 纳税人张某是某公司股东，因为2017年少缴工资薪金的个人所得税行为，于2021年6月被相关人员举报到稽查部门，并向主管税务机关反映。主管税务机关了解后主动对张某进行约谈，张某主动补缴清2017年税款、滞纳金。2021年8月税务稽查部门立案后，认定张某违反《中华人民共和国税收征收管理法》第六十四条，决定予以1倍罚款是否合理?

答：稽查部门的处理方式是错误的。《中华人民共和国税收征收管理法》第六十四条第二款规定："纳税人不进行纳税申报，不缴或者少缴应纳税款的，由税务机关追缴其不缴或者少缴的税款、滞纳金，并处不缴或者少缴的税款百分之五十以上五倍以下的罚款。"对于该条款的运用有内在限制。《中华人民共和国税收征收管理法释义》阐明："纳税人不进行纳税申报，不缴或者少缴应纳税款，是指纳税人在规定的申报期限内未进行纳税申报，超过税款缴纳期限，不缴或者少缴税款的行为。纳税人有上述行为的，由税务机关追缴其不缴或者少缴的税款、滞纳金，以纠正违法行为人的违法行为，保证国家税收不受损失。同时由税务机关对违法行为人并处不缴或者少缴的税款百分之五十以上五倍以下的罚款。这里需要指出的是，如果纳税人在规定的申报期限内未进行纳税申报，但是在纳税期限届满前足额缴纳税款，未造成不缴或者少缴税款的后果的，应当按照本法第六十二条的规定进行处罚。如果纳税人在规定的期限内未进行纳税申报，经税务机关通知仍拒不申报，不缴或者少缴税款的，属偷税行为，应当按照本法第六十三条的规定进行处罚。”

根据上述规定，追缴的不缴、少缴的税款与罚款应当同步实施，但是纳税人已经主动完成了补缴税款、滞纳金，并非由税务机关追缴完成。因此，不能继续对纳税人单独适用《中华人民共和国税收征收管理法》第六十四条罚款条款。

那么是否可以依据《中华人民共和国税收征收管理法》第六十二条对其进行罚款呢?《中华人民共和国税收征收管理法》第六十二条规定："纳税人未按照规定的期限办理纳税申报和报送纳税资料的，或者扣缴义务人未按照规定的期限向税务机关报送代扣代缴、代收代缴税款报告表和有关资料的，由税务机关责令限期改正，可以处二千元以下的罚款；情节严重的，可以处二千元以上一万元以下的罚款。"这里需要说明的是，按照本条规定予以处罚的行为是纳税人、扣缴义务人未按照规定期限办理纳税申报、报送有关资料的行为。这种违法行为的行为人虽然未在规定期限办理纳税申报，但是并未造成不缴或者少缴税款的后果。

依据《国家税务总局关于贯彻〈中华人民共和国税收征收管理法〉及其实施细则若干具体问题的通知》（国税发〔2003〕47 号）规定，由税务机关责成扣缴义务人向纳税人追缴税款，对扣缴义务人处应扣未扣税款百分之五十以上三倍以下的罚款。由于主管税务机关未责成扣缴义务人向纳税人追缴税款，纳税人是自行完成税款缴纳的，因此不应当适用《中华人民共和国税收征收管理法》第六十二条。

关于应扣未扣税款是否加收滞纳金的问题，按照《中华人民共和国税收征收管理法》规定的原则，扣缴义务人应扣未扣税款无论适用修订前的《中华人民共和国税收征收管理法》还是修订后的，都不得向纳税人或扣缴义务人加收滞纳金。

综上所述，不应当对张某的漏税行为进行行政处罚，也不得加收滞纳金。

066 纳税人在检查过程中逃避、拒绝或者以其他方式阻挠税务检查，稽查局能否作出停止向其发售发票的决定或其他行政处罚决定？

答：不能停止发售发票，但可以视情形给予其行政处罚。根据《中华人民共和国税收征收管理法》第七十二条规定：“从事生产、经营的纳税人、扣缴义务人有本法规定的税收违法行为，拒不接受税务机关处理的，税务机关可以收缴其发票或者停止向其发售发票。”需要注意的是，适用第七十二条的法定前提条件有两个：一是纳税人、扣缴义务人有该法规定的税收违法行为；二是纳税人、扣缴义务人拒不接受税务机关处理。也就是说，只有同时满足这两个条件，税务机关才能作出停止发售发票的决定。

实践中，稽查部门并非税源管理部门，因此无法直接作出停止发售发票的决定。如果认为纳税人、扣缴义务人存在违法行为且不接受税务机关的处理需要停止发售发票的，则应当向税源管理部门发出《稽查建议书》，由主管税务机关依法进行停止发售发票的处理。

但是，稽查部门有权对纳税人阻挠税务检查的行为予以行政处罚。《中华人民共和国税收征收管理法》第十四条规定：“本法所称税务机关是指各级税务局、税务分局、税务所和按照国务院规定设立的并向社会公告的税务机构。”第五十六条规定：“纳税人、扣缴义务人必须接受税务机关依法进行的税务检查，如实反映情况，提供有关资料，不得拒绝、隐瞒。”第七十条规定：“纳税人、扣缴义务人逃避、拒绝或者以其他方式阻挠税务机关检查的，由税务机关责令改正，可以处一万元以下的罚款；情节严重的，处一万元以上五万元以下的罚款。”《税务稽查案件办理程序规定》第二十七条规定：“被查对象有下列情形之一的，依照税收征管法和税收征管法实施细则有关逃避、拒绝或者以其他方式阻挠税务检查的规定处理：（一）提供虚假资料，不如实反映情况，或者拒绝提供有关资料的；

（二）拒绝或者阻止税务机关记录、录音、录像、照相和复制与案件有关的情况和资料的；（三）在检查期间转移、隐匿、销毁有关资料的；（四）有不依法接受税务检查的其他情形的。”

因此，纳税人在检查过程中逃避、拒绝或者以其他方式阻挠税务检查的，稽查局可以根据《中华人民共和国税收征收管理法》及其实施细则的规定对其作出税务处理和行政处罚决定。

067 法院判决纳税人不构成虚开发票罪，稽查部门能否继续以虚开发票追究纳税人的行政责任？

答：可以。

首先，刑事责任与行政责任有不同的认定标准，刑法中虚开增值税专用发票罪的犯罪构成要件与税法中虚开发票违法行为的构成要件不尽相同。刑法认定纳税人不构成虚开增值税专用发票罪，并不影响行政法将纳税人的行为认定为虚开发票违法行为并予以处罚。刑法中的虚开增值税专用发票罪，需要以具有骗取国家税款的目的和造成国家税款损失的结果为构成要件；税法中是对当事人开具与实际经营业务情况不符发票的虚开行为进行行政处罚，行政处罚不需以当事人具有骗税目的和造成税款损失为前提。刑事审判权与行政处罚权分属于司法权力和行政权力，二者之间不具有混同性和可替代性。

其次，刑事处罚与行政处罚并非相互排斥。现行的“一事不再罚”原则，仅限于行政处罚领域，它是指对同一违法行为不能处以两次以上的罚款。但是在同一违法行为中出现其他的处罚方式，如行为罚、申诫罚等并用情形时，行政处罚依然有效。《中华人民共和国行政处罚法》再三强调不得以罚代刑，证明两者之间并不冲突。

最后，《中华人民共和国行政处罚法》第三十五条规定：“违法行为构成犯罪，人民法院判处拘役或者有期徒刑时，行政机关已经给予当事人行政拘留的，应当依法折抵相应刑期。违法行为构成犯罪，人民法院判处罚金时，行政机关已经给予当事人罚款的，应当折抵相应罚金；行政机关尚未给予当事人罚款的，不再给予罚款。”

因此，当纳税人被法院判决不构成虚开发票罪，无须承担刑事责任时，税务机关追究其须承担相关行政责任于法有据。

068 行政处罚文书送达后发现错误，应当如何处理？

答：需要分不同情形进行应对处理。

【第一种情形】，当《税务行政处罚决定书》中出现文号、编号、字迹、日期、印章等错误时（非实质性错误），应当进行补正，重新制作并送达处罚决定书给行政相对人，但是无须重新履行行政处罚告知程序。

【第二种情形】，当《税务行政处罚决定书》中存在适用法律错误（包括适用法律、法规条款错误）时，应当撤销原处罚决定书，并且需要重新履行行政处罚告知程序。

【第三种情形】，当《税务行政处罚决定书》中存在事实不清、证据不足时，应当撤销原处罚决定书，对违法行为进行重新调查，在行政相对人申请行政复议或者提起行政诉讼之前，行政机关可以重新调查取证。

第四种情形，当行政处罚的程序出现错误时，应当撤销原处罚决定书，然后按照行政处罚程序规定重新处理。

综上所述，《税务行政处罚决定书》送达后，如果发现有错误需区分不同情形分别应对处理。需要注意的是，如果发现实质性错误，对行政相对人的权利产生了实质性损害，则行政机关应当主动撤销原处罚决定书，并重新进行处理。

税务稽查综合篇

069 “税收违法行为追究时效”如何理解？

案例

S房地产公司于2001—2014年一直在账簿上多列支出，2015年税务稽查部门依法检查后认定S企业是偷税，对所偷税款并处0.5倍罚款，按日加收万分之五的滞纳金。S企业认为税务稽查部门只能对2011—2014年未超过五年税收违法追究时效的偷税行为进行处罚，已超过五年时效的2001—2010年发生的偷税行为不应再给予行政处罚。

答：《中华人民共和国行政处罚法》第三十六条规定：“违法行为在二年内未被发现的，不再给予行政处罚；涉及公民生命健康安全、金融安全且有危害后果的，上述期限延长至五年。法律另有规定的除外。前款规定的期限，从违法行为发生之日起计算；违法行为有连续或者继续状态的，从行为终了之日起计算。”

《中华人民共和国税收征收管理法》第八十六条规定：“违反税收法律、行政法规应当给予行政处罚的行为，在五年内未被发现的，不再给予行政处罚。”《中华人民共和国税收征收管理法释义》阐明，期限的计算方法自违法行为的发生之日起计算，有连续或者继续状态的，自该违法行为终了之日起计算。经过五年仍未发现的，不再给予行政处罚。这对于集中打击在追溯期内的各种税收违法行为，教育违法行为人改过自新，自觉遵守国家法律，不再实施违法行为具有重要的作用，各级税务机关应当遵照执行。

《国务院法制办公室对湖北省人民政府法制办公室〈关于如何确认违法行为连续或继续状态的请示〉的复函》（国法函〔2005〕442号）指出，《中华人民共和国行政处罚法》第二十九条（注：修订后的《中华人民共和国行政处罚法》中此条款为第三十六条）中阐明的违法行为的连续状态，是指当事人基于同一个违法故意，连续实施数个独立的行政违法行为，并触犯同一个行政处罚规定的情形。

综上所述，这里不能机械地局限于五年的固定处罚追究时效，而要依据《中华人民共和国行政处罚法》第三十六条第二款规定："违法行为有连续或者继续状态的，从行为终了之日起计算。"由于S公司一直在账簿上多列支出造成少缴企业所得税的后果，因此追究时效的起算时间应从2001年开始，税务稽查部门作出的行政处罚决定并无不妥。

070 税务稽查期限存在不当延长，滞纳金是否应该中止计算？

答：现行法律、法规虽没有明确规定滞纳金中止计算的情形，但是在法院判决中认为，为了保护纳税人的合法权益，稽查期限不当延长的应中止滞纳金的计算。

案例

A省某市高速公路服务有限公司（以下称"甲公司"）成立于2005年，所属行业为餐饮业。2010年度、2011年度甲公司购进肉类、冻货类原材料价款合计263万元，原始凭证均为收据。2012年5月25日，某市稽查局向甲公司送达税务检查通知书，就甲公司2011年1月1日至2012年4月30日涉税情况进行检查；2012年5

月29日，某市稽查局因发现甲公司有其他税收违法嫌疑，将检查时段扩展为2010年1月1日至2012年4月30日。

2012年7月24日，经某市稽查局负责人批准办理期限延长至2013年4月30日。

2013年4月25日，该案移交重大税务案件管理委员会（以下简称“重审委”）审理。2013年5月31日，向甲公司送达《行政处罚事项告知书》（W市国税罚告2013第12号）。重审委于2013年6月14日召开听证会。2013年6月28日，因前期调查认定事实部分存在问题，W市稽查局作出税务事项告知书。撤销《行政处罚事项告知书》。同日，该案由重审委退回重新调查补充证据。最终认定本案并不构成重大税务案件。

2016年1月8日，W市稽查局作出税务处理决定书，并自滞纳税款之日起，按日加收滞纳金。甲公司认为，按照《中华人民共和国税收征收管理法》第五十二条的规定，税务机关的责任只能要求补缴税款，不能加收滞纳金。

W市稽查局认为，本案中甲公司应缴纳的有关企业所得税滞纳金起止时间的计算，应当自《中华人民共和国企业所得税法》规定的税款缴纳期限届满次日起至税款实际缴纳入库之日止，与答辩人是否作出或者撤销《行政处罚告知书》无关，并非甲公司所称的系“税务机关责任”而不加收滞纳金。

一审法院认为，依据《中华人民共和国税收征收管理法》第五十二条第一款规定：“因税务机关的责任，致使纳税人、扣缴义务人未缴或者少缴税款的，税务机关在三年内可以要求纳税人、扣缴义务人补缴税款，但是不得加收滞纳金。”本案办理期限较长，不能排除税务机关的责任。由于前期调查认定事实部分存在问题，该案被退回重新调查，因此补充调查期间所产生的滞纳金，即2013年6月28日之后产生的滞纳金，不应由甲公司承担。

二审法院的审理则根据《中华人民共和国行政诉讼法》第七十七条规定："行政处罚明显不当，或者其他行政行为涉及对款额的确定、认定确有错误的，人民法院可以判决变更。人民法院判决变更，不得加重原告的义务或者减损原告的权益。但利害关系人同为原告，且诉讼请求相反的除外。"

我国现行法律、法规中并未明确滞纳金何时中止计算的具体情形，法院援引《中华人民共和国行政诉讼法》中的条款也是灵活运用了行政法的相关原则。

《税务稽查案件办理程序规定》第四十七条规定："稽查局应当自立案之日起90日内作出行政处理、处罚决定或者无税收违法行为结论。案情复杂需要延期的，经税务局局长批准，可以延长不超过90日；特殊情况或者发生不可抗力需要继续延期的，应当经上一级税务局分管副局长批准，并确定合理的延长期限。但下列时间不计算在内：（一）中止检查的时间；（二）请示上级机关或者征求有权机关意见的时间；（三）提请重大税务案件审理的时间；（四）因其他方式无法送达，公告送达文书的时间；（五）组织听证的时间；（六）纳税人、扣缴义务人超期提供资料的时间；（七）移送司法机关后，税务机关需根据司法文书决定是否处罚的案件，从司法机关接受移送到司法文书生效的时间。"

071 被稽查的企业存在欠缴增值税、城市维护建设税、教育费附加、地方教育附加、企业所得税，稽查部门进行税务处理应当采取何种顺序？

答：应将城市维护建设税、教育费附加、地方教育附加在计算企业所得税应纳税所得额时进行扣除，计算得出企业所得税额后分别进行追缴。

有税务机关认为，欠缴的税款是已申报并已开具完税凭证的税款，可以在所得税前扣除。企业按照权责发生制原则已在账上记录，未进行纳税申报的税款则根据《企业所得税税前扣除凭证管理办法》的规定，未取得完税凭证不得在税前扣除。

部分税务机关认为，企业所得税可以扣除欠缴的税款，原因在于上述税收实际计入税金及附加科目，如果不允许税前扣除，那么势必造成多缴企业所得税。后期纳税人如果依法补缴城市维护建设税、教育费附加等相关税费后，要求对相关纳税申报进行调整，则势必增加退税工作量；如果退税不成，则会引发一系列的税收争议。

案例

甲公司为增值税一般纳税人，不属于小微企业，适用25%企业所得税税率。2021年度被税务稽查部门检查，发现其2020年欠缴增值税300万元、城市维护建设税21万元、教育费附加15万元，地方教育附加10万元。在不考虑相关税费扣除情况下，其他项目需要在调增应纳税所得额700万元后补缴企业所得税175万元。

如果允许扣除，则应纳税所得额 = （700 - 21 - 15 - 10） × 25% = 163.5（万元）。

因此，如果不允许预先扣除，后续纳税人补缴附加税费后进行税前扣除，将会使纳税人多缴企业所得税款 175 - 163.5 = 11.5（万元），同时相应的滞纳金、罚款也会出现多缴。而多缴罚款无法直接退还，对纳税人而言并非客观公正，从而引发一系列税收争议。

072 纳税人已经提供情况说明，检查人员能否免于制作《询问（调查）笔录》？

答：纳税人提供的情况说明不可以替代《询问（调查）笔录》。《询问（调查）笔录》的作用很多：一是验证作用，通过与当事人沟通交流，详细询问和验证数据的真实性；二是导向作用，通过认真比对和分析被询问人所提供的资料数据和其他当事人之间的陈述差异，如果发现矛盾或异常，则能够得到有利的稽查线索，为下一步有针对性地开展检查指明方向；三是推论作用，通过对同一事件中有关联关系的当事人分别进行调查询问后，如果当事人的陈述可证明同一事实，那么基本可以构建一个闭环的证据链条，有利于确认某一事件的性质。比如，在调查虚开农产品收购发票时，在不能取得直接证据的情况下，可以分别对两个以上的农户进行调查询问，如果两个以上的农户都成立没有销售农产品给该企业，则可以证明该企业存在虚开嫌疑，继而进行下一步检查。而纳税人所提供的情况说明，在证据层面属于当事人陈述，是对检查人员所发现的疑点问题进行合理化申辩和解释。因此，审视纳税人提交的情况说明，从内容上看不能完全满足《询问（调查）笔录》的要求，从程序上看也无法证明税务机关听取了纳税人的陈述申辩，违反税收执法程序，所以在实践中情况说明不能代替《陈述申辩笔录》。

073 制作《税务处理决定书》和《税务行政处罚决定书》时，引用税收规范性文件有哪些要求？

答：第一，必须适用税务规范性文件，不能直接适用个案批复。根据是《税务规范性文件制定管理办法》（以下简称《办法》）第七条规定："上级税务机关对下级税务机关有关特定税务行政相对人的特定事项如何适用法律、法规、规章或者税务规范性文件的请示所作的批复，需要普遍适用的，应当按照本办法规定的制定规则和制定程序另行制定税务规范性文件。"

但需要注意的是，也存在例外情况。比如，在《税务规范性文件制定管理办法》发布前的批复中，在公文版记中的抄送机关注明"抄送：各省、自治区、直辖市和计划单列市国家税务局、地方税务局"字样的，为全国普遍使用。如《国家税务总局关于原城市信用社在转制为城市合作银行过程中个人股增值所得应纳个人所得税的批复》（国税函发〔1998〕289 号）。

如果在公文中仅有主送机关，版记没有抄送机关，是不是就不能直接普遍适用？此时，应当查阅《国家税务总局关于公布现行有效的税收规范性文件目录的公告》（国家税务总局公告 2010 年第 26 号）1482 份有效的税收规范性文件，如果不在此目录内，则证明相关文件不属于规范性文件，不能在税务执法文书中使用。

第二，要对外适用公告形式进行发布。《办法》第三十条规定："税务规范性文件应当以公告形式发布；未以公告形式发布的，不得作为税务机关执法依据。"按照上述规定，《税务规范性文件制定管理办法》自 2022 年 2 月 1 日起施行，必须引用税收规范性文件作为执法依据，各类内部执法口径、在线政策解读、上级电话请示均不能直接作为执法依据。

第三，必须适用税务违法行为当时有效的执法依据。比如，甲企业在 2014 年发生少缴纳契税的行为，应当根据当时的《中华人民共和国契税暂行条例》而非 2021 年颁布实施的《中华人民共和国契税法》处理，即使条文内容完全相同也不可以。

第四，依据法律应当使用全称，并注意当时的使用版本。例如，最常用的《中华人民共和国行政处罚法》是 1996 年 3 月 17 日第八届全国人民代表大会第四次会议通过；2009 年 8 月 27 日，第十一届全国人民代表大会常务委员会第十次会议第一次修正；2017 年 9 月 1 日，第十二届全国人民代表大会常务委员会第二十九次会议第二次修正；2021 年 1 月 22 日，第十三届全国人民代表大会常务委员会第二十五次会议修订。由于修订后部分内容发生改变，对应的法条数、款、项、目也可能随之改变，因此应当准确引用，避免适用过时内容造成引用法律条文错误，产生所引用的法律规定与实际处理案情并无关联的后果，引发税企争议。

第五，在列举税收规范性文件前，应当先引用法律、法规和部门规章证明存在上位法依据，随后引用税收规范性文件作为细化操作依据。《中华人民共和国行政诉讼法》第六十三条规定：“人民法院审理行政案件，以法律和行政法规、地方性法规为依据。地方性法规适用于本行政区域内发生的行政案件。人民法院审理民族自治地方的行政案件，并以该民族自治地方的自治条例和单行条例为依据。人民法院审理行政案件，参照规章。”

如果单独引用规范性文件，一旦引发行政诉讼，则可能会因为不被法庭认可而面临败诉的执法风险。

074 注销企业能否作为税务稽查对象?

答：《最高人民法院经济审判庭关于人民法院不宜以一方当事人公司营业执照被吊销，已丧失民事诉讼主体资格为由，裁定驳回起诉问题的复函》（法经〔2000〕23号函）指出，企业法人营业执照被吊销后，应当由其开办单位（包括股东）或者企业组织清算组依法进行清算，停止清算范围外的活动。清算期间，企业民事诉讼主体资格依然存在。

《最高人民法院关于企业法人营业执照被吊销后，其民事诉讼地位如何确定的复函》（法经〔2000〕24号函）指出，企业法人被吊销营业执照后，应当依法进行清算，清算程序结束并办理工商注销登记后，该企业法人才归于消灭。因此，企业法人被吊销营业执照后至被注销登记前，该企业法人仍应视为存续。

对正常注销的企业来说，第一种情况是个体工商户、个人独资公司、合伙企业等按照《中华人民共和国合伙企业法》《中华人民共和国个人独资企业法》《中华人民共和国公司法》（以下简称《公司法》）的规定，投资人以自己的全部资产对企业承担无限责任。税款作为一种公债权，企业虽注销，但可继续向企业的投资人追缴税款。第二种情况是有限责任公司按照《公司法》的规定，股东仅以出资额对公司承担责任，如果公司注销后发现偷税问题，则不能继续向股东追缴税款。

关于刑事责任的追究问题。《最高人民检察院关于涉嫌犯罪单位被撤销、注销、吊销营业执照或者宣告破产的应如何进行追诉问题的批复》（高检发释字〔2002〕4 号）指出，涉嫌犯罪的单位被撤销、注销、吊销营业执照或者宣告破产的，应当根据刑法关于单位犯罪的相关规定，对实施犯罪行为的该单位直接负责的主管人员和其他直接责任人员追究刑事责任，对该单位不再追诉。

实践中，有以下两种观点。一种观点认为，企业已经注销，纳税主体消失，纳税义务随之不复存在。另一种观点认为，对已经注销的公司在注销清算时仍有资产的，由公司承担相应经济责任和行政责任；如果没有资产或资产不足以清偿的，则由其出资的股东继续承担相应连带责任。在实务操作中，会遇到有些企业进行了税务注销，而组织机构代码登记未注销，通常此种情况会恢复企业税务登记，进行正常税务稽查；还有些企业组织机构代码登记注销，而税务信息依然正常，此种情形下税务机关会请求市场监督管理部门恢复企业登记，然后开展税务稽查。

【案例索引】山西省高级人民法院行政裁定书（2017）晋行申379 号：注销登记后企业法人资格彻底消灭，不能再以企业名义从事任何生产经营活动或承担任何债权债务。故市稽查局对已注销登记的××县××加油二站作出处理决定缺乏事实依据和法律依据，原判据此撤销被诉行政处理决定并无不妥。本院认为，工商注销登记不属于本案审查范围，再审申请人以工商注销登记行为违法为由要求对本案提起再审，理由不能成立。

075 如何理解税务执法文书中的时间要求？

答：《中华人民共和国民法典》第二百条规定：“民法所称的期间按照公历年、月、日、小时计算。”第二百零一条规定：“按照年、月、日计算期间的，开始的当日不计入，自下一日开始计算。”第一千二百五十九条规定：“民法所称的‘以上’‘以下’‘以内’‘届满’，包括本数；所称的‘不满’‘超过’‘以外’，不包括本数。”

《中华人民共和国行政处罚法》第六十四条规定：“听证应当依照以下程序组织：（一）当事人要求听证的，应当在行政机关告知后五日内提出；（二）行政机关应当在举行听证的七日前，通知当事人及有关人员听证的时间、地点……”第八十五条规定：“本法中‘二日’‘三日’‘五日’‘七日’的规定是指工作日，不含法定节假日。”

《中华人民共和国行政复议法》第四十条规定：“行政复议期间的计算和行政复议文书的送达，依照民事诉讼法关于期间、送达的规定执行。本法关于行政复议期间有关‘五日’‘七日’的规定是指工作日，不含节假日。”

《中华人民共和国行政强制法》第六十九条规定：“本法中十日以内期限的规定是指工作日，不含法定节假日。”

《税务行政复议规则》第一百零四条规定：“行政复议期间的计算和行政复议文书的送达，依照民事诉讼法关于期间、送达的规定执行。本规则关于行政复议期间有关‘五日’‘七日’的规定指工作日，不包括法定节假日。”

《中华人民共和国民事诉讼法》第八十五条规定：“期间包括法定期间和人民法院指定的期间。期间以时、日、月、年计算。期间开始的时和日，不计算在期间内。期间届满的最后一日是法定休假日的，以法定休假日后的第一日为期间届满的日期。期间不包括在途时间，诉讼文书在期满前交邮的，不算过期。”

最高人民法院关于修改《最高人民法院关于适用〈中华人民共和国民事诉讼法〉的解释》的决定（法释〔2022〕2号）第一百二十五条规定：“依照民事诉讼法第八十五条规定，民事诉讼法中以时起算的期间从次时起算；以日、月、年计算的期间从次日起算。”

《最高人民法院关于执行〈中华人民共和国行政诉讼法〉若干问题的解释》（法释〔2015〕9号）第九十七条规定：“人民法院审理行政案件，除依照行政诉讼法和本解释外，可以参照民事诉讼的有关规定。”

全国人大常委会法工委发〔2009〕62号文件规定，“日”包含节假日，“工作日”不包含节假日。对于限制公民人身自由或者行使权力可能严重影响公民、法人和其他组织的其他权利的，应当用“日”，不用“工作日”。

076 制作《询问（调查）笔录》是否必须要同时下达《询问通知书》？

答：制作《询问（调查）笔录》和下达《询问通知书》二者之间没有必然关联。

第一，二者的适用范围存在明显的区别。《询问通知书》适用于纳税人和扣缴义务人，不包含其他相关人员。根据《中华人民共和国税收征收管理法》第五十四条规定，税务机关有权“询问纳税人、扣缴义务人与纳税或者代扣代缴、代收代缴税款有关的问题和情况”。第五十七条则规定：“有关单位和个人有义务向税务机关如实提供有关资料及证明材料。”因此，《询问（调查）笔录》适用对象不仅包括纳税人和扣缴义务人，还涉及涉税案件的其他相关人员。

第二，二者适用情形有区别。《税务稽查案件办理程序规定》（国家税务总局令第52号）第二十条规定："询问应当由两名以上检查人员实施。除在被查对象生产、经营、办公场所询问外，应当向被询问人送达询问通知书。"换言之，如果在被查对象的生产经营场所或办公场所进行询问则不需要送达《询问通知书》，只需要现场制作《询问（调查）笔录》即可。

第三，实践中，有单位对非纳税人的工作人员如交易中间人等也下达《询问通知书》是不准确的，原因在于他们不属于被查对象，企业对其也没有约束力。《中华人民共和国税收征收管理法》第七十条规定："纳税人、扣缴义务人逃避、拒绝或者以其他方式阻挠税务机关检查的，由税务机关责令改正，可以处一万元以下的罚款；情节严重的，处一万元以上五万元以下的罚款。"因此，《询问通知书》写被查纳税人，如果需要询问非企业的工作人员，此时即使出现不配合，也不能依据上述条款进行税务行政处罚。有的单位变通处理，如果遇到非工作人员，就将被查对象和询问人直接写成具体个人，这样与填表说明要求不符。按照文书规范要求，对非工作人员应当填写《协助调查通知书》，同时使用《询问（调查）笔录》才是规范做法。

077 税务稽查未发现税收违法问题后下达税务稽查结论，是否还需要制作《不予处罚决定书》？

答：对于未发现税收违法问题，税务机关制作税务稽查结论即可。由于税收违法问题并不存在，因此不需要制作《不予处罚决定书》。

因为制作《不予处罚决定书》有明确的适用范围：税务机关对违法行为轻微，依法可以不予行政处罚的案件；或者违反税收法律、行政法规应当给予行政处罚的行为，五年后发现的案件作出决定时使用；或者其他依法不予处罚情形。

《中华人民共和国行政处罚法》第三十三条规定："违法行为轻微并及

时纠正，没有造成危害后果的，不予行政处罚。初次违法且危害后果轻微并及时改正的，可以不予行政处罚。当事人有证据足以证明没有主观过错的，不予行政处罚。法律、行政法规另有规定的，从其规定。”《中华人民共和国行政处罚法》第五十七条规定：“调查终结，行政机关负责人应当对调查结果进行审查，根据不同情况，分别作出如下决定：（一）确有应受行政处罚的违法行为的，根据情节轻重及具体情况，作出行政处罚决定；（二）违法行为轻微，依法可以不予行政处罚的，不予行政处罚；（三）违法事实不能成立的，不予行政处罚；（四）违法行为涉嫌犯罪的，移送司法机关。”

078 如何准确区分不予处罚与免予处罚？

答：《中华人民共和国行政处罚法》中规定了六类情形不予处罚。这六类情形分别是：①不满十四周岁的未成年人有违法行为的，不予行政处罚；②精神病人、智力残疾人在不能辨认或者不能控制自己行为时有违法行为的，不予行政处罚；③违法行为轻微并及时改正，没有造成危害后果的，不予行政处罚；④初次违法且危害后果轻微并及时改正的，可以不予行政处罚；⑤当事人有证据足以证明没有主观过错的，不予行政处罚；⑥违法事实不能成立的，不予行政处罚。不予处罚与免予处罚的规定有本质区别：不予处罚是针对违法事实不构成行政处罚意义的违法，本不应该处罚而不对行为人进行处罚的情况；免予处罚是针对违法事实已构成行政违法，只是由于考虑到有特殊情况存在，如情节显著轻微等，而不再进行行政处罚的情况。在适用行政处罚时，只有认真区分免予处罚和不予处罚，才能准确运用好这两种手段。

079 补征税款后账务应如何调整和处理?

答:(1)补征税款账务调整。

1)稽查发现将自产产品对外赠送未进行账务处理、未缴纳增值税。

①调整以前年度损益。

借:以前年度损益调整

贷:库存商品

应交税费——增值税检查调整

②结转增值税税金。

借:应交税费——增值税检查调整

贷:应交税费——未交增值税

③缴纳增值税。

借:应交税费——未交增值税

贷:银行存款

④补提附加税费。

借:以前年度损益调整

贷:应交税费——应交城市维护建设税

应交税费——应交教育附加

应交税费——应交地方教育附加

⑤缴纳附加税费。

借:应交税费——应交城市维护建设税

应交税费——应交教育费附加

应交税费——应交地方教育附加

贷:银行存款

2)稽查发现以自产产品对外捐赠、对外销售未确认收入,未缴纳增值税。

①调整以前年度损益。

借：以前年度损益调整

贷：库存商品

应交税费——增值税检查调整

借：应收账款

贷：以前年度损益调整

应交税费——增值税检查调整

借：以前年度损益调整

贷：库存商品

②结转增值税税金。

借：应交税费——增值税检查调整。

贷：应交税费——未交增值税

③缴纳增值税。

借：应交税费——未交增值税

贷：银行存款

④补提附加税费。

借：以前年度损益调整

贷：应交税费——应交城市维护建设税

应交税费——应交教育费附加

应交税费——应交地方教育附加

⑤缴纳附加税费。

借：应交税费——应交城市维护建设税

应交税费——应交教育费附加

应交税费——应交地方教育附加

贷：银行存款

（2）税收滞纳金。

缴纳税收滞纳金。

借：营业外支出——税收滞纳金

贷：银行存款

（3）税务罚款账务处理。

缴纳税收检查罚款。

借：营业外支出——行政性罚款

贷：银行存款

（4）补提企业所得税。

借：以前年度损益调整

贷：应交税费——应交企业所得税

（5）结转以前年度损益调整。

借：利润分配——未分配利润

贷：以前年度损益调整

①以前年度多计收益、少计费用时。

借：应交税费——应交企业所得税

贷：以前年度损益调整

②以前年度少计收益、多计费用时。

借：以前年度损益调整

贷：应交税费——应交所得税

③结转以前年度损益科目时。

借：利润分配——未分配利润（或者本年利润）

贷：以前年度损益调整

或者

借：以前年度收益调整

贷：利润分配——未分配利润（或者本年利润）

特别说明：当年补缴上一年度所得税，计入“未分配利润”科目而不计入“本年利润”科目。这样调整，一是避免影响企业的本年利润和净利润，二是计算当年应纳所得额时无须再进行相应纳税调整。

080 税务执法过程中，要求纳税人提供对自己有利的证据，是否在《询问（调查）笔录》中告知即可，不再需要制作《税务事项通知书》？

答：仍然需要制作《税务事项通知书》并依法送达纳税人。原因在于，作为稽查人员需要多渠道、全方位地获取稽查对象的信息，以验证和推断稽查对象遵守税收法律、法规的实际情况，这就需要稽查人员除查账方式外，还要适时采取其他方式进行检查。

《询问（调查）笔录》是指税务稽查人员在税务执法过程中，在询问当事人及有关人员涉税情况时所作的记录，属于言词证据。稽查人员在询问过程中，应当客观、全面地记录当事人陈述的内容。特别是有关案件的重要环节和情形，不管是否有利于当事人的情况，都应当尽可能地按照被询问人的原话或原意记载清楚，客观地加以反映，既不能断章取义，也不能擅自总结。因此，《询问（调查）笔录》不能代替其他执法文书的告知功能。

另外，通过《税务事项通知书》对涉税当事人履行告知义务后，可以作为税务机关已经依照法定程序实施公权力的证据之一。《最高人民法院关于适用〈中华人民共和国行政诉讼法〉的解释》（法释〔2018〕1号）第四十五条规定：“被告有证据证明其在行政程序中依照法定程序要求原告或者第三人提供证据，原告或者第三人依法应当提供而没有提供，在诉讼程序中提供的证据，人民法院一般不予采纳。”对于税务机关而言，这里的法定程序是指依据《中华人民共和国税收征收管理法》第五十四条规定：“税务机关有权进行下列税务检查：（一）检查纳税人的账簿、记账凭证、报表和有关资料，检查扣缴义务人代扣代缴、代收代缴税款账簿、记账凭证和有关资料……（三）责成纳税人、扣缴义务人提供与纳税或者代扣代缴、代收代缴税款有关的文件、证明材料和有关资料……”

因此，对于需要告知涉税当事人提供对自己有利的证据时，正常出具《税务事项通知书》更为恰当。

081 被定性偷税的纳税人向税务稽查局提出信息公开，要求公开行政处罚决定相关资料，包括《税务稽查工作底稿》《税务稽查报告》《税务稽查审理报告》《税务稽查结案审批表》《税务稽查结论》及相关证据资料是否合法？

答：《中华人民共和国政府信息公开条例》第二条规定：“本条例所称政府信息，是指行政机关在履行职责过程中制作或者获取的，以一定形式记录、保存的信息。”

《税务稽查案卷管理暂行办法》（税总发〔2014〕127号）第十三条规定：“装订成册的立案查处类税务稽查案卷有不宜对外公开内容的，应当分为正卷、副卷。正卷主要列入各类证据材料、税收执法文书正本以及可以对外公开的相关审批文书等证明定性处理处罚合法性、合理性的文件材料。副卷主要列入检举相关材料、案件讨论记录、法定秘密材料、结论性文书原稿、审批稿以及不宜对外公开的税务稽查报告、税务稽查审理报告等内部管理文书、对案件最终定性处理处罚不具有直接影响但反映税务稽查执法过程的文件材料。税务稽查案卷副卷作为密卷或者内部档案管理；作为密卷管理的，密级以卷内文件材料最高密级确定。”

鉴于申请人是案件中的被稽查对象，申请事项属于密卷管理内容而不属于政府公开信息，所以属于要求行使阅卷权。按照国家税务总局《税务稽查案卷管理暂行办法》第四十条规定，“税务稽查对象出示有效身份证明，可以查阅、复制涉及自身的税务稽查案卷正卷相关文件材料”，纳税人可以前往税务机关联系相关阅卷事宜。

082 税务稽查在检查时发现企业符合加计扣除优惠政策但未享受，是否需要提醒企业在办理汇算清缴时享受？

答：目前，税收对此类情况并无明文规定。考虑税收检查后可能会使应纳税所得额有调增事项，而企业未对研发费用加计扣除政策应享未享，可能会造成检查年度的企业所得税存在实际多缴纳的情况，后期容易引发税企之间的涉税争议。为进一步和谐征纳关系，真正实现管理和服务并重，如果发现企业应享受税收优惠政策而未享受，则应当主动告知企业，由其自行决定是否享受。

083 查补销售额应计入税款所属期还是申报期，以计算企业是否超过小规模纳税人标准？

案例

某集团母公司主要从事投资业务，是按季申报的小规模纳税人。2020—2021 年向其控股子公司收取统借统还利息 300 万元，既未开具发票也未进行纳税申报。2021 年 7 月，税务稽查查补销售收入 300 万元，同时告知母公司统借统还业务可以享受免征增值税的税收优惠。请问母公司被税务稽查查补销售额应计入税款所属期还是查补申报期？超小规模纳税人标准是否应办理一般纳税人登记手续？

答：《财政部　国家税务总局关于全面推开营业税改征增值税试点的通知》（财税〔2016〕36 号）附件 3《营业税改征增值税试点过渡政策的规定》第一条第（十九）项第七点规定：“统借统还业务中，企业集团或企业集团中的核心企业以及集团所属财务公司按不高于支付给金融机构的借款利率水平或者支付的债券票面利率水平，向企业集团或者集团内下属单位收取的利息。”

《增值税一般纳税人登记管理办法》（国家税务总局令第 43 号）第二条规定：“增值税纳税人（以下简称‘纳税人’），年应税销售额超过财政部、国家税务总局规定的小规模纳税人标准（以下简称‘规定标准’）的，除本办法第四条规定外，应当向主管税务机关办理一般纳税人登记。本办法所称年应税销售额，是指纳税人在连续不超过 12 个月或四个季度的经营期内累计应征增值税销售额，包括纳税申报销售额、稽查查补销售额、纳税评估调整销售额。销售服务、无形资产或者不动产（以下简称‘应税行为’）有扣除项目的纳税人，其应税行为年应税销售额按未扣除之前的销售额计算。纳税人偶然发生的销售无形资产、转让不动产的销售额，不计入应税行为年应税销售额。”同时，第四条规定：“下列纳税人不办理一般纳税人登记：（一）按照政策规定，选择按照小规模纳税人纳税的；（二）年应税销售额超过规定标准的其他个人。”

《国家税务总局关于增值税一般纳税人登记管理若干事项的公告》（国家税务总局公告 2018 年第 6 号）第二条规定，《增值税一般纳税人登记管理办法》“第二条所称‘纳税申报销售额’是指纳税人自行申报的全部应征增值税销售额，其中包括免税销售额和税务机关代开发票销售额。‘稽查查补销售额’和‘纳税评估调整销售额’计入查补税款申报当月（或当季）的销售额，不计入税款所属期销售额”。

《财政部　税务总局关于统一增值税小规模纳税人标准的通知》（财税〔2018〕33 号）第一条规定：自 2018 年 5 月 1 日起，“增值税小规模纳税人标准为年应征增值税销售额 500 万元及以下”。

综上所述，集团母公司被稽查查补的统借统还收取的利息免征增值税的销售额应计入查补税款申报当期，即 2020 年 7 月的销售额。母公司年应征增值税销售额（含免税销售额）超过 500 万元，应按规定办理增值税一般纳税人登记手续。

084 如何证明穷尽其他手段后无法送达，只能进行公告送达？

答：《中华人民共和国税收征收管理法实施细则》第一百零一条规定："税务机关送达税务文书，应当直接送交受送达人。受送达人是公民的，应当由本人直接签收；本人不在的，交其同住成年家属签收。受送达人是法人或者其他组织的，应当由法人的法定代表人、其他组织的主要负责人或者该法人、组织的财务负责人、负责收件的人签收。受送达人有代理人的，可以送交其代理人签收。"第一百零三条规定："受送达人或者本细则规定的其他签收人拒绝签收税务文书的，送达人应当在送达回证上记明拒收理由和日期，并由送达人和见证人签名或者盖章，将税务文书留在受送达人处，即视为送达。"第一百零四条规定："直接送达税务文书有困难的，可以委托其他有关机关或者其他单位代为送达，或者邮寄送达。"第一百零六条规定："有下列情形之一的，税务机关可以公告送达税务文书，自公告之日起满30日，即视为送达：（一）同一送达事项的受送达人众多；（二）采用本章规定的其他送达方式无法送达。"第一百零七条规定："税务文书的格式由国家税务总局制定。本细则所称税务文书，包括：（一）税务事项通知书；（二）责令限期改正通知书；（三）税收保全措施决定书；（四）税收强制执行决定书；（五）税务检查通知书；（六）税务处理决定书；（七）税务行政处罚决定书；（八）行政复议决定书；（九）其他税务文书。"

根据上述规定，税务机关送达文书可以采取直接送达、留置送达、委托送达、邮寄送达以及公告送达等方式。

按照上述规定，税务机关应首先采用直接送达的方式将《税务检查通知书》《税务行政处罚事项告知书》《税务涉案行政处罚决定书》等相关文书送达。除了"同一送达事项的受送达人众多"以外，税务机关必须在穷尽上述送达方式无法送达以后，才能采用公告送达的方式送达文书。

在实践中，有部分税务机关在邮寄送达不能后，未能穷尽民事诉讼法规定的其他送达方式，而直接采用公告送达方式。实际上，公告送达是在直接送达、留置送达、委托送达、邮寄送达等多种送达方式无效后采用的一种具有补救性质的送达方式。在这种送达方式下，当事人了解诉讼文书内容的概率比较低。在没有全面调查当事人下落、没有用尽其他送达方式的情况下，不宜轻易采用。由于公告送达是一种推定送达，在实际操作过程中，税务机关并不能保证受送达人真正地知悉公告文书所刊载的内容，并及时地作出反应。这是公告送达与其他送达方式相比最明显的缺陷。这一缺陷可能带来多个层面的问题。从权利保护的角度来看，公告送达可能会对当事人的知情权、听证权、答辩权、举证权、质证权等一系列权利造成损害。需要提醒的是，仅采取办税服务厅张贴公告的方式进行公告送达，可能会由于相对人的知情权无法保障，受众范围过于狭窄，在行政诉讼中被判定为无效送达。

法院判决案例《莆田市秀屿区人民法院行政裁定书》〔(2020) 闽0305 行审 5 号〕裁定如下："本院认为，行政机关在作出行政处罚前必须充分查清行政相对人的违法事实，严格依据法律法规的相关规定，依照法定程序作出相应的行政行为。申请执行人国家税务总局××市××区税务局认定被执行人年度纳税申报'房产税、城镇土地使用税'未在规定期限内缴纳税款 498321.64 元（不含滞纳金），在自己税务服务大厅公告送达，对被执行人的各种法律文书，不符合法律规定，故该行政行为违法，不符合强制执行条件。"

可见，在没有直接法律渊源的情况下，法院倾向于根据是否对行政相对人的合法权益构成损害为原则判断公告送达形式是否合法。

值得一提的是，《国家税务总局关于发布〈税务文书电子送达规定（试行）〉的公告》（国家税务总局 2019 年第 39 号）为了优化税务执法方式，进一步便利纳税人办税，制定了《税务文书电子送达规定（试行）》，明确税务机关可通过电子税务局等特定系统向纳税人、扣缴义务人送达电子版式税务文书。但《税务处理决定书》《税务行政处罚决定书》（不含简易程序处罚）、《税收保全措施决定书》《税收强制执行决定书》《阻止出境决定书》，以及税务稽查、税务行政复议过程中使用的税务文书等暂不适用本规定。

提示：依据《中华人民共和国税收征收管理法实施细则》第一百零六条的规定，税务文书公告送达的期间为30日，但税务行政处罚决定公告送达的期间例外，为60日。

2021年12月24日，第十三届全国人民代表大会常务委员会第三十二次会议审议通过《全国人民代表大会常务委员会关于修改〈中华人民共和国民事诉讼法〉的决定》（自2022年1月1日起施行）将第九十二条改为第九十五条，第一款修改为："受送达人下落不明，或者用本节规定的其他方式无法送达的，公告送达。自发出公告之日起，经过三十日，即视为送达。"《中华人民共和国行政处罚法》（2021年修订）第六十一条规定："行政处罚决定书应当在宣告后当场交付当事人；当事人不在场的，行政机关应当在七日内依照《中华人民共和国民事诉讼法》的有关规定，将行政处罚决定书送达当事人。"

因此，自2022年1月1日起，税务行政处罚决定的公告送达期间，由原来的60日变更为30日。

085 制作《税务行政处理书》《税务行政处罚决定书》时引用相关法条，应当注意哪些方面？

答：第一，确保引用相关涉税法律法规、部门规章、规范性文件的节、条、款、项、目书写准确。

法律是由编、章、节、条、款、项、目构成的。

一部法律根据《中华人民共和国立法法》第六十一条的规定，根据内容需要可以划分编、章、节、条、款、项、目。编、章、节是对法条的归类，所以在适用法律时只需引用到条、款、项、目即可，无须指出该条所在的编、章、节。

法律规范条文的适用，一个法条只有一款的，应当直接适用该法条，不应称作该条第一款；一个法条有两款或者两款以上的，应当适用到款。关于条的数目的书写应使用中文，如“《中华人民共和国立法法》第十条”，不能使用阿拉伯数字，不能写成“《中华人民共和国立法法》第10条”。

“款”是“条”的组成部分。“款”的表现形式为条中的自然段。每个自然段为一款。“款”前均无数字。有数字排列的不称为“款”。

“款”的适用。“款”一般可以独立适用。关于引用“款”时的数目书写应当使用中文，不使用阿拉伯数字。如“《中华人民共和国立法法》第五十四条第二款”，不写作“《中华人民共和国立法法》第54条第2款”。

一般来讲，“项”是以列举的形式对前段文字的说明。如《中华人民共和国立法法》第八条规定：“下列事项只能制定法律：（一）国家主权的事项；（二）各级人民代表大会、人民政府、人民法院和人民检察院的产生、组织和职权；（三）……”该条中的（一）、（二）、（三）……（十）等就是该条的十个项。该十项是对前段文字中“下列事项”的说明。所以，含有“项”的法条，其前段文字中一般都有“下列”二字或相应的文字表述。

“项”前冠以数字以对列举的内容进行排列。如上所述，各项前都冠以“（一）、（二）、（三）、（四）”等数字，而且这些数字只能以中文数字加括号的形式出现。

“项”的适用。对含有“项”的法条，应当适用到“项”。如果不适用到“项”，则有适用法律不正确之嫌。如《中华人民共和国行政诉讼法》第七十条规定：“行政行为有下列情形之一的，人民法院判决撤销或者部分撤销，并可以判决被告重新作出行政行为：（一）主要证据不足的；（二）适用法律、法规错误的；（三）违反法定程序的；（四）超越职权的；（五）滥用职权的；（六）明显不当的。”这六种情形，就是该法条的六个项。”

根据立法技术的不同需要，“项”可以依附于“条”，也可以依附于“款”，即“条”中可以有“项”，“款”中也可以有“项”。

“目”隶属于“项”，是法律规范中最小的单位。“目”的特性与作用与“项”相似，不同的是“项”是对“条”或“款”的列举式说明，而“目”是对“项”的列举式说明。“项”的前面冠以中文数字加括号，而“目”的前面则冠以阿拉伯数字，并在阿拉伯数字后加点（在具体引用法条的“目”时，只注明阿拉伯数字，无须加点）。

“目”的适用。如果某个法条或款的内容有“项”，而“项”下还有“目”，在适用法律时就应当适用到“目”。

上述内容规定虽然只是法律上的具体要求，但是相关涉税行政法规、部门规章、规范性文件在填写相关条款时也可以直接参照。

如果在使用法条时款项弄错，就相当于税务机关作出处理、发出决定的依据不存在，属于没有准确适用法律、法规规范性质的错误。如果纳税人提起涉税行政诉讼，则人民法院可以依据《中华人民共和国行政诉讼法》第五十四条第（二）项第二目的规定，以“适用法律、法规错误”为由，判决予以撤销。

第二，制作《税务行政处理书》《税务行政处罚决定书》时，不能只引用国家税务总局出台的税收规范性文件作出处理依据。

《中华人民共和国行政诉讼法》第六十三条规定：“人民法院审理行政案件，以法律和行政法规、地方性法规为依据。地方性法规适用于本行政区域内发生的行政案件。人民法院审理民族自治地方的行政案件，并以该民族自治地方的自治条例和单行条例为依据。人民法院审理行政案件，参照规章。”

按照上述规定，在制作《税务行政处理书》《税务行政处罚决定书》时，首先要引用法律、行政法规的具体条款，其次引用相关的部门规章、税收规范性文件作为有上位法支撑的、列举出的明细化参考依据；在引用相关依据时，排列顺序应当是按照立法位阶从高到低、层层递进，确保合法处理，依法行政。比如，在认定某企业存在偷税行为并进行行政处罚时，应当首先引用《中华人民共和国税收征收管理法》第六十三条将其定性为偷税，其次引用各地行政处罚裁量基准相关条款进行处罚。这样就避免单独引用裁量基准造成缺乏法律、行政法规上位法支撑的低级错误。

第三，要注明引用相关涉税法律、行政法规、部门规章、规范性文件的版本。这点在实际操作中容易被忽视。部分税务机关在制作税务处理、处罚文书时只重视引用文件名称是否准确，而忽视了引用的版本，造成错误频发。

比如，《中华人民共和国行政处罚法》于1996年3月17日第八届全国人民代表大会第四次会议通过，根据2009年8月27日第十一届全国人民代表大会常务委员会第十次会议《关于修改部分法律的决定》第一次修正；根据2017年9月1日第十二届全国人民代表大会常务委员会第二十九次会议《关于修改〈中华人民共和国法官法〉等八部法律的决定》第二次修正；2021年1月22日第十三届全国人民代表大会常务委员会第二十五次会议修订。目前使用2021年的修订版本。

因此，在引用行政处罚法相关条款时，不仅要完整引用法律名称《中华人民共和国行政处罚法》，还要注明是中华人民共和国主席令第六十三号发布，2021年修订。有人对此不解，为什么要将文号写得如此烦琐，其实这是为了保证法条的精准。比如，原版修订前的《中华人民共和国行政处罚法》第二十九条并没有规定“同一个违法行为违反多个法律规范应当给予罚款处罚的，按照罚款数额高的规定处罚”。该内容是《中华人民共和国行政处罚法》在2021年修订后的新增内容。不注明引用版本，如果纳税人提出税务机关引用的是修订前版本，不应作为处罚依据，那么税务机关将难以自圆其说。因此，在实践中，文件引用不仅要准确，更要精确，才能最大限度消弭执法风险，实现定纷止争。

086 纳税争议案件中，是否复议机关不受理时纳税人不得就原行政行为提起行政诉讼？

答：鉴于纳税争议案件“双前置”的规定，在纳税人没有缴清税款的情况下提起复议，复议机关依法不予受理。在这种情况下，纳税人是否能直接就原行政行为提起行政诉讼，各地法院裁判不一。但就最高人民法院的裁判观点来看，不支持行政相对人就原行政行为提起诉讼。

最高人民法院在裁判文书（2018）最高法行申 947 号中认为，复议前置案件经过复议程序实体处理，才能视为经过复议。复议机关对复议申请不予答复，或程序性驳回复议申请，不能视为已经经过复议，未经复议也就不能一并或单独对原行政行为提起行政诉讼。

但是，一起税务争议案件中，如果行政相对人就《税务处理决定书》提起复议超过法定期限，且纳税争议案件复议前置，行政相对人就无法提起诉讼程序。但是，这并不影响行政相对人就税务处罚决定提起诉讼，行政诉讼的起诉期限是六个月，只要行政相对人提起行政诉讼的时间处于法定期限内就可以。由于税务处罚决定是独立于税务处理决定的具体行政行为，提起救济程序不需要复议前置，因此税务处理、税务行政处罚决定超过复议期限，并不影响行政相对人对税务处罚决定在法定期限内提起行政诉讼。

087 复议机关撤销行政处罚决定，税务机关能否再次作出行政处罚？

答：行政复议是与行政诉讼相结合的一种行政救济制度，是运用行政机关系统内部的层级监督关系，由上级机关纠正下级机关的违法或不当的行政行为，以保护行政相对人的合法权益。当行政主体对行为人的第一个处理没有失去效力时，不能基于同一事实和理由给予第二次处理，除非第二个处理是对第一个处理的补充、更正或者补正。如果第一个处理违法不当，那么行政主体应当先进行撤销，然后重新处理。

因此，在复议机关撤销行政处罚决定时，作出行政处罚的税务机关应当审核行政处罚被撤销的原因是程序瑕疵，还是事实不清、证据不足。如果是因为程序瑕疵，则可以在撤销后按照规范程序重新作出行政处罚；如果是因为事实不清、证据不足，则可以重新启动调查。待达到相关证据标准后重新进行行政处罚，但是不能再以原来的事实和理由作出行政处罚决定。

088 涉税刑事案件被司法机关认定事实不清，证据不足，税务机关所作出的税务行政处理和行政处罚是否需要撤销？

答：根据《中华人民共和国刑事诉讼法》现有规定来看，一般将这一法律标准分解为“犯罪事实清楚”与“证据确实充分”两个部分进行解释。其中，“犯罪事实清楚”，是指与定罪量刑有关的事实情节都必须查清楚。在“证据确实充分”中，证据的确实与充分是相互联系、密不可分的。所谓“证据确实”，是指证据要真实可靠，如实地反映案件的事实真相，这是对证据质的要求；所谓“证据充分”是指对证据在量上的要求，就具体案件而言，必须足以形成一个完整的证据链并得出排他的唯一结论。在“犯罪事实清楚，证据确实充分”这一法律标准中，犯罪事实是否清楚无法与“证据确实充分”割裂开来独立加以评价。相反，在二者关系上，犯罪事实是否清楚，必须依赖于“证据确实充分”；离开了“证据确实充分”，就不存在犯罪事实是否清楚的问题。

第一，法院的裁判文书具有公信力，在判决正式执行后，应当认定司法判决书认定的事实和证据具有真实性、合法性、相关性。

第二，行政案件和刑事案件对证据的要求是不同的，刑事案件要求排除合理怀疑，而行政案件受制于调查权和技术手段，达不到刑事案件的定罪标准，但是这并不妨碍行政案件的处理。

第三，如果仅是刑事案件证据不足，但是行政案件已经符合证据标准，则此时不能简单类推出行政案件证据不足，得出相关案件处理决定需要撤销的结论。

089 通过邮寄方式向纳税人送达相关文书，是否可以选择不同的快递公司邮寄?

答：国家机关公文是国家机关基于公务活动制作的具有特定文体和格式，并加盖了国家机关公章的书面材料，它不仅指国家机关内部、上下级之间和国家机关之间相互传递的正式公文，还包含因处理诉讼、行政复议、政务公开申请、举报、申诉等活动制作的需要送达当事人的文书。显然，税务稽查文书属于国家机关公文的范畴。使用除邮政 EMS 以外的任何一家民营快递公司寄递国家机关公文都是违法的。这是因为，为切实保障国家机关公文的通信安全以及公众和私人的信息安全，中国邮政独家承担国家机关公文寄递。《中华人民共和国邮政法》第五十五条规定：“快递企业不得经营由邮政企业专营的信件寄递业务，不得寄递国家机关公文。”

090 如果对纳税人实施行政处罚，那么应当如何有效保障当事人的陈述申辩权?

答：国务院发布的《全面推进依法行政实施纲要》第三条第五点规定的“程序正当”原则要求：“行政机关实施行政管理，除涉及国家秘密和依法受到保护的商业秘密、个人隐私的外，应当公开，注意听取公民、法人和其他组织的意见；要严格遵循法定程序，依法保障行政管理相对人、利害关系人的知情权、参与权和救济权。行政机关工作人员履行职责，与行政管理相对人存在利害关系时，应当回避。”2021 年修订的《中华人民共和国行政处罚法》第七条、第四十一条、第四十四条、第四十五条等也明确规定保障当事人陈述申辩权等程序权利。这是行政处罚程序中行政机关应履行的主要义务，也是行政处罚合法性审查的关键内容。在保障当事人陈述权、申辩权过程中，要重点做好以下的工作。

（1）充分听取当事人的陈述申辩意见。行政机关不得限制或者变相限制当事人享有的陈述权、申辩权，必须充分听取当事人发表的意见。当事人先后作出的陈述申辩意见不一致或者相互矛盾的，应当以其在陈述申辩期届满前作出的最后的意思表示为准。

（2）对当事人提出的事实、理由和证据，应当复核。这里的“复核”有两层含义：一是行政机关对当事人提出的新事实、新理由和新证据加以审查核对，查验其真实性、合法性、合理性，并与已经掌握的事实和证据加以比对，作为决定是否采纳的依据；二是通过复核，审查案件承办人员是否充分听取了当事人的陈述申辩。因此，复核是保障陈述权、申辩权的关键。

（3）当事人提出的事实、理由或者证据成立的，行政机关应当采纳。对于当事人提出的事实、理由或者证据是否成立，行政机关需要作出判断。理由成立的，行政机关应当采纳，并作为综合考量行政处罚决定的依据。

（4）当事人自愿放弃陈述权、申辩权的，行政机关可以不用等待陈述申辩期届满，即作出行政处罚决定。需要大家注意的是，当事人作出的“放弃陈述申辩”与“放弃陈述权、申辩权”之间存在重大差异。在税务机关作出行政处罚告知环节，当事人随时可以提出陈述申辩。即便当事人口头表示放弃陈述申辩，只要未作出书面声明，在陈述申辩期间依然可以重新要求陈述申辩，稽查部门不得以其已经作出口头声明拒绝听取。如果当事人逾期不进行陈述申辩，则此时视同放弃权利。

无论当事人是否自愿放弃陈述权、申辩权，行政机关都要履行法定告知义务。二者不具有可替代性。

（5）无论当事人提出的事实、理由和证据是否成立，都不能因此给予其更重的处罚。因为这是当事人行使其陈述权、申辩权的行为，当事人如何行使陈述权、申辩权，都不是行政处罚的依据。“更重的处罚”不同于“加重”或者“从重”，而是与当事人行使陈述权、申辩权之前行政机关拟作出的行政处罚种类、量罚而言的。凡行政机关因为当事人陈述申辩行为，在原来拟作出的行政处罚基础上追加处罚的，都属于更重的处罚，都应当予以禁止。

（6）《税务行政处罚告知书》在陈述申辩期限的设置方面，不会直接指定截至某日，因为要考虑税收执法文书送达的时间，一般都会写“请在我局（所）作出行政处罚决定之前，到我局（所）进行陈述、申辩或自行提供陈述、申辩材料”。这样，无论在什么时间送达，都以送达日为基础。由于没有具体日期限制，从保护行政相对人合法利益的角度来说，建议参照申请行政处罚听证的期限，给当事人至少预留五日时间为妥。

091 纳税人拒绝在《税务稽查工作底稿》上签字，是否影响对案件的最终处理？

答：根据稽查工作程序，在调查取证结束后，通常制作列举纳税人违法事实和有关数据的检查情况表，并交给纳税人签章或押印，予以核实。有纳税人提出，自己没有在《税务稽查工作底稿》上签字，应当属于对事实不认可，说明相关事实有争议，不得作为税务稽查证据，这种理解是错误的。

底稿是串联所有案件证据的资料，使案卷脉络清晰便于审理，而案件定性以及税款计算等，最终取决于稽查部门收集到的各种证据资料（账册、凭证、合同、单据等），底稿本身并不能作为直接证据。

对于稽查部门而言，即使稽查对象在《税务稽查工作底稿》上签字，其在行政诉讼中也只能作为间接证据，主要还是依托物证、书证等扎实准确的证据才能发挥证明效力。

如果纳税人对《税务稽查底稿》所列的违法事实和数据提出异议，则税务人员应当充分听取纳税人的陈述申辨理由，进一步分析稽查证据及处理依据是否存在错漏或疏忽。如取得的证据符合“三性”要求，确凿无误，并且处理依据合理合法，即使纳税人拒签，也无法改变稽查证据所认定的违法事实，不影响对案件的最终定性和处理。

实务中，对于纳税人拒绝在《税务稽查工作底稿》签字的，建议稽查人员运用执法记录仪对全过程进行录像，并在底稿上详细注明原因，做到手续完备；有见证人在场的，要请其签字，进一步增强证明力。

092 检查一户企业涉嫌偷税，稽查部门担心检查结束后税款有流失风险，了解到区财政局准备对该企业支付财政补贴，能否在检查环节直接进行税收保全？

答：可以在检查环节直接进行税收保全。《中华人民共和国税收征收管理法》（以下简称《税收征管法》）第三十八条规定：“税务机关有根据认为从事生产、经营的纳税人有逃避纳税义务行为的，可以在规定的纳税期之前，责令限期缴纳应纳税款；在限期内发现纳税人有明显的转移、隐匿其应纳税的商品、货物以及其他财产或者应纳税的收入的迹象的，税务机关可以责成纳税人提供纳税担保。如果纳税人不能提供纳税担保，经县以上税务局（分局）局长批准，税务机关可以采取下列税收保全措施：（一）书面通知纳税人开户银行或者其他金融机构冻结纳税人的金额相当于应纳税款的存款；（二）扣押、查封纳税人的价值相当于应纳税款的商品、货物或者其他财产。”

《税收征管法》第五十五条规定：“税务机关对从事生产、经营的纳税人以前纳税期的纳税情况依法进行税务检查时，发现纳税人有逃避纳税义务行为，并有明显的转移、隐匿其应纳税的商品、货物以及其他财产或者应纳税的收入的迹象的，可以按照本法规定的批准权限采取税收保全措施或者强制执行措施。”

同时，《税收征管法》第十四条规定：“本法所称税务机关是指各级税务局、税务分局、税务所和按照国务院规定设立的并向社会公告的税务机构。”《中华人民共和国税收征收管理法实施细则》第九条规定，《税收征管法》第十四条所称“按照国务院规定设立的并向社会公告的税务机构”，是指省以下税务局的稽查局。稽查局专司偷税，逃避追缴欠税、骗税、抗税案件的查处。

按照上述规定，稽查局属于《税收征管法》规定的税务机关，自然可以依据《税收征管法》第五十五条规定，依法对相关企业采取税收保全措施。实践中，区财政补偿款中相当于税款的部分，应当与区财政局、银行联系，在准备好相关手续后，在财政转入补偿款的同时对相当于应纳税款的金额予以冻结，确保税收债权得到实现。

093 已经申报的欠税，是否可以无限期追征，是否受到《中华人民共和国税收征收管理法》第五十二条追征期的限制?

答：税款追征期，顾名思义就是税务机关对于纳税人、扣缴义务人未缴或者少缴、未扣或者少扣、未收或者少收税款的有效追缴期限。超过追征期的，不能再行追缴。根据《中华人民共和国税收征收管理法》第五十二条规定，因纳税人、扣缴义务人计算错误等失误，未缴或者少缴税款的，税务机关在三年内可以追征税款、滞纳金；有特殊情况的，追征期可以延长到五年。对偷税、抗税、骗税的，税务机关追征其未缴或者少缴的税款、滞纳金或者所骗取的税款，不受前款规定期限的限制。

《中华人民共和国税收征收管理法实施细则》第八十一条规定：《中华

人民共和国税收征收管理法》第五十二条所称“纳税人、扣缴义务人计算错误等失误”，是指非主观故意的计算公式运用错误以及明显的笔误。

《国家税务总局关于欠税追缴期限有关问题的批复》（国税函〔2005〕813号）规定：“按照《中华人民共和国税收征收管理法》和其他税收法律、法规的规定，纳税人有依法缴纳税款的义务。纳税人欠缴税款的，税务机关应当依法追征，直至收缴入库，任何单位和个人不得豁免。税务机关追缴税款没有追征期的限制。”

综上所述，《中华人民共和国税收征收管理法》第五十二条有关追征期限的规定，是指因税务机关或纳税人的责任造成未缴或少缴税款在一定期限内未发现的，超过此期限不再追征。纳税人已申报或税务机关已查处的欠缴税款，税务机关不受该条追征期规定的限制，应当依法无限期追缴税款。

094 稽查部门接收《已证实虚开通知单》，能否以核查发票的名义直接调取企业会计账簿进行检查？

答：稽查部门不能以核查发票的名义直接调取企业会计账簿进行检查。根据《中华人民共和国税收征收管理法实施细则》第八十六条规定，税务机关行使检查纳税人的账簿、记账凭证、报表和有关资料，检查扣缴义务人代扣代缴、代收代缴税款账簿、记账凭证和有关资料时，可以在纳税人、扣缴义务人的业务场所进行，此时要制作税务检查通知书，并出示检查证。如果需要调取纳税人账簿，经县以上税务局（分局）局长批准，可以将纳税人、扣缴义务人以前会计年度的账簿、记账凭证、报表和其他有关资料调回税务机关检查，但是税务机关必须向纳税人、扣缴义务人开付清单，并在3个月内完整退还；有特殊情况的，经设区的市、自治州以上税务局局长批准，税务机关可以将纳税人、扣缴义务人当年的账簿、记账凭证、报表和其他有关资料调回检查，但是税务机关必须在30日内退还。

《税务稽查案件办理程序规定》（国家税务总局令第52号）第十八条规定："调取账簿、记账凭证、报表和其他有关资料时，应当向被查对象出具调取账簿资料通知书，并填写调取账簿资料清单交其核对后签章确认。"

因此，如果稽查部门以履行税务检查的名义直接调取企业账簿则属于程序违法行为，即便查明违法事实，其作出的税务处理决定和行政处罚决定也会归于无效。

095 税法中的"不可抗力"应当如何理解?

答：在《中华人民共和国税收征收管理法》及其实施细则中，有两处涉及"不可抗力"概念。

（1）《中华人民共和国税收征收管理法实施细则》第三十七条第二款规定："纳税人、扣缴义务人因不可抗力，不能按期办理纳税申报或者报送代 扣代缴、代收代缴税款报告表的，可以延期办理；但是，应当在不可抗力 情形消除后立即向税务机关报告。税务机关应当查明事实，予以核准。"

（2）《中华人民共和国税收征收管理法》第三十一条第二款规定："纳税人因有特殊困难，不能按期缴纳税款的，经省、自治区、直辖市国家税务局、地方税务局批准，可以延期缴纳税款，但是最长不得超过三个月。"

《中华人民共和国税收征收管理法实施细则》第四十一条规定："纳税人有下列情形之一的，属于税收征管法第三十一条所称特殊困难：（一）因不可抗力，导致纳税人发生较大损失，正常生产经营活动受到较大影响的……"

由于《中华人民共和国税收征收管理法》及其实施细则未对"不可抗

力”作出明确定义，因此可对照民事法律中的界定。《中华人民共和国民法典》第一百八十条规定：“因不可抗力不能履行民事义务的，不承担民事责任。法律另有规定的，依照其规定。不可抗力是不能预见、不能避免且不能克服的客观情况。”“不可抗力”具体包括自然灾害，如台风、地震、洪水、火山爆发等；政府行为，如征收、征用，发布禁运、禁止进口出口等行政命令；社会异常事件，如罢工、骚乱、战争、瘟疫等。例如，出于防控疫情的需要，政府对中高风险地区采取封闭、封控管理，企业经营和人员外出受到限制，对于突发疫情导致的相关涉税事项无法及时办理，此类情况也应当视为“不可抗力”。

096 对于实际取得非经营所得的个人所得的纳税人，税务机关能否自行对其欠缴的税款进行强制执行？

答：不可以。依据《中华人民共和国税收征收管理法》第四十条释义阐明：关于税务机关采取强制执行措施的规定，只能适用于从事生产、经营的纳税人、扣缴义务人、纳税担保人，不适用于非生产、经营纳税人（从事生产、经营的纳税人以外的纳税人），即税务机关无权对非生产、经营纳税人采取强制执行措施。对于非生产、经营纳税人未依法缴纳税款，税务机关责令其限期缴纳而仍不缴纳，同时其对税务机关缴纳税款的决定又不依法提起行政诉讼的，根据《中华人民共和国行政诉讼法》的规定，税务机关可以申请人民法院强制执行。

依据《中华人民共和国税收征收管理法》第四十一条，《中华人民共和国个人所得税法实施条例》第六条、第八条规定可以看出，劳务报酬所得与经营所得两者所属税目不同，对于非生产、经营行为涉及的税收，法律没有授予税务机关强制执行权。《中华人民共和国税收征收管理法》第八十八条第三款规定可以看出，税务机关并非对所有的税收行为均具有强制执行权，对其没有强制执行权的税收行为应当申请法院强制执行。

但是部分法院对此有不同的理解。

山东省威海市中级人民法院行政裁定书（2019）鲁10行审复5号中提出："在实际案件处理过程中，有税务机关认定某纳税人收取某房地产开发有限公司支付销售房屋代理佣金，未申报缴纳个人所得税，向法院提出申请法院对纳税人强制执行，但当地二审法院认为，根据《中华人民共和国税收征收管理法》第三十七条、第三十八条的规定，税务机关对未依法缴纳税款的纳税人具有强制执行权。《行政强制法》第五十三条规定，当事人在法定期限内不申请行政复议或者提起行政诉讼，又不履行行政决定的，没有行政强制执行权的行政机关可以自期限届满之日起三个月内，依照本章规定申请人民法院强制执行。《最高人民法院关于适用〈中华人民共和国行政诉讼法〉的解释》（法释〔2018〕1号）第一百五十五条第三款规定，人民法院对不符合条件的申请，应当裁定不予受理。本案中，税务机关具有强制执行权，其向法院申请强制执行不符合法律规定，应裁定不予受理，原审法院裁定不准予强制执行有误，本院予以指正。复议申请人的申请理由不当，本院不予支持。"

097 税务机关如何认定纳税人之间签订的购销合同效力？

答：首先，税务机关不宜直接认定合同无效。在合同未经人民法院或者仲裁机构认定无效的情况下，行政机关可以推定合同有效。特殊情况是依据《中华人民共和国民法典》规定，违反国家法律、法规的合同直接无效。对于此类合同，税务机关应当直接不予认可。

其次，如果纳税人提起民事诉讼或者仲裁对合同效力进行判定，先要看宣判合同无效是否属于检查期间，此时税务机关应当认可相关合同无效的法院判决，即直接认可该合同无效。如果合同无效，与合同相关的所有涉税义务就不复存在，相应地，纳税违法行为也会自动消失。如果检查结束时判决尚未生效，则此时应当要求纳税人履行相关涉税义务。待法院判决结束确认合同无效时，再由纳税人依法申请退税。在实际工作中，合同一旦产生效力，则企业可能会被税务机关认定发生涉税违法行为，有可能会受到税务处理和行政处罚，若合同属于效力待定性质，考虑到事实不清、证据不足，对此类合同所涉及的业务，税务机关不应先入为主认定其存在涉税违法行为，可等待诉讼或仲裁判定之后再处理为宜。

098 审阅会计资料的注意事项有哪些？

答：第一，对原始凭证的审阅。审阅原始凭证时，应注意有无涂改或伪造的现象和痕迹，记录的经济业务是否符合会计制度的规定，是否有业务负责人的签字。可以具体从以下几个方面进行审阅和核查。

（1）审阅凭证格式是否规范、要素是否完整。

（2）审阅凭证上的文字、数字是否清晰，有无挖、擦、涂、改的痕迹。对于复写的凭证应该查看反面复写字迹的颜色是否一致、均匀；对于有更正内容的凭证，应该审查更正的方法是否符合规定、更正的内容是否反映了经济业务的真实情况、更正的说明是否符合逻辑等。

（3）审阅填制凭证日期与付款日期是否相近，付款与经济业务是否存在必然联系。

（4）审阅填制凭证的单位是否确实存在，以防止利用已经合并、撤销单位的作废凭证作为支付凭据，冒领、乱支成本、费用。

（5）审阅凭证的抬头是否为稽查对象。

（6）审阅凭证的审批传递是否符合规定，相关责任人员是否已按规定办理了必要的签章手续。

（7）审阅收款、付款原始凭证是否加盖财务公章或收讫、付讫印鉴。

（8）审阅凭证所反映的经济业务内容是否合法、合规、合理。对这类内容的审阅主要表现在支付性费用方面。

（9）稽查对象自制的凭证如果移交其他单位，应审阅其存根是否连续编号，存根上的书写是否正常、流畅。

（10）自制凭证的印刷是否经过审批，保管、领用有无手续。对这类内容审阅的重点应放在自制和外购收据的使用和保管上，必要时可以采用限定定额法、最低（平均）消耗（成本或费用）定额法等方法测算稽查对象的应税收入或收益。

第二，对记账凭证的审阅。在审阅记账凭证时，应重点审查企业的会计处理是否符合《企业会计准则》及国家统一会计制度的规定，将审阅过的原始凭证与记账凭证上的会计科目、明细科目、金额对照观察，分析其是否真实反映了实际情况，有无错弊、掩饰的情形，记账凭证上编制、复核、记账、审批等签字是否齐全。

第三，对账簿的审阅。审阅会计账簿，包括审阅稽查对象据以入账的原始凭证是否齐全完备，账簿记载的内容与原始凭证记载的是否一致，会计分录的编制或账户的运用是否恰当，货币收支的金额是否正常，成本核算是否符合国家有关财务会计制度的规定，是否符合检查目标的其他要求（如税金核算的正确性要求、税金的增减与企业经营能力变化的关系）等。

对账簿的审阅除了审阅总账与明细账、账簿与凭证的记录是否相符以外，还要重点审阅明细分类账。

（1）明细分类账记载的经济业务内容是否合法、合规，有无将不应列支的成本、费用采取弄虚作假、巧立名目的手段记入成本、费用类科目核算的情况。

（2）账簿记录的小计数和合计数是否与发生数相符，借贷方登记的方向是否有误，是否登错栏目或栏次。

（3）账簿记录摘要栏所记载的内容是否真实，有无例外情况。

（4）账簿启用、期初、期末余额的结转、承前页、转下页、月结和年结是否符合会计制度的规定，是否存在利用年度过账的机会故意篡改结存余额数字的情况，账簿应登记的内容是否已按要求登记，是否根据更正错账的方法更正错账等。

第四，对会计报表的审阅。审阅会计报表时不能仅仅局限于对资料的评价，更主要的是对资料所反映的经济活动过程和结果作出正确判断或评价。对会计报表的具体审阅方法可见逆查法。

第五，对其他会计资料的审阅。对于会计资料以外的其他资料进行审阅，一般是为了获取进一步的信息。在实际工作中到底要审阅哪些方面的资料，应视检查时的具体情况而定。根据工作需要可以审阅以下几个方面的资料。

（1）经济合同、加工收发记录、托运记录、产品或货物经营的计划资料，生产、经营的预算、统计资料等。审阅时要特别注意这些资料所反映的内容是否真实、合法、合规、合理。

（2）对于计划、预算，除了审阅计划、预算的合法、合规、合理性外，还可以联系计划、预算执行情况和记录以及会计资料审阅。

（3）对于时间的逻辑关系，审阅资料所反映的日期与经济业务发生的日期、会计核算记录的日期是否存在前后矛盾的情况。

（4）企业一定时期的审计报告、资产评估报告、税务处理处罚决定等资料。

（5）有关法规文件，内部控制制度，各类与生产、经营有关的协议书和委托书，考勤记录，生产记录，各种消耗定额（包括产品的行业单位消耗定额），出车运输记录，税务机关的审批文件等。

099 现场笔录和勘验笔录作为证据的区别点是什么？

答：《中华人民共和国行政诉讼法》在证据种类中，把勘验笔录与现场笔录并列，是因为两者有所不同。

现场笔录是指国家行政机关在作出具体行政行为前，对有关事项当场所作的笔录，包括对被查对象违反法律、行政法规所作的笔录。其直接目的是提供作出具体行政行为的事实依据，只有被查对象对该具体行政行为不服，向人民法院提起诉讼后，它才具有行政诉讼证据的意义。也就是说，这种现场笔录是由行政诉讼中的被告制作。《最高人民法院关于行政诉讼证据若干问题的规定》第十五条规定："根据行政诉讼法第三十一条第一款第（七）项的规定，被告向人民法院提供的现场笔录，应当载明时间、地点和事件等内容，并由执法人员和当事人签名。当事人拒绝签名或者不能签名的，应当注明原因。有其他人在现场的，可由其他人签名。法律、法规和规章对现场笔录的制作形式另有规定的，从其规定。"因此，现场笔录无被查对象签名不能作为证据使用。

税务稽查执法中的勘验笔录是税务稽查人员在税务稽查一般过程中，为查明一定的税收违法与犯罪案件事实，对和案件有关场所、物品、账册、票证进行勘验、检查所作的笔录（不包括询问被查对象的笔录）。在税务稽查一般过程中，进行勘验检查时应通知被查对象或者其成年家属到场，即使他们拒绝到场，也不影响勘验的进行。因此，即使没有他们签名或盖章的勘验笔录，也不影响其证据效力。

综上所述，现场笔录无被查对象签名不能作为证据使用，而勘验笔录有无被查对象签名都能作为证据使用。

100 制作《询问（调查）笔录》有哪些注意事项？

答：制作《询问（调查）笔录》应当注意以下五个方面。

（1）选择适当的询问地点。询问地点可以选择企业或税务机关，也可以根据被询问人的要求，在可能的情况下选择双方认可的地点。选择的询问地点要能够避免外部因素的干扰。

（2）选择适当的询问内容。询问时由于询问的环境、对象、情况等变化，需要对询问前拟定的询问内容作适当的筛选和调整，选择最重要和关键的问题进行询问，通过其他途径能够获得的证据不一定作为询问的内容。

（3）灵活运用询问技巧。询问中，检查人员要善于运用各种询问技巧，采用多种设问技术，可以采取迂回、指证、开门见山、旁敲侧击等策略，掌握询问的主动权。

（4）详细记录询问内容。询问过程中，要由专人对所询问的问题和被询问人的回答进行详细的记录。询问结束要将询问记录交由被询问人核对，被询问人不识字或者难以阅读的，可由记录人员宣读，对于记录有误的，要请被询问人复述有关内容，修改之处经被询问人核实无误后，加盖被询问人印章或手印。询问记录经被询问人核对无误的，由被询问人签字或按手印，或者请被询问人当场提供书面证实材料，作为检查的依据；采用集体询问方式的，参加集体询问的所有人员均要在询问记录上签字。

（5）核实询问结果。获取的单一言词证据不能作为定案的依据。询问结束，要善于辨别真伪，对询问获得的言辞证据和信息要仔细进行核实，尤其是就同一事项（或问题）对同一人进行多次询问，而且多次询问的结果出现交叉或不同结果时，应进一步求证，只有在检查属实的情况下，言词证据才能作为证据予以固定和采纳。

101 税务稽查局核定税款是否超越职责范围?

答：《中华人民共和国税收征收管理法实施细则》第九条除明确了税务局所属稽查局的法律地位外，还对税务稽查局的职权范围作了原则性规定，即专司偷税、逃避追缴欠税、骗税、抗税案件的查处，同时授权国家税务总局明确划分税务局和稽查局的职责，避免职责交叉。按照工作安排，稽查局的现行职责是稽查业务管理、税务检查和税收违法案件查处；

凡是需要对纳税人、扣缴义务人进行账证检查或者调查取证，并对其税收违法行为进行税务行政处理（处罚）的执法活动，都由各级稽查局负责。

从上述规定可知，税务稽查局的职权范围不仅包括偷税、逃避追缴欠税、骗税、抗税案件的查处，还包括与查处税务违法行为密切关联的稽查管理、税务检查、调查和处理等延伸性职权。虽然国家税务总局没有明确各级稽查局是否具有《中华人民共和国税收征收管理法》第三十五条规定的核定应纳税额的具体职权，但稽查局查处涉嫌违法行为不可避免地要对纳税行为进行检查和调查。特别是，在出现《中华人民共和国税收征收管理法》第三十五条规定的计税依据明显偏低的情形时，如果稽查局不能行使应纳税款核定权，则必然会影响稽查工作的效率和效果，甚至对税收征管形成障碍。因此，稽查局在查处涉嫌税务违法行为时，依据《中华人民共和国税收征收管理法》第三十五条的规定核定应纳税额是其职权的内在要求和必要延伸，符合税务稽查的业务特点和执法规律，属于稽查局职责范围内的工作。

102 举报人对稽查部门处理结果及行政奖励不满意，能否提起行政复议或者行政诉讼？

答：举报人（当事人）就行政机关针对其投诉举报事项作出的处理，包括作为和不作为，是否可以提出行政复议或者提起行政诉讼，取决于法律、法规及规章是否明确规定了行政机关在一定期限内受理并依法作出处理的法定职责。不能认为只要对行政机关投诉举报的处理结论不服，就可以申请复议或者诉讼。

举报人（当事人）认为行政行为侵犯其合法权益的，应当向作出行政行为的机关直接提出权利救济请求。当事人以举报下级行政机关行为违法等形式要求上级行政机关履行层级监督职责的，不属于行政复议范围和行政诉讼受案范围。投诉举报人坚持申请复议的，行政复议机关可以依法作出不予受理决定，也可以按照信访渠道处理。投诉举报人又起诉复议机关不予受理决定，或者按照信访渠道处理行为的，人民法院应当告知举报人不属于行政诉讼受案范围；投诉举报人坚持提起行政诉讼的，人民法院无须开庭即可裁定不予立案或者驳回起诉。

需要注意的是，《最高人民法院关于举报人对行政机关就举报事项作出的处理或者不作为行为不服是否具有行政复议申请人资格问题的答复》（〔2013〕行他字第14号）指出，根据《中华人民共和国行政复议法》第九条第一款、《中华人民共和国行政复议法实施条例》第二十八条第（二）项规定，举报人为维护自身合法权益而举报相关违法行为人，要求行政机关查处，对行政机关就举报事项作出的处理或者不作为行为不服申请行政复议的，具有行政复议申请人资格。

103 行政执法期限要求有哪些？

答：《中华人民共和国行政强制法》第二十五条规定："查封、扣押的期限不得超过三十日；情况复杂的，经行政机关负责人批准，可以延长，但是延长期限不得超过三十日。法律、行政法规另有规定的除外。"第三十二条规定："自冻结存款、汇款之日起三十日内，行政机关应当作出处理决定或者作出解除冻结决定；情况复杂的，经行政机关负责人批准，可以延长，但是延长期限不得超过三十日。法律另有规定的除外。"

《中华人民共和国行政处罚法》第三十六条规定："违法行为在二年内未被发现的，不再给予行政处罚；涉及公民生命健康安全、金融安全且有危害后果的，上述期限延长至五年。法律另有规定的除外。前款规定的期限，从违法行为发生之日起计算；违法行为有连续或者继续状态的，从行为终了之日起计算。"第六十条规定："行政机关应当自行政处罚案件立案之日起九十日内作出行政处罚决定。法律、法规、规章另有规定的，从其规定。”

《中华人民共和国税收征收管理法》第五十二条规定：“因税务机关的责任，致使纳税人、扣缴义务人未缴或者少缴税款的，税务机关在三年内可以要求纳税人、扣缴义务人补缴税款，但是不得加收滞纳金。

因纳税人、扣缴义务人计算错误等失误，未缴或者少缴税款的，税务机关在三年内可以追征税款、滞纳金；有特殊情况的，追征期可以延长到五年。

对偷税、抗税、骗税的，税务机关追征其未缴或者少缴的税款、滞纳金或者所骗取的税款，不受前款规定期限的限制。”

《中华人民共和国税收征收管理法》第八十六条规定：“违反税收法律、行政法规应当给予行政处罚的行为，在五年内未被发现的，不再给予行政处罚。”

《中华人民共和国税收征收管理法实施细则》第七十三条规定：“从事生产、经营的纳税人、扣缴义务人未按照规定的期限缴纳或者解缴税款的，纳税担保人未按照规定的期限缴纳所担保的税款的，由税务机关发出限期缴纳税款通知书，责令缴纳或者解缴税款的最长期限不得超过 15 日。”第八十八条规定：“依照税收征管法第五十五条规定，税务机关采取税收保全措施的期限一般不得超过 6 个月……”

《税务行政处罚裁量权行使规则》第十一条规定：“法律、法规、规章规定可以给予行政处罚，当事人首次违反且情节轻微，并在税务机关发现前主动改正的或者在税务机关责令限期改正的期限内改正的，不予行政处罚。”第十二条规定：“税务机关应当责令当事人改正或者限期改正违法行为的，除法律、法规、规章另有规定外，责令限期改正的期限一般不超过 30 日。”第十三条第一款规定：“对当事人的同一个税收违法行为不得给予 2 次以上罚款的行政处罚。”

《税务稽查案件办理程序规定》第四十七条规定：“稽查局应当自立案之日起 90 日内作出行政处理、处罚决定或者无税收违法行为结论……”

104 税务执法证据有哪几种类别？

答：根据《税务行政复议规则》（国家税务总局令第39号，国家税务总局令第44号修改）第五十二条规定："行政复议证据包括以下类别：（一）书证；（二）物证；（三）视听资料；（四）电子数据；（五）证人证言；（六）当事人的陈述；（七）鉴定意见；（八）勘验笔录、现场笔录。"

相较于以前，新的行政复议证据增加了一类证据——"电子数据"。在行政管理实践中，税务机关越来越频繁地接触当事人提交的各类电子数据，考虑到电子数据的普及程度及重要性，也为了与《中华人民共和国行政诉讼法》关于证据种类的规定相一致，将电子数据也作为一类证据。《税务稽查案件办理程序规定》也细化了提取电子数据的程序，为稽查执法提取电子证据提供了制度保障，满足了执法实践需求。

将"鉴定结论"改为"鉴定意见"，目的是与《中华人民共和国行政诉讼法》相衔接。

105 税务稽查局于2022年1月1日对企业下发《税务处理决定书》，要求其15日之内缴纳税款，企业未按时缴纳，2022年1月20日被强制执行。企业能否申请行政复议？

答：《税务行政复议规则》（国家税务总局令第21号公布，国家税务总局令第44号修改）第十四条规定："行政复议机关受理申请人对税务机关下列具体行政行为不服提出的行政复议申请：（一）征税行为，包括确认纳税主体、征税对象、征税范围、减税、免税、退税、抵扣税款、适用税率、计税依据、纳税环节、纳税期限、纳税地点和税款征收方式等具体行政行为，征收税款、加收滞纳金，扣缴义务人、受税务机关委托的单位和个人作出的代扣代缴、代收代缴、代征行为等……（四）税收保全措施、强制执行措施……”第三十三条规定：“申请人对本规则第十四条第（一）项规定的行为不服的，应当先向行政复议机关申请行政复议，对行政复议决定不服的，可以向人民法院提起行政诉讼。申请人按照前款规定申请行政复议的，必须依照税务机关根据法律、法规确定的税额、期限，先行缴纳或者解缴税款和滞纳金，或者提供相应的担保，才可以在缴清税款和滞纳金以后或者所提供的担保得到作出具体行政行为的税务机关确认之日起60日内提出行政复议申请。”

因此，如果稽查局于2022年1月1日下发了《税务处理决定书》，要求其于1月15日之前缴纳税款，纳税人于1月10日缴纳了税款，则申请复议时间从1月10日开始计算60天期限。如果纳税人逾期既不提出不缴纳税款、滞纳金也不提供相应担保，那么税务机关将依据《中华人民共和国税收征收管理法》第四十条规定对其采取强制执行措施。由于纳税人此时没有完成行政复议的前提条件，因此无法向税务机关就征税行为提起行政复议，但是可以依据《税务行政复议规则》第十四条对稽查局作出的强制执行措施提起行政复议。

本书认为即便通过行政复议撤销了强制执行措施，由于未先行缴纳或者解缴税款和滞纳金，或者提供相应的担保，对稽查局作出的税务处理，超过60日后也将无法申请行政复议。纳税争议是提起行政诉讼的前置条件，依据《最高人民法院关于执行〈中华人民共和国行政诉讼法〉若干问题的解释》第三十三条规定“法律、法规规定应当先申请复议，公民、法人或者其他组织未申请复议直接提起诉讼的，人民法院不予受理”，纳税人逾期未向税务机关提起申请复议的，由于未经过复议流程，因此永久丧失起诉权。

106 纳税人对稽查部门作出的补税处理决定不服，应该向主管税务机关还是稽查局提出办理复议前置手续？

答：根据《税务行政复议规则》（国家税务总局令第21号公布，国家税务总局令第44号修改）第十四条和第三十三条规定，纳税人要想对税务机关的征税行为提出行政复议申请，必须依照税务机关根据法律、法规确定的税额、期限先行缴纳或者解缴税款和滞纳金，或者提供相应的担保。这一规定被称为税务行政复议的“清税前置”和“担保前置”。纳税人只有在办理了其中一个前置后，才能向复议机关申请行政复议。

《税务行政复议规则》第三十三条规定：“……申请人按照前款规定申请行政复议的，必须依照税务机关根据法律、法规确定的税额、期限，先行缴纳或者解缴税款和滞纳金，或者提供相应的担保，才可以在缴清税款和滞纳金以后或者所提供的担保得到作出具体行政行为的税务机关确认之日起60日内提出行政复议申请。”因此，纳税人如果选择缴清税款及滞纳金，则应当向“主管税务机关”缴纳；纳税人如果选择纳税担保方式，则应当向“作出具体行政行为的税务机关”，也就是作出税务处理决定的稽查局申请办理。

107 下游企业接受虚开货物专票，货物交易真实存在，企业虽然设置账簿但是账目混乱，此时能否进行企业所得税核定？

答：核定企业所得税的前提是企业正常经营，没有虚构交易事项。此时即便有货虚开，接受的虚开发票也不能税前扣除。不能因为虚开发票而彻底否定业务的真实存在，更不能否定成本的真实发生。如果符合《国家税务总局关于企业所得税核定征收若干问题的通知》（国税函〔2009〕377

号）规定，则可以核定。

首先，核定企业所得税必须排除特殊行业的纳税人、特殊类型的纳税人和一定规模以上的纳税人。

其中，特殊行业的纳税人是指《国家税务总局关于企业所得税核定征收若干问题的通知》（国税函〔2009〕377 号）规定的金融企业、经济鉴证类中介机构等。《国家税务总局关于印发〈房地产开发经营业务企业所得税处理办法〉的通知》（国税发〔2009〕31 号）规定的房地产开发经营企业，以及《国家税务总局关于企业所得税核定征收有关问题的公告》（国家税务总局公告 2012 年第 27 号）规定的专门从事股权股票投资业务的企业。

特殊类型的纳税人是指国税函〔2009〕377 号文件规定的企业所得税优惠企业（仅享受免税国债利息股息红利、小型微利优惠的企业除外）、汇总纳税企业、上市公司。

一定规模以上的纳税人是指国税函〔2009〕377 号文件规定的汇总纳税企业、上市公司。

其次，按照《国家税务总局关于印发〈企业所得税核定征收办法〉（试行）的通知》（国税发〔2008〕30 号）第三条第（四）项规定，虽设置账簿，但账目混乱或者成本资料、收入凭证、费用凭证残缺不全，难以查账的，可以对纳税人进行核定。此时，由于企业成本发票存在问题，不能作为税前扣除凭证，因此应当依据《国家税务总局关于发布〈企业所得税税前扣除凭证管理办法〉的公告》（国家税务总局公告 2018 年第 28 号）第十五条规定，"汇算清缴期结束后，税务机关发现企业应当取得而未取得发票、其他外部凭证或者取得不合规发票、不合规其他外部凭证并且告知企业的，企业应当自被告知之日起 60 日内补开、换开符合规定的发票、其他外部凭证。其中，因对方特殊原因无法补开、换开发票、其他外部凭证的，企业应当按照本办法第十四条的规定，自被告知之日起 60 日内提供可以证实其支出真实性的相关资料"予以处理。

按照国税发〔2008〕30号文件第五条规定，实践中，税务机关主要按照应税收入额或成本费用支出额定率核定。但是，必须按照成本费用表支出额核定，要看检查的成本费用和应税收入额的实际情况。

众所周知，企业发生成本的凭证包括内部凭证和外部凭证。即便重新取得发票（在实际情况中几乎不可能），或者取得证明成本真实发生的佐证资料，也只能解决外部凭证问题。如果此时内部凭证混乱，那么整体的成本费用仍然是事实不清。如果此时应税收入额比较准确，那么应当按照应税收入额进行核定。如果两者均不清楚，那么此时只能依据国税发〔2008〕30号文件第五条规定，参照当地同类行业或者类似行业中经营规模和收入水平相近的纳税人的税负水平等方式进行核定；如果列举方法不足以正确核定应纳税所得额或应纳税额的，那么可以同时采用两种以上的方法核定。采用两种以上方法测算的应纳税额不一致时，可按测算的应纳税额结果从高核定。

108 纳税人接受有货虚开，开票企业是非正常经营户，无法换开发票，如何根据《企业所得税税前扣除凭证管理办法》（国家税务总局公告2018年第28号）提供资料进行税前扣除？

答：根据《企业所得税税前扣除凭证管理办法》（国家税务总局公告2018年第28号）第十四条的规定，如果企业在补开、换开发票、其他外部凭证过程中，被税务机关认定为非正常户等特殊原因无法补开、换开发票、其他外部凭证的，可凭列入非正常经营户证明资料，相关业务活动的合同或者协议，采用非现金方式支付的付款凭证三项必备资料证实支出的真实性后，其支出允许税前扣除。

根据《企业所得税税前扣除凭证管理办法》第十五条规定，“因对方特殊原因无法补开、换开发票、其他外部凭证的，企业应当按照本办法第十四条的规定，自被告知之日起60日内提供可以证实其支出真实性的相关资料”。需要注意的是，这里的“被告知之日”，应当从向纳税人发出税务事项通知书当日计算。由于非正常经营户信息只能通过金三系统查询，当纳税人得知上游企业无法联系时，稽查部门应当主动通过金三系统进行查询。因为非正常经营户认定权限在税务机关，纳税人无处获取上述信息。

法律不能强人所难。纳税人按照《企业所得税税前扣除凭证管理办法》完成资料报送后，即完成自身职责。如果税务机关怠于行使职责造成获取非正常经营户证明资料超过60日，就是税务机关的责任，不应当归责于纳税人，应当允许纳税人进行税前扣除。

109 《询问通知书》应当在抬头处填写接受询问人员吗？

答：不能。根据《询问通知书》使用说明规定，抬头处填写被查对象名称：“请”横线处填写接受询问人员姓名。这里的被查对象，就是被实施税务稽查的企业而非接受询问的个人，并制作询问笔录。在实践中，如果询问对象为知情人，并非企业个人，则此时应当发出《税务协助检查通知书》并填写调查笔录。

同时，《中华人民共和国税收征收管理法》第七十条规定，纳税人、扣缴义务人逃避、拒绝或者以其他方式阻挠税务机关检查的，首先由税务机关作出责令改正决定书，要求违法行为人停止违法行为，纠正错误。违法行为人应当按照税务机关的责令限期改正通知书要求改正违法行为，如实反映情况，回答询问，提供有关资料。同时，税务机关可以对违法行为人处以一万元以下的罚款；情节严重的，可以处一万元以上五万元以下的罚款。

当《询问通知书》抬头直接填写被查企业的工作人员，税务机关直接查实纳税人安排相关人员拒绝接受询问时，由于《询问通知书》并未直接发给纳税人，因此无法直接对纳税人按照《中华人民共和国税收征收管理法》第七十条进行处罚。而接受询问人员并非纳税人，此时税务机关同样无法处罚。

要注意以下几点。

（1）如果采取直接送达、邮寄送达等方式无法送达税务文书，根据《中华人民共和国税收征收管理法实施细则》第一百零六条规定，特采取公告方式送达税务文书，自公告之日起满30日，即视为送达。

（2）2021年12月24日，第十三届全国人民代表大会常务委员会第三十二次会议审议通过的《全国人民代表大会常务委员会关于修改〈中华人民共和国民事诉讼法〉的决定》（自2022年1月1日起施行）将第九十二条改为第九十五条，第一款修改为："受送达人下落不明，或者用本节规定的其他方式无法送达的，公告送达。自发出公告之日起，经过三十日，即视为送达。"《中华人民共和国行政处罚法》（2021年修订）第六十一条规定："行政处罚决定书应当在宣告后当场交付当事人；当事人不在场的，行政机关应当在七日内依照《中华人民共和国民事诉讼法》的有关规定，将行政处罚决定书送达当事人。"因此，自2022年1月1日起，税务行政处罚决定的公告送达期间，由原来的60日变更为30日。

（3）对接受询问的个人未按规定时间前来接受询问的，应当通过执法记录仪录音、拨打其电话予以告知、记录。接受询问的个人明确表示拒绝前来的，相关录音资料可作为其不配合检查的证明材料。

110 税务稽查对纳税人作出补缴教育费附加等行政规费的处理决定后，纳税人拒绝缴纳，税务机关能否申请人民法院强制执行？

答：此问题在实务操作中存在两种观点。

第一种观点认为，税务机关能申请人民法院强制执行。《中华人民共和国行政强制法》第二条第三款规定："行政强制执行，是指行政机关或者行政机关申请人民法院，对不履行行政决定的公民、法人或者其他组织，依法强制履行义务的行为。"同时，第十三条规定："行政强制执行由法律设定。法律没有规定行政机关强制执行的，作出行政决定的行政机关应当申请人民法院强制执行。"

《中华人民共和国税收征收管理法》第二条规定："凡依法由税务机关征收的各种税收的征收管理，均适用本法。"第四十一条规定，本法规定的采取税收保全措施、强制执行措施的权力，不得由法定的税务机关以外的单位和个人行使。而教育费附加、文化事业建设费以及地方水利建设基金等属于政府性基金，不属于税，不能适用《中华人民共和国税收征收管理法》有关强制执行的规定。

虽然《征收教育费附加的暂行规定》（国发〔1986〕50号，根据国务院令第588号修订）第六条规定，教育费附加的征收管理，按照消费税、增值税、营业税的有关规定办理。但该文件属于行政法规，不能违反上位法《中华人民共和国税收征收管理法》和《中华人民共和国行政强制法》的法律规定，因此教育费附加、文化事业建设费等行政规费和地方水利建设基金执行权应归属于法院。

税务机关对教育费附加、文化事业建设费以及地方水利建设基金等并无强制执行权，可根据《中华人民共和国行政强制法》第五十三条规定，依法向人民法院申请强制执行，人民法院应当依法受理。需要注意的是，按照《中华人民共和国行政强制法》规定，税务机关必须有经过催告当事人履行义务这一证据，而且只有在催告书送达十日后当事人仍未履行义务的，税务机关才可以向所在地有管辖权的人民法院申请强制执行。

第二种观点认为，应视情况而定。对于税务机关而言，各项非税收入都没有强制执行的条文规定。但是，部分非税收入的主管部门有强制执行权。如《中华人民共和国工会法》（2021）第四十四条规定：" 企业、事业单位、社会组织无正当理由拖延或者拒不拨缴工会经费，基层工会或者上级工会可以向当地人民法院申请支付令；拒不执行支付令的，工会可以依法申请人民法院强制执行。”在税收实践中，部分省份由税务机关自行制作欠费信息台账，并制作信息传递单，将欠缴信息传递给非税收入机关，由其向人民法院申请强制执行。

本书赞同第二种观点。需要注意的是，如果企业此时进入破产环节，因为《中华人民共和国企业破产法》第八十二条、第一百一十三条提及税收债权时，都只指明“债务人所欠税款”“破产人所欠税款”，并非提及其他，而教育附加和基金是国家责成税务机关征收的有特定用途的费用，在企业破产时将其纳入税款范围，缺乏相应法律依据。因此，具体处理时可以将所欠附加和基金作为普通破产债权，单独归类申报、审查和确认，与所欠税款分别在债权表中列示。

111 《税务处罚决定书》要不要载明证据?

答:《税务处罚决定书》应载明证据。

该规定源于《中华人民共和国行政处罚法》第五十九条规定：“行政机关依照本法第五十七条的规定给予行政处罚，应当制作行政处罚决定书。行政处罚决定书应当载明下列事项：（一）当事人的姓名或者名称、地址；（二）违反法律、法规、规章的事实和证据；（三）行政处罚的种类和依据；（四）行政处罚的履行方式和期限；（五）申请行政复议、提起行政诉讼的途径和期限；（六）作出行政处罚决定的行政机关名称和作出决定的日期。”

《税务稽查案件办理程序规定》第四十四条规定：“税务行政处罚决定书应当包括以下主要内容：（一）被查对象或者其他涉税当事人姓名或者名称、有效身份证件号码或者统一社会信用代码、地址。没有统一社会信用代码的，以税务机关赋予的纳税人识别号代替；（二）检查范围和内容；（三）税收违法事实、证据及所属期间；（四）行政处罚种类和依据；（五）行政处罚履行方式、期限和地点；（六）当事人不按期履行行政处罚决定应当承担的责任；（七）申请行政复议或者提起行政诉讼的途径和期限；（八）行政处罚决定书的文号、制作日期、税务机关名称及印章。”

行政处罚决定应当依法公开。公开的行政处罚决定被依法变更、撤销、确认违法或者确认无效的，应当在 3 个工作日内撤回原行政处罚决定信息并公开说明理由。

《关于修订部分税务执法文书的公告》（国家税务总局公告 2021 年第 23 号）在《行政处罚决定书》《不予行政处罚决定书》《社会保险费行政处罚决定书》说明中也增加了列明证据的要求。

根据以上规定，《行政处罚决定书》的内容应包括“税收违法事实、证据及所属期间”，确保行政处罚决定文书证据充分、事实清楚。这既是维护纳税人合法权益的必然要求，也是防范税务稽查执法风险的现实需要。需要关注的是，《税务稽查案件办理程序规定》第四十三条关于税务处理决定书的内容，并未要求载明证据，但在实践中由于许多税务机关要求采取文书说理，因此在进行税务处理决定时，除列明违法事实外，应将证据翔实列举。

112 税务稽查证据的证明标准应当如何选择？

答：关于税务稽查案件应适用何种证明标准，我国法律、法规并没有明确规定。但 2002 年 6 月通过的《最高人民法院关于行政诉讼证据若干问题的规定（送审稿）》规定了行政诉讼的三种证明标准：严格证明标准、明显优势证明标准、优势证明标准。以明显优势证明标准作为行政诉讼的基本证明标准，以严格证明标准和优势证明标准为补充。虽然正式公布的

《最高人民法院关于行政诉讼证据若干问题的规定》取消了证明标准的规定，但审判委员会在通过《最高人民法院关于行政诉讼证据若干问题的规定》时明确指出，将送审稿中的证明标准部分删除，不是对证明标准的否定，而是考虑到这些标准弹性较大，在培训时讲述更为合适，所以在司法解释中暂不作规定，送审稿中规定的证明标准仍可供行政审判参照适用。从最高人民法院的上述表述及司法实践中，已实际认可了行政证据与司法证据的不一致，且主张行政（诉讼）证据应以明显优势证明标准作为基本证明标准，严格证明标准和优势证明标准只是补充。

具体到虚开发票相关违法行为，如果其属于刑法所规范的犯罪行为，那么其证据应遵照一般刑事案件审判中适用的严格证明标准，否则会造成对同一行为的行政认定与司法认定不一致。如果定性是不是虚开的其他违反《中华人民共和国发票管理办法》的行为，那么本书认为可以考虑采用明显优势证明标准。

113 查询涉案相关人员的第三方支付平台交易记录，应当使用《协助检查通知书》，还是使用全国统一格式的《检查存款账户许可证明》？

答：《中华人民共和国税收征收管理法》第五十四条规定：“税务机关有权进行下列税务检查：……（六）经县以上税务局（分局）局长批准，凭全国统一格式的检查存款账户许可证明，查询从事生产、经营的纳税人、扣缴义务人在银行或者其他金融机构的存款账户。税务机关在调查税收违法案件时，经设区的市、自治州以上税务局（分局）局长批准，可以查询案件涉嫌人员的储蓄存款。税务机关查询所获得的资料，不得用于税收以外的用途。”《中华人民共和国税收征收管理法实施细则》第七十一条规定：“税收征管法所称其他金融机构，是指信托投资公司、信用合作社、邮政储蓄机构以及经中国人民银行、中国证券监督管理委员会等批准设立的其他金融机构。”

由以上规定可知，《检查存款账户许可证明》的适用对象是金融机构，而第三方支付平台是指平台提供商通过通信、计算机和信息安全技术，在商家和银行之间建立连接，从而实现消费者、金融机构以及商家之间货币支付、现金流转、资金清算、查询统计的资金“中间平台”，是在银行监管下保障交易双方利益的独立机构，本书认为并不属于《中华人民共和国税收征收管理法》中规定的“金融机构”。

根据《中华人民共和国税收征收管理法》第五十七条“税务机关依法进行税务检查时，有权向有关单位和个人调查纳税人、扣缴义务人和其他当事人与纳税或者代扣代缴、代收代缴税款有关的情况，有关单位和个人有义务向税务机关如实提供有关资料及证明材料”的规定，查询涉案相关人员的第三方支付平台交易记录，以使用《协助检查通知书》为宜。

114 采取违反会计准则的会计处理，造成偷税行为的发生，税务机关能否要求企业更正会计处理？

答：不能，因为税法并未赋予税务机关要求企业必须更正其会计处理的权力。在征管实践中，企业的行为违反了《中华人民共和国会计法》的规定，应由其主管财政部门进行处理。税务机关在检查中发现企业存在违反会计准则的核算方法和计量模式等情形时，只能提醒企业应更正会计处理，而不能强制其更正。但税务机关可向其主管财政部门或行业主管部门予以反映。

实践中，税务人员还存在一种观点，即少计收入、多列支出必须强制更正，而多计收入、少列支出是非强制更正的。既然未少缴税款，甚至多缴了税款，就应当尊重纳税人的意愿。实际上，即便企业被认定存在偷税行为，税务机关也只能因为其少计、不计收入确定其实际应当补缴的税款金额，要求其进行补充申报纳税，确保国家税收利益，但是无权强制要求其更正会计分录，将不计、少计收入重新补计入会计账簿，因为此举措明显超越了税务机关执法权限，税务机关无权对其进行处理。

115 填写《税务文书送达回证》的注意事项有哪些?

答：应当注意如下方面。

（1）送达地点必须真实。送达地点是纳税人接受税务文书的实际地点，不得事先填写，应确保接收地点的真实性。送达地点要尽可能翔实具体，不能填写泛指或模糊的地点。

（2）注意签名签章时注明身份。根据《中华人民共和国税收征收管理法实施细则》第 一百零一条规定，税务机关将有关税务文书送达涉税当事人时，应当直接送交。受送达人是公民的，应当由本人直接签收；本人不在的，交其同住成年家属签收。受送达人是法人或者其他组织的，应当由法人的法定代表人、其他组织的主要负责人或者该法人、组织的财务负责人、负责收件的人签收。比如，同住成年家属签收的应注明与受送达人的关系。受送达人为法人或其他组织，除签收的经办人签名或盖章外，还应注明经办人的具体身份（如法定代表人、主要负责人、财务负责人、收件负责人），同时加盖法人或者其他组织的行政章。注意不得用其他财务章、合同专用章代替。当签收人为代理人时，应要求代理人提供授权书或代理协议，同时将其复印件存档。

（3）注意时间要求 。受送达人签名或盖章，代收人代收理由、签名或盖章，受送达人拒收理由，见证人签名或盖章，送达人签名或盖章，填发税务机关（签章）等六项均有时间要求，填发税务机关（签章）时间一定少于（特殊情况下或等于）受送达人签名或盖章，代收人代收理由、签名或盖章，受送达人拒收理由，见证人签名或盖章，送达人签名或盖章的时间。

116 在《税务处理决定书》中引用了不予公开文件会造成什么样的法律后果?

答：会造成执法文书无效的后果，必须经依法撤销后重新作出。《国家税务总局关于修订部分税务执法文书的公告》（国家税务总局公告 2021 年第 23 号）中对《税务处理决定书》规定了适用范围：“税务机关对各类税收违法行为依据有关税收法律、行政法规、规章作出处理决定时使用。”由此可见，《税务处理决定书》是对纳税人公开的文书，其引用的依据只能是税收法律、行政法规、规章。不予公开文件在行政执法中发挥的是指引性、参考性作用，不应当在行政处罚决定中作为法律依据予以援引和适用。不予公开文件不得作为税收行政执法依据。若引用了不予公开文件，作出的执法文书被税务机关自查发现的，应当主动予以撤销，收回原《税务处理决定书》后重新作出。如果被纳税人通过行政复议、行政诉讼方式提出异议，则视不同情形分别由行政复议机关、人民法院予以撤销。

117 企业内部发生矛盾，股东携带印章失联，造成税务行政处罚听证时企业法务人员取得的委托书上没有企业印章，此时应如何处理?

答：法定代表人或者其他工作人员在独立实施法律行为时，加盖法人或者非法人组织的公章，意义在于其表明以企业法人的名义而不是以自己的名义实施法律行为。

即使未加盖法人或者非法人组织公章，只要有相关事实表明系“以法人或者非法人组织名义”的法律行为，该法律行为就要归属于法人或者非法人组织承受。企业发生内部纠纷造成企业公章无法正常使用，此时经纳税人的法定代表人在授权委托书上签名确认，并有相关委托合同及公司决议证明，就视为法务人员得到了该公司的法律授权，应允许该法务人员参与听证会议，为纳税人提供法律服务。

118 企业在被税务检查时聘请律师提前介入，向检查人员了解情况，此时检查人员应当如何处理?

答：在税务稽查的检查环节仅需要视律师为企业委托人即可。根据《税务稽查案件办理程序规定》第三十五条规定：“检查结束前，检查人员可以将发现的税收违法事实和依据告知被查对象。被查对象对违法事实和依据有异议的，应当在限期内提供说明及证据材料。被查对象口头说明的，检查人员应当制作笔录，由当事人签章。”如果律师已经取得企业的委托授权，检查人员就可以将税收违法事实和依据告知，则此时律师可以根据授权代企业行使陈述权、申辩权，列举相关证据为企业排除违法嫌疑，与税务检查人员进行沟通和解释。

在税务稽查案件审理结束后，作出相关处罚前，应当将事实、证据、法律依据告知纳税人，此时属于法定告知程序。

如果企业要求听证或者提起行政复议或行政诉讼，律师就要依照《中华人民共和国律师法》的规定进行调查取证，税务机关应在律师可调查收集的证据范围之内给予配合。需要注意的是，涉及纳税人商业秘密的内容不在收集证据范围之内。

涉税犯罪综合篇

119 公安机关先行立案，提供相关证据并请税务机关补充，税务机关能否以公安机关的刑事证据直接作为税务行政处理的依据？

答：不能。《中华人民共和国刑事诉讼法》第五十四条第二款规定，行政机关在行政执法和查办案件过程中收集的物证、书证、视听资料、电子数据等证据材料，在刑事诉讼中可以作为证据使用。但是《中华人民共和国行政处罚法》并未规定可以直接将刑事证据转化为行政证据使用。

《公安机关办理刑事案件程序规定》第六十三条规定："公安机关接受或者依法调取的行政机关在行政执法和查办案件过程中收集的物证、书证、视听资料、电子数据、鉴定意见、勘验笔录、检查笔录等证据材料，经公安机关审查符合法定要求的，可以作为证据使用。"公安机关认为相关纳税人的犯罪事实显著轻微不需要追究刑事责任，并将相关证据送给税务机关，此时相关证据的性质属于刑事证据，依据《中华人民共和国刑事诉讼法》第五十五条第二款规定，证据确实、充分，应当符合以下条件：定罪量刑的事实都有证据证明；据以定案的证据均经过法定程序查证属实；综合全案证据，对所认定事实已排除合理怀疑。其中，对所认定的事实是否已排除合理怀疑，是关于全案证据的综合判断标准。

税务稽查部门必须严格依据《税务稽查案件办理程序规定》，在获取相关行政违法证据后，才能对纳税人涉税违法行为进行依法处理。由于公安机关提供的相关材料并非税务稽查部门直接调查取得，因此只能作为税务检查线索。而且，公安机关严格按照刑事案件证据标准进行取证，这意味着可能有一定数量的违法行为由于未能达到刑事案件定罪要求而不能作为证据。如果单纯依据刑事证据，可能造成对其行政违法行为调查不够全面，证据取得不够完整，导致税务处理乃至行政处罚有偏差，存在渎职的税收执法风险。

120 税收违法案件涉嫌刑事犯罪已经移送公安机关立案侦查，税务机关是否还可以作出行政处理决定？

答：《行政执法机关移送涉嫌犯罪案件的规定》仅针对行政处罚与刑事诉讼之间的衔接问题，并未对税务处理作出限定。税务处理决定是税务机关对各类税务违法行为进行依法调查、审理后，依据有关法律、法规、规章，作出补税等有关纳税义务的处理决定，税务机关是根据《中华人民共和国税收征收管理法》规定负责征收税款的专门机构。

最高人民检察院、最高人民法院、国家税务总局联合颁布的《关于办理偷税、抗税案件追缴税款同意由税务机关缴库的规定》（最高人民检察院、最高人民法院、国家税务局高检会〔1991〕31号）第一条规定："根据《中华人民共和国刑法》第一百二十一条规定的精神，偷税、抗税构成犯罪的，应当按照税收法规补税。这部分税款属于国家应征税款的一部分，对其处理不能按一般赃款对待，不宜由人民检察院或者人民法院追缴后直接上缴地方财政，应当由税务机关依法征收，并办理上缴国库手续。"根据规定，税务部门在办理与刑事案件相关的税收案件时，应当按照税法的相关规定独立作出征收税款的行政行为，并不受刑事诉讼活动的影响，同时当事人在刑事诉讼过程中针对税务处理决定仍可以提起行政复议和行政诉讼。比如，在〔2014〕泉行终字第27号行政裁定书中，二审法院认为："根据上述规定，上诉人××家具有限公司对被上诉人福建省泉州市国家税务局稽查局对其作出的《税务处理决定书》（泉国税稽处〔2012〕62号）不服，向人民法院提起诉讼，属于《中华人民共和国行政诉讼法》第十一条规定的行政诉讼受案范围。本案涉及刑事案件与行政案件交叉情形，虽然2012年8月1日泉州市公安局已对上诉人的法定代表人马××涉嫌虚开增值税专用发票刑事立案侦查，之后，被上诉人对上诉人作出税务处理决定，并以上诉人其他涉税违法行为涉嫌犯罪将全案移送公安机关刑事侦查，但不影响本案属于行政审判权限范围。原审法院以上诉人所请求的事项不属行政审判权限范围等理由裁定驳回其起诉系适用法律错误，应予纠正。”

121 企业被稽查部门定性为逃税罪准备移送公安机关，是否需要先行处罚，以避免与《中华人民共和国刑法》规定的逃税罪关于补税免责的规定相冲突?

答：有纳税人提出，《中华人民共和国刑法》第二百零一条第四款规定，有第一款行为，经税务机关依法下达追缴通知后，补缴应纳税款，缴纳滞纳金，已受行政处罚的，不予追究刑事责任；但是，五年内因逃避缴纳税款受过刑事处罚或者被税务机关给予二次以上行政处罚的除外。因此，税务机关如果以涉嫌逃税罪移送，应在移送前进行行政处罚。

这个问题仍存在争议，目前司法判决中主要存在两种观点。一种观点认为，根据现行工作要求，行政处罚并非逃税罪的行政前置程序，税务机关如果在移送司法机关之前未作行政处罚，应当在司法机关作出决定后再考虑是否作出行政处罚决定。另一种观点认为，根据《中华人民共和国税收征收管理法》第六十三条规定，“……对纳税人偷税的，由税务机关追缴其不缴或者少缴的税款、滞纳金，并处不缴或者少缴的税款百分之五十以上五倍以下的罚款；构成犯罪的，依法追究刑事责任”行政处罚属于前置程序。由于《中华人民共和国税收征收管理法》规定在前，属于特殊规定，此时应当在作出行政处罚后再行移送。

本书赞同第二种观点。

需要注意的是，《最高人民法院关于司法机关对当事人虚开增值税专用发票罪立案之后刑事判决之前，税务机关又以同一事实以偷税为由对同一当事人能否作出行政处罚问题的答复》（〔2008〕行他字第1号）指出，税务机关在发现涉嫌犯罪并移送公安机关进行刑事侦查后，不再针对同一违法行为作出行为罚和申诫罚以外的行政处罚。

【法院判决】湖北省高级人民法院（2019）鄂刑再5号刑事判决书："修订后的《中华人民共和国刑法》第二百零一条第四款规定'有第一款行为，经税务机关依法下达追缴通知后，补缴应纳税款，缴纳滞纳金，已受行政处罚的，不予追究刑事责任'。《中华人民共和国刑法》作出这一修订的目的一方面是为保护税收征收管理秩序，有利于税务机关追缴税款，另一方面也给予纳税义务人纠正纳税行为的机会，对于维护企业正常经营发展具有重要作用。根据《中华人民共和国税收征收管理法》的相关规定，税务部门在发现某某公司可能有逃税行为后，应当先由税务稽查部门进行税务检查，根据检查结论对纳税人进行纳税追缴或行政处罚，对涉嫌刑事犯罪的纳税人移送公安机关立案侦查。本案未经税务机关依法下达追缴通知即直接移送公安机关立案侦查并追究某某公司和李某明的刑事责任，剥夺了纳税义务人纠正纳税行为的权利，没有经过行政处置程序而由侦查机关直接介入，不符合《中华人民共和国刑法》修订后的立法精神。某某公司、李某明在侦查阶段补缴全部少缴税款，后又根据原生效判决缴纳了判罚的全部罚金。对某某公司、李某明应当适用《中华人民共和国刑法》第二百零一条第四款的规定，不予追究刑事责任。"

122 甲企业主动从他人处购买增值税专用发票抵扣后又将进项税额转出，被税务机关发现后，甲企业是否仍然构成虚开行为，稽查部门是否需要将甲企业移送公安机关处理？

答：甲企业达到刑事案件立案标准的仍然构成虚开行为，需要移送公安机关。

首先，从行政法的角度看，企业实施了上述违法行为，事实清楚，证据确凿，程序规范，就应当认定为虚开。《中华人民共和国发票管理办法》第二十二条规定："……任何单位和个人不得有下列虚开发票行为：（一）为他人、为自己开具与实际经营业务情况不符的发票；（二）让他人为自己开具与实际经营业务情况不符的发票；（三）介绍他人开具与实际经营业务情况不符的发票。"实施了上述列举的三类行为，即构成虚开增值税发票的违法行为，与行为是否实现最终目的并没有必然关系，这里不同于刑法对犯罪行为还需要考虑既遂或者未遂状态。

其次，从刑法的角度看，认定构成虚开增值税专用发票犯罪，要看是否达到立案标准。依据新的《最高人民检察院　公安部关于公安机关管辖的刑事案件立案追诉标准的规定（二）》第五十六条规定："［虚开增值税专用发票、用于骗取出口退税、抵扣税款发票案（刑法第二百零五条）］虚开增值税专用发票或者虚开用于骗取出口退税、抵扣税款的其他发票，虚开的税款数额在十万元以上或者造成国家税款损失数额在五万元以上的，应予立案追诉。"如果上游企业虚开的税款数额达到十万元以上，就必然构成虚开。下游企业在犯罪目的可以实现前，放弃了犯罪行为，应当视为虚开增值税专用发票罪的犯罪中止，而不是预备阶段。因为此时受票企业实际上已经进入实施环节，只是由于畏惧法律的威力，在最终实施过程中主动放弃了实施犯罪行为，属于犯罪中止。由于符合犯罪中止的及时、有效、主动标准，法律上会减轻刑法处罚，对于没有造成损害后果的还会免除处罚。

有人提出纳税人未接受虚开是否能免予起诉，依据《最高人民检察院关于充分发挥检察职能服务保障“六稳”“六保”的意见》第三条规定：“依法慎重处理企业涉税案件。注意把握一般涉税违法行为与以骗取国家税款为目的的涉税犯罪的界限，对于有实际生产经营活动的企业为虚增业绩、融资、贷款等非骗税目的且没有造成税款损失的虚开增值税专用发票行为，不以虚开增值税专用发票罪定性处理，依法作出不起诉决定的，移送税务机关给予行政处罚。”需要注意的是，适用上述条款必须是企业主观上没有骗税目的，而且客观上没有造成税款损失的损害结果，而问题中的企业虽然没有造成税款损失，但是主观上有骗税目的，不符合不起诉的条件。其行为实际上属于犯罪中止行为，在量刑时应当充分予以考虑，应当轻于犯罪既遂的实际量刑。

123 公安机关对于涉税案件先行立案，目前案件正在审查阶段，尚未决定是否起诉，此时税务机关能否对其实施行政处罚？

答：不能。依据《中华人民共和国行政处罚法》第二十七条规定，违法行为涉嫌犯罪的，行政机关应当及时将案件移送司法机关，依法追究刑事责任。对依法不需要追究刑事责任或者免予刑事处罚，但应当给予行政处罚的，司法机关应当及时将案件移送有关行政机关。目前，行政执法机关在移送案件时未作出行政处罚决定的，原则上应当在公安机关决定不予立案或者撤销案件、人民检察院作出不起诉决定、人民法院作出无罪判决或者免予刑事处罚后，再决定是否给予行政处罚。由于行政机关并未移送，此时无法适用上述条款。

《最高人民检察院、全国整顿和规范市场经济秩序领导小组办公室、公安部、监察部关于在行政执法中及时移送涉嫌犯罪案件的意见》（高检会〔2006〕2号）第九条规定：“公安机关对发现的违法行为，经审查，没有犯罪事实，或者立案侦查后认为犯罪情节显著轻微，不需要追究刑事责任，但依法应当追究行政责任的，应当及时将案件移送行政执法机关，有关行政执法机关应当依法作出处理，并将处理结果书面告知公安机关和人民检察院。”

124 因融资需要虚开增值税专用发票，是否定性为虚开增值税专用发票罪？

答：先来看一个案例。某公司由于业务扩张需要大量资金，老板要求财务人员编制虚假合同，虚开专用发票以增加收入额，便于从银行贷款，相关税费该公司已全部缴纳，这种行为是否定性为虚开增值税专用发票罪呢？

首先，《中华人民共和国发票管理办法》（国务院令第587号）第二十二条规定：“开具发票应当按照规定的时限、顺序、栏目，全部联次一次性如实开具，并加盖发票专用章。任何单位和个人不得有下列虚开发票行为：（一）为他人、为自己开具与实际经营业务情况不符的发票；（二）让他人为自己开具与实际经营业务情况不符的发票；（三）介绍他人开具与实际经营业务情况不符的发票。”第三十七条规定：“违反本办法第二十二条第二款的规定虚开发票的，由税务机关没收违法所得；虚开金额在1万元以下的，可以并处5万元以下的罚款；虚开金额超过1万元的，并处5万元以上50万元以下的罚款；构成犯罪的，依法追究刑事责任。”

其次，《最高人民检察院关于充分发挥检察职能服务保障“六稳”“六保”的意见》第六条规定：“依法维护有利于对外开放的法治化营商环境……注意把握一般涉税违法行为与以骗取国家税款为目的的涉税犯罪的界限，对于有实际生产经营活动的企业为虚增业绩、融资、贷款等非骗税目的且没有造成税款损失的虚开增值税专用发票行为，不以虚开增值税专用发票罪定性处理，依法作出不起诉决定的，移送税务机关给予行政处罚。”

综上所述，该公司为融资需要虚开的增值税专用发票，属于非骗税目的且没有造成税款损失的虚开增值税专用发票行为，不会以虚开增值税专用发票罪定性处理，依法作出不起诉决定的，会移送税务机关给予行政处罚。

125 纳税人认为税务稽查部门没有在《税务处理决定书》中列明虚开认定后移送公安机关，属于侵害其知情权，纳税人能否据此提起行政诉讼?

答：不能。首先，《税务处理决定书》是税务机关对各类税务违法行为依法调查、审理后作出补税等有关纳税义务处理决定的税务文书，适用于向被处理对象追缴税款、滞纳金等。《国家税务总局关于修订部分税务执法文书的公告》（国家税务总局公告 2021 年第 23 号）关于《税务处理决定书》的填表说明规定：“税务机关对各类税收违法行为依据有关税收法律、行政法规、规章作出处理决定时使用。”纳税人涉嫌犯罪事实移送公安机关并非明确其纳税义务，不属于《税务处理决定书》告知范围。

其次，将涉嫌犯罪的纳税人移送公安机关的依据是《行政执法机关移送涉嫌犯罪案件的规定》（国务院令第 310 号颁布，国务院令 370 号修改）第三条规定：“行政执法机关发现违法事实涉嫌构成犯罪，依法需要追究刑事责任的，必须依照本规定向公安机关移送。”上述文件条款主要是为解决行政执法与刑事司法衔接工作，移送函是内部移送的法律文书，不需要向当事人送达，并未对纳税人合法权益产生实际影响。公安机关应当自接受行政执法机关移送的涉嫌犯罪案件之日起 3 日内，依照刑法、刑事诉讼法以及最高人民法院、最高人民检察院关于立案标准和公安部关于公安机关办理刑事案件程序的规定，对所移送的案件进行审查，然后确定是否立案。如果移送前告知犯罪嫌疑人，那么很可能会造成涉案人员串供、销毁证据甚至畏罪潜逃，给公安机关后续侦查工作带来干扰。

126 企业既有偷税行为，又有虚开行为，以虚开增值税专用发票罪移送，公安机关作出不立案决定退回，能否再次以偷税罪进行移送？

答：可以。从现行程序来看，税务机关认为虚开符合立案标准，在作出移送公安机关决定前，通过稽查局集体审理，最终由重案审理委员会意见书作出决定。根据现行规定，行政执法机关向公安机关移送涉嫌犯罪案件，应当移交案件的全部材料，同时将案件移送书及有关材料目录抄送人民检察院。行政执法机关在移送案件时已经作出行政处罚决定的，应当将《行政处罚决定书》一并抄送公安机关、人民检察院；未作出行政处罚决定的，原则上应当在公安机关决定不予立案或者撤销案件、人民检察院作出不起诉决定、人民法院作出无罪判决或者免予刑事处罚后，再决定是否给予行政处罚。公安机关作出不立案决定退回，只能对其虚开行为进行行政处罚。如果再次需要以偷税罪移送，就要重新提交重案审理委员会审理，重新走移送流程。

127 法院审理涉税刑事案件过程中，要求稽查部门提供的《涉嫌犯罪案件情况调查报告》必须修改与公安机关侦查证据保持一致，是否合法？

答：不合法。

首先，在行政诉讼中，稽查结论及相关公文只是税务机关一方的主张。而依据《中华人民共和国刑事诉讼法》第四十八条规定的证据范围，

《涉嫌犯罪案件情况调查报告》并不属于其中任何一种，因此《涉嫌犯罪案件情况调查报告》不具有刑事证据资格，其仅仅是税务机关对涉嫌虚开发票行为的看法和观点。同时，《涉嫌犯罪案件情况调查报告》也不属于生效的司法裁判文书、仲裁书，其认定的事实不属于法律规定的无须证明的事实，仅仅是税务机关的情况说明类材料，是其看法、观点，作用仅限于供法庭参考。如果对纳税人的具体权益产生实质性影响，则纳税人有权申请行政复议，对行政复议结果不服的还可以针对税务机关的处理决定或者处罚决定提起行政诉讼，行政诉讼的结果很有可能撤销稽查局作出的处理、处罚决定。由此可见，《涉嫌犯罪案件情况调查报告》在税务行政诉讼中只能算是税务机关一方的主张。在这种情形下，法庭直接采信稽查局的结论定罪量刑，实际上限制了涉案当事人作为刑事诉讼被告的刑事抗辩权。因此，法院必须严格按照刑事诉讼证据证明标准，以及刑事证据运用规则予以审查。

其次，稽查局所作的税务公文依据的证据远低于刑事证据标准。而且，证据是指可以证明案件事实性的材料，哪些材料可以证明被核定的事实，一方面需要法律的明确规定，另一方面需要法庭质证程序。稽查部门核定结论及相关公文依据的证据仅表示税务机关对纳税行为进行了行政评价，可能存在违反法定程序、认定事实不清等问题，是否符合“三性”要求在行政诉讼或者刑事诉讼审判前是不确定的。即使是在刑事诉讼中被法院认可的稽查局公文属于法定刑事诉讼证据类型，也不一定符合刑事诉讼的证据要求，不宜代替司法机关的取证责任。在实务中，对于制定税务行政公文的证据只要达到高度概然性即可，不需要满足《中华人民共和国刑法》要求的确实、充分标准。

经过以上分析可以看出，法院直接引用稽查局的《涉嫌犯罪案件情况调查报告》对纳税人定罪量刑，既不符合刑事案件审判的程序性规则，也不符合刑事案件的证据要求。

需要注意的是，《税务稽查报告》《税务稽查审理报告》《税收违法案件集体审理纪要》等税务机关内部研究的相关材料不得移送，更不能作为公安机关认定纳税人违法行为的证据。

128 涉嫌偷税案件如何判断是否应当移送公安机关?

答：《中华人民共和国刑法》第二百零一条规定，“纳税人采取欺骗、隐瞒手段进行虚假纳税申报或者不申报，逃避缴纳税款数额较大并且占应纳税额百分之十以上的，处三年以下有期徒刑或者拘役，并处罚金；数额巨大并且占应纳税额百分之三十以上的，处三年以上七年以下有期徒刑，并处罚金。

扣缴义务人采取前款所列手段，不缴或者少缴已扣、已收税款，数额较大的，依照前款的规定处罚。

对多次实施前两款行为，未经处理的，按照累计数额计算。

有第一款行为，经税务机关依法下达追缴通知后，补缴应纳税款，缴纳滞纳金，已受行政处罚的，不予追究刑事责任；但是，五年内因逃避缴纳税款受过刑事处罚或者被税务机关给予二次以上行政处罚的除外”。

关于偷税额度的确定，应当依据修订后的《最高人民检察院 公安部关于公安机关管辖的刑事案件立案追诉标准的规定（二）》（本规定自2022年5月15日施行）第五十二条规定：“［逃税案（刑法第二百零一条）］逃避缴纳税款，涉嫌下列情形之一的，应予立案追诉：（一）纳税人采取欺骗、隐瞒手段进行虚假纳税申报或者不申报，逃避缴纳税款，数额在十万元以上并且占各税种应纳税总额百分之十以上，经税务机关依法下达追缴通知后，不补缴应纳税款、不缴纳滞纳金或者不接受行政处罚的；（二）纳税人五年内因逃避缴纳税款受过刑事处罚或者被税务机关给予二次以上行政处罚，又逃避缴纳税款，数额在十万元以上并且占各税种应纳税总额百分之十以上的；（三）扣缴义务人采取欺骗、隐瞒手段，不缴或者少缴已扣、已收税款，数额在十万元以上的。纳税人在公安机关立案后再补缴应纳税款、缴纳滞纳金或者接受行政处罚的，不影响刑事责任的追究。”

按照上述规定，这里的“数额较大”应确定为十万元税款。

根据《关于如何理解〈刑法〉第二百零一条规定的“应纳税额”问题的批复》（公复字〔1999〕4号）规定，《中华人民共和国刑法》第二百零一条规定的“应纳税额”是指，某一法定纳税期限或者税务机关依法核定的纳税期间内应纳税额的总和。偷税行为涉及两个以上税种的，只要其中一个税种的偷税数额、比例达到法定标准，即构成偷税罪，其他税种的偷税数额累计计算。

依据《最高人民法院关于审理偷税抗税刑事案件具体应用法律若干问题的解释》（法释〔2002〕33号）第三条规定：“……偷税数额占应纳税额的百分比，是指一个纳税年度中的各税种偷税总额与该纳税年度应纳税总额的比例。不按纳税年度确定纳税期的其他纳税人，偷税数额占应纳税额的百分比，按照行为人最后一次偷税行为发生之日前一年中各税种偷税总额与该年纳税总额的比例确定。纳税义务存续期间不足一个纳税年度的，偷税数额占应纳税额的百分比，按照各税种偷税总额与实际发生纳税义务期间应当缴纳税款总额的比例确定。

偷税行为跨越若干个纳税年度，只要其中一个纳税年度的偷税数额及百分比达到刑法第二百零一条第一款规定的标准，即构成偷税罪。各纳税年度的偷税数额应当累计计算，偷税百分比应当按照最高的百分比确定。”

按照上述标准，我们可以总结逃税罪移送规定：先看被查年度是否有超过十万元，并且占应纳税总额百分之十以上的，如果未达到标准肯定不移送。若达到标准，再看是否在规定期限内缴纳税款、罚款、滞纳金，如果没有缴纳肯定移送。如果在规定期限内缴纳了税款、罚款、滞纳金，再看五年内是否因为“逃避缴纳税款”受过刑事处分，如果有肯定移送。如果没有，再看是否在五年内因为“逃避缴纳税款（偷税）”受过两次（含）以上行政处罚。如果有肯定移送；如果没有，肯定不移送。

129 张某在虚开机动销售车统一发票过程中，同步伪造了《车辆购置税完税证明》，检察院拟对其伪造完税证明的犯罪行为，以伪造公文罪起诉是否准确？

答：部分地区的司法部门认为，《车辆购置税完税证明》是由国家税务机关制作并颁发的，用以证明纳税人纳税情况的公文书，具有规范的格式和明确的意思表达，属于国家机关公文的范畴；伪造、买卖国家机关公文罪系行为犯，侵犯的法益是国家正常的管理活动和信誉。

上述理解在事实上并不妥当，国家机关制作的公文和证件是在一定领域、一定方面实行管理活动的重要凭证和手段，二者存在明显的区别。税务机关的公文是税务机关实施领导、履行职能、处理公务的具有特定效力和规范体式的文书，是传达贯彻党和国家的方针政策，公布规章和规范性文件，指导、布置和商洽工作，请示和答复问题，报告、通报和交流情况等的重要工具。根据公文管理相关文件规定，税务机关的公文种类主要有：命令（令）、决议、决定、公告、通告、意见、通知、通报、报告、请示、批复、函、纪要。由于公文类别属于正列举可见，税收完税证明并不属于上述种类，不能归属于税务机关公文。而证件是指国家机关制作、颁发的，用以证明身份、职务、权利义务关系或其他有关事实的凭证，如结婚证、工作证、学生证、护照、户口迁移证、营业执照、驾驶证等。

由此可知，完税证明既不属于公文，也不属于证件。根据《中华人民共和国税收征收管理法》第三十四条、《中华人民共和国税收征收管理法实施细则》第四十五条规定可知，完税凭证是指各种完税证、缴款书、印花税票、扣（收）税凭证以及其他完税证明。《税收票证管理办法》第十二条规定，税收票证包括税收缴款书、税收收入退还书、税收完税证明、出口货物劳务专用税收票证、印花税专用税收票证以及国家税务总局规定的其他税收票证。

《最高人民法院研究室关于税收通用完税证和车辆购置税完税证是否属于发票问题的回函》（法研〔2010〕140号）明确规定："对伪造税务机关征税专用章，非法制造税收通用完税证和车辆购置税完税证对外出售的，视情可以伪造国家机关印章罪论处；对非法购买上述两种伪造的完税证，逃避缴纳税款的，视情可以逃税罪论处。"

综上所述，应当将伪造税收完税证明行为定性为伪造国家机关印章罪。

130 税务机关经检查发现，企业融资需要虚开增值税专用发票，符合《最高人民检察院关于充分发挥检察职能服务保障"六稳""六保"的意见》，能否直接作出不予移送的决定？

答：不能。不予移送和不予起诉的依据是不同的。《行政执法机关移送涉嫌犯罪案件的规定》（国务院令第310号发布，国务院令第730号修改）第三条规定：行政执法机关发现违法事实涉嫌构成犯罪，依法需要追究刑事责任的，必须依照本规定向公安机关移送。第五条第二款规定："行政执法机关正职负责人或主持工作的负责人应当自接到报告之日起3日内作出批准移送或者不批准移送的决定。决定批准的，应当在24小时内向同级公安机关移送；决定不批准的，应当将不予批准的理由记录在案。"这里作出的"不予移送"，是因为没有达到《关于公安机关管辖的刑事案件立案追诉标准的规定（二）》（公通字〔2010〕23号）要求。凡是达到立案标准的，必须按时移送公安机关。

《最高人民检察院关于充分发挥检察职能服务保障"六稳""六保"的意见》是最高人民检察院针对检察部门工作的指导性文件，检察部门根据案情综合评判后可以作出不予起诉的决定。这是检察部门的职责范围，税务机关不能因为检察部门可能会采取不予起诉的决定，而直接作出不予移送的决定，否则会有构成渎职罪的法律风险。

131 企业间“环开”增值税专用发票骗取财政补贴，不构成虚开增值税专用发票罪吗？

案例

2017 年，王某在 A 市先后投资甲、乙、丙三家公司，分别从事家庭净水器的生产、销售和售后工作。2018 年，A 市出台财政奖励政策，对当年销售收入达到 300 万元以上的企业，按照增值税价税合计数给予 5% 的财政资金奖励。王某为获取该项财政奖励，让其名下控制的甲、乙、丙三家公司相互虚开增值税专用发票，也就是俗称的“环开”发票。最后，三家公司合计开票金额 1000 万元以上，达到政策奖励标准，获得财政部门奖励 50 万元。2020 年，该行为被税务部门发现且依法定性为虚开增值税专用发票，并依法移送公安机关。

答：有人认为，2020 年 7 月 22 日发布的《最高人民检察院关于充分发挥检察职能服务保障“六稳”“六保”的意见》规定，对于有实际生产经营活动的企业为虚增业绩、融资、贷款等非骗税目的且没有造成税款损失的虚开增值税专用发票行为，不以虚开增值税专用发票罪定性处理，依法作出不起诉决定的，移送税务机关给予行政处罚。根据《最高人民检察院关于充分发挥检察职能服务保障“六稳”“六保”的意见》，企业可不以虚开增值税专用发票罪定性，税务机关只要给予行政处罚即可。

但要清醒地看到，该案件是不适用上述条款的，因为该企业的行为虽然没有给国家造成税款损失，但是并非有实际生产经营活动，其目的是骗取政府奖励，不应当引用该条款不予起诉。

那么该企业是否构成虚开增值税专用发票罪？答案是否定的，具体参考《最高人民法院研究室〈关于如何认定以“挂靠”有关公司名义实施经营活动并让有关公司为自己虚开增值税专用发票行为的性质〉征求意见的复函》（法研〔2015〕58号）规定：“虚开增值税发票罪的危害实质在于通过虚开行为骗取抵扣税款，对于有实际交易存在的代开行为，如行为人主观上并无骗取扣税款的故意，客观上未造成国家增值税款损失的，不宜以虚开增值税专用发票罪论处。虚开增值税专用发票罪的法定最高刑为无期徒刑，系严重犯罪，如将该罪理解为行为犯，只要虚开增值税专用发票，侵犯增值税专用发票管理秩序的，即构成犯罪并要判处重刑，也不符合罪刑责相适应原则。”

因此，虽然该企业不构成虚开增值税专用发票罪，但是其通过虚开增值税专用发票骗取政府奖励资金，以非法占有为目的骗取国家补贴款，数额特别巨大，情节严重，其行为已构成诈骗罪。

132 企业通过虚开增值税普通发票骗取国家财政补贴款的行为如何定性，税务机关以何种罪名移送？

答：先来看一个案例。

案例

2015年11月26日，被告人胡某某以武汉众某某实业有限公司的名义与青州市A植保机械有限公司（以下简称“A公司”）签订经销合作协议书，约定A公司授权被告人胡某某在湖北地区经销3WP－600L自走式喷杆喷雾机，每台销售价格不低于85000元。被告人胡某某从A公司以每台25000元的价格购买32台3WP－600L自走式喷杆喷雾机，联系崇阳县农机经销商廖某，告知销售该喷雾机可领取补贴款。在廖某不同意销售的情况下，又说可免费送给农户使用，但每台喷雾机领取的补贴款35000元要归自己，并许诺事成后每台给予廖某1000元的好处费。廖某表示同意，并在崇阳县找到了庞某、甘某等32名农户，将喷雾机送给农户使用。为了便于办理补贴手续，被告人胡某某到武汉市找到农机经销商徐某，指使其为自己虚开销售喷雾机给农户的增值税普通发票，并承诺每虚开一张发票给徐某1500元的好处费。徐某以每台喷雾机85000元销售价，借用具备国家农机补贴结算资质的湖北B农业机械有限公司和湖北C农业设备有限公司的名义，虚开销售喷雾机的发票共计32份，虚开的销售金额共计272万元。被告人胡某某将虚开的发票给廖某后，廖某到崇阳县农机管理局办理了农机补贴手续。2016年2月，廖某领取了32名农户共计112万元的国家补贴款，廖某在扣除32000元的好处费和80000元的运费后，将余款给了被告人胡某某。被告人胡某某扣除货款800000元、支付虚开发票费用48000元后，非法获利160000元。［湖北省崇阳县人民法院刑事判决书（2017）鄂1223刑初172号］

法院最后判决认为，被告人胡某某明知每台喷雾机的国家农机补贴是35000元，通过每台25000元价格购得32台，以非法占有每台10000元国家农机补贴为目的，采取虚开发票的方式，骗取国家农机补贴款32万元，数额巨大，其行为已构成诈骗罪。被告人胡某某开发票的行为又构成虚开发票罪，一种行为触犯两个罪名，依照刑法理论，择一重罪判处。

在本案中，犯罪嫌疑人为了骗取国家农机补贴款，让他人为自己虚开发票的行为涉嫌虚开发票罪，最终是为了实现诈骗，构成牵连犯。对牵连犯不实行数罪并罚，而是择一重罪处罚，即在数罪中选择较重的罪处罚，最后以诈骗罪定罪。

需要注意的是，由于查处诈骗行为并非税务机关的职责范围，税务机关无权也无相关技术手段进行调查，因此税务机关在日常执法中发现纳税人涉嫌虚开行为和诈骗行为时，应当以虚开增值税发票罪或者虚开增值税专用发票罪将案件移送公安机关，而不是以诈骗罪移送公安机关。

133 伪造海关进口增值税专用缴款书等具有抵扣税款功能的完税凭证的行为，是属于伪造发票还是伪造证件？

答：所谓“证件”，是指国家机关制作、颁发的，用以证明身份、职务、权利义务关系或其他有关事实的凭证，如结婚证、工作证、学生证、护照、户口迁移证、营业执照、驾驶证等。《最高人民法院研究室关于税收通用完税证和车辆购置税完税证是否属于发票问题的回函》（2010 年 8 月 17 日，法研〔2010〕140 号）规定：“完税证是税务机关或代征机关在收取税金时给纳税人开具的纳税证明，是证明纳税人缴纳税款情况的凭证。”《中华人民共和国发票管理办法》第三条规定：“本办法所称发票，是指在购销商品、提供或者接受服务以及从事其他经营活动中，开具、收取的收付款凭证。”可见，完税证与发票性质有所不同，完税证一般不能被认定为发票。

《全国人民代表大会常务委员会关于〈中华人民共和国刑法〉有关出口退税、抵扣税款的其他发票规定的解释》：“刑法规定的‘出口退税、抵扣税款的其他发票’，是指除增值税专用发票以外，具有出口退税、抵扣税款功能的收付款凭证或者完税凭证。”可见，税收通用完税证和车辆购置税完税证只有在具有出口退税、抵扣税款功能时，才能归属于《中华人民共和国刑法》中规定的出口退税、抵扣税款的其他发票。

综上所述，伪造海关进口增值税专用缴款书等具有抵扣款功能的实税凭证属于伪造发票。《中华人民共和国刑法》第二百零九条规定：“伪造、擅自制造或者出售伪造、擅自制造的可以用于骗取出口退税、抵扣税款的其他发票的，处三年以下有期徒刑、拘役或者管制，并处二万元以上二十万元以下罚金；数量巨大的，处三年以上七年以下有期徒刑，并处五万元以上五十万元以下罚金；数量特别巨大的，处七年以上有期徒刑，并处五万元以上五十万元以下罚金或者没收财产。”

需要注意的是，《最高人民检察院公安部关于公安机关管辖的刑事案件立案追诉标准的规定（二）》第六十一条规定：“［非法制造、出售非法制造的用于骗取出口退税、抵扣税款发票案（刑法第二百零九条第一款）］伪造、擅自制造或者出售伪造、擅自制造的用于骗取出口退税、抵扣税款的其他发票，涉嫌下列情形之一的，应予立案追诉：（一）票面可以退税、抵扣税额累计在十万元以上的；（二）伪造、擅自制造或者出售伪造、擅自制造的发票十份以上且票面可以退税、抵扣税额在六万元以上的；（三）非法获利数额在一万元以上的。”

134 虚开增值税专用发票罪的税收损失是仅指增值税损失还是包含所有其他各税种损失？

答：应当仅指增值税损失。根据《中华人民共和国增值税暂行条例》第九条规定，纳税人购进货物、劳务、服务、无形资产、不动产，取得的增值税扣税凭证不符合法律、行政法规或者国务院税务主管部门有关规定的，其进项税额不得从销项税额中抵扣。另外，根据《关于纳税人虚开增值税专用发票征补税款问题的公告》（国家税务总局公告 2012 年第 33 号）第二款规定，纳税人取得虚开的增值税专用发票，不得作为增值税合法有效的扣税凭证抵扣其进项税额。也就是说，纳税人取得虚开的增值税专用发票，税法是不准抵扣的。一旦认证抵扣，其虚开发票的行为就会造成国家税款损失的事实，至于后续作进项转出处理并补缴税款，是事后挽回损失的措施，并不影响之前行为的性质。造成国家税款损失的数额是国家税款被骗取数额概念的延伸，是指国家税款被骗取并且在侦查终结前仍无法追回的数额。

【案例索引】（2001）沪高刑终字第173号判决书指出："对于只给他人虚开销项增值税专用发票，受票单位利用虚开的增值税专用发票抵扣税款的，或者让他人为自己虚开进项增值税专用发票，自己用于正常经营中的抵扣税款的，一般只计算销项或进项中实际抵扣的税款作为给国家利益造成的损失即可。但对于一些无生产、销售经营活动的行为人在为他人虚开销项增值税专用发票以后，为了掩盖其向他人虚开的事实，又让他人为自己虚开进项增值税专用发票的情形，应以查实的销项增值税中被实际抵扣部分作为给国家利益造成的损失。因为这种虚开增值税专用发票犯罪行为的真正危害，是虚开的增值税专用发票被受票单位或个人用于正常经营时向税务机关抵扣税款而自己可以不缴税。行为人为他人虚开销项增值税专用发票以后，受票单位用这些虚开的增值税专用发票去抵扣应缴的税款，这才是给国家造成的真正损失。行为人为掩盖其虚开的犯罪事实，又让他人为自己虚开进项增值税专用发票，因其并未进行真正的货物买卖或提供劳务，就没有向国家缴纳税款的义务，所以行为人虽然虚开了进项增值税，但这种虚开并未给国家造成实际的损失，让他人虚开并申报的进项税额不能计算在给国家造成的损失之中。在一般情况下，税务机关是凭借销项发票和进项发票，由销项发票税款减去进项发票税款作为抵扣税款的数额。但在实际生活中，情况错综复杂，税务机关办理申报和抵扣不见得一一对应，往往是按月结算，有时进项会大一些，有时销项会大一些。在进项大于销项的情况下，税务机关减去销项税款后，还有剩余进项税款无法扣减，通常将这一数额存在税务机关里面，待以后有了销项再予扣减。所以，这时虽然进项申报抵扣了税款，但销项发票尚未开出，因而也就无法抵扣，国家尚未造成实际的税款流失，只是为行为人以后给他人虚开销项增值税专用发票再予抵扣提供了条件。因此，对于为他人虚开销项增值税专用发票以后，为了掩盖其向他人虚开的事实，又让他人为自己虚开进项增值税专用发票的，不论其进项是否申报抵扣，都没有给国家造成实际经济损失，一般只能按照其所开出销项发票的受票人向税务机关申报并抵扣的税款数额作为其给国家造成的实际经济损失。当然，这样计算的前提，必须是行为人的进项和销项都是虚开的。如果行为人自己正常经营，让别人为自己虚开了进项以后，既为自己的正常经营抵扣税款，又掩盖其为他人虚开的事实，就要分两部分计算，即把自己正常经营抵扣的进项发票的税款加上虚开给别人的销项发票被别人抵扣的税款，作为其给国家利益造成的损失。另外，在司法实践中，认定虚开增值税专用发票犯罪给国家利益造成的损失时，对于行为人为领取增值税专用发票向税务机关预缴的税款和行为人及其家属向国家退赔的款项，应从实际被非法抵扣的税款中予以扣除。”

税收综合问题篇

135 如何界定税款追征期的“三年”和“五年”？

答：《中华人民共和国税收征收管理法》第五十二条规定：“因税务机关的责任，致使纳税人、扣缴义务人未缴或者少缴税款的，税务机关在三年内可以要求纳税人、扣缴义务人补缴税款，但是不得加收滞纳金。

因纳税人、扣缴义务人计算错误等失误，未缴或者少缴税款的，税务机关在三年内可以追征税款、滞纳金；有特殊情况的，追征期可以延长到五年。”

这里的“三年”和“五年”，是指自纳税人、扣缴义务人应缴未缴或者少缴税款之日起三年或五年内发现的时间。任何机关只要启动调查、取证和立案程序，就可视为“发现”。这里的“发现”时间是根据《中华人民共和国税收征收管理法》要求，税源管理部门向纳税人送达《税务事项通知书》或《税务检查通知书》的时间。通过最高人民法院判例（2017年，伟华案件、德发案件）可清晰得知，最高人民法院支持以《税务检查通知书》送达时间为追征期截止日。

在实际操作中，有税务机关认为，确认纳税人存在涉税问题的，应向其发出《税收自查通知书》，并将自查通知书送达之日作为发现之日，但是实际问题在于自查通知书并非法定文书，送达时未能确认纳税人最终纳税义务，不能作为追征期的截止日。以风险应对为例，如经实地核查，未发现纳税人有不缴或少缴税款的，风险应对人员应制作《税收风险应对报告》，经审议后，向纳税人送达《税务事项通知书》，载明根据已掌握的涉税信息暂未发现少缴税款行为等内容。如经实地核查，发现纳税人存在少缴税款行为，则风险应对人员应按照相关要求进行调查取证，并对事实、证据、程序、处理等进行全面审核，之后制作《税收风险应对报告》。经审议后，制作《税务处理决定书》，载明应补缴税款及滞纳金送达纳税人，责令其限期缴纳。

136 对于代持股行为，税收上应当如何处理？

答：(1) 关于显名股东纳税义务的认定。

根据《中华人民共和国税收征收管理法实施细则》第三条第二款规定："纳税人应当依照税收法律、行政法规的规定履行纳税义务；其签订的合同、协议等与税收法律、行政法规相抵触的，一律无效。"显名股东作为登记在股东名册上的股东，可以依股东名册主张行使股东权利。依据《中华人民共和国企业所得税法》《中华人民共和国个人所得税法》规定，显名股东是符合税法规定的转让股权和取得投资收益的纳税人，其取得股息红利所得、股权转让所得，应当依法履行纳税义务。

《公司注册资本登记管理规定》（国家工商行政管理总局令第 64 号）第八条规定"股东或者发起人应当以自己的名义出资"，明确了行政管理的方式是要求股东以自己的名义出资。而《最高人民法院关于适用〈中华人民共和国公司法〉若干问题的规定（三）》第二十五条的相关规定，仅说明人民法院认可代持合同具有法律效力，规范的是代持当事人内部的民事法律关系，不属于对《公司注册资本登记管理规定》中关于股东出资规定的调整或变化。

(2) 关于隐名股东纳税义务的认定。

①隐名股东为自然人的情形。《中华人民共和国个人所得税法》第二

条明确了应当交纳个人所得税的九种所得，显名股东将取得的税后股息红利所得、股权转让所得，转付给隐名股东（自然人），不属于法律规定应当交纳个人所得税的所得。

②隐名股东为企业的情形。《中华人民共和国企业所得税法》第六条规定，企业以货币形式和非货币形式从各种来源取得的收入为收入总额，包括其他收入。第七条、第二十六条，分别列明了法定的不征税收入和免税收入。据此，隐名股东（企业）从显名股东取得基于代持合同关系产生的所得，不属于法定的不征税收入和免税收入，应当按照《中华人民共和国企业所得税法》规定缴纳企业所得税。

（3）其他。

关于显名股东（企业）取得股息红利后，转付给隐名股东（企业），隐名股东（企业）能否适用“符合条件的居民企业之间的股息、红利等权益性投资收益为免税收入”的问题，由于隐名股东（企业）和显名股东（企业）之间并未构成股权投资关系，隐名股东（企业）从显名股东（企业）取得的收入不符合股息、红利所得的定义，税法也未规定可以“穿透”作为隐名股东（企业）取得权益性投资收益对其免税。

需要注意的是，《国家税务总局关于企业转让上市公司限售股有关所得税问题的公告》（国家税务总局公告 2011 年第 39 号）的适用情形仅限于限售股。

137 《国家税务总局关于纳税人虚开增值税专用发票征补税款问题的公告》（国家税务总局公告 2012 年第 33 号）在实际使用时有哪些应当注意的误区？

答：要准确理解税收文件，首先要了解文件出台的历史背景，这是深入理解和妥善使用文件的关键。根据国家税务总局的解读，《国家税务总局关于加强增值税征收管理若干问题的通知》（国税发〔1995〕192 号文）

和《国家税务总局对代开、虚开增值税专用发票征补税款问题的批复》（国税函发〔1995〕415 号文）（根据 2012 年第 33 号公告，上述两个文件已于 2012 年 8 月 1 日废止）的出台有其历史背景，由于当时使用的是手写版增值税专用发票，存在开具“大头小尾”发票和单联填开发票的行为，导致开票方的开票收入不申报或少申报缴税，而受票方虚抵、多抵增值税的情况时有发生。因此，国税发〔1995〕192 号文件和国税函发〔1995〕415 号文件对虚开增值税专用发票征补税款的处理规定，符合当时的实际征管情况。

增值税防伪税控系统全面推行后，如果开票方对虚开的增值税专用发票在当期全额进行了抄报税、纳税申报及税款缴纳，对其已缴纳的税款再次进行补征，就会造成重复征税问题。为解决此问题，国家税务总局出台了《关于纳税人虚开增值税专用发票征补税款问题的公告》（国家税务总局公告 2012 年第 33 号）。

在国家税务总局公告 2012 年第 33 号文件的实际运用和理解中发现有些税务机关存在如下误区。

【误区一】无法定性属于虚开的，也无法确认为善意取得的，直接运用国家税务总局公告 2012 年第 33 号文件解决。

案例

2020 年 5 月，市稽查局接到 A 地税务机关发出的《已证实虚开通知单》，将上游客户 B 公司对甲公司开具的 10 份专票定性为虚开。2020 年 6 月，市稽查局对甲公司立案检查。

经检查发现，货物有入库单、出库单，甲公司在货物验收合格后，曾担心发票有问题，主动要求本地税务机关对其中 3 份发票向 B 公司所在地税务机关发出协查函，回复发票正常后抵扣。同时，甲公司和 B 公司之间没有出现资金回流，上述证据足以证明甲公司没有让对方为自己虚开的故意，不能定性为虚开。

从货物交易真实性来看，甲公司始终通过中间人张三取得货物，并未去过 B 公司，也未和公司法定代表人签订书面合同。从订单到发货均由张三一手操办，货款由甲公司直接支付给 B 公司。由于张三并非 B 公司业务员，此时是否不知情难以确认，而善意取得又难以定性。

有稽查人员认为，目前证据无法证明虚开，也无法证明善意取得。于是直接绕开定性问题，引用国家税务总局公告 2012 年第 33 号文件“纳税人取得虚开的增值税专用发票，不得作为增值税合法有效的扣税凭证抵扣其进项税额”，让纳税人作进项税额转出处理。

实际上，这个规定用在受票方并不合适。因为国家税务总局公告 2012 年第 33 号文件是针对纳税人虚开增值税专用发票征补税款问题，这个规定的适用对象是开票方，重申开票方取得的虚开进项税额不得抵扣。

受票方接受虚开发票怎么处理？《中华人民共和国增值税暂行条例》第九条规定：“纳税人购进货物、劳务、服务、无形资产、不动产，取得的增值税扣税凭证不符合法律、行政法规或者国务院税务主管部门有关规定的，其进项税额不得从销项税额中抵扣。”这是接受发票方需将已抵扣的进项税额转出的法律依据。

【误区二】认为进项税额需要转出，同时不定性虚开，与国家税务总局公告 2012 年第 33 号文件要求存在矛盾。

案例

（接上个案例）A 公司既无法定性为善意取得，又不能定性为虚开。有观点提出，进项税额需要转出，同时不定性虚开。

其实，这里检查人员犯了逻辑错误。首先，国家税务总局公告 2012 年第 33 号文件属于规范虚开发票方的补税问题，不适用于受票方；其次，国家税务总局公告 2012 年第 33 号文件得出的进项税额转出要求，是建立在开票方存在虚开行为的基础上。不能用进项税额转出的要求反推出是必然存在虚开造成的。其实二者之间并无必然关联。不管发票是否定性为虚开，只要是纳税人接收不合规的专用发票，就需要作进项税额转出处理。

【误区三】认为对方虚开证据不足的，不定性虚开，以发票违法行为进行行政处罚。

仍然以【误区一】进行分析，有稽查人员认为，既然开票方不属于虚开，那么接受虚开发票肯定没有问题，应按照《中华人民共和国发票管理办法》进行处理。

《中华人民共和国发票管理办法》第二十二条第二款规定："任何单位和个人不得有下列虚开发票行为：（一）为他人、为自己开具与实际经营业务情况不符的发票；（二）让他人为自己开具与实际经营业务情况不符的发票；（三）介绍他人开具与实际经营业务情况不符的发票。"

可以看出，上述条款中的发票实际包含了增值税专用发票和增值税普通发票。由于采取了正列举方式界定，此时如果纳税人的发票违规行为不能归属于上述三种情形之一，就不能直接得出虚开发票的结论。同时，运用此条款时还应当考虑主观故意的因素。有人认为，条款并没有直接将主观故意作为判定行政法意义上虚开发票的构成要件，但是从《中华人民共和国发票管理办法》的行文中，"为""不符""让""介绍"等词语的出现可以看出，故意、主动自然是条款包含的应有之义，只有在故意的驱使下才能作出上述行为。如果没有对主观故意因素的考量，那么划分善意取得增值税专用发票将无从谈起。换句话说，正是有了对主观故意的考虑，才有了后来善意取得和非善意（恶意）取得的划分，否则行政处罚也无从谈起。

【误区四】对于虚开发票方取得的进项税额，全部作转出处理。

这是对国家税务总局公告2012年第33号文件的另一种错误解读。国家税务总局公告2012年第33号文件与国税发〔1995〕192号文件的规定精神一脉相承。货物流、资金流和发票流相互一致。只要票货、票款一致，交易真实的就可以抵扣，不必作进项转出后重新开具发票。

增值税抵扣制度的关键就是业务的真实性。能否抵扣进项税额，取决于具体税收业务是否真实，是否用于企业的生产经营，而非该单位是否存在虚开行为。在实际税务处理过程中，虚开情况异常复杂，既有完全虚开，也有真假参半。简单地“一刀切”看似高效便捷，实则留下了太多争议。

【误区五】 自行根据国家税务总局公告 2014 年第 39 号文件否定上游企业税务机关按照行政程序发出的《已证实虚开通知单》。

2014 年 7 月，《国家税务总局关于纳税人对外开具增值税专用发票有关问题的公告》（国家税务总局公告 2014 年第 39 号）发布。官方解读认为，该公告列举了三种情形，纳税人对外开具增值税专用发票，同时符合公告中规定的三种情形的，不属于虚开增值税专用发票，受票方可以抵扣进项税额。换一个角度说，本公告仅仅界定了纳税人的某一行为不属于虚开增值税专用发票，并不意味着非此即彼，从本公告中并不能反推出不符合三种情形的行为就是虚开。

但是，国家税务总局公告 2014 年第 39 号文件更适用于开票地税务机关。符合该文件规定情形的，开票地税务机关可以按照该文件不认定企业虚开；而受票地税务机关，一旦收到《已证实虚开通知单》，无论定性善意还是恶意，或者采用国家税务总局公告 2012 年第 33 号文件，除非开票方税务机关根据国家税务总局 2014 年第 39 号文件撤销了已经发出的《已证实虚开通知单》，否则都必须要求受票单位补税，不能自行根据国家税务局 2014 年第 39 号文件否定上游企业税务机关按照行政程序发出的《已证实虚开通知单》。

138 取得异常凭证，能否在企业所得税汇算清缴中进行税前扣除？

答：增值税专用发票即使被判定为增值税异常凭证，也不能直接划入不合规发票的范畴。虽然《国家税务总局关于加强企业所得税管理的意见》（国税发〔2008〕88 号）规定，不符合规定的发票不得作为税前扣除凭据。《国家税务总局关于发布〈企业所得税税前扣除凭证管理办法〉的公告》（国家税务总局公告 2018 年第 28 号）第十二条规定，企业取得私自印制、伪造、变造、作废、开票方非法取得、虚开、填写不规范等不符合规定的发票（以下简称“不合规发票”）不得作为税前扣除凭证。但异常扣除凭证只是税务机关出于风险管理需要，暂时冻结纳税人抵扣进项税额权利，并不是永久剥夺纳税人的企业所得税税前扣除权利。如果纳税人申请核实且核实结果确有真实业务往来，异常扣除凭证被主管税务机关核实后解除，那么此时进项税额依然可以抵扣。因此，不能仅以目前的发票属于异常扣除凭证就将其直接归入不合规发票，不允许其作为企业所得税税前扣除凭证。

有人提出，如果增值税专用发票被税务机关判定为异常凭证，且还在核实中，但已经到了企业所得税汇算清缴期间，那么此时能否作为企业所得税扣税凭证？

目前，我国的增值税实行以增值税扣税凭证为载体的抵扣管理机制，当增值税扣税凭证认定为虚开时，相关的进项税额不得抵扣，已经抵扣的要作转出处理；但是所得税遵循权责发生制，企业所得税税前扣除强调遵循真实、配比、相关性等基本原则。《国家税务总局关于走逃（失联）企业开具增值税专用发票认定处理有关问题的公告》（国家税务总局公告 2016 年第 76 号）和《国家税务总局关于异常增值税扣税凭证管理等有关事项的公告》（国家税务总局公告 2019 年第 38 号）仅仅适用于增值税管理，即使此时取得的增值税专用发票被判定为异常凭证，也只是暂时冻结进项税额的抵扣权利，而不能推导出其属于不合规发票，进而得出企业所得税税前不得扣除的结论。相反，只要能够证明企业确实发生了与收入有关的、合理的支出，有银行支付凭证、合同等相关资料证明有关交易符合真实性、合理性、相关性、合法性等原则，完全可以根据《中华人民共和国企业所得税法》第八条规定，企业实际发生的与取得收入有关的、合理的支出，包括成本、费用、税金、损失和其他支出，准予在计算应纳税所得额时扣除。

众所周知，异常凭证的开具方和接受方涉嫌虚开发票、虚抵进项，骗取出口退税以及其他需要稽查立案的，应移交稽查部门查处。定性为虚开的，稽查部门出具《已证实虚开通知单》并附相关证据材料，发往下游受票企业所在地税务机关依法处理。一旦异常凭证被税务机关最终定性为虚开发票，就会成为不合规发票，从税法的逻辑上说，既不能抵扣增值税进项税额，也不能在企业所得税税前扣除。但是，国家税务总局为保护纳税人的合法权益，出台了《关于纳税人善意取得虚开的增值税专用发票处理问题的通知》（国税发〔2000〕187 号）。该通知规定符合以下条件的受票方为“善意取得增值税专用发票”：购货方与销售方存在真实的交易，销售方使用的是其所在省（自治区、直辖市和计划单列市）的专用发票，专用发票注明的销售方名称、印章、货物数量、金额及税额等全部内容与实际相符，且没有证据表明购货方知道销售方提供的专用发票是以非法手段获得的。由于在国税发〔2000〕187 号文件中，国家税务总局对于企业善意取得的虚开增值税专用发票能否在企业税前扣除并未明确，实务中有相当一部分税务机关严格执行“以票控税”的原则，结果导致企业在无法换开发票的情况下，真实成本无法在税前扣除，事实上这是不能满足保障纳税人合法权益这一要求的。因此，实务中会出现税企争议，企业往往提出，企业所得税实行的是成本核算制度，虽然企业所得税税前扣除需要取得相应凭证，但是根据《中华人民共和国企业所得税法》规定，企业所得税税前扣除更加强调遵循真实性、合法性、关联性等基本原则。企业明明为生产经营花费了真金白银，结果却无法在企业所得税税前扣除，增加了企业成本，给企业造成了一定的税收负担。

为了解决这一突出问题，国家税务总局发布了《企业所得税税前扣除凭证管理办法》（国家税务总局公告 2018 年第 28 号）。该办法综合考虑了企业所得税的税收管理实际，按照为纳税人提供更多便利的原则，明确税前扣除凭证在管理中应遵循真实性、合法性、关联性原则。《企业所得税税前扣除凭证管理办法》第十四条规定，企业在补开、换开发票、其他外部凭证过程中，因对方注销、撤销、依法被吊销营业执照、被税务机关认定为非正常户等特殊原因无法补开、换开发票、其他外部凭证的，提供六项可证明支出真实性的资料（其中第一项至第三项为必备资料）后，其支出允许税前扣除。但是需要注意的是，企业必须在穷尽所有可能措施依然无法取得税前扣除凭证的前提下，才可以运用本条款进行补救。

以上规定，有效打通了“不合规发票、不合规其他外部凭证不得作为税前扣除凭证—换开合规发票、合规其他外部凭证—客观原因不能换开—提供支出真实性的证明资料—允许扣除”这一流程，既符合《中华人民共和国企业所得税法》相关规定，又保障了纳税人的合法权益。

139 善意取得增值税专用发票，其不得抵扣的增值税进项税额，能否在企业所得税汇算清缴时进行税前扣除？

答：不可以。对于善意取得的增值税专用发票，按照规定已经进行了进项税额转出，如果纳税人能够重新取得合规的增值税专用票，则可以继续抵扣增值税进项税额，重新取得的增值税专用发票允许进行企业所得税税前扣除。

与取得真实合规的增值税专用发票不同，增值税普通发票不具备抵扣功能，包含的增值税税款实际已经成为购进成本。如果是真实交易，那么应当作为成本进行费用化或者资本化处理，符合《中华人民共和国企业所得税法》第八条规定，“企业实际发生的与取得收入有关的、合理的支出，包括成本、费用、税金、损失和其他支出，准予在计算应纳税所得额时扣除”。

140 企业同一违法行为如果同时符合虚开和偷税定义，是否只能采取其中一种违法行为从重处罚？

答：企业同一违法行为如果同时符合虚开和偷税定义，税务牵连违法行为处罚，应当采用从一重处原则。因为如果既按虚开处罚，同时又按偷税处罚，则违反《中华人民共和国行政处罚法》规定的“一事不再罚”原则。《中华人民共和国行政处罚法》第二十九条规定：“对当事人的同一个违法行为，不得给予两次以上罚款的行政处罚。同一个违法行为违反多个法律规范应当给予罚款处罚的，按照罚款数额高的规定处罚。”因此，应综合考虑违法情节，选择处罚较重的法律规范定性处罚。国家税务总局制定发布的《税务行政处罚裁量权行使规则》第十三条规定：“对当事人的同一个税收违法行为不得给予2次以上罚款的行政处罚。当事人同一个税收违法行为违反不同行政处罚规定且均应处以罚款的，应当选择适用处罚较重的条款。”该条款既在行政处罚上再次重申《中华人民共和国行政处罚法》确立的“一事不再罚”原则，又明确了在一个违法行为违反多个法律规范的情况下采取从重的处罚原则。因为当多个法律规范的法条在竞合时，若已经适用上位法《中华人民共和国税收征收管理法》进行了处罚，再依照下位法《中华人民共和国发票管理办法》进行处罚就会完全丧失正当性，将违背“过罚相当”原则。

141 不能提供成本费用证据，被查企业能否适用核定征收？

答：在税务检查实践中，检查人员经常遇到被查企业对其成本费用的真实性不能提供相关证据的情况。比如，取得了不合规发票，但不能按照《国家税务总局关于发布〈企业所得税税前扣除凭证管理办法〉的公告》

（国家税务总局公告2018年第28号）的规定提供相关资料，造成相应支出不能税前扣除的后果。

当这部分成本费用比例较大时，会造成对企业收入额征收企业所得税的情况，企业往往质疑这是否违背了企业所得税对“所得”征税的原则，提出进行核定征收。在这种情况下，税务机关是否对企业依申请或依职权进行核定征收，在实务中存在争议。

《中华人民共和国税收征收管理法》第十九条规定：“纳税人、扣缴义务人按照有关法律、行政法规和国务院财政、税务主管部门的规定设置账簿，根据合法、有效凭证记账，进行核算。”《国家税务总局关于纳税人权利与义务的公告》（国家税务总局公告2009年第1号）规定，纳税人有“依法设置账簿、保管账簿和有关资料以及依法开具、使用、取得和保管发票的义务”。因此，企业应当严格按照规定设置账簿，并保存有关资料。

根据《中华人民共和国税收征收管理法》第三十五条规定和《国家税务总局关于印发〈企业所得税核定征收办法〉（试行）的通知》（国税发〔2008〕30号）规定，核定征收只适用于特定情形，随着企业的发展，最终还是要对企业进行查账征收。国税发〔2008〕30号文件在第四条明确指出：“税务机关应积极督促核定征收企业所得税的纳税人建账建制，改善经营管理，引导纳税人向查账征收方式过渡。”

如果涉案企业并不是没有设置账簿或者账簿混乱，而是不能向检查人员提供证据，证明其账簿所载成本费用的真实性，那么此时并不符合核定征收的规定条件。企业一直适用查账征收，在被检查时却主张核定征收，则明显有逃避缴纳税款的意图。若对此种情况采用核定征收，可能会导致被查企业故意不提供或销毁相关证据，以适用较低的应税所得率。

综上所述，企业在被税务检查时，如果不能向检查人员提供证明成本费用真实性的证据，就会承担不能税前扣除的后果。

142 平台企业税前扣除凭证应当如何确定？

答：首先，并不能因为平台企业属于新兴、共享且被重点扶持的行业就认为其税前扣除凭证有特殊之处。事实上，对于平台企业税前扣除凭证的管理同其他企业并没有差别，都需要区分不同的情形来决定是适用外部凭证还是内部凭证。

其中，内部凭证是指企业自制用于成本、费用、损失和其他支出核算的会计原始凭证。内部凭证的填制和使用应当符合国家会计法律、法规等相关规定。外部凭证是指企业在发生经营活动和其他事项时，从其他单位、个人取得的用于证明其支出发生的凭证，包括但不限于发票（纸质发票和电子发票）、财政票据、完税凭证、收款凭证、分割单等。

其次，在内部凭证的使用过程中，要牢记发票是税前扣除的首要凭证。举例来说，小额零星支出可以用内部凭证作为税前扣除凭证，但要注意《企业所得税税前扣除凭证管理办法》第九条规定："……对方为依法无须办理税务登记的单位或者从事小额零星经营业务的个人，其支出以税务机关代开的发票或者收款凭证及内部凭证作为税前扣除凭证，收款凭证应载明收款单位名称、个人姓名及身份证号、支出项目、收款金额等相关信息。"从这条规定中可以看到，如能取得税务机关代开的发票，则应以发票为先。

143 股东个人向企业借款超过一年未归还需要按照股息红利处理，这里的"一年"是指一个纳税年度，还是指实际时间为一年整？

答：此处"一年"的税收定义发生过变化。《财政部　国家税务总局关于规范个人投资者个人所得税征收管理的通知》（财税〔2003〕158 号）

规定："纳税年度内个人投资者从其投资企业（个人独资企业、合伙企业除外）借款，在该纳税年度终了后既不归还，又未用于企业生产经营的，其未归还的借款可视为企业对个人投资者的红利分配，依照'利息、股息、红利所得'项目计征个人所得税。"此文件明确表述为一个纳税年度。比如，2021 年 10 月，股东 A 从甲企业借款 100 万元，此时应当理解纳税年度为 2001 年，不考虑实际借款时间长度是否达到 1 年。

但是在后续文件中"一年"又被重新解释为时间长度一年。《国家税务总局关于印发〈个人所得税管理办法〉的通知》（国税发〔2005〕120 号）规定："（四）加强个人投资者从其投资企业借款的管理，对期限超过一年又未用于企业生产经营的借款，严格按照有关规定征税。"比如，2021 年 10 月，股东 A 从甲企业借款 100 万元，此时应当理解为 2021 年 10 月至 2022 年 10 月，借款时间实际长度超过一年的，才可以对其征税。

需要注意的是，上述文件规范的都是除个人独资企业、合伙企业以外的投资企业。如果投资者从个人独资企业、合伙企业长期借款不还，就按"个体工商户的生产经营所得"项目计征个人所得税。按期预缴、年度汇算清缴。

144 企业未预扣预缴个人所得税，支付的工资薪金能否税前扣除？

答：不能。合理工资薪金，是指企业按照股东大会、董事会、薪酬委员会或相关管理机构制定的工资薪金制度规定实际发放给员工的工资薪金。税务机关在对工资薪金进行合理性确认时，可按以下原则掌握："（一）企业制定了较为规范的员工工资薪金制度；（二）企业所制订的工资薪金制度符合行业及地区水平；（三）企业在一定时期所发放的工资薪金是相对固定的，工资薪金的调整是有序进行的；（四）企业对实际发放的工资薪金，已依法履行了代扣代缴个人所得税义务；（五）有关工资薪金的安排，不以减少或逃避税款为目的。”

按照上述规定，代扣代缴是企业所得税税前扣除的重要原则之一。《个人所得税扣缴申报管理办法（试行）》第二条规定：“扣缴义务人，是指向个人支付所得的单位或者个人。扣缴义务人应当依法办理全员全额扣缴申报。全员全额扣缴申报，是指扣缴义务人应当在代扣税款的次月十五日内，向主管税务机关报送其支付所得的所有个人的有关信息、支付所得数额、扣除事项和数额、扣缴税款的具体数额和总额以及其他相关涉税信息资料。”

145 征收税款加收滞纳金的金额能否超过税款本金？

答：2012 年 8 月 22 日，税务总局在线答疑时对此问题进行了明确答复。

问题内容：根据《中华人民共和国税收征收管理法》第三十二条规定，纳税人未按照规定期限缴纳税款的，扣缴义务人未按照规定期限解缴税款的，税务机关除责令其限期缴纳外，自滞纳税款之日起，按日加收滞纳税款万分之五的滞纳金。根据《中华人民共和国行政强制法》第四十五条第二款规定加处罚款或者滞纳金的数额不得超出金钱给付义务的数额。以上规定，在实际工作中不好把握。《中华人民共和国行政强制法》出台后，滞纳金加收能否超出本金？

税务总局回复意见：税收滞纳金的加收，按照《中华人民共和国税收征收管理法》执行，不适用《中华人民共和国行政强制法》，不存在是否能超出税款本金的问题。如滞纳金加收数据超过本金，按《中华人民共和国税收征收管理法》的规定进行加收。在司法裁判中，法院大多支持按照《中华人民共和国行政强制法》的规定使用，在实践中已有部分地区的税务局按照税收滞纳金不超过税款本金的原则执行。

案例

2006年，被告G省税务局认定FS市A区X涂料集团有限公司（以下简称“X公司”）少缴增值税款1149862.61元，要求X公司缴纳1149862.61元税款及滞纳金，并以涉嫌偷税罪将X公司移送公安机关立案侦查。2007年4月29日，FS市B区人民检察院以原告X公司涉嫌偷税罪向B区人民法院提起公诉。B区人民法院于2007年9月18日作出刑事判决，判决认定指控原告X公司偷税所依据的证据不足、事实不清、程序违法，依法判决原告无罪。2007年11月18日，FS市中级人民法院以刑事判决维持了B区人民法院的判决。至此，被告作出具体行政行为的事实和依据均被生效的判决书推翻。2012年11月29日，被告以《税收强制执行决定书》（粤国税稽强扣〔2012〕2号）强制从原告银行账户扣划5977.9元。

法院观点：被诉税收强制执行决定的执行依据的合法性。本案被告作出被诉税收强制执行决定的依据是国税稽处〔2006〕1号税务处理决定，该税务处理决定虽然未经法定有权机关变更或撤销，在形式上仍然有效，但该税务处理决定所依据的事实与法院生效的刑事判决相冲突。生效的刑事判决从证据、稽查方法、程序等方面均否定了税务处理决定所依据的事实。由于司法认定具有最终性，在生效刑事判决认定的事实对税务处理决定所依据的事实作出否定的情况下，应认定被诉税收强制执行决定的执行依据明显缺乏事实依据，被告依据该税务处理决定作出被诉税收强制执行决定，认定事实不清，适用法律错误，应当予以撤销。

关于税收强制执行决定是否违反《中华人民共和国行政强制法》强制性规定的问题，《中华人民共和国行政强制法》第四十五条规定：“行政机关依法作出金钱给付义务的行政决定，当事人逾期不履行的，行政机关可以依法加处罚款或者滞纳金。加处罚款或者滞纳金的标准应当告知当事人。加处罚款或者滞纳金的数额不得超出金钱给付义务的数额。”该法自2012年1月1日起施行，被上诉人于2012年11月29日作出被诉税收强制执行决定应符合该法的规定。被诉税收强制执行决定从原告的存款账户中扣缴税款2214.86元和滞纳金3763.04元，加处滞纳金的数额超出了金钱给付义务的数额，明显违反上述法律的强制性规定，亦应予以撤销。

146 某商贸企业于2018年开业，采取查账征收方式，2019年账簿被盗已经报警，并登报声明，税务机关在对其检查时能否依据国税发〔2008〕30号文件，对2019年已经申报税款部分重新核定？

答：不能。有人提出，应根据《国家税务总局关于印发〈企业所得税核定征收办法（试行）〉的通知》（国税发〔2008〕30号）第三条的第四种情形“虽设置账簿，但账目混乱或者成本资料、收入凭证、费用凭证残缺不全，难以查账的”对其进行核定。

但根据《中华人民共和国税收征收管理法》第三十五条的释义，对第四种情形“虽设置账簿，但账目混乱或者成本资料、收入凭证、费用凭证残缺不全，难以查账的”进行了明确：一是设置了账簿，但没有按照会计法及会计准则等有关规定进行记账，账目混乱；二是设置了账簿，但是没有按照会计法及国家有关规定对有关凭证进行审核、保存，造成其成本资料、收入和费用凭证不全，难以查账。

按照上述解释，上述行为应当要求存在主观故意，但是商贸企业丢失账簿属于依规保存了账簿而被盗取，不能等同于其没有按照规定保存账簿，并不能直接对其进行核定。因此，该企业已经申报的税款部分不能进行重新核定。

147 取得商业单用途预付卡的不征税增值税普通发票，能否在企业所得税税前扣除？

答：预付卡只能在本发卡机构参与签署合作协议的特约商户中使用。商业预付卡按适用范围不同可划分为单用途预付卡和多用途预付卡。商业预付卡通常是指单用途商业预付卡。根据商务部2012年发布的《单用途商业预付卡管理办法（试行）》第二条规定，单用途商业预付卡是指从事零售业、住宿和餐饮业、居民服务业的企业法人发行的，仅限于在本企业或本企业所属集团或同一品牌特许经营体系内兑付货物或服务的预付凭证，包括以磁条卡、芯片卡、纸券等为载体的实体卡和以密码、串码、图形、生物特征信息等为载体的虚拟卡。

（1）预付卡的税务处理。

“不征税的增值税普通发票”指的是《国家税务总局关于营改增试点若干征管问题的公告》（国家税务总局公告2016年第53号）规定增加的“未发生销售行为的不征税项目”，用于纳税人收取款项但未发生销售货物、应税劳务、服务、无形资产或不动产的情形。《中华人民共和国企业所得税法》第八条规定：“企业实际发生的与取得收入有关的、合理的支出，包括成本、费用、税金、损失和其他支出，准予在计算应纳税所得额时扣除。”因为对于企业而言，预付卡只是资金形式的一种转化，并未发生实际支出，此时要依据赠送客户、自身消费等情形，结合其他凭证按照权责发生制原则在成本费用发生所属期扣除，而非简单地直接凭票扣除。

（2）售卡、充值方的税务处理。

①售卡、充值不缴纳增值税，向购卡人、充值人开具增值税普通发票，不得开具增值税专用发票。因为，在这一环节，售卡方实际未提供商品或服务，不符合增值税纳税义务发生条件。开具的发票作为资金收付凭证使用。

②售卡方因发行或者销售单用途卡并办理相关资金收付结算业务取得的手续费、结算费、服务费、管理费等收入，应按照规定缴纳增值税。

③使用“未发生销售行为的不征税项目”编码，发票税率栏应填写“不征税”，不得开具增值税专用发票。

④售卡方从销售方取得的增值税普通发票，作为其售卡、充值取得预收资金不缴纳增值税的凭证，留存备查。无论是单用途预付卡，还是多用途预付卡，持卡人在购买或者充值时，售卡方都只能向持卡人开具普通发票，而不能开具增值税专用发票。

（3）货物或服务销售方的税务处理。

①货物或服务销售方在收到售卡方结算的销售款时，应向售卡方（支付机构）开具增值税普通发票，并在备注栏注明“收到预付卡结算款”，不得开具增值税专用发票。

②持卡人在购买货物或服务时，货物或者服务的销售方缴纳增值税，且不得向持卡人开具增值税发票。比如，持卡人购买了货物，货物发生了真实的流转，符合增值税的征税条件，根据《中华人民共和国增值税暂行条例》关于纳税义务发生时间的规定：采取预收货款方式销售货物的，应税行为是货物发出的当天，持卡人在领取到货物时，销售方就产生了纳税义务，从而需要缴纳增值税。同时，由于售卡方已经向购卡人、充值人开具了增值税普通发票，为避免重复开具增值发票，此时不再允许对外开票。

③在实际交易时计提销项税额。如果是省内跨店消费，则消费门店计提销项税额。

案例

2022年3月，A公司（某超市，销售方）与B公司（售卡方）进行结算，收取货款50000元；同时，利用系统内的“未发生销售行为的不征税项目”编码给B公司开具50000元增值税普通发票，并在备注栏注明“收到预付卡结算款”，不缴纳增值税。另外，根据使用协议，A公司向B公司支付1%的手续费500元。取得B公司开具的总额500元的6%税率增值税专用发票。

①A公司账务处理方法。

借：银行存款——预付卡结算　　49500

　　销售费用　　471.7

　　应交税金——应交增值税（进项税额）　　28.3

　　贷：应收账款　　50000

②B公司账务处理方法。

借：预收账款　　50000

　　贷：主营业务收入　　471.7

　　应交税金——应交增值税（销项税额）　　28.3

　　银行存款　　49500

需要注意的是：收取的手续费、结算服务费、管理费等收入应按“金融服务——直接收费金融服务”征税。

（4）购买方的税务处理。

取得售卡、充值方开具的增值税普通发票，实际是发卡单位与持卡人之间发生的资金等额交换行为，持卡人在以后的时间里可以在发卡企业范围进行消费。在这中间，既没有发生任何应税行为，又不需要缴纳增值税。此时，取得预付卡与实际现金并没有本质区别，因此不能简单认为有资金支付，就发生了与生产经营相关的支出，直接进行企业所得税税前扣除。只有当持卡人拿着预付卡进行消费时，才算是产生了实际的应税行为，销售方才需要缴纳增值税。由于发卡企业在持卡人购买预付卡时已经向持卡人开具了增值税普通发票，因此在消费环节，发卡企业不能再次向持卡人开具发票。下面结合不同用途分析，提出具体的税务处理方式。

①用于职工福利。直接向职工发放购物卡。

案例

2021年，甲企业当年工资薪金总额为1000万元，端午节向本单位100名职工人均发放面值500元预付卡一张。

企业所得税方面，职工福利费扣除限额为工资薪金总额的14%，1000×14%＝140（万元），端午节职工福利费为100×500/10000＝5（万元），当年职工福利费不超过扣除限额时，无须纳税调增。

个人所得税方面，预付卡金额500元计入员工当月工资薪金总额，按照“工资薪金所得”预扣预缴个人所得税。

②用于公关应酬。

案例

2021年，甲企业当年销售收入总额为1000万元，端午节向客户发放面值2万元预付卡一张。

企业所得税方面，此项支出应作为业务招待费处理，扣除限额应当取销售收入总额×5‰（1000×5‰）和实际发生额的60%孰少者，实际扣除限额是1.2（2×60%）万元。当年企业所得税应纳税调增2－1.2＝0.8（万元）。

个人所得税方面，应当计入个人偶然所得，按照20%税率代扣代缴个人所得税，20000×20%＝4000（元）。具体操作时，可以汇总申报个人所得税。

③用于促销奖励。

案例

2021年，甲企业在端午节向本单位100名客户均发放面值500元预付卡一张。

企业所得税方面，企业此时可以计入销售费用，无须进行纳税调整，全额进行税前扣除。

个人所得税方面，应当计入个人偶然所得，按照20%税率代扣代缴个人所得税，50000×20%＝10000（元）。

④用于企业自用。

企业所得税方面，此时的根据不应当是充值卡发票，而应当是购物小票、领用表或者库存表之类的辅助性证明材料。根据实际发生用途，按照相关性、合理性原则，判断是否属于直接用于企业生产经营，从而决定是进行全额税前扣除，还是限额税前扣除。因此，企业通过购买充值卡、储值卡购进的货物、服务等无法抵扣进项税额。但在实际情况下，税务局也较难核实辅助性材料的真实性，所以在实操中，各地税务局执行的口径存在差异。

148 城市基础设施配套费纳入契税的计税依据是否合规？

答：有纳税人认为，税务机关要求按契税税率将城市基础设施配套费纳入契税的计税依据申报缴纳契税，但是市政建设配套费和城市基础设施配套费不是同一概念。它们的依据是，财税〔2004〕134号文件（已于2021年9月1日废止）规定，出让国有土地使用权的，其契税计税价格是承受人为取得该土地使用权而支付的全部经济利益。以协议方式出让的，其契税计税价格为成交价格。成交价格包括土地出让金、土地补偿费、安置补助费、地上附着物和青苗补偿费、拆迁补偿费、市政建设配套费等承受者应支付的货币、实物、无形资产及其他经济利益；以竞价方式出让的，其契税计税价格，一般应确定为竞价的成交价格，土地出让金、市政建设配套费以及各种补偿费用也应包括在内。根据上述规定，其契税计税价格中均包含市政建设配套费，而非城市基础设施配套费。城市基础设施配套费，是指按城市总体规划要求，为筹集城市市政公用基础设施建设资金所收取的费用。尽管“市政建设配套费”与“城市基础设施配套费”名称相似，但本质上是两笔费用。

《中华人民共和国契税法》已自2021年9月1日起施行。《中华人民共和国契税法》规定，土地使用权出让、出售，房屋买卖，为土地、房屋权属转移合同确定的成交价格，包括应交付的货币以及实物、其他经济利益对应的价款；同时，《财政部　税务总局关于贯彻实施契税法若干事项执行口径的公告》（财政部　税务总局公告2021年第23号）进一步明确，土地使用权出让的，计税依据包括土地出让金、土地补偿费、安置补助费、地上附着物和青苗补偿费、征收补偿费、城市基础设施配套费、实物配建房屋等应交付的货币以及实物、其他经济利益对应的价款。因此，城市基础设施配套费应作为契税计税依据。

149 企业销售不合格产品，被主管机关责令全部收回销毁，相关已缴纳税款是否可以申请退税?

答：销货退回，应当开具红字发票，冲减当期销售收入。《中华人民共和国税收征收管理法》第五十一条规定：“纳税人超过应纳税额缴纳的税款，税务机关发现后应当立即退还；纳税人自结算缴纳税款之日起三年内发现的，可以向税务机关要求退还多缴的税款并加算银行同期存款利息，税务机关及时查实后应当立即退还；涉及从国库中退库的，依照法律、行政法规有关国库管理的规定退还。”上述法律条款规定了退还多缴纳税款的两种情形：一种情形是税务机关发现的，应当立即退还；另一种情形是纳税人自结算缴纳税款之日起三年内发现的，可以向税务机关要求退还，并加算银行同期存款利息。实践中，主流观点认为，一开始的交易行为应当征税，后由于发生新的事实或者事实变化，不具有已征税款应退还的情形。

150 纳税人出售加油站，超过评估价的溢价属于转让特许权使用费吗？

答：先来看一个案例。

案例

某加油站全部资产整体转让，机器设备账面净值50万元，房屋建筑物账面净值150万元。转让方评估机器设备评估值为50万元，房屋建筑物评估值为400万元。经过双方协议，包含机器设备不动产全部资产整体转让的合同价值1000万元。此时，发票开具的主管税务机关认为超过评估价的550万元，应该开具无形资产项目的“转让特许权使用费”。但是，加油站根据《国家税务总局关于纳税人转让加油站房地产有关土地增值税计税收入确认问题的批复》（税总函〔2017〕513号）规定，认为超过评估的溢价550万元仍然属于土地资源带来的利益，应当开具不动产销售发票。

究竟是主管税务机关认定准确，还是企业认定准确呢？该问题应该从三个方面进行思考：首先，决定税收待遇最根本的是行为的经济性质，正常情况下合同和会计处理应该反映业务性质，成为税务处理的判断依据；其次，税总函〔2017〕513号文件属于土地增值税的个案批复，无法将土地增值税的结论直接作为增值税的处理依据；最后，购买方继续沿用旧有许可证书的，因为实质上超过评估价的溢价部分就是许可证转让价格，所以增值税上应当视为转让无形资产中的其他权益性无形资产。

但现实情况是，《成品油市场管理办法》（商务部令2006年第23号）第二十九条第三款规定：“经营单位投资主体发生变化的，原经营单位应办理相应经营资格的注销手续，新经营单位应重新申办成品油经营资格。”

第三十六条规定："成品油经营批准证书不得伪造、涂改，不得买卖、出租、转借或者以任何其他形式转让。"企业需要重新办理证书，实质上并没有实现所谓"特许权的转让"，因此溢价中不应当理解为包含特许权转让费用。也就是说，加油站许可证这种特许权不具有交易性质，要取得新证就必须放弃旧证，即无法直接过户，作为特许权使用费转让和实际情况相悖。本书认为此种情况下应理解为土地价款，开具不动产销售发票更符合经济业务的实际。

151 在线交易平台向代理人发放奖励，是否需要预扣预缴个人所得税？

答：先来看一个案例。

案例

A公司是在线交易平台，设置代理人，公司不收代理费。经营中采取以下三种方式。

（1）代理人在系统中录入商户后，A公司未来按商户流水的一定比例，返给代理人奖励。

（2）通过代理人分享链接加入平台的用户，未来在平台上消费，返给代理人一定奖励金额。

（3）代理人在平台上消费，A公司也会奖励给代理人一定金额。

在本案例中，A公司给所谓"代理人"的奖励需不需要预扣预缴个人所得税是一个焦点问题。

可以看到，三种奖励方式中的第一种和第二种应当视为佣金，第三种应当视为返利。

第一种方式，先录入商户信息，待后来商户有流水交易，平台向商户收取一定比例手续费，同时向录入个人给予奖励，这其实是对个人为平台引入流量的奖励，应当按照劳务报酬所得处理，平台预扣预缴个人所得税。

第二种方式，好友通过代理人分享链接消费，这里其实和第一种方式并无实质上的不同，代理人为平台引入客户，实际消费发生后平台向代理人支付佣金，应当按照劳务报酬所得处理，平台预扣预缴个人所得税。

第三种方式，代理人自己消费属于返利。《财政部　国家税务总局关于企业促销展业赠送礼品有关个人所得税问题的通知》（财税〔2011〕50号）第一条规定："企业在销售商品（产品）和提供服务过程中向个人赠送礼品，属于下列情形之一的，不征收个人所得税：……2. 企业在向个人销售商品（产品）和提供服务的同时给予赠品，如通信企业对个人购买手机赠话费、入网费，或者购话费赠手机等。"因此，个人因购物取得的返利不征收个人所得税。

同时，也要认识到，虽然以前文件制定的时间比较早，无法考虑到平台返现这种创新经营方式，但现行平台返利和企业直接返利只是返利渠道的改变，并没有改变交易的实质，两种返利方式都是建立在客户消费前提下的，因此两者并没有实质性区别，都应当视为个人消费返利，不征收个人所得税。考虑到文件未能明确因素，建议和主管税务机关做好沟通，争取按照购物返利的方式进行处理。

需要注意的是，上述返现属于佣金，建议准备以下证明资料，配合税务机关检查：

（1）企业佣金活动的安排；

（2）网络支付平台企业出具的收款明细；

（3）网络支付平台企业将佣金拨入个人在该平台账户的拨付款项明细；

（4）平台企业代扣代缴个人所得税的纳税凭证。

152 如何理解关于从法定亏损弥补年度中减除停止生产经营年度的规定？

答：《企业政策性搬迁所得税管理办法》（国家税务总局公告2012年第40号）第二十一条规定：“企业以前年度发生尚未弥补的亏损的，凡企业由于搬迁停止生产经营无所得的，从搬迁年度次年起，至搬迁完成年度前一年度止，可作为停止生产经营活动年度，从法定亏损结转弥补年限中减除；企业边搬迁、边生产的，其亏损结转年度应连续计算。”

《中华人民共和国企业所得税法》规定亏损弥补年度为五年。但政策性搬迁企业在搬迁过程中可能处于停产状态，不可能产生用于弥补亏损的应纳税所得额，若仍按五年期限弥补亏损明显对纳税人不合理。因此，《企业政策性搬迁所得税管理办法》（国家税务总局公告2012年第40号）规定，企业以前年度发生尚未弥补的亏损的，允许由于搬迁停止生产经营无所得的企业，自搬迁年度次年起，至搬迁完成年度前一年度止，可作为停止生产经营活动年度，从法定亏损结转弥补年限中减除。例如，某企业2015年发生亏损，按规定应在2020年之前弥补，但2014—2019年因发生政策性搬迁停产，则可以从五年期限中减除搬迁年度次年（2015年）至搬迁完成年度前一年（2018年），该企业此项亏损实际可以在2023年之前弥补。

需要注意的是，如果边搬迁、边生产，因为企业在搬迁中仍然产生可弥补亏损的应纳税所得额，所以应严格按照五年法定期限弥补亏损，而不能从中减除搬迁期间所跨年度。处置存货收入不作为企业搬迁收入。虽然存货属于流动资产，但存货处置收入不属于搬迁收入。

153 企业被认定为善意取得，增值税进项转出后补缴税款，但是不缴滞纳金，以增值税作为计税依据的城市维护建设税是否也不需要缴纳滞纳金？

答：不需要缴纳滞纳金。

依据《国家税务总局关于纳税人善意取得虚开增值税专用发票已抵扣税款加收滞纳金问题的批复》（国税函〔2007〕1240 号）规定：纳税人善意取得虚开的增值税专用发票被依法追缴已抵扣税款的，不属于《中华人民共和国税收征收管理法》第三十二条“纳税人未按照规定期限缴纳税款”的情形，不适用该条“税务机关除责令限期缴纳外，从滞纳税款之日起，按日加收滞纳税款万分之五的滞纳金”的规定。但是，该文件仅免除增值税的税收滞纳金，城市维护建设税是否需要加收滞纳金呢？根据《中华人民共和国城市维护建设税法》第七条规定：“城市维护建设税的纳税义务发生时间与增值税、消费税的纳税义务发生时间一致，分别与增值税、消费税同时缴纳。”有些人就理解为，是否按照主税种申报期满之日加收。很明显，这种理解是失之偏颇的。根据《国家税务总局关于调整部分政府性基金有关征管事项的公告》（国家税务总局公告 2019 年第 24 号）规定：城市维护建设税计税依据为本期缴纳的一般增值税、消费税，本期补缴以前年度的营业税税额，因此城市维护建设税滞纳金自申报期满之日起加收。同时，依据《国家税务总局关于城市维护建设税征收管理有关事项的公告》（国家税务总局公告 2021 年第 26 号）规定：城市维护建设税以纳税人依法实际缴纳的增值税、消费税税额为计税依据，也再次证明了此种观点。

154 《国家税务总局关于纳税人对外开具增值税专用发票有关问题的公告》（国家税务总局公告 2014 年第 39 号）如何运用？

答：《国家税务总局关于加强增值税征收管理若干问题的通知》（国税发〔1995〕192 号）中列举了货物、资金、发票“三流合一”才能抵扣，而国家税务总局 2014 年第 39 号公告列举货物（劳务、服务）、资金（索款凭据）、发票“三流合一”可以抵扣，可见其范围更大。

需要注意的是，2016 年 10 月 14 日国家税务总局答疑时回复：当时都是手工开票，在手工票时代税务局需要看是否“三流合一”，而且该条款限定的范围仅限于货物和运输服务。营改增的服务领域不适用该条规定。

案例

甲公司属于商贸批发公司，负责家用小电器批发。乙公司属于家电零售商，一直从甲公司进货。2020 年 6 月，乙公司与甲公司签订订货合同，订购 1000 台电水壶。甲公司因为库存不足仅有 500 台电水壶，所以紧急向厂家订购 500 台电水壶，由厂家将货物直接运送给乙公司。由于货物流、资金流、发票流不完全一致，是否构成“三流不一致”，财务人员担心会被税务机关认定为疑似虚开，不得抵扣。

需要注意的是，货物虽没有发生空间上的转移，但已经发生了法律上的“交付”。

事实上，这种情形下如果企业能列举相关资料证明业务虽然“三流不一致”，但仍然是真实发生且并没有虚开行为，就不一定局限于国家税务总局公告 2014 年第 39 号文件列举项。

因此，在实务中对于虚开行为，需要准确把握有关虚开增值税行为所有文件的逻辑关系。

虚开链条有限条件下终止，但不无限传导。如果票、货、款“三流一致”，购货方既不适用“善意取得”，也不适用虚开，就都不需要进项税额转出。

如果开票方主管税务机关出具《已证实虚开通知单》，则按《中华人民共和国发票管理办法》、国税发〔2000〕182 号文件、国税发〔2000〕187 号文件、国税函〔2007〕1240 号文件区分是否善意并分别处理。若销货方对外虚开，则按国家税务总局公告 2012 年第 33 号文件按虚开金额全额征税，其取得虚开进项不得抵扣。

155 对企业检查调增的应纳税所得额，应如何计算弥补亏损金额？

答：先来看一个案例。

案例

某食品生产企业非小微企业，适用 25% 企业所得税税率。2019 年在销售费用中列支个人旅游费用 60 万元，个人买车支出 60 万元，合计税前列支费用 120 万元。2021 年，当地税务管理部门认定该企业 2019 年发生亏损 39 万元，税法允许其当年弥补 2018 年及以前年度亏损数额为 34 万元。2021 年 12 月，当地稽查局检查 2019 年度企业所得税时发现上述违法事实，确认应纳税所得额增 12 万元。

《国家税务总局关于查增应纳税所得额弥补以前年度亏损处理问题的公告》（国家税务总局 2010 年第 20 号公告）规定：“根据《中华人民共和国企业所得税法》第五条规定，税务机关对企业以前年度纳税情况进行检查时调增的应纳税所得额，凡企业以前年度发生亏损且该亏损属于企业所得税法规定允许弥补的，应允许调增的应纳税所得额弥补该亏损。

弥补该亏损后仍有余额的，按照企业所得税法规定计算缴纳企业所得税。”

根据上述规定，税务机关检查的部分不但可以冲抵当年的亏损，还可以弥补以前年度的亏损。对 2019 年度查获的应纳税所得额调整增加部分，先予以冲抵当年的亏损 39 万元，即 120 − 39 = 81（万元），对抵减后的余额 81 万元，还可以弥补法定期限尚未到达五年的 2018 年及以前年度亏损数额 34 万元，即 81 − 34 = 47（万元）。这样，查补纳税调增所得额可弥补的亏损数额为 39 + 34 = 73（万元）。经抵减后，2019 年度应缴纳企业所得税为［120 −（39 + 34）］×25% = 11.75（万元），该企业还应补缴企业所得税 11.75 万元。这里需要提醒企业，对弥补亏损后应缴纳的税款还需要按税法规定由税务机关进行处理、处罚和加收滞纳金。

156 没有足够证据证明某服装厂取得的农产品收购发票是有货虚开还是无货虚开，企业所得税能否允许税前扣除？

答：税务稽查工作强调重证据，不能过分依赖个人经验推断，如果没有证据否定其作为实际货物交易并不存在，那么在事实不清、证据不足的情况下，应当承认其交易的真实性。《中华人民共和国企业所得税法》第八条规定：“企业实际发生的与取得收入有关的、合理的支出，包括成本、费用、税金、损失和其他支出，准予在计算应纳税所得额时扣除。”

有人提出，就算其交易真实，在没有取得合规发票的情况下，依然不得税前扣除。依据是《国家税务总局关于加强企业所得税管理的意见》（国税发〔2008〕88 号）第二条第三款第（三）项规定：“加强发票核实工作，不符合规定的发票不得作为税前扣除凭证。”但是，发票并非税前扣除的唯一凭证。结果在实际操作中，就形成了“以票控税”原则与实际成本列支原则之间的矛盾。

根据《企业所得税税前扣除凭证管理办法》第十四条规定：无法补

开、换开，如果还希望税前扣除，是必须提供充分的证明资料的。必备的证明资料：一是无法补开、换开发票或其他外部凭证原因的证明资料（包括工商注销、机构撤销、列入非正常经营户、破产公告等证明资料）；二是相关业务活动的合同或者协议；三是采用非现金方式支付的付款凭证。如果能提供运费资料、出库入库证明、会计核算资料，则证明更为充分。

157 转让股权和转让土地使用权是不同的行为，能否主张追缴土地增值税？

答：不能对股权转让主张追缴土地增值税。

第一，股权转让与土地使用权转让是完全不同的法律制度。股权是股东享有的，是由公司法或公司章程确定的多项具体权利的综合体。股权转让后，股东对公司的权利和义务全部同时移转给受让人，受让人因此成为公司股东，取得股权。依据《中华人民共和国民法典》规定，建设土地使用权，是权利人依法对国家所有的土地享有占有、使用和收益的权利，以及利用该土地建造建筑物、构筑物及其附属设施的权利。股权与建设用地使用权是完全不同的权利，股权转让与建设用地使用权转让的法律依据不同，两者不可混淆。当公司股权发生转让时，土地使用权的公司法人财产性质并未发生改变。当然，公司在转让股权时，该公司的资产状况，包括建设用地使用权的价值，都是决定股权转让价格的重要因素。但不等于说，公司在股权转让时只要有土地使用权，该公司股权转让的性质就变成了土地使用权转让，进而认为其行为是名为股权转让实为土地使用权转让而无效。

第二，有税务机关认为，纳税人提出在工商登记机关备案的协议与双方当事人实际履行的协议内容不一致，规避了我国税法对于土地使用权转让交易的税收规定，规避缴纳增值税、土地增值税，是不合法的。虽然出现备案的合同内容与实际履行的合同内容不一致，但并不影响案涉股权转让合同的效力。由于转让股权和转让土地使用权是完全不同的行为，当股权发生转让时，目标公司并未发生国有土地使用权转让的应税行为，因此目标公司并不需要缴纳土地增值税。但如果双方在履行合同中发现对方当事人有规避纳税的行为，就应向税务部门反映并进行查处。

158 研发补贴是否属于《国家税务总局关于取消增值税扣税凭证认证确认期限等增值税征管问题的公告》（国家税务总局公告 2019 年第 45 号）“与收入或者数量直接挂钩的补贴”应征收增值税？

案例

有人询问，如果研发补贴符合以下三个条件：

第一，补贴以超额累进形式计算；第二，补贴对销售数量或收入有最低要求；第三，补贴为定额，但对数量或收入有门槛。上述研发补贴是否属于国家税务总局公告 2019 年第 45 号文件“与收入或者数量直接挂钩的补贴”应征收增值税呢？

答：答案是肯定的。由于上述问题中的三种情形都与销售数量或收入有关系，因此地方财政根据企业销售数量或收入给予研发补贴属于《国家税务总局关于取消增值税扣税凭证认证确认期限等增值税征管问题的公告》（国家税务总局公告 2019 年第 45 号）第七条规定，纳税人取得的财政补贴收入，与其销售货物、劳务、服务、无形资产、不动产的收入或者数量直接挂钩的，应按规定计算缴纳增值税。

159 某棉纱厂取得棉花作为原料，运用农产品核定扣除政策，部分农产品未取得普通发票，能否允许其计算抵扣增值税进项税额？

答：可以。农业生产者销售的自产农产品免征增值税。这里的农业包括种植业、养殖业、林业、牧业、水产业；农业生产者包括从事农业生产的单位和个人；农产品是指初级农产品，具体范围由税务机关确定。为切实减轻企业负担，国家在税制设计收购发票未缴纳税款时，计算出虚拟进项予以抵扣。农产品应当是农业生产者“自产”的，而不是农业生产者通过“收购”等其他非自产途径获取的，否则就不属于免税项目。以前农产品按照增值税原理，都是采取购进扣除法而非实耗法，农产品收购发票自身也存在“低征高扣，自开自抵”的弊端，少数不法人员为了最大限度攫取税收利益，疯狂开具农产品收购发票，自开自抵，偷逃税款，形成所谓的“单向虚开”。有的甚至在没有真实货物购进、销售的情况下进行违法行为，利用农产品企业税收优惠政策漏洞“双向虚开”，给国家税收造成了巨大损失。

所以，国家开始试点农产品进项税额核定扣除，纳税人购进农产品不再凭扣税凭证直接抵扣增值税进项税额，而是根据《农产品增值税进项税额核定扣除试点实施办法》（财税〔2012〕38号）等文件，以购进农产品所生产的商品或服务的销售情况，按照一定扣除标准，核定当期农产品可抵扣的进项税额，将原有农产品发票抵扣功能剥离，实际只是承担税前扣除功能。

在实际操作过程中，原有的进项抵扣方式由凭票计算抵扣，改为依据销售收入或者销售成本核定扣除。因此，无法提供收购发票只是影响企业所得税税前扣除，而不影响进项税额抵扣，除非有证据证明销售收入为虚拟，否则应当准予计算抵扣。

160 企业采用新收入准则，如何确认企业所得税应税收入？

案例

企业从事整车零售业务，与客户签订的销售合同中包含售后一年期的免费保修服务。根据新收入准则，企业按照分摊至各单项履约义务的交易价格计量收入，对于提供的免费保修服务，企业根据经验值计算出不同车型的平均保修率，以此为依据确认免费保修服务金额。对于尚未发生的免费保修服务不确认收入，作为合同负债核算。企业所得税是以收取价款的全额确认收入，还是按照新收入准则的规定将预估的免费保修服务收入减除？

答：按照《国家税务总局关于确认企业所得税收入若干问题的通知》（国税函〔2008〕875 号）第一条第（一）项规定，考虑到企业销售整车的价格可以准确计量，而以后年度提供保修服务的履约义务，从本质分析属于企业的或有支出，在销售整车时未实际发生，不能准确计量。因此，对于企业根据经验值计算出的免费保修服务支出不得从收入中减除，企业应先按照销售整车全额确认收入，在以后年度企业实际发生保修支出时作为当期费用进行税前扣除。

161 企业收到政府补贴是否需要缴纳增值税，发票怎么开具？

答：先来看一个案例。

案例

一家从事城市公共供水的企业，在和政府签订的合同中约定，当实际日售水量不足保底水量（合同已约定）时，不足部分由政府向乙方支付补贴，补贴金额=居民净水价×（保底售水量-实际日平均售水量）×年实际运营天数。现在需要考虑的是，企业收到政府补贴是否需要缴纳增值税，发票应如何开具？

首先，《国家税务总局关于取消增值税扣税凭证认证确认期限等增值税征管问题的公告》（国家税务总局公告2019年第45号）第七条规定："纳税人取得的财政补贴收入，与其销售货物、劳务、服务、无形资产、不动产的收入或者数量直接挂钩的，应按规定计算缴纳增值税。纳税人取得的其他情形的财政补贴收入，不属于增值税应税收入，不征收增值税。"

其次，《财政部　国家税务总局关于部分货物适用增值税低税率和简易办法征收增值税政策的通知》（财税〔2009〕9号）第三条规定："对属于一般纳税人的自来水公司销售自来水按简易办法依照6%征收率征收增值税，不得抵扣其购进自来水取得增值税扣税凭证上注明的增值税税款。"

最后，根据《财政部　国家税务总局关于简并增值税征收率政策的通知》（财税〔2014〕57号）第二条规定，财税〔2009〕9号文件第二条第（三）项和第三条"依照6%征收率"调整为"依照3%征收率"。

因此，如果纳税人取得的财政补贴收入与其售水量挂钩，且符合上述文件规定，则应当按规定计算缴纳增值税。发票开具应当选择销售货物中的销售水，一般纳税人销售水适用税率9%，可以选择简易计税，征收率为3%，小规模纳税人销售水征收率为3%。如果纳税人取得的财政补贴收入与其销售水的收入或数量并不直接挂钩，比如上述案例中政府对企业达不到保底水量支付的补贴，则可以视为对运营成本的补偿，而不需要交纳增值税。

《财政部　税务总局关于对增值税小规模纳税人免征增值税的公告》（财政部　税务总局公告2022年第15号）："自2022年4月1日至2022年12月31日，增值税小规模纳税人适用3%征收率的应税销售收入，免征增值税；适用3%预征率的预缴增值税项目，暂停预缴增值税。"

162 纳税人收到不合规发票，是否按照《国家税务总局关于发布〈企业所得税税前扣除凭证管理办法〉的公告》（国家税务总局公告2018年第28号）生效时间前后确定不同的处理方式？

答：《企业所得税税前扣除凭证管理办法》第二十条规定，本办法自2018年7月1日起施行。那么，对于2018年7月1日之前取得的发票是否适用此公告呢？《税收规范性文件制定管理办法》第十三条规定："税收规范性文件不得溯及既往，但为了更好地保护税务行政相对人权利和利益而作的特别规定除外。"根据上述规定，税收规范性文件具备溯及既往效力的条件有两个：首先，新文件溯及既往的适用是为了更好地保护税务行政相对人的权利和利益；其次，新文件必须明确规定溯及既往的条款，即作出"特别规定"。

但是实际上，《国家税务总局关于发布〈企业所得税税前扣除凭证管理办法〉的公告》（国家税务总局公告2018年第28号）在某种程度上对于纳税人取得发票的要求更加规范严格，而且并未规定发布前发生但未作税务处理的事项依据本公告执行。因此，不得向前溯及2018年7月1日之前取得的发票。

163 在房地产企业确认收入时间时，如何解决适用《国家税务总局关于确认企业所得税收入若干问题的通知》（国税函〔2008〕875号）和《国家税务总局关于印发〈房地产开发经营业务企业所得税处理办法〉的通知》（国税发〔2009〕31号）的冲突？

答：根据《国家税务总局关于确认企业所得税收入若干问题的通知》（国税函〔2008〕875号）文件规定："（一）企业销售商品同时满足下列条件的，应确认收入的实现：1. 商品销售合同已经签订，企业已将商品所有权相关的主要风险和报酬转移给购货方；2. 企业对已售出的商品既没有保留通常与所有权相联系的继续管理权，也没有实施有效控制；3. 收入的金额能够可靠地计量；4. 已发生或将发生的销售方的成本能够可靠地核算。"与当时的会计准则确认收入的五个条件相比，少了"相关经济利益很可能流入企业"。

但是，《国家税务总局关于印发〈房地产开发经营业务企业所得税处理办法〉的通知》（国税发〔2009〕31号）完全摒弃了"预售收入"的概念，正式签订《房地产销售合同》或《房地产预售合同》所取得的收入，应被确认为销售收入的实现。其特殊之处在于，只要签订了预售合同，其取得的收入就是税法中的销售收入，只不过在达到完工标准前按照预计计税毛利率征税，完工后按照实际毛利率征税。

从上述文件规定可以看出，房地产作为一种特殊的商品，国家税务总局考虑其行业特点，依据《房地产销售合同》或《房地产预售合同》给予其税收收入确认的特殊规定，并不考虑是否符合国税函〔2008〕875号文件中的四个条件。这里需要注意的是，税收的完工标准与会计结转收入的区别：税收上，只要作了竣工备案就算完工，而会计上主要按照交房作为结转收入的时间，这是因为根据《最高人民法院关于审理商品房买卖合同纠纷案件适用法律若干问题的解释》（法释〔2003〕7号）第十一条规定，房屋的交付使用是主要风险转移的分水岭。由于税收上达到了完工标准，要求对预计毛利进行调整，而此时会计上也许尚未确定收入与利润，因此会形成会计与税收的差异。

综上所述，在房地产企业收入确认时，直接依据《国家税务总局关于印发〈房地产开发经营业务企业所得税处理办法〉的通知》（国税发〔2009〕31号）确认税收收入。实务中，建议对由于税收与会计的差异理解而造成少缴税款后果的，如果会计核算科目正确而没有进行纳税调整，那么第一次可以考虑认定为未按规定申报进行行政处罚；如果税务机关已要求调整而未调整，则足以证明其有明显的主观故意，再次出现类似情形的应按偷税处罚。

164 不是高新技术企业，能否享受研发费用加计扣除?

答：按照《高新技术企业认定管理办法》要求，申报高新技术企业的必须是在《国家重点支持的高新技术领域》范围内，持续进行研究开发与技术成果转化，形成企业核心自主知识产权，并以此为基础开展经营活动，在中国境内（不包括港、澳、台地区）注册的居民企业。研发费用扣除适用《科技部　财政部　国家税务总局关于修订印发〈高新技术企业认定管理工作指引〉的通知》（国科发火〔2016〕195号）的规定。

非高新技术企业适用《财政部　国家税务总局　科技部关于完善研究开发费用税前加计扣除政策的通知》（财税〔2015〕119号）、《国家税务总局关于企业研究开发费用税前加计扣除政策有关问题的公告》（国家税务总局公告2015年第97号）、《国家税务总局关于研发费用税前加计扣除归集范围有关问题的公告》（国家税务总局公告2017年第40号）的规定，属于普惠性税收优惠政策，并非限定高新技术享受，二者不可混淆。

因此，即使不是高新技术企业，只要符合研发费用加计扣除的规定，就可以享受研发费用加计扣除政策。

165 剩余欠税加收滞纳金如何计算？

答：有纳税人咨询，A 企业欠税 200 万元，滞纳金 40 万元。2020 年 3 月 A 企业筹集 120 万元缴纳欠税，本次“清欠”后，A 企业欠税和滞纳金以及剩余欠税应加收滞纳金该如何计算呢？

《国家税务总局关于修改部分税务部门规章的决定》（国家税务总局令第 44 号）所附《欠税公告办法（试行）》第三条规定：“本办法所称欠税是指纳税人超过税收法律、行政法规规定的期限或者纳税人超过税务机关依照税收法律、行政法规规定确定的纳税期限（以下简称税款缴纳期限）未缴纳的税款，包括：（一）办理纳税申报后，纳税人未在税款缴纳期限内缴纳的税款；（二）经批准延期缴纳的税款期限已满，纳税人未在税款缴纳期限内缴纳的税款；（三）税务检查已查定纳税人的应补税额，纳税人未在税款缴纳期限内缴纳的税款；（四）税务机关根据《中华人民共和国税收征收管理法》第二十七条、第三十五条核定纳税人的应纳税额，纳税人未在税款缴纳期限内缴纳的税款；（五）纳税人的其他未在税款缴纳期限内缴纳的税款。税务机关对前款规定的欠税数额应当及时核实。本办法公告的欠税不包括滞纳金和罚款。”

《国家税务总局关于税收征管若干事项的公告》（国家税务总局公告 2019 年第 48 号）第一条规定：“（一）对纳税人、扣缴义务人、纳税担保人应缴纳的欠税及滞纳金不再要求同时缴纳，可以先行缴纳欠税，再依法缴纳滞纳金。（二）本条所称欠税，是指依照《欠税公告办法（试行）》（国家税务总局令第 9 号公布，第 44 号修改）第三条、第十三条规定认定的，纳税人、扣缴义务人、纳税担保人超过税收法律、行政法规规定的期限或者超过税务机关依照税收法律、行政法规规定确定的纳税期限未缴纳的税款。”

该公告解读《欠税公告办法（试行）》第三条明确，那么纳税人缴纳欠税及滞纳金时，是否必须一并缴纳？按照规定，纳税人缴纳欠税时必须以“配比”的办法同时清缴税款和相应的滞纳金，不得将欠税和滞纳金进行分离处理。因此，上例中 A 企业产生欠税 200 万元、滞纳金 40 万元，若 A 企业筹集 120 万元用于清缴欠税，根据“配比”要求，此 120 万元中用以缴纳税款的部分为 100 万元、用以缴纳滞纳金的部分为 20 万元。此次“清欠”后，A 企业还有欠税 100 万元、滞纳金 20 万元，并以 100 万元欠税为基数继续按日加收 0.5‰的滞纳金。《国家税务总局关于税收征管若干事项的公告》对纳税人、扣缴义务人、纳税担保人应缴纳的欠税及滞纳金不再要求同时缴纳，可以先行缴纳欠税，再依法缴纳滞纳金。为此，上例中 A 企业可以先将 120 万元全部用以缴纳税款，这样“清欠”后 A 企业还有欠税 80 万元、滞纳金 40 万元，并以 80 万元为基数继续按日加收 0.5‰的滞纳金。

综上所述，自 2020 年 3 月 1 日起，A 企业应缴纳的欠税及滞纳金不再要求同时缴纳，可以先行缴纳欠税，再依法缴纳滞纳金，“清欠”后 A 企业还有欠税 80 万元、滞纳金 40 万元，并以 80 万元为基数继续按日加收 0.5‰的滞纳金。

166　税务稽查立案是否影响企业申请增量留抵退税？

答：《国家税务总局关于办理增值税期末留抵税额退税有关事项的公告》（国家税务总局公告 2019 年第 20 号）第十二条规定：“税务机关在办理留抵退税期间，发现符合留抵退税条件的纳税人存在以下情形，暂停为其办理留抵退税：（一）存在增值税涉税风险疑点的；（二）被税务稽查立案且未结案的；（三）增值税申报比对异常未处理的；（四）取得增值税异常扣税凭证未处理的；（五）国家税务总局规定的其他情形。”

综上所述，若企业被税务稽查立案且未结案的，税务机关将暂停办理留抵退税，待核实后视情形决定是否允许企业进行申请，享受留抵退税政策。

167 仅保留电子发票的纸质打印件能否在所得税税前扣除？

答：《企业所得税税前扣除凭证管理办法》第十三条规定：“企业应当取得而未取得发票、其他外部凭证或者取得不合规发票、不合规其他外部凭证的，若支出真实且已实际发生，应当在当年度汇算清缴期结束前，要求对方补开、换开发票、其他外部凭证。补开、换开后的发票、其他外部凭证符合规定的，可以作为税前扣除凭证。”第十六条规定：“企业在规定的期限未能补开、换开符合规定的发票、其他外部凭证，并且未能按照本办法第十四条的规定提供相关资料证实其支出真实性的，相应支出不得在发生年度税前扣除。”

《财政部　国家档案局关于规范电子会计凭证报销入账归档的通知》（财会〔2020〕6号）规定：“四、单位以电子会计凭证的纸质打印件作为报销入账归档依据的，必须同时保存打印该纸质件的电子会计凭证。”因此，企业发生成本费用支出，以电子发票作为凭证的，如仅保留纸质打印件，未归档保存电子发票原件，在请对方补充提供电子发票后，可以在企业所得税税前扣除。

综上所述，企业发生部分成本费用支出，仅保留电子发票纸质打印件，未归档保存电子发票原件的，在对方补充提供电子发票后，可以在企业所得税税前扣除。

168 企业发生捐赠收入，如何确认纳税义务时间？

答：实务中，有人曾提出按照《中华人民共和国企业所得税法实施条例》第二十一条规定，接受捐赠收入，按照实际收到捐赠资产的日期确认收入的实现。为什么接受捐赠收入是按收付实现制原则，以款项的实际收付时间确认当期收入，而不是按照权责发生制原则确认收入呢？

事实上，企业接受捐赠收入，按实际收到受赠资产的时间确认收入实现，主要基于以下两点考虑：一是税收政策上的特殊性，赠予合同是诺成性合同，在签订时成立，并确认为此时财产已经转移；而税法认为赠予行为是在赠予财产实际交付时才成立。二是接受捐赠以无偿性为基本特征，即受赠人一般不需要支付代价，接受捐赠收入的成本较小或者没有成本，因此在很多情况下不存在收入与成本相互对应的问题，也就不需要采取权责发生制原则。

169 某钢材企业经营资金不足，股东个人向银行借款 4000 万元用于公司。银行要求股东个人购买银行不良资产作为抵押物，股东个人从公司借款 1000 万元购买银行不良资产后，挂在个人名下获得贷款，并转借给企业。此时能否认为企业为股东购买不动产，按照股息红利所得征收个人所得税？

答：《财政部　国家税务总局关于规范个人投资者个人所得税征收管理的通知》（财税〔2003〕158 号）规定：“除个人独资企业、合伙企业以外的其他企业的个人投资者，以企业资金为本人、家庭成员及其相关人员支付与企业生产经营无关的消费性支出及购买汽车、住房等财产性支出，视为企业对个人投资者的红利分配，依照‘利息、股息、红利所得’项目计征个人所得税。”按照上述规定，该企业并非直接为股东付款购买上述不动产资产，无法适用该条款进行征税。

但是，财税〔2003〕158 号文件第二条规定：“纳税年度内个人投资者从其投资企业（个人独资企业、合伙企业除外）借款，在该纳税年度终了后既不归还，又未用于企业生产经营的，其未归还的借款可视为企业对个人投资者的红利分配，依照‘利息、股息、红利所得’项目计征个人所得税。”

该企业借款并非直接用于企业生产经营，而是通过购买抵押物形式间接增加资信，从而获取借款帮助企业经营，而不是直接用于生产经营，如果超过一年未能归还，那么对此 1000 万元借款应按照企业对个人投资者的红利分配，依照“利息、股息、红利所得”项目计征个人所得税。

170 某公司自取得高新技术企业证书起享受减按 15% 优惠税率，次年税务机关在日常管理过程中发现该公司不再符合高新技术企业认定条件，是否需要补缴已享受的企业所得税税收优惠？

答：《国家税务总局关于实施高新技术企业所得税优惠政策有关问题的公告》（国家税务总局公告 2017 年第 24 号）第二条规定：“对取得高新技术企业资格且享受税收优惠的高新技术企业，税务部门如在日常管理过程中发现其在高新技术企业认定过程中或享受优惠期间不符合《认定办法》第十一条规定的认定条件的，应提请认定机构复核。复核后确认不符合认定条件的，由认定机构取消其高新技术企业资格，并通知税务机关追缴其证书有效期内自不符合认定条件年度起已享受的税收优惠。”

因此，该公司次年被税务机关在日常管理过程中发现其在高新技术企业证书有效期内不符合认定条件，经主管税务机关提请认定机构复核，复核后确认不符合认定条件的，应补缴其自不符合认定条件年度起已享受的企业所得税税收优惠。

171 纳税人提供的纳税担保到期后，欠税足额缴清，滞纳金没有同时缴纳，属于欠缴状态，税务机关应对纳税担保走强制拍卖程序，还是可以缓交？

答：《中华人民共和国税收征收管理法》第三十二条规定："纳税人未按照规定期限缴纳税款的，扣缴义务人未按照规定期限解缴税款的，税务机关除责令限期缴纳外，从滞纳税款之日起，按日加收滞纳税款万分之五的滞纳金。"

以前纳税人缴纳欠税时必须以"配比"的方法同时清缴税款和相应的滞纳金，不得将欠税和滞纳金分离处理。但是《国家税务总局关于税收征管若干事项的公告》（国家税务总局公告2019年第48号）规定："对纳税人、扣缴义务人、纳税担保人应缴纳的欠税及滞纳金不再要求同时缴纳，可以先行缴纳欠税，再依法缴纳滞纳金。"这样处理的目的在于减少乃至消除滞纳金产生基数，最大限度减轻企业实际负担，但是并无可以缓交滞纳金的规定。

考虑到企业的实际困难，以及滞纳金已经成为定量的现实，在实务中建议与纳税人签订缴纳计划，督促其尽快完成缴纳，不宜简单直接地采取强制拍卖程序，避免激化税企矛盾，也不利于企业健康发展。如果纳税人认为税务机关存在执法问题或者提起行政复议，那么税务机关应当参考《国家税务总局关于实施进一步支持和服务民营经济发展若干措施的通知》（税总发〔2018〕174号）第（二十二）项规定，"各级税务机关对民营企业反映的执法问题、提出的行政复议申请要积极依法受理、及时办理。对民营企业因经营困难一时无力缴清税款、滞纳金或无法提供担保等原因，不符合行政复议受理条件的，复议机关在依法处理的同时，要甄别情况，发现主管税务机关税收执法行为确有错误的，应及时督促其依法纠正”，予以妥善处理。

172 个人发生退股退款，能否申请退税？

答：先来看一个案例。

案例

原告王某系A现代农业发展有限公司31名股东之一。2016年7月17日，湖北B股份有限公司与王某等31名股东签订《股权转让协议》，根据该协议约定：王某等31名股东等比例出让51%股权，原始总价7803万元，交易总价39940.14万元，其中王某出让51%股权的原始价为25.5万元，交易价为130.5233元，股权转让款分三期付清，其中第三期20%的股权转让款应于51%股权过户至湖北B股份有限公司名下后10个工作日内支付。

2016年10月11日，王某等31名股东完成了51%股权工商变更登记手续，并合计缴纳了个人所得税6231.72万元，其中王某缴纳个人所得税203651.02元、印花税652.60元，但湖北B股份有限公司未按照约定及时支付剩余股权转让款，经多次催要，至2017年2月24日湖北B股份有限公司仍有12858.20万元股权转让款没有支付给31名股东，其中尚欠王某42.0202万元。

在此情况下，31名股东要求湖北B股份有限公司按原价退回全部股权。经协商，双方在2017年2月24日签订《股权转让协议的补充协议》，约定湖北B股份有限公司原价退回41%的股权给31名股东，剩余10%股权的交易价格由原来的7831.40万元变更为4000

万元，其中王某10%的股权交易价格由原来的255922.00元变更为13.07万元。2017年4月10日，双方完成了退回41%股权的工商变更登记手续。由于王某最终收益所得仅为交易价13.07万元－原始价5.00万元－印花税652.60元＝80047.40元，因此应交纳个人所得税80047.4×20%＝16009.48元。

《国家税务总局关于纳税人收回转让的股权征收个人所得税问题的批复》（国税函〔2005〕130号）第二条规定："股权转让合同未履行完毕，因执行仲裁委员会作出的解除股权转让合同及补充协议的裁决、停止执行原股权转让合同，并原价收回已转让股权的，由于其股权转让行为尚未完成、收入未完全实现，随着股权转让关系的解除，股权收益不复存在，根据个人所得税法和征管法的有关规定，以及从行政行为合理性原则出发，纳税人不应缴纳个人所得税。"王某认为，根据国税函〔2005〕130号文件第二条及《中华人民共和国税收征收管理法》第五十一条、《中华人民共和国税收征收管理法实施细则》第七十八条的规定，原地税第一分局应当退回原告个人所得203651.02－16009.48＝187641.54（元）及逾期银行存款利息，而现原地税第一分局仅同意退回61356.62元，原告不服向原地税局申请行政复议，该局仍维持原地税第一分局的决定。因国家税务机构改革，A市国家税务局和A市地方税务局于2018年7月5日合并成立国家税务总局A市税务局，原A市地方税务局第一税务分局的职权也相应变更为由国家税务总局A市税务局第一税务分局行使，故诉至法院，要求撤销原地税第一分局作出的退还原告税款61356.62元的行政决定；撤销原地税局作出的行政复议决定；要求重新作出退税决定，并补充退还税款126284.92元及逾期退税利息。

法院对此是如何认定的呢？（2018）苏1302行初191号行政判决书撤销了原地税第一分局作出的退还税款61356. 62元的决定，

> 责令被告在本判决生效之日起30日内对原告的退税申请重新作出处理。

本案中，湖北B股份有限公司与原告等31名股东签订《股权转让协议》，其中涉及原告51%股权交易价为130.5233万元，在原告仅收到88.50万元转让款后，双方又签订补充协议，将原按51%比例购买的股权变更为按10%比例购买，并约定交易价为13.07万元。

国家税务总局《股权转让所得个人所得税管理办法（试行）》第四条第一款规定："个人转让股权，以股权转让收入减除股权原值和合理费用后的余额为应纳税所得额，按'财产转让所得'缴纳个人所得税。"涉案双方对退税的数额有争议，根本原因在于对股权转让收入的认定上存在分歧，原地税第一分局认定原告股权转让收入88.5万元，该款项是在合同履行过程中原告收到的阶段性款项，且交易双方也未将该款项确定为交易价，在此情况下被告以此为依据计算个人所得税没有事实及法律依据。

《中华人民共和国税收征收管理法实施细则》第七十八条第一款规定："税务机关发现纳税人多缴税款的，应当自发现之日起10日内办理退还手续；纳税人发现多缴税款，要求退还的，税务机关应当自接到纳税人退还申请之日起30日内查实并办理退还手续。"

综上所述，纳税人王某于2017年5月25日向原地税第一分局申请退税，原地税第一分局于2017年9月才作出退税决定，明显超过上述法定期限，依法应予撤销，被告国家税务总局A市税务局第三税务分局应对王某的退税申请重新作出处理。

173 企业发放红包，个人所得税处理常见方式有哪些？

答：微信红包分为现金红包和非现金红包，现金红包又可以分为普通红包和拼手气红包。发放红包的一方可以是个人或者企业，接受红包的一方通常为个人。相应地，取得个人发放红包和取得企业发放红包的纳税义务也不尽相同。

（1）取得个人发放的微信红包，无缴税依据。

《中华人民共和国个人所得税法》中规定了九项个人所得税税目，分别是工资、薪金所得；劳务报酬所得；稿酬所得；特许权使用费所得；经营所得；利息、股息、红利所得；财产租赁所得；财产转让所得；偶然所得。

个人之间收发微信红包，从法律性质上说属于赠予。《国家税务总局关于加强网络红包个人所得税征收管理的通知》（税总函〔2015〕409 号）明确规定，个人之间派发的现金网络红包不属于个人所得税法规定的应税所得，不征收个人所得税。因此，对收到个人发放的微信红包不应征收个人所得税。

（2）取得企业发放的微信红包，税款由企业代扣代缴。

个人取得企业发放的微信红包，还要分为职工取得企业微信红包，以及职工之外的个人取得企业微信红包两种情形。

对于职工个人取得企业派发的微信红包，根据《中华人民共和国个人所得税法实施条例》第六条规定："……（一）工资、薪金所得，是指个人因任职或者受雇取得的工资、薪金、奖金、年终加薪、劳动分红、津贴、补贴以及与任职或者受雇有关的其他所得……"这些都属于个人所得税的征收范围，因此企业派发的微信红包应当作为工资、薪金所得处理。

如果是职工以外的个人取得企业发放的微信红包，根据《国家税务总局关于加强网络红包个人所得税征收管理的通知》（税总函〔2015〕409号）规定，对个人取得企业派发的现金网络红包，应按照“偶然所得”项目计算缴纳个人所得税，税款由派发网络红包的企业代扣代缴。

企业通过微信给员工发放的红包，应当按照工资薪金所得计算缴纳个人所得税。但是，这种情形要存在于企业和职工之间，有任职和受雇的关系。红包是跟企业的任职、受雇有关，而不是取决于支付的渠道，无论是微信渠道支付还是正常的网银渠道支付，都不能改变员工的任职、受雇关系，自然所得的性质也就能够确定。

根据《财政部　税务总局关于个人取得有关收入适用个人所得税应税所得项目的公告》（财政部　税务总局2019年第74号公告）的规定可知，如果职工之外的个人取得企业现金红包，则按照“偶然所得”项目计算缴纳个人所得税；如果取得非现金红包，其实质属于各类优惠券、抵扣券，是和企业的消费绑定的，其性质属于折扣销售，并非属于个人所得，因此无须代扣代缴个人所得税。

案例

企业为新产品推广，通过微信小程序发放非现金红包给企业的客户及潜在客户。客户通过微信小程序领取非现金红包，每个人领取一次，每个红包金额10元，可以抵减网络商城购物。对此个人所得税应该如何处理？

需要注意的是，这里的非现金红包和优惠券虽然表面上看是名称不同，但是实际上属于同一个性质，也就是一种折扣销售。根据财政部　税务总局2019年公告第74号文件进行处理：企业在业务宣传、广告等活动中，随机向本单位以外的个人赠送礼品（包括网络红包），以及企业在年会、座谈会、庆典及其他活动中向本单位以外的个人赠送礼品，个人取得的礼品收入，按照“偶然所得”项目计算缴纳个人所得税，但企业赠送的具有价格折扣或折让性质的消费券、代金券、抵用券、优惠券等礼品除外。由于此类优惠券是从非现金红包获得的，实际上是和企业的消费绑定的，它的性质属于折扣销售，并非属于个人所得，因此无须代扣代缴个人所得税。

案例

平台购物商品出现瑕疵，商家给予红包补偿。是否需要缴纳个人所得税呢？

事实上，购物商品取得的补偿并非个人所得，应理解为一种折让。但是有的商家为了简化程序，避免留下投诉的痕迹，往往通过支付宝直接向对方发放红包，以避免走赔偿程序，导致税务机关也无法判定红包是否为商品瑕疵而给对方的一种补偿。税务部门出于谨慎的考虑，往往对个人取得企业派发的现金网络红包，按照“偶然所得”项目计算缴纳个人所得税。税款由派发红包的企业代扣代缴。对于企业而言，如果发生商品瑕疵，还是应当走正常的理赔程序，而不是为了规避所谓的投诉，而采取一种相对不规范的操作，给自身带来不必要的税收风险。

综上所述，按照现行操作模式，红包分为现金红包和非现金红包。对于现金红包，要看是属于返现还是无偿赠送，如果是购物返现则属于促销手段，其实质就是一种销售折让，对于个人而言，返现只是购物支出的减少，不属于实际所得，不需要缴纳个人所得税；如果是无偿赠送，那么此时属于个人所得税规定的“偶然所得”项目范围。

174 一般纳税人提供“四项服务”（邮政服务、电信服务、现代服务、生活服务），按规定计提的加计抵减额，也可用于计算增量留抵税额吗？另外，企业在办理留抵退税后，已退留抵税额期间的前期进项税额，尚未计提加计抵减额的，还可计提加计抵减额吗？

答：首先，按照《财政部　税务总局关于进一步加大增值税期末留抵退税政策实施力度的公告》（财政部　税务总局公告2022年第14号）第四条规定：“本公告所称增量留抵税额，区分以下情形确定：（一）纳税人获得一次性存量留抵退税前，增量留抵税额为当期期末留抵税额与2019年3月31日相比新增加的留抵税额。（二）纳税人获得一次性存量留抵退税后，增量留抵税额为当期期末留抵税额。”同时，按照《财政部　税务总局　海关总署关于深化增值税改革有关政策的公告》（财政部　税务总局　海关总署公告2019年第39号）第七条和《财政部　税务总局关于明确生活性服务业增值税加计抵减政策的公告》（财政部　税务总局公告2019年第87号）、《财政部　国家税务总局关于延长部分税收优惠政策执行期限的公告》（财政部　税务总局公告2022年第4号）等文件的规定，按照当期可抵扣进项税额加计10%（生活服务业为15%），抵减应纳税额。因此，加计抵减额与进项税额有本质上的不同，不能作为进项税额抵减销项税额，也不能计入留抵税额之中用于计算增量留抵。

其次，鉴于进项税额与加计抵减额的上述不同性质，企业在办理留抵退税后，已退留抵税额期间的进项税额，其对应已计提的加计抵减额无须作进项税额转出；尚未计提加计抵减额的，仍可按规定计提，并在后期增值税“应纳税额”中抵减。也就是说，按规定已计提或尚未计提的加计抵减额，与是否办理留抵退税无关。

175 企业由一般纳税人转为小规模纳税人，在一般纳税人时形成的留抵能申请退税吗？

答：根据《国家税务总局关于小规模纳税人免征增值税等征收管理事项的公告》（国家税务总局公告 2022 年第 6 号）第四条的规定，办理过“转登记”的纳税人，已计入“应交税费——待抵扣进项税额”科目核算的“待抵扣进项税额”，截至 2022 年 3 月 31 日的余额，在 2022 年度可分别计入固定资产、无形资产、投资资产、存货等相关科目，并按照规定在企业所得税或个人所得税税前扣除，对此前已税前扣除的折旧、摊销不再调整；对无法划分的部分，在 2022 年度可一次性在企业所得税或个人所得税税前扣除。

但是，上述税务处理公告在实际执行中留存一定争议，主要有两种观点。

第一种观点认为，“转登记”前的期末留抵，应按照上述规定计入成本核算，不能再计入期末留抵，并申请留抵退税。对办理过“转登记”手续的纳税人，在再次登记一般纳税人后新发生的进项税额形成的留抵税额，仍可按规定申请办理增值税留抵退税。

第二种观点认为，“转登记”前的期末留抵可以抵扣。国家税务总局 2022 年第 6 号公告出台的背景是纳税人以后不再转为一般纳税人，一直处于小规模纳税人状态的处理方法。规定为“可”而非“应当”，也证明了此类观点，并没有文件明确规定转为一般纳税人后，不允许符合条件的留抵税额不能抵扣。因此，应当充分保证纳税人的抵扣权利。

本书赞同第二种观点。过去企业增值税由于销项税额和进项税额抵减之差形成的“留抵税额”，本质上是政府对纳税人的负债。留抵税额原本可以用于抵扣应缴税款，在没有文件明确“转登记”前的期末留抵不可抵扣的情况下，不能随意扩大解释。

176 企业如果享受过即征即退、先征后返（退）政策，就不能享受增量、存量留抵退税了吗？缴回的留抵退税款，能否结转到下期继续抵扣？

答：《财政部　税务总局关于进一步加大增值税期末留抵退税政策实施力度的公告》（财政部　税务总局公告2022年第14号）第十条规定："纳税人自2019年4月1日起已取得留抵退税款的，不得再申请享受增值税即征即退、先征后返（退）政策。"同时，该文件又规定了如下税收救济条款，供纳税人自愿选择："一、选择享受即征即退、先征后返（退）政策的，纳税人可以在2022年10月31日前'一次性'将已取得的留抵退税款全部缴回后，按规定申请享受增值税即征即退、先征后返（退）政策。"需要说明的是，纳税人按规定向主管税务机关申请缴回已退还的全部留抵退税款时，可通过电子税务局或办税服务厅提交《缴回留抵退税申请表》。纳税人在"一次性"缴回全部留抵退税款后，可在办理增值税纳税申报时，相应调增期末留抵税额，并可继续用于进项税额抵扣。"选择增值税留抵退税政策的：纳税人自2019年4月1日起已享受增值税即征即退、先征后返（退）政策的，可以在2022年10月31日前一次性将已退还的增值税即征即退、先征后返（退）税款全部缴回后，按规定申请退还留抵税额。"需要说明的是，上述"自2019年4月1日起"，指的是享受增值税即征即退、先征后返（退）政策的"税款所属时期"，而不是收到"增值税即征即退、先征后返（退）"退税款的时间。

177 增值税留抵退税常见风险点有哪些?

答：应当分为两类情况进行检查。

第一类，是否虚增进项税额。

（1）用于抵扣进项税额的增值税专用发票是否真实合法。是否有开票单位与收款单位不一致或票面所记载货物与实际入库货物不一致的发票用于抵扣。

（2）用于抵扣进项税额的运输业发票是否真实合法。是否有用于非增值税应税项目、免征增值税项目、集体福利和个人消费；是否有与购进和销售货物无关的运费申报抵扣进项税额；是否有以国际货物运输代理业发票和国际货物运输发票抵扣进项；是否存在以开票方与承运方不一致的运输发票抵扣进项；是否存在以项目填写不齐全的运输发票抵扣进项税额等情况。

（3）是否存在未按规定开具农产品收购统一发票申报抵扣进项税额的情况。具体包括：扩大农产品范围，把非免税农产品（如方木、枕木、道木、锯材等）开具成免税农产品（如原木）；虚开农产品收购统一发票（虚开数量、单价，抵扣税款）。

（4）用于抵扣进项税额的海关进口增值税专用缴款书是否真实合法；进口货物品种、数量等与实际生产是否相匹配。

（5）发生退货或取得销售折让是否按规定作进项税额转出。

（6）从供货方取得的与商品销售量、销售额挂钩的各种返还收入，是否冲减当期的进项税额。是否存在将返利挂入其他应付款、其他应收款等往来账或冲减营业费用，而不作进项税额转出的情况。

（7）用于简易计税方法、计税项目，免征增值税项目，集体福利或者个人消费的购进货物，加工修理修配劳务、服务，无形资产和不动产是否抵扣进项税额。

（8）非正常损失的购进货物，以及相关的加工修理修配劳务和交通运输服务是否抵扣进项税额。

（9）非正常损失的在产品、产成品所耗用的购进货物（不包括固定资产）、加工修理修配劳务和交通运输服务是否抵扣进项税额。

（10）非正常损失的不动产，以及该不动产所耗用的购进货物、设计服务和建筑服务是否抵扣进项税额。

（11）非正常损失的不动产在建工程所耗用的购进货物、设计服务和建筑服务是否抵扣进项税额。

（12）购进的旅客运输服务、贷款服务、餐饮服务、居民日常服务和娱乐服务是否抵扣进项税额。

第二类，是否虚减销项税额。

（1）销售收入是否完整及时入账。是否存在现金收入不按规定入账的情况；是否存在以货易货、以货抵债收入未记收入的情况；是否存在销售产品不开发票，取得的收入不按规定入账的情况；是否存在销售收入长期挂账不转收入的情况；是否收取外单位或个人水、电、气等费用，不计、少计收入或冲减费用；是否将应收取的销售款项，先支付费用（如购货方的回扣、推销奖、营业费用、委托代销商品的手续费等），再将余款入账作收入的情况。

（2）是否存在视同销售行为、未按规定计提销项税额的情况。将自产或委托加工的货物用于非增值税应税项目、集体福利或个人消费，如用于内设的食堂、宾馆、医院、托儿所、学校、俱乐部、家属社区等部门，不计或少计应税收入；将自产、委托加工或购买的货物用于投资、分配、无偿捐助、赠送及将外购的材料改变用途对外销售等，不计或少计应税收入。

（3）是否存在开具不符合规定的红字发票冲减应税收入的情况。发生销货退回、销售折让，开具的红字发票和账务处理是否符合税法规定。

（4）向购货方收取的各种价外费用（如手续费、补贴、集资费、返还利润、奖励费、违约金、运输装卸费等）是否按规定纳税。

（5）设有两个以上的机构并实行统一核算的纳税人，将货物从一个机构移送到其他机构（不在同一县市）用于销售，是否作销售处理。

（6）增值税混合销售行为是否依法纳税。对增值税税法规定应视同销售征税的行为是否按规定纳税；从事货物运输业务的单位和个人，发生销售货物并负责运输所售货物的混合销售行为，是否按规定缴纳增值税。

（7）兼营销售货物、劳务、服务、无形资产或者不动产的纳税人，适用不同税率或者征收率的，是否按规定分别核算适用不同税率或者征收率的销售额；对不分别核算或者不能准确核算的，是否按主管税务机关核定的货物或者应税劳务的销售额缴纳增值税。

（8）按照增值税税法规定应征收增值税的代购货物、代理进口货物的行为，是否缴纳了增值税。

（9）免税货物是否依法核算。增值税纳税人免征增值税的货物或应税劳务，是否符合税法的有关规定；有无擅自扩大免税范围的问题；兼营免税项目的增值税一般纳税人，其免税额、不予抵扣的进项税额计算是否准确。

（10）是否存在按照正确的时间确认收入。纳税人发生应税行为并收讫销售款项或者取得索取销售款项凭据的当天。纳税人发生应税行为先开具发票的，为开具发票的当天。纳税人提供建筑服务、租赁服务采取预收款方式的，其纳税义务发生时间为收到预收款的当天。纳税人从事金融商品转让的，其纳税义务发生时间为金融商品所有权转移的当天。纳税人发生视同销售服务、无形资产或者不动产情形的，其纳税义务发生时间为服务、无形资产转让完成的当天或者不动产权属变更的当天。增值税扣缴义务发生时间为纳税人增值税纳税义务发生的当天。

（11）企业是否存在不符合差额征税规定，而按照差额征税方法计算增值税的情形。

178 “未申报”与“不申报”、“拒不申报”与“虚假申报”的区别是什么?

答:“未申报”即《中华人民共和国税收征收管理法》第六十二条规定的纳税人、扣缴义务人未按照规定的期限办理纳税申报、报送有关资料,强调的是“未按规定的期限申报”,其应承担的法律责任为“由税务机关责令限期改正,可以处二千元以下的罚款;情节严重的,可以处二千元以上一万元以下的罚款”。

“不申报”即纳税人不进行纳税申报,不缴或者少缴应纳税款,是指纳税人在规定的申报期限内未进行纳税申报,超过税款缴纳期限,不缴或者少缴税款的行为,按照《中华人民共和国税收征收管理法》第六十四条第二款规定应承担的法律责任:“……由税务机关追缴其不缴或者少缴的税款、滞纳金,并处不缴或者少缴的税款百分之五十以上五倍以下的罚款。”

在税收执法中,很容易混淆“未申报”“不申报”这组概念。前者仅是没有进行申报的行为,未造成超过税款缴纳期限不缴或者少缴税款的后果;后者是既存在没有进行申报的行为,也形成了超过税款缴纳期限不缴或者少缴税款的后果。因而,两者承担的法律责任有很大差别:前者相对较轻且是“可(以)处”罚款,而后者较重且是“并处”罚款——必须处以罚款。

“拒不申报”完整的表达是经税务机关通知申报而拒不申报,指的是应当依法办理纳税申报的纳税人,不按照法律、行政法规的规定办理纳税申报,并经税务机关通知,仍拒不申报的行为。

“虚假申报”即进行虚假的纳税申报,是指纳税人在进行纳税申报的过程中,制造虚假情况,编造虚假计税依据,不如实填写或者提供纳税申报表、财务会计报告及其他纳税资料的行为。

这组概念中的“拒不申报”一般都能理解，认定难度较大的是“虚假申报”中的“编造虚假计税依据”。尽管都是不如实申报行为，但造成纳税人、扣缴义务人不缴或者少缴税款后果的，是用“编造虚假计税依据”的手段进行“虚假申报”，属于偷税，应按《中华人民共和国税收征收管理法》第六十三条规定“由税务机关追缴其不缴或者少缴的税款、滞纳金，并处不缴或者少缴的税款百分之五十以上五倍以下的罚款；构成犯罪的，依法追究刑事责任”承担法律责任。如果未形成纳税人、扣缴义务人不缴或者少缴税款后果的，则仅是“编造虚假计税依据”违法行为，不能认定为偷税，应按照《中华人民共和国税收征收管理法》第六十四条第一款规定“由税务机关责令限期改正，并处五万元以下的罚款”承担法律责任。

179 某生产企业接受虚开专票抵扣，已经根据货物购销合同缴纳部分印花税，此时应当如何处理？

答：首先，应当确定实际经营业务是否真实存在，是属于有货虚开，还是无货虚开。

虽然根据《中华人民共和国印花税法》规定，应税合同的计税依据为合同所列的金额，不包括列明的增值税税款，但是如果属于无货虚开，那么该项经营业务并非真实存在，此时合同属于虚假的意思表示，不应当继续对合同所列金额计算缴纳印花税。本书认为，税法没有企业因某种行为导致的多缴税款不能退还的规定，对于已经缴纳的印花税，企业只要符合《中华人民共和国税收征收管理法》第五十一条的规定，就可以申请退税。

如果是有货虚开，那么由于实际购货时仍然有实际交易存在，虽然此时没有合同，但是根据《财政部　税务总局关于印花税若干事项政策执行口径的公告》（财政部　税务总局公告 2022 年第 22 号）第二条第（二）项规定：“企业之间书立的确定买卖关系、明确买卖双方权利义务的订单、要货单等单据，且未另外书立买卖合同的，应当按规定缴纳印花税。”有相关凭证足以证明合同性质的，依然可以作为计税依据征收印花税。

180 以公允模式计量的投资性房地产，在会计上不计提折旧，在税务处理时能否允许计算折旧或摊销从税前扣除？

答：《企业会计准则第3号——投资性房地产》规定：“采用公允价值模式计量的，不对投资性房地产计提折旧或进行摊销，应当以资产负债表日投资性房地产的公允价值为基础调整其账面价值，公允价值与原账面价值之间的差额计入当期损益。”

《中华人民共和国企业所得税法》第二十一条规定：“在计算应纳税所得额时，企业财务、会计处理办法与税收法律、行政法规的规定不一致的，应当依照税收法律、行政法规的规定计算。”

《国家税务总局关于企业所得税应纳税所得额若干税务处理问题的公告》（国家税务总局公告2012年第15号）规定：“关于税前扣除规定与企业实际会计处理之间的协调问题，根据《企业所得税法》第二十一条规定，对企业依据财务会计制度规定，并实际在财务会计处理上已确认的支出，凡没有超过《企业所得税法》和有关税收法规规定的税前扣除范围和标准的，可按企业实际会计处理确认的支出，在企业所得税前扣除，计算其应纳税所得额。”

在实践中，考虑到以公允价值模式计量的投资性房地产是企业的投资资产，不属于消耗性资产，不需要通过折旧或摊销的方式予以补偿。因此，会计核算不计算折旧或摊销，不属于“实际在财务会计处理上已确认的支出”，在税务处理时应遵从会计处理方式，按照国家税务总局2012年第15号公告第八条的规定，以公允价值模式计量的投资性房地产不得计算折旧或摊销从税前扣除。

附录一　税收政策演变历程专题

一、失控发票和异常凭证的前世今生

《国家税务总局关于异常增值税扣税凭证管理等有关事项的公告》（国家税务总局公告2019年第38号）出台，引起了大家的高度重视。要了解国家税务总局公告2019年第38号文件的政策导向，就必须先从失控发票和异常凭证说起。而这两个概念的产生，又和计算机稽核系统有着密不可分的关系。所以，让我们先捋一捋政策演变的历史，从而加深对这两个概念的理解。

税收文件中所说的计算机稽核系统是“金税工程”的重要组成部分，它是指通过计算机网络核实同一份增值税专用发票的存根联与抵扣联开具的内容是否一致。它的运行原理就是：将购货方取得的抵扣联和销货方的存根联的主要内容录入计算机交叉稽核系统，稽核系统将自动在全国范围对每笔经济业务的抵扣联和存根联进行查找配对，检查出只有抵扣联而没有存根联或只有存根联而没有抵扣联以及抵扣联与存根联内容不相符的增值税专用发票，然后对这些增值税专用发票进行检查核实，以期达到控制利用增值税专用发票进行偷税、骗税等违法犯罪活动的目的。

为了配合计算机稽核系统的有效运转，国家出台了相关要求，“失控发票”概念横空出世。失控发票是指防伪税控企业丢失被盗金税卡中未开具的发票、被列为非正常户（含走逃户）的防伪税控企业未向税务机关申报或未按规定缴纳税款的发票。换句话说，失控发票 = 丢失被盗的结存发票 + 非正常户（含走逃户）未申报纳税的发票。

为了遏制日益猖獗的虚开发票违法犯罪行为，《国家税务总局关于建立增值税失控发票快速反应机制的通知》（国税发〔2004〕123号）进一步对失控发票进行了细化，区分了两类失控发票：认证时失控发票和认证后失控发票。通过认证环节将要认证的抵扣联数据与失控发票数据进行自动比对，发现属于失控发票的抵扣联（该类发票被称为“认证时失控发票”）；通过每天新增的失控发票数据与前期已认证相符的抵扣联数据自动比对，发现属于失控发票的抵扣联（该类发票被称为“认证后失控发票”）。

为了加强对增值税发票的管理，国家税务总局对于失控发票提出了严厉的处理措施。国税发〔2004〕123号文件规定：“认证系统发现的‘认证时失控发票’和‘认证后失控发票’经检查确属失控发票的，不得作为增值税扣税凭证。”上述规定并未区分受票方是属于善意还是恶意取得，在严厉打击虚开犯罪的同时，直接消灭增值税专用发票受票人抵扣进项税额的实体权利。

在随后的税收实践中，国家对此处理口径进行了适当放宽。《国家税务总局关于金税工程增值税征管信息系统发现的涉嫌违规增值税专用发票处理问题的通知》（国税函〔2006〕969号）（已废止）规定：“属于‘重复认证’、‘密文有误’和‘认证不符（不包括发票代码号码认证不符）’、‘认证时失控’和‘认证后失控’的发票，暂不得作为增值税进项税额的抵扣凭证，税务机关扣留原件，移送稽查部门作为案源进行查处。经税务机关检查确认属于税务机关责任以及技术性错误造成的，允许作为增值税进项税额的抵扣凭证；不属于税务机关责任以及技术性错误造成的，不得作为增值税进项税额的抵扣凭证。属于税务机关责任的，由税务机关误操作的相关部门核实后，区县级税务机关出具书面证明；属于技术性错误的，由税务机关技术主管部门核实后，区县级税务机关出具书面证明。”

这份通知充分考虑了不同情况的差异性，并没有采取“一刀切”的方式处理失控发票，给予了恢复失控发票抵扣权利的救济机会。但是，我们也看到，这种放宽仍然限于税务机关责任以及技术性错误两类情况，经过核实后才允许继续进行抵扣。除此之外依然不得抵扣，没有考虑到走逃失联户补缴相关税款后，造成了受票方的抵扣权益依然永久丧失，并不利于充分保护纳税人的合法权益。

随着税收执法理念的进步，政策规定发票失控后一般纳税人申请报税，可以通过逾期报税功能受理。发现认证失控发票应移交稽查部门协查。销方已申报缴税的失控发票，由主管税务机关出具书面证明并通过协查系统回复后，购方可抵扣。上述文件的出台，给予了纳税人修复异常凭证抵扣权利的机会。

但是，在实际执行过程中，又有新的问题浮出水面，由于非正常户认定程序复杂，导致无法及时认定失控发票。因此，政策要求只有稽查部门确认企业已经走逃的，才能按照上述规定将其发票列为失控发票。而《税务登记管理办法》第四十条规定，“已办理税务登记的纳税人未按照规定的期限申报纳税，在税务机关责令其限期改正后，逾期不改正的，税务机关应当派员实地检查，查无下落并且无法强制其履行纳税义务的，由检查人员制作非正常户认定书，存入纳税人档案，税务机关暂停其税务登记证件、发票领购簿和发票的使用”。换句话说，如果不能及时认定非正常户，那么即使明知纳税人符合发票违规条件，也只能是“无可奈何”。而随着简政放权的不断推进，一般纳税人资格登记和领用增值税专用发票已毫无门槛可言。部分虚开方大量虚开后直接走逃，也就是所谓的“暴力虚开”。如果按照非正常户认定程序走完，则难以做到对虚开行为的及时有效打击，税收征管秩序也难以得到充分保障。

为解决上述问题，《国家税务总局关于走逃（失联）企业开具增值税专用发票认定处理有关问题的公告》（国家税务总局公告 2016 年第 76 号）出台。该公告创新提出了两个概念。

第一，“走逃失联企业”概念。国家税务总局 2016 年第 76 号公告明确：“根据税务登记管理有关规定，税务机关通过实地调查、电话查询、涉税事项办理核查以及其他征管手段，仍对企业和企业相关人员查无下落的，或虽然可以联系到企业代理记账、报税人员等，但其并不知情也不能联系到企业实际控制人的，可以判定该企业为走逃（失联）企业。”与传统的非正常户相比，走逃失联企业程序认定更加便捷，对于及时处理异常凭证起到了巨大作用。

第二，“异常凭证”概念。异常凭证是为了加强增值税发票管理提出的新概念。税务机关原来提出了“异常发票”的概念，并规定在税务机关未解除异常发票状态前，受票方取得的异常发票尚未申报抵扣的，暂不允许抵扣；已经申报抵扣的，经主管税务机关核查后，凡不符合现行抵扣政策规定的，一律作进项税额转出。

随着国家税务总局公告2016年第76号文件的出台，“异常发票”的概念被“异常凭证”所取代。原因在于，“异常发票”概念不够全面，难以涵盖海关专用缴款书等；难以全面精准地打击虚开行为。为了加大打击力度，《国家税务总局关于走逃（失联）企业开具增值税专用发票认定处理有关问题的公告》（国家税务总局公告2016年第76号）出台，除了保留了122号文件规定的“增值税一般纳税人取得异常凭证，尚未申报抵扣或申报出口退税的，暂不允许抵扣或办理退税；已经申报抵扣的，一律先作进项税额转出”外，同时新增加了规定，明确了“已经办理出口退税的，税务机关可按照异常凭证所涉及的退税额对该企业其他已审核通过的应退税款暂缓办理出口退税，无其他应退税款或应退税款小于涉及退税额的，可由出口企业提供差额部分的担保”。本规定于2020年2月1日截止，将出口骗税同步纳入打击范围。

截至此时，异常增值税扣税凭证被政策无形中划分为“失控发票”和“异常凭证”两类，但是在实际范围上二者存在交叉，不利于工作效率的提升。所以，政策规定税务机关按规定已做失控处理的增值税专用发票，不需要再认定为“异常凭证”。由于在实际运行中“失控发票”和“异常凭证”二者的认定流程不同，给基层执行实际带来了不少困扰。为进一步提升税收管理效果，国家税务总局公告2019年第38号文件作出重大调整，“失控发票”与“异常凭证”合二为一，将列为非正常户的防伪税控企业未向税务机关申报或未按规定缴纳税款的发票纳入了异常凭证范畴。对散落于各类文件中的异常凭证情形进行了梳理整合，为下一步全面打击虚开行为提供了强有力的文件支撑。

二、认定偷税相关税收政策的前世今生

偷税的出现是一个与税收相伴而生的问题。可以说自从有了税收，偷税行为也随之产生，对国家税收利益造成了严重的危害。

1992 年国家出台的《中华人民共和国税收征收管理法》，以及 1995 年第八届全国人民代表大会常务委员会第十二会议第一次修正的《中华人民共和国税收征收管理法》均规定，“纳税人采取伪造、变造、隐匿、擅自销毁账簿、记账凭证，在账簿上多列支出或者不列、少列收入，或者进行虚假的纳税申报的手段，属于偷税行为”。2001 年 4 月 28 日，第九届全国人民代表大会常务委员会第二十一次会议修订的《中华人民共和国税收征收管理法》，将经税务机关通知申报而拒不申报作为偷税方式的补充，形成了第六十三条规定：“ 纳税人伪造、变造、隐匿、擅自销毁账簿、记账凭证，或者在账簿上多列支出或者不列、少列收入，或者经税务机关通知申报而拒不申报或者进行虚假的纳税申报，不缴或者少缴应纳税款的，是偷税。”从此，税法意义上的“偷税”概念沿用至今。

按照上述定义，定性为偷税行为需要同时具备两个条件：第一，具备《中华人民共和国税收征收管理法》第六十三条列举的伪造、变造、隐匿、擅自销毁账簿、记账凭证等情形；第二，必须造成不缴或者少缴应纳税款的后果。

在实际执行过程中，主要围绕查处偷税案件是否要考虑主观故意，以及不缴或少缴应纳税款的后果。

（一）对于是否需要考虑主观故意

常见的观点有三种。

第一种观点，无须考虑说。有相当多的税务机关认为，偷税行为的方

式或者手段，可能在某种程度上受到行为人的主观支配，但是现行《中华人民共和国税收征收管理法》第六十三条第一款规定的任一情形都构成偷税，并没有将主观故意列入判定偷税行为的构成要件，行为人是否存在主观故意不影响对偷税行为的认定。

第二种观点，部分考虑说。有部分税务机关认为，对于“纳税人伪造、变造、隐匿、擅自销毁账簿、记账凭证，或者在账簿上多列支出或者不列、少列收入，或者经税务机关通知申报而拒不申报”的行为无须考虑主观故意，因为上述行为的偷税意图十分明显，不可能在失误情况下作出。但是，进行虚假的纳税申报则需要考虑行为人是否有偷税的主观故意。如纳税人账簿和记账凭证以及收入和支出都是真实的，同时按照规定期限进行了纳税申报，只是由于对税收政策的理解产生偏差而导致纳税申报不实的情形就不应认定为偷税。

第三种观点，必须具备说。有税务机关认为认定偷税行为，必须具备主观故意。

从国家税务总局出台的一系列文件来看，始终将主观故意作为判定偷税行为的重要依据之一，且存在一个认识不断深入的过程。

比如，《国家税务总局办公厅关于呼和浩特市昌隆食品有限公司有关涉税行为定性问题的复函》（国税办函〔2007〕513号）指出：“《中华人民共和国税收征收管理法》未具体规定纳税人自我纠正少缴税行为的性质问题，在处理此类情况时，仍应按《中华人民共和国税收征收管理法》关于偷税应当具备主观故意、客观手段和行为后果的规定进行是否偷税的定性。税务机关在实施检查前纳税人自我纠正属补报补缴少缴的税款，不能证明纳税人存在偷税的主观故意，不应定性为偷税。”

《国家税务总局关于税务检查期间补正申报补缴税款是否影响偷税行为定性有关问题的批复》（税总函〔2013〕196号）规定：“税务机关认定纳税人不缴或者少缴税款的行为是否属于偷税，应当严格遵循《中华人民共和国税收征收管理法》第六十三条的有关规定。纳税人未在法定的期限内缴纳税款，且其行为符合《中华人民共和国税收征收管理法》第六十三条规定的构成要件的，即构成偷税，逾期后补缴税款不影响行为的定性。纳税人在稽查局进行税务检查前主动补正申报补缴税款，并且税务机关没有证据证明纳税人具有偷税主观故意的，不按偷税处理。”

上述两份文件的相同点在于：将纳税人在税务机关实施检查前补缴视为主动纠错行为，同时没有证据证明存在主观故意，不定性为偷税；但是，对检查时的补缴税款行为的定性存在分歧。国税办函〔2007〕513 号文件认为需要关注是否具备主观故意才能定性是否存在偷税，但是税总函〔2013〕196 号文件则认为在逾期后，符合客观要件即符合要求。

《关于北京聚菱燕塑料有限公司偷税案件复核意见的批复》（税总函〔2016〕274 号）指出：“从证据角度不能认定存在偷税的主观故意，不认定为偷税。”

对于偷税案件是否需要考虑主观故意，也有一系列司法判决予以支持，比如（2017）京行申 1402 号判决以及（2020）浙行再 44 号判决等。

在《中华人民共和国行政处罚法》修订后，此问题得到了进一步明确，定性行政处罚必须有主观过错，主观过错中包含主观故意，所以定性偷税必须有主观故意。因此，在实际运用过程中应当注意上述文件细节。

（二）不缴、少缴应纳税款

由于偷税定性要求造成不缴、少缴应纳税款的后果，在实际执行过程中，对于纳税人造成少缴的预缴税款是否定性为偷税则成为焦点。按照《中华人民共和国税收征收管理法》第六十三条规定，必须造成不缴或者少缴应纳税款的后果，那么预缴税款是否是应纳税款的问题并未明确。直到《国家税务总局关于在企业所得税预缴中对偷税行为如何认定问题的复函》（国税函〔1996〕8 号）对此予以了明确：“企业所得税采取‘按年计算，分期预缴，年终汇算清缴’，预缴是为了保证税款均衡入库的手段。企业的收入和费用列支要到会计年度结束后才能准确计算出来，预缴中无论是按纳税期限的实际数预缴，还是按上一年度一定比例预缴，或者按其他方法预缴，都不能准确计算当期应纳税所得额。因此，预缴中少缴的税款不应作为偷税处理。”虽然对其他税种并未明确，但是在实际执行中，各地税务机关基本按照上述精神处理，对少缴的预缴税款不予定性偷税。

具体到增值税计算应纳税额时，应当注意如下区别。

《国家税务总局关于增值税一般纳税人发生偷税行为如何确定偷税数额和补税罚款的通知》（国税发〔1998〕66号）规定如下。

（1）偷税数额=少报的销项税额+多报的进项税额。（不考虑留抵，但依照《中华人民共和国税收征收管理法》按不缴、少缴税款计为偷税，应当考虑留抵。）

账外经营：偷税数额=账外销项税额－账外销货进项税额=账外销项－（账外购货进项－账外存货进项）（国税函〔2005〕763号文件指出，未经认证发票不得抵扣。）

（2）偷税款补征入库：核实当期全部销项、进项、留抵税额，重新计算，补税或核减期末留抵税额。（需考虑留抵。）

（3）罚款以偷税数额为依据处理。（不考虑留抵，但依照《中华人民共和国税收征收管理法》按不缴、少缴税款计为偷税，应当考虑留抵。）

我们知道与上游企业相对应，有相当数量接受虚开的企业由于取得供货方发票，或者企业经营状况不好，希望通过虚开方式逃避纳税义务，增加企业经济收益。在这种情况下，企业既有接受虚开的行为，又有造成偷税的后果，在实际处理过程中就会产生虚开和偷税的牵连关系，选择何种定性，进而决定了采用何种标准进行税务行政处罚。

《中华人民共和国行政处罚法》第二十九条规定：“对当事人的同一个违法行为，不得给予两次以上罚款的行政处罚。同一个违法行为违反多个法律规范应当给予罚款处罚的，按照罚款数额高的规定处罚。”

而《国家税务总局关于纳税人取得虚开的增值税专用发票处理问题的通知》（国税发〔1997〕134号）规定：“一、受票方利用他人虚开的专用发票，向税务机关申报抵扣税款进行偷税的，应当依照《中华人民共和国税收征收管理法》及有关规定追缴税款，处以偷税数额五倍以下的罚款；进项税金大于销项税金的，还应当调减其留抵的进项税额。利用虚开的专用发票进行骗取出口退税的，应当依法追缴税款，处以骗税数额五倍以下的罚款。二、在货物交易中，购货方从销售方取得第三方开具的专用发票，或者从销货地以外的地区取得专用发票，向税务机关申报抵扣税款或者申请出口退税的，应当按偷税、骗取出品退税处理，依照《中华人民共和国税收征收管理法》及有关规定追缴税款，处以偷税、骗税数额五倍以下的罚款。三、纳税人以上述第一条、第二条所列的方式取得专用发票未申报抵扣税款，或者未申请出口退税的，应当依照《中华人民共和国发票管理办法》及有关规定，按所取得专用发票的份数，分别处以一万元以下罚款。"

纳税人取得虚开发票抵扣税款，造成补缴、少缴税款的，应当是对外销售真实，而购进存在虚假的纳税人。原因在于，根据偷税定性，应当不缴、少缴税款的前提是有纳税义务发生，此时由于取得虚开增值税专用发票抵扣进项，造成应纳税额实际减少。同时，该文件出台有其历史背景，1993 年颁布《中华人民共和国发票管理办法》，当时对虚开行为以及处罚未作明确规定，因此通过该文件规范，而 2010 年《中华人民共和国发票管理办法》修订后通过第二十二条、第三十七条对此已明确。对其接受虚开行为不应当适用此文件定性为偷税，而应当依据《中华人民共和国税收征收管理法》第六十三条偷税行为、《中华人民共和国发票管理办法》第二十二条虚开行为分别定性，构成法条竞合的局面。同时，根据《中华人民共和国行政处罚法》第二十九条规定"对当事人的同一个违法行为，不得给予两次以上罚款的行政处罚。同一个违法行为违反多个法律规范应当给予罚款处罚的，按照罚款数额高的规定处罚"，在给予纳税人罚款处罚时，必须在虚开、偷税处罚金额中择一重处。

三、逃税罪司法认定的前世今生

（一）偷税罪认定的起源

1997 年的《中华人民共和国刑法》第二百零一条第一款对偷税罪的构成要件和刑罚作了规定：“纳税人采取伪造、变造、隐匿、擅自销毁账簿、记账凭证，在账簿上多列支出或者不列、少列收入，经税务机关通知申报而拒不申报或者进行虚假的纳税申报的手段，不缴或者少缴应纳税款，偷税数额占应纳税额的百分之十以上不满百分之三十并且偷税数额在一万元以上不满十万元的，或者因偷税被税务机关给予二次行政处罚又偷税的，处三年以下有期徒刑或者拘役，并处偷税数额一倍以上五倍以下罚金；偷税数额占应纳税额的百分之三十以上并且偷税数额在十万元以上的，处三年以上七年以下有期徒刑，并处偷税数额一倍以上五倍以下罚金。”

（二）由偷税罪到逃税罪的变化

需要解释的是，我国刑法所称的“偷税”，在外国称为“逃税”，是指公民逃避履行纳税义务的行为。我们习惯上把这类行为称为“偷税”，主要是传统上认为：无论公司还是个人，逃避向国家缴税，就同小偷到国库里偷东西一样。但实际并非如此，纳税是从自己的合法收入里拿出一部分交给国家，逃税与“偷”毫不相干。相对于其他违法犯罪行为，逃税在各国比较常见。我国对经济犯罪、财产犯罪要求达到一定数额才构成犯罪，而外国则无具体数额的要求，理论上都构成犯罪。即便如此，外国也不是一经查出有逃税行为就定罪，而是大多采取区别于其他普通犯罪的特别处理方式，即对逃税行为往往查得严，民事罚款重，真正定罪的则很少。中外税收实践证明，单凭定罪处罚的威慑力并不能有效解决逃税问题，而加强税收监管并建立可供社会公众查阅的单位和个人的诚信记录档案，对促使公民自觉履行纳税义务能起到更为有效的作用。

实践中，1997 年刑法规定遇到了以下问题。

（1）偷税行为的表述过于复杂，执法实践中常在理解上引起分歧。对构成偷税罪是要求具备上述所有条件还是只要求具备其中一个条件，尤其“经税务机关通知申报而拒不申报”是构成偷税罪的一种独立行为，还是一个必备条件？纳税人如果采用条文未列举的手段偷税是否构成犯罪？

（2）偷税罪数额标准太低，打击面过宽，不利于经济发展和国家税源的巩固；移送公安的案件过多，难以承受；而税务机关不移送，检察机关又可能以徇私舞弊不移交刑事案件罪追究其刑事责任。实际上，各地基本未严格按照该标准掌握，使这一规定形同虚设。

（3）两个量刑档次之间出现了两个空挡。对偷税数额占应纳税额百分之十以上不满百分之三十但超过十万元的，或者偷税数额占应纳税额的百分之三十以上但不满十万元的，应否定罪，如何处罚？

（4）目前，关于偷税罪规定的争议较多。如企业偷税达到一定数额、比例，不管企业是否积极补交税款和滞纳金，接受罚款，都可将企业法人定罪，结果企业可能慢慢垮了，国家税收少了税源；企业破产了，工人下岗需要重新安置，给国家和政府增添新的负担等。

因此，借鉴国外的有益经验和做法，考虑到打击逃税犯罪的主要目的是维护税收征管秩序，保证国家税收，同时有利于促使纳税义务人依法积极履行纳税义务，2009 年刑法修正案（七）将“偷税罪”的罪名更改为“逃税罪”，使其更能够表达税收无偿强制性征收的特点。但是，《中华人民共和国税收征收管理法》仍沿用“偷税”的概念。从实质上看，行政规范中“偷税”与刑法规范中“逃税”的行为模式并无不同，只是两部法律表述口径不一而已。

刑法修正案（七）将《中华人民共和国刑法》第二百零一条修改为：“纳税人采取欺骗、隐瞒手段进行虚假纳税申报或者不申报，逃避缴纳税款数额较大并且占应纳税额百分之十以上的，处三年以下有期徒刑或者拘役，并处罚金；数额巨大并且占应纳税额百分之三十以上的，处三年以上七年以下有期徒刑，并处罚金。”“扣缴义务人采取前款所列手段，不缴或者少缴已扣、已收税款，数额较大的，依照前款的规定处罚。”“对多次实施前两款行为，未经处理的，按照累计数额计算。”“有第一款行为，经税务机关依法下达追缴通知后，补缴应纳税款，缴纳滞纳金，已受行政处罚的，不予追究刑事责任；但是，五年内因逃避缴纳税款受过刑事处罚或者被税务机关给予二次以上行政处罚的除外。”

刑法修正案（七）对偷税罪作了如下修改。

（1）将罪名由“偷税罪”改为“逃税罪”。“偷税”代之以“逃避缴纳税款”，恢复其本来之义。

（2）对逃税的手段不再作具体列举，而是采用概括性的表述——“纳税人采取欺骗、隐瞒手段进行虚假纳税申报或者不申报”，以适应实践中逃避缴纳税款可能出现的各种复杂情况。刑法修正案（七）把逃税行为主要概括为两类：第一类行为是“纳税人采取欺骗、隐瞒手段进行虚假纳税申报”，对这一类行为比较好理解，与刑法条文修改前的偷税具体手段无大的区别，常见的如设立虚假的账簿、记账凭证；对账簿、记账凭证进行涂改等；未经税务主管机关批准而擅自将正在使用中或尚未过期的账簿、记账凭证销毁处理等；在账簿上多列支出或者不列、少列收入。第二类行为是“不申报”，是指不向税务机关进行纳税申报的行为。这也是纳税人逃避纳税义务的一种常用手法，情况要比前一类复杂一些。主要表现为已经领取工商营业执照的法人实体不到税务机关办理纳税登记，或者已经办理纳税登记的法人实体有经营活动，却不向税务机关申报或者经税务机关通知申报而拒不申报的行为等。

（3）对构成“逃避缴纳税款数额较大、数额巨大”的具体数额标准未再作规定。这主要是考虑到，在经济生活中逃税的情况十分复杂，同样的逃税数额在不同时期对社会的危害程度不同，因此法律对数额不作具体规定，由司法机关根据实际做司法解释并适时调整更为合适。

（4）对“逃税罪”的初犯规定了不予追究刑事责任的特别条款，这是对“偷税罪”的重大修改。对逃避缴纳税款达到规定的数额、比例，已经构成犯罪的初犯，满足以下三个条件的可不予追究刑事责任：一是在税务机关依法下达追缴通知后，补缴应纳税款；二是缴纳滞纳金；三是已受到税务机关行政处罚。“已受行政处罚的”不仅是指逃税人已经收到了税务机关的《行政处罚决定书》，更是指逃税人是否已积极缴纳了罚款，这是判断逃税人有无悔改之意的重要判断标准。

（5）对达到“逃税罪”的数额、比例标准不免除刑事责任的情形也作了规定——“五年内曾因逃避缴纳税款受到过刑事处罚或者被税务机关给予二次处罚的除外”，体现了对有逃税行为屡教不改的人从严处理的立法思想。因逃避缴纳税款被税务机关给予二次以上行政处罚的人又逃税的，必须符合第一款规定的数额、比例标准，才能追究其刑事责任。

关于刑法修正案（七）“偷税罪”修改以后的溯及力问题，根据《中华人民共和国刑法》总则第十二条规定，对之前发生的行为适用不溯及既往和从旧兼从轻的原则，即对刑法修正案（七）颁布前的偷税犯罪行为还应当追究，但在决定是否追究刑事责任时有两点需要注意：一是看行为人是否符合刑法修正案（七）规定的不予追究刑事责任的三个条件，对于符合条件的可不追究刑事责任，否则应追究；二是看行为人逃避缴纳税款的数额是否达到“数额较大”的标准和规定的比例。

在理解上述逃税罪的认定方面，我们需要注意以下条件。

第一，针对《中华人民共和国税收征收管理法》第六十三条列举的偷税行为，目前刑法已经删去“经税务机关通知申报而拒不申报”的表述，将偷税的行为表述为纳税人采取欺骗、隐瞒手段进行虚假纳税申报或者不申报，这只是一种概括性表述，并非意味着纳税人伪造、变造、隐匿、擅自销毁账簿、记账凭证，或者在账簿上多列支出或者不列、少列收入两类偷税行为造成不缴、少缴税款的后果，不再需要追究刑事责任。在实际案件办理过程中，依然要遵守《最高人民法院关于审理偷税抗税刑事案件具体应用法律若干问题的解释》（法释〔2002〕33号）第一条规定执行。

第二，现在的司法规定对于立案金额作了进一步调整。《关于印发〈最高人民检察院　公安部关于公安机关管辖的刑事案件立案追诉标准的规定（二）〉的通知》（公通字〔2010〕23号）第五十七条规定了涉嫌下列情形之一的，应予立案追诉："（一）纳税人采取欺骗、隐瞒手段进行虚假纳税申报或者不申报，逃避缴纳税款，数额在五万元以上并且占各税种应纳税总额百分之十以上，经税务机关依法下达追缴通知后，不补缴应纳税款、不缴纳滞纳金或者不接受行政处罚的；（二）纳税人五年内因逃避缴纳税款受过刑事处罚或者被税务机关给予二次以上行政处罚，又逃避缴纳税款，数额在五万元以上并且占各税种应纳税总额百分之十以上的；（三）扣缴义务人采取欺骗、隐瞒手段，不缴或者少缴已扣、已收税款，数额在五万元以上的。"

随着经济社会的发展，我国经济犯罪呈现出新情况、新特点，特别是刑法、公司法、证券法等相关法律的修改完善以及受国家监察体制改革和公安部刑事案件管辖分工调整影响，最高人民检察院、公安部分别于2010年5月、2011年11月联合制定出台的《最高人民检察院　公安部关于公安机关管辖的刑事案件立案追诉标准的规定（二）》及其补充规定已不能完全适应当前执法司法办案实际。对此，最高人民检察院、公安部于2022年4月29日联合发布修订后的《关于公安机关管辖的刑事案件立案追诉标准的规定（二）》对上述金额进行了调整，其中第五十二条规定："［逃税案（刑法第二百零一条）］逃避缴纳税款，涉嫌下列情形之一的，应予立案追诉：（一）纳税人采取欺骗、隐瞒手段进行虚假纳税申报或者不申报，逃避缴纳税款，数额在十万元以上并且占各税种应纳税总额百分之十以上，经税务机关依法下达追缴通知后，不补缴应纳税款、不缴纳滞纳金或者不接受行政处罚的；（二）纳税人五年内因逃避缴纳税款受过刑事处罚或者被税务机关给予二次以上行政处罚，又逃避缴纳税款，数额在十万元以上并且占各税种应纳税总额百分之十以上的；（三）扣缴义务人采取欺骗、隐瞒手段，不缴或者少缴已扣、已收税款，数额在十万元以上的。纳税人在公安机关立案后再补缴应纳税款、缴纳滞纳金或者接受行政处罚的，不影响刑事责任的追究。"

第三，《中华人民共和国刑法》第二百零一条第三款规定的“未经处理”，是指纳税人或者扣缴义务人在五年内多次实施偷税行为，但每次的偷税数额均未达到《中华人民共和国刑法》第二百零一条规定的构成犯罪的数额标准，且未受行政处罚的情形。

纳税人、扣缴义务人因同一偷税犯罪行为受到行政处罚，又被移送起诉的，人民法院应当依法受理。依法定罪并判处罚金的，行政罚款折抵罚金。

第四，由于刑法修正案第四款是对本已构成犯罪、本应追究刑事责任的逃税人作出宽大处理的特别规定，所以不存在逃税当事人先补缴税款和滞纳金后，再涉及“行政罚款是否必要、罚款是否合理打行政诉讼官司的”问题。因此，最后的法律条文改成“已受行政处罚的”，这不单是指逃税人已经收到了税务机关的行政处罚（主要是行政罚款）决定书，更重要的是，逃税人是否已经积极缴纳了罚款，这是判断逃税人对已经构成的犯罪行为有无悔改之意的重要判断标准。如果已经构成逃税罪的纳税人拒不积极配合税务机关，且满足修正案第四款规定的不追究刑事责任的三个条件，税务机关就要将此案件转交公安机关立案侦查，进入刑事司法程序，追究当事人的刑事责任。

第五，法律规定的例外情形，五年内因逃避缴纳税款受过刑事处罚或者被税务机关给予二次以上行政处罚的除外。这里的刑事处罚是逃避缴纳税款造成的，考虑到对等性，此处的“二次以上行政处罚”也应当考虑为偷税引发的，如果是其他原因，比如未按规定开具造成的处罚，则不应计入二次以上行政处罚范畴。

案例

甲企业于2015年因为偷税被行政处罚一次，2020年因为发票违规被行政处罚一次，2021年因为偷税再次被行政处罚一次，此时二次行政处罚之间的时间间隔超过五年，因此不适用此条款，如果及时补缴税款滞纳金，依然可以不追究刑事责任。另外，值得注意

> 的是，这里所说的“被税务机关给予二次以上行政处罚的除外”，并不是指逃税受过两次行政处罚的，到第三次逃税该受到行政处罚时，无须再达到构成逃税罪数额、比例标准的要求，就应当定罪。这种理解是不正确的。《中华人民共和国刑法》第二百零一条第四款不追究刑事责任的特别条款是针对达到第一款规定的逃税数额、比例标准的逃税人而言的。因此，因逃避缴纳税款被税务机关给予二次以上行政处罚的人又逃税的，还必须符合第一款规定的数额、比例标准，才能追究刑事责任。

备注：有人提出，这里的二次以上，是否包含二次？全国人大常委会法制委员会《立法技术规范（试行）（一）》（法工委发〔2009〕62 号）指出：规范年龄、期限、尺度、重量等数量关系，涉及以上、以下、以内、不满、超过的规定时，“以上、以下、以内”均含本数，“不满、超过”均不含本数。按照上述规定，二次包含本数。

（三）法释〔2002〕33 号文件出台后，对刑法和行政法认定偷税行为的影响

在刑法方面，刑法认定偷税税额的计算方法也发生了变化。《关于如何理解（刑法）第二百零一条规定的“应纳税额”问题的批复》（公复字〔1999〕4 号）规定，《中华人民共和国刑法》第二百零一条规定的“应纳税额”是指在某一法定纳税期限或者税务机关依法核定的纳税期间内应纳税额的总和。偷税行为涉及两个以上税种的，只要其中一个税种的偷税数额、比例达到法定标准，即构成偷税罪，其他税种的偷税数额累计计算。

《最高人民法院关于审理偷税抗税刑事案件具体应用法律若干问题的解释》（法释〔2002〕33 号）则规定，偷税数额占应纳税额的百分比，是指一个纳税年度中的各税种偷税总额与该纳税年度应纳税总额的比例（含所有税种在内）。不按纳税年度确定纳税期的其他纳税人，偷税数额占应纳税额的百分比，按照行为人最后一次偷税行为发生之日前一年中各税种偷税总额与该年纳税总额的比例确定。纳税义务存续期间不足一个纳税年度的，偷税数额占应纳税额的百分比，按照各税种偷税总额与实际发生纳税义务期间应当缴纳税款总额的比例确定。

从上述文件变化中可以看出，应纳税额金额的确定，从一个所得税种到一个年度各税种，有利于纳税人。改变了以往只要其中一个所得税种的偷税数额、比例达到法定标准的，即构成偷税罪的规定。

在行政法方面，《最高人民法院关于审理偷税抗税刑事案件具体应用法律若干问题的解释》（法释〔2002〕33 号）规定，具有下列情形之一的，应当认定为《中华人民共和国刑法》第二百零一条第一款规定的“经税务机关通知申报”：“（一）纳税人、扣缴义务人已经依法办理税务登记或者扣缴税款登记的；（二）依法不需要办理税务登记的纳税人，经税务机关依法书面通知其申报的；（三）尚未依法办理税务登记、扣缴税款登记的纳税人、扣缴义务人，经税务机关依法书面通知其申报的。”

在一段时间内，有税务机关按照上述规定，认为纳税人、扣缴义务人已经依法办理税务登记或者扣缴税款登记，此时应当视为经税务机关通知申报，无须再下达税务事项通知书催报。

但实际问题是，法释〔2002〕33 号文件第二条是对偷税罪刑事责任认定的构成要件，不能直接平移作为税务行政处理的要求，法律条文不得类推。依据《国家税务总局关于落实“三证合一”登记制度改革的通知》（税总函〔2015〕482 号）新设立企业、农民专业合作社（以下统称“企业”）领取由工商行政管理部门核发加载法人和其他组织统一社会信用代码（以下称“统一代码”）的营业执照后，无须再次进行税务登记，不再领取税务登记证。企业办理涉税事宜时，在完成补充信息采集后，凭加载统一代码的营业执照可代替税务登记证使用。2016 年 6 月 30 日，国务院办公厅发布了《关于加快推进“五证合一、一照一码”登记制度改革的通知》国办发〔2016〕53 号，从 2016 年 10 月 1 日起，全国范围内实施“五证合一”“一照一码”登记。按照上述条款规定，纳税人不再符合法释〔2002〕33号文件第二条规定的情形之一：纳税人已经依法办理税务登记。

按照《中华人民共和国税收征收管理法》释义：所谓“经税务机关通知而拒不申报”，指的是应当依法办理纳税申报的纳税人，不按照法律、行政法规的规定办理纳税申报，并经税务机关通知，仍拒不申报的行为。如果税源管理部门未下发追缴税款的《税务事项通知书》，稽查部门在界定案件性质时，不得将纳税人定性为通知申报而拒不申报作为偷税处理，一旦发生涉税争议引发诉讼，法院也很难认可税务机关已经履行自身职责。

四、认定虚开专票税收政策的前世今生

对于虚开增值税专用发票行为的税务处理认识，有一个逐步深化的过程。国家税务总局先后出台一系列的文件对此进行明确。

首先，虚开发票的界定。对于虚开发票的情形界定，1993年的《中华人民共和国发票管理办法》并未规定虚开发票条款。虚开发票的定义最早来源于1995年出台的《全国人民代表大会常务委员会关于惩治虚开、伪造和非法出售增值税专用发票犯罪的决定》（中华人民共和国主席令第57号）规定：“虚开增值税专用发票是指有为他人虚开、为自己虚开、让他人为自己虚开、介绍他人虚开增值税专用发票行为之一的。”《中华人民共和国发票管理办法》（2010年12月20日国务院令第587号修订）将上述虚开定义进行补充，形成第二十二条第二款规定：“任何单位和个人不得有下列虚开发票行为：（一）为他人、为自己开具与实际经营业务情况不符的发票；（二）让他人为自己开具与实际经营业务情况不符的发票；（三）介绍他人开具与实际经营业务情况不符的发票。”

上述条款是针对发票阐发，实际包含了增值税专用发票和增值税普通发票。由于采取了正列举方式界定，没有设置兜底条款，因此如果纳税人的发票违规行为不能归属于上述三种情形之一，就不能得出虚开发票的结论。同时，运用此条款时应当考虑主观故意的因素。有人认为，条款并没

有直接将主观故意作为判定行政法意义上虚开发票的构成要件，但是从《中华人民共和国发票管理办法》的行文中可以看出，“为”“不符”“让”“介绍”的出现，故意、主动自然是条款包含的应有之义，只有在故意的驱使下才能作出上述行为。如果没有主观故意因素的考量，那么划分善意取得增值税专用发票将无从谈起。正是有了主观故意的考虑，才有了后来“善意取得”和“非善意（恶意）取得”的划分。

由于上述法条相对抽象，加上税收实践的高度复杂性，因此国家税务总局出台了一系列文件对虚开增值税专用发票的界定进行了细化。

（一）1995 年，“三流一致”概念横空出世

当年，国家税务总局出台了《关于加强增值税征收管理若干问题的通知》（国税发〔1995〕192 号）规定：纳税人购进货物或应税劳务，支付运输费用，所支付款项的单位，必须与开具抵扣凭证的销货单位、提供劳务的单位一致，才能够申报抵扣进项税额，否则不予抵扣。

该文件的出台，有效打击了虚开发票的猖獗势头，形成了后来的“发票流、资金流、物流必须‘三流一致’”观点。那么“三流一致”应该如何理解？

首先，我们要明确国税发〔1995〕192 号文件只是税法对虚开发票的常见特征进行的描述，但不是虚开发票的必然条件。判定虚开的核心标准只有一个，就是业务的真实性。“三流一致”虽表面合规，但是由于业务真实这个核心要素荡然无存，已开具的发票就算符合“三流一致”，依然属于不合规发票。

其次，即使业务存在“三流不一致”，我们也需要排除税法规定的特例情况。国家税务总局对于这些特例情况的允许，也从侧面证明了“三流不一致”并非虚开发票的必备条件，二者之间没有必然的因果关系。常见“三流不一致”文件规定如下。

《关于增值税一般纳税人期货交易进项税额抵扣问题的通知》（国税发〔2002〕45 号）：“期货交易是特例，收款方与发票销货方不一致也可抵扣。”《关于营改增试点若干征管问题的公告》（国家税务总局公告2016年第53号）：“‘三流不一致’，只向付款方开票，不向持卡购货方开票。”《国家税务总局关于进一步明确营改增有关征管问题的公告》（国家税务总局公告2017年第11号）：“《国家税务总局关于跨境应税行为免税备案等增值税问题的公告》（国家税务总局公告2017年第30号），解放了货代，极大地降低了税负。”

最后，我们对该文件的理解要准确到位。过去，很多税务机关认为，国税发〔1995〕192号文件是要求付款方和收票方保持一致，这是一个天大的误解。国家税务总局在视频会议政策问题解答中是这样回应的：“现行政策在住宿费的进项税抵扣方面，从未作出过类似的限制性规定，纳税人无论通过私人账户还是对公账户支付住宿费，只要其购买的住宿服务符合现行规定，都可以抵扣进项税。而且，需要补充说明的是，不仅是住宿费，对纳税人购进的其他任何货物、服务，都没有因付款账户不同而对进项税抵扣作出限制性规定。”

案例

王某和妻子刘某创立了甲商贸有限公司，从乙罐头厂购入价值1000万元的水果罐头，因为购货资金不足，王某和儿子小王商定，由小王开设的旅游有限公司代为支付1000万元货款，后期甲商贸公司将1000万元归还乙公司，这是否构成三流不一致。

按照税务总局的解释，“三流一致”中的“资金流”一致不是指付款方，而是指收款方。也就是说，不管谁支付，只要实际收到款项的一方是开具增值税专用发票的销货单位、提供劳务单位，那么接受这种增值税专票的货物、劳务购买方就可以抵扣进项税额。

在这个案例中，收到货款的是罐头厂，其同时开给了甲商贸有限公司发票，由于购货真实存在，甲商贸有限公司毫无疑问可以抵扣。至于付款来源是旅游有限公司，则只是两家公司的民间借贷关系，并不能否认购买罐头交易的真实存在。

案例

王某和妻子刘某创立了甲商贸有限公司（小规模纳税人），准备购买200万元汽油，于是向儿子小王开办的旅游有限公司（一般纳税人）注入资金200万元，旅游有限公司从加油站购入200万元汽油，并让甲商贸有限公司以自己的名义将油品提走，同时让加油公司将销项发票全部开给旅游有限公司。

从本案中我们可以看出，表面上看“三流一致”——资金流、合同流、货物流一致，但是实际上这笔货物的购买者是甲商贸公司，业务真实性根本不存在，之所以借道旅游有限公司，就是为了分享抵扣利益。因为甲商贸有限公司属于小规模纳税人，根本无法抵扣进项税额，所以用旅游有限公司名义购买汽油，自己是不能抵扣，对于旅游有限公司来说则是白白获得了13%的进项抵扣，但是这笔交易并非旅游有限公司自身发生，是否违法不言而喻。

（二）1997年，进一步细化了取得虚开增值税专用发票行为的处罚规定

随着虚开行为的日益猖獗，仅仅依靠“三流一致”的界定，无法有效堵塞虚开的漏洞。1997年《国家税务总局关于纳税人取得虚开的增值税专用发票处理问题的通知》（国税发〔1997〕134号）出台。在这份将通知虚开发票行为划分为取得虚开增值税专用发票未申报抵扣税款、未申请出口退税，申报抵扣税款、申请出口退税等具体情况。

（1）利用虚开增值税专用发票申报抵扣税款进行偷税、骗取出口退税的，依照《中华人民共和国税收征收管理法》追缴税款，处以偷税罚款、骗税罚款。（无货虚开，侧重于后果——不交、少交税款偷税。）

（2）购货方从销售方取得第三方开具的专用发票，或者从销货地以外的地区取得专用发票，申报抵扣税款或者申请出口退税的，按偷税、骗税处理，依照《中华人民共和国税收征收管理法》追缴税款，处以偷税、骗税罚款。（有货虚开，侧重于后果——不交、少交税款偷税。）

（3）纳税人取得虚开增值税专用发票未申报抵扣税款、未申请出口退税的，应当依照《中华人民共和国发票管理办法》分别处以发票罚款。（侧重于行为。）

按照上述规定，该通知的重点打击对象是接受虚开。原因很简单，需求不停，供给不止。为做到责罚匹配，需要区分不同情形给予处罚。

（三）善意取得概念创新出现

20 世纪末 21 世纪初，虚开增值税专用发票泛滥，严重侵蚀了增值税税基，国家税务总局一方面加紧开发防伪税控系统，另一方面加大了对虚开犯罪的打击力度，连续颁发《国家税务总局关于纳税人取得虚开的增值税专用发票处理问题的通知》（国税发〔1997〕134 号）、《国家税务总局关于〈国家税务总局关于纳税人取得虚开的增值税专用发票处理问题的通知〉的补充通知》（国税发〔2000〕182 号）等文件，对虚开行为进行严肃处理。但是，两文件“一刀切”式的处理，在购货方（受票方）不知道取得的增值税专用发票（以下简称“专用发票”）是销售方虚开的情况下，引起了税收争议，因此国家税务总局借鉴民法善意第三人的理念，下发了《关于纳税人善意取得虚开的增值税专用发票处理问题的通知》（国税发〔2000〕187 号）。该通知规定符合以下条件的受票方为“善意取得增值税专用发票”：购货方与销售方存在真实的交易，销售方使用的是其所在省（自治区、直辖市和计划单列市）的专用发票，专用发票注明的销售方名称、印章、货物数量、金额及税额等全部内容与实际相符，且没有证据表明购货方知道销售方提供的专用发票是以非法手段获得。为了解决善意取得进项税额转出的税收滞纳金问题，国家税务总局出台了国税函〔2007〕1240 号文件，规定对于善意取得，不加收税收滞纳金。

但是需要强调的是，这里的“善意取得”与民法的“善意取得”看上去精神相似，实质操作却并不相同。民法中的“善意取得”是保护善意第三人的权益，善意取得的财产不予返还，善意取得的票据权益应当得到兑现。但是税法中的“善意取得”仅仅是对第三人不予行政处罚，不加收税收滞纳金，防止取得人遭受更大的负担。二者不能完全等同。

（四）国家税务总局 2012 年第 33 号公告对纳税人虚开增值税专用发票征补税款问题进行了明确

国家税务总局的解读指出《国家税务总局关于加强增值税征收管理若干问题的通知》（国税发〔1995〕192 号）和《国家税务总局对代开、虚开增值税专用发票征补税款问题的批复》（国税函发〔1995〕415 号）规定，纳税人代开、虚开增值税专用发票的，一律按票面所列货物的适用税率全额征补税款。那么，就开票方而言，虚开发票的销售收入如果已在当期全额进行了抄报税，并申报缴纳了税款，192 号文件和 415 号文件所述的“全额征补税款”是否意味对其虚开的税额进行二次征收的问题。由于 192 号文件和 415 号文件的下发有其历史背景，当时使用的是手写版增值税专用发票，存在开具“大头小尾”发票和单联填开发票的行为，造成开票方的开票收入不申报或少申报缴税从而受票方虚抵、多抵增值税的情况发生，因此 192 号文件和 415 号文件对虚开增值税专用发票征补税款的处理规定符合当时的实际征管情况。在增值税防伪税控系统全面推行后，开票方对虚开的增值税专用发票在当期全额进行了抄报税、纳税申报及税款缴纳，如果对其已缴纳的税款进行补征，则会造成重复征税问题。因此，从目前增值税征管实际出发，同时为避免 192 号文件和 415 号文件现有表述可能造成的歧义，在公告中对该问题予以了进一步明确，即纳税人虚开增值税专用发票，未就其虚开金额申报并缴纳增值税的，应按照其虚开金额补缴增值税；已就其虚开金额申报并缴纳增值税的，不再按照其虚开金额补缴增值税。同时，将 192 号文件和 415 号文件的相关规定废止。

（五）国家税务总局 2014 年第 39 号公告规定，票货、票款一致，交易真实的可以抵扣，不必将进项转出重开

国家税务总局 2014 年第 39 号公告的出台，进一步强化了业务真实性的要求。严格来说，能否抵扣进项税额，取决于该笔税收业务是否真实，而非该单位是否存在虚开行为。因为在现实的税务处理过程中，虚开异常复杂，既有完全虚开，也有真假混杂，简单地“一刀切”看似高效便捷，其实并不利于查明事实，精准处理。

值得注意的是，国家税务总局2014年第39号公告是给开票地税务机关的，在这种情形下，开票地税务机关可以按照国家税务总局2014年第39号公告的规定不认定企业虚开；而受票地税务机关，一旦收到《已证实虚开通知单》，无论定性善意，还是恶意，或是采用国家税务总局2014年第39号公告，除非开票方税务机关根据国家税务总局2014年第39号公告撤销了已经发出的《已证实虚开通知单》，否则必须要求受票单位补税，而不能自行根据国家税务总局2014年第39号公告否定上游企业税务机关按照行政程序发出的《已证实虚开通知单》。

五、虚开专票犯罪司法认定的前世今生

（一）虚开增值税专用发票违法行为的定义

从历史沿革上探究，我国刑法规定的虚开增值税专用发票罪，是我国税制改革、实行增值税专用发票抵扣税款制度之后出现的新型经济犯罪。与普通发票相比，增值税专用发票不仅具有记载经营活动的功能，更具有凭票依法抵扣税款的功能。在行政法方面，由于《中华人民共和国税收征收管理法》是1992年出台的，1993年才出台《中华人民共和国增值税暂行条例》，开始试点增值税专用发票制度，因此《中华人民共和国税收征收管理法》和《中华人民共和国发票管理办法》均未能对虚开予以规定。国家税务总局先后出台了一系列税收文件以打击虚开行为。

在刑法方面，由于在增值税专用发票制度实行初期，即出现了一些不法分子利用增值税专用发票抵扣税款的现象，因此虚开增值税专用发票，扰乱了正常的增值税专用发票管理秩序，造成国家税款损失，社会危害很大。1995年通过的《全国人民代表大会常务委员会关于惩治虚开、伪造和

非法出售增值税专用发票犯罪的决定》，是在我国法律上第一次提出虚开增值税专用发票的概念，明确虚开增值税专用发票是指有为他人虚开、为自己虚开、让他人为自己虚开、介绍他人虚开增值税专用发票行为之一的为犯罪行为，并规定了相应的刑罚。但是，直到 2010 年，《中华人民共和国发票管理办法》中才出现关于虚开的行政立法。

1996 年，《最高人民法院关于适用〈全国人民代表大会常务委员会关于惩治虚开、伪造和非法出售增值税专用发票犯罪的决定〉的若干问题的解释》（法发〔1996〕30 号）出台，规定："虚开税款数额 1 万元以上的或者虚开增值税专用发票致使国家税款被骗取 5000 元以上的，应当依法定罪处罚。"

1997 年，《中华人民共和国刑法》将上述虚开的定义吸收进第二百零五条，规定了虚开增值税专用发票的刑事罪名，并沿用至今。

《最高人民法院关于虚开增值税专用发票定罪量刑标准有关问题的通知》（法〔2018〕226 号）再次明确："人民法院在审判工作中不再参照执行《最高人民法院关于适用〈全国人民代表大会常务委员会关于惩治虚开、伪造和非法出售增值税专用发票犯罪的决定〉的若干问题的解释》（法发〔1996〕30 号）第一条规定的虚开增值税专用发票罪的定罪量刑标准。"

在新的司法解释颁行前，对虚开增值税专用发票刑事案件定罪量刑的数额标准，可以参照《最高人民法院关于审理骗取出口退税刑事案件具体应用法律若干问题的解释》（法释〔2002〕30 号）第三条的规定执行，即虚开的税款数额在五万元以上的，以虚开增值税专用发票罪处三年以下有期徒刑或者拘役，并处二万元以上二十万元以下罚金；虚开的税款数额在五十万元以上的，认定为《中华人民共和国刑法》第二百零五条规定的"数额较大"；虚开的税款数额在二百五十万元以上的，认定为《中华人民共和国刑法》第二百零五条规定的"数额巨大"。按照上述规定，虚开入刑标准被适当提高，从一万元上升到五万元，同时排除了虚开增值税专用发票致使国家税款被骗取五千元以上的标准。

最高人民检察院、公安部于2022年4月29日联合发布修订的《最高人民检察院　公安部关于公安机关管辖的刑事案件立案追诉标准的规定(二)》再次对定罪标准进行了调整:“第五十六条［虚开增值税专用发票、用于骗取出口退税、抵扣税款发票案（刑法第二百零五条)］虚开增值税专用发票或者虚开用于骗取出口退税、抵扣税款的其他发票，虚开的税款数额在十万元以上或者造成国家税款损失数额在五万元以上的，应予立案追诉。”

（二）查处虚开犯罪行为出现的新变化

随着增值税发票制度的推行，出现了几种新情况。

(1）由于行政法规与刑法衔接不够完善，在受票方接受虚开并虚抵情况下，存在行政处罚与刑事处罚适用上的冲突。实践中为解决这一问题，国家出台了文件对其进行了明确。

《最高人民法院关于在司法机关对当事人虚开增值税专用发票罪立案侦查之后刑事判决之前，税务机关又以同一事实以偷税为由对同一当事人能否作出行政处罚问题的答复》(〔2008〕行他字第1号）指出:“根据《行政执法机关移送涉嫌犯罪案件的规定》第三条、第五条、第八条、第十一条的规定，税务机关在移送公安机关之前已经给予当事人罚款处罚的，法院在判处罚金时应当折抵罚金。”按照该文件规定，部分解决了上述问题。但是，如果税务机关在刑事判决后作出偷税的行政罚款，则仍然无法解决。

根据文件要求，移送时未作出行政处罚决定的，应当在公安机关决定不予立案或者撤销案件、人民检察院作出不起诉决定、人民法院作出无罪判决或者免予刑事处罚后，再决定是否给予行政处罚。对于达到移送标准的，应当先不作行政处罚，解决了上述冲突。但是对于未达到标准，或者最终公安机关不予立案的，此时仍交由税务机关处理。

需要提醒的是，对于专票抵扣，可以按照上述文件依据直接划分虚开，那么对于电子专票能否适用呢？其实，电子专票只是抵扣形式的转变，并没有改变其抵扣功能，因此依然可以适用上述文件定性。

那么，接受增值税普通发票（包括电子普票）虚开，应当如何定性呢？表面上看，上述文件要求只是对增值税专票作出了明确规定，并不能直接适用上述文件要求。但是，对于同类问题的思考方式，应当保持一致性和连贯性，这样才能作到逻辑上的自洽。对于接受增值税普通发票，延续上述逻辑则是如果实现了企业所得税税前扣除，并在所在年度汇算清缴造成企业所得税税款少缴时，才能定性为偷税；如果未造成企业所得税税款少缴，只是扩大了可弥补税前亏损，就无法定性为偷税，只能定性为虚开。

要注意区分行政法意义上的虚开和刑法意义上的虚开。

①界定范围的不同。刑法上的"有货虚开"犯罪行为仅限于"开具数量或者金额不实的增值税专用发票"，亦即有真实货物交易，开具商品服务名称等与实际情况不符的增值税专用发票的行为不属于虚开增值税专用发票的犯罪行为。除"数量或金额"外的有货虚开，如果造成相关方偷逃税款，则应以逃税罪追诉；如果未达到刑事立案标准，则应该以偷税或虚开定性，进行行政处罚。

②达到一定标准才能构成刑事犯罪。最高人民检察院、公安部于2022年4月29日联合发布修订后的《最高人民检察院　公安部关于公安机关管辖的刑事案件立案追诉标准的规定（二）》第五十七条规定："［虚开发票案（刑法第二百零五条之一）］虚开刑法第二百零五条规定以外的其他发票，涉嫌下列情形之一的，应予立案追诉：（一）虚开发票金额累计在五十万元以上的；（二）虚开发票一百份以上且票面金额在三十万元以上的；（三）五年内因虚开发票受过刑事处罚或者二次以上行政处罚，又虚开发票，数额达到第一、二项标准百分之六十以上的。"

（2）出现了真实交易代开发票，是否定性为虚开追究刑事责任的行为。实践中，出现了不以骗取税款为目的，客观上也不可能造成国家税款实际损失，但又不具有与增值税专用发票所记载的内容相符的真实交易的“虚开”行为，为增加销售额、夸大业绩的对开、环开专票行为（增值税进项税额、销项税额流转形成封闭循环），属于“虚开增值税专用发票犯罪解释”规定的无货虚开或者有货虚开金额或数量不实两种犯罪形态。这种行为虽然客观上破坏了增值税专用发票的管理制度，但与以骗取国家税款为目的虚开增值税专用发票行为相比，具有质的区别。参照典型案例，若没有偷逃税款的目的和后果，则不应构成犯罪。依据《中华人民共和国发票管理办法》《中华人民共和国税收征收管理法》进行相应的行政处罚。

2020 年，《最高人民检察院关于充分发挥检察职能服务保障“六稳”“六保”的意见》延续了上述思路，明确提出：“是依法慎重处理企业涉税案件。注意把握一般涉税违法行为与以骗取国家税款为目的的涉税犯罪的界限，对于有实际生产经营活动的企业为虚增业绩、融资、贷款等非骗税目的且没有造成税款损失的虚开增值税专用发票行为，不以虚开增值税专用发票罪定性处理，依法作出不起诉决定的，移送税务机关给予行政处罚。”

按照上述解释，企业虚开增值税专用发票行为在客观上没有造成税款损失，主观上也没有骗税目的，只是干扰、违反了正常的发票管理秩序，刑法应当保持谦抑性，对此不应当采用严厉的刑事责任追究其社会危害性，因为难以做到罪责刑相互适应，仅追究其行政责任即可。

六、定性虚开还是偷税，应当三思而后行

经常有稽查局对于查实企业实施税收违法行为，应定性为虚开还是偷税，产生较大争议。南北朝的《木兰辞》“雄兔脚扑朔，雌兔眼迷离；双兔傍地走，安能辨我是雄雌？”正是对这一问题的形象描述。

之所以难以选择，原因在于对虚开和偷税的定性，这对于税务行政处罚来说差距可谓“天上地下”。对于定性虚开发票而言，《中华人民共和国发票管理办法》第三十七条规定了最高罚款限额是 50 万元；按照《中华

人民共和国税收征收管理法》第六十三条规定，定性偷税进行处罚只有倍数限制，而没有最高罚款额限额。在刑事责任追究方面，刑法对逃税罪初犯可以有条件选择不予追究刑事责任；《中华人民共和国刑法》第二百零一条第四款规定有第一款行为的，经税务机关依法下达追缴通知后，补缴应纳税款，缴纳滞纳金，已受行政处罚的，不予追究刑事责任。但是，五年内因逃避缴纳税款受过刑事处罚或者被税务机关给予二次以上行政处罚的除外。而对虚开增值税专用发票，刑法没有类似规定。因此，如何对税收违法行为定性，对纳税人是有重大影响的。在税收实践中需要区分情况，才能准确定性，保障纳税人合法权益，有效避免执法风险。

（一）应当在何种情况下定性虚开或者偷税

由于虚开行为的出现，是由开票方和受票方共同完成的，因此基于受票方和开票方，可以细化为以下几类情形。

（1）对于开票方而言，如果开票方在没有实际经营行为的情况下，向受票方开具专票。在实践中，如果开票方利用“富余票”对外实施虚开行为，或者销售方双向虚开（同时接受虚开和对外虚开），那么开票方只有实施虚开行为的主观故意，并没有实施偷税的目的，只是造成了下游受票方偷税行为的实现。此时，对于开票方定性虚开才是符合实际的处理。

需要注意的是，对于销售方虚开行为究竟该如何予以行政处罚，则经历了一个从“一刀切”直接定性为偷税，到逐渐转变认识定性虚开的过程。对于销售方虚开的行为定性为偷税，先后涉及三个文件。根据《国家税务总局关于加强增值税征收管理工作的通知》（国税发〔1995〕15 号）将销售方虚开定性为偷税，《国家税务总局对代开、虚开增值税专用发票征补税款问题的批复》（国税函〔1995〕415 号）对国税发〔1995〕15 号文件的适用进一步作了解释，即对于企业为他人虚开的增值税专用发票，其销售额未计入销售账户核算的，也应按偷税论处。对于虚开又未就虚开金额纳税的处理，文件并没有明确。目前，上述文件已经废止。

实践中，考虑到虚开方实际上只是从中牟利，并没有实际经营活动的产生，从而不会产生纳税义务。此时定性偷税不符合《中华人民共和国税收征收管理法》第六十三条的定义。《中华人民共和国发票管理办法》（2010 年 12 月 20 日国务院令第 587 号修订）将虚开定义补充形成第二十二条第二款规定："任何单位和个人不得有下列虚开发票行为：（一）为他人、为自己开具与实际经营业务情况不符的发票；（二）让他人为自己开具与实际经营业务情况不符的发票；（三）介绍他人开具与实际经营业务情况不符的发票。"

因此，依据《中华人民共和国发票管理办法》第二十二条将销售方的税收违法行为定性为虚开，才是符合实际情况的处理。

（2）对于受票方，接受虚开行为，又分为双向虚开，或者接受虚开专票抵扣造成偷税。

本书"虚开增值税发票问题处理篇"已经详细分析双向虚开属于定性虚开，此处不再赘述。

对于接受虚开专票并抵扣造成偷税的结果，应当如何定性？由于接受虚开只是手段，最终造成了偷税的。有人提出，根据《国家税务总局关于纳税人取得虚开的增值税专用发票处理问题的通知》（国税发〔1997〕134 号），受票方利用他人虚开的专用发票，或用从销售方取得第三方开具的专用发票以及从销货地以外地区取得的专用发票申报抵扣进项税额，对受票方按偷税处理。

但是，上述观点忽略了该文件出台的历史背景。虽然上述国税发〔1997〕134 号文件仍然有效，但是该文件是在 1997 年制定的，当时《中华人民共和国发票管理办法》中还没有"虚开发票"的定义，也不存在对虚开发票行为处以罚款的规定，因此直接根据业务情形，将其定性为偷税。2010 年，《中华人民共和国发票管理办法》（2010 年 12 月 20 日国务院令第 587 号修订）将虚开定义补充形成第二十二条，同时形成了第三十七条，规定了对虚开发票的处罚条款。

接受虚开抵扣并进行偷税作为一项税收违法行为，既触犯了《中华人民共和国税收征收管理法》第六十三条偷税行为界定，也触犯了《中华人民共和国发票管理办法》第二十二条虚开行为的界定，构成了法条竞合的局面。

《中华人民共和国行政处罚法》第二十九条规定："对当事人的同一个违法行为，不得给予两次以上罚款的行政处罚。同一个违法行为违反多个法律规范应当给予罚款处罚的，按照罚款数额高的规定处罚。"以及《税务行政处罚裁量权行使规则》（国家税务总局公告 2016 年第 78 号）第十三条规定："对当事人的同一个税收违法行为不得给予 2 次以上罚款的行政处罚。当事人同一个税收违法行为违反不同行政处罚规定且均应处以罚款的，应当选择适用处罚较重的条款。"按照上述规定，做出处罚时应当在虚开、偷税处罚标准中择一重处。

（二）实际操作中的几个思维误区

（1）直接定性为偷税，属于税务行政处罚更重。

有人认为，虚开金额在一万元以下的，可以处五万元以下罚款；虚开金额超过一万元的，并处五万元以上五十万元以下的罚款。要么被认定为偷税，处罚的幅度为偷逃税款百分之五十以上，五倍以下的罚款。上述应当理解为在税务行政处罚范围内定性为偷税的行政处罚最重，此时无须考虑择一重处。这种观点是不够准确的。

从逻辑上说，一旦偷税数额超过十万元，两种定性的处罚幅度就可能拉开差距。虚开发票的处罚金额上限为五十万元，偷税处罚则没有上限规定，如果按照五倍进行处罚，就可能出现超过五十万元的局面。同时，依据各省税务行政处罚裁量基准，综合考虑各类情形后，也可能出现定性为虚开的罚款金额高于偷税罚款金额的情况，因此不能武断地认为定性偷税比定性虚开的处罚力度更大，就直接将其定性为偷税，而是要比较二者定性后的罚款金额，然后择一重处。

（2）接收到虚开专票，必须定性为接受虚开。

第一种情形，接收到虚开发票，如果符合《国家税务总局关于纳税人善意取得虚开的增值税专用发票处理问题的通知》（国税发〔2000〕187号）规定，则定性为善意取得，此时不属于接受虚开，也不能定性为偷税。定性偷税应当考虑主观故意，也就是接受虚开是让他人为自己虚开，是以抵扣进项税为目的。但是，善意取得本身并不是以偷税为目的，而是有真实的业务，只是由于开票方提供的虚开发票行为波及自己，造成了进项税额不得抵扣，此时由于缺乏偷税的主观故意这个必备条件，因此不能定性为偷税。

第二种情形，如果是开票方对下游交易真实，只是自己取得的进项发票属于虚开，那么此时下游企业不构成税收违法行为。只追究开票方就可以，此时受票方不能定性为接受虚开，也不构成善意取得，而是正常的经营行为。《国家税务总局关于纳税人对外开具增值税专用发票有关问题的公告》（国家税务总局公告2014年第39号）规定了“纳税人向受票方纳税人销售了货物，或者提供了增值税应税劳务、应税服务”，“纳税人向受票方纳税人收取了所销售货物、所提供应税劳务或者应税服务的款项，或者取得了索取销售款项的凭据”，“纳税人按规定向受票方纳税人开具的增值税专用发票相关内容，与所销售货物、所提供应税劳务或者应税服务相符，且该增值税专用发票是纳税人合法取得、并以自己名义开具的”三种情形。

按照国家税务总局公告解读，该公告是对纳税人的某种行为不属于虚开增值税专用发票所作的明确，目的在于既保护国家税款安全，又维护纳税人的合法权益。换个角度说，该公告仅仅界定了纳税人的某一行为不属于虚开增值税专用发票，并不意味着非此即彼，从该公告中并不能反推出不符合三种情形的行为就是虚开。因此，受票方不应定性为接受虚开，更不能定性为偷税。

第三种情形，接受虚开专票，此时证据不足，无法定性为虚开，只能依据《中华人民共和国增值税暂行条例》第九条规定，将相关进项税额作转出处理，并依据《中华人民共和国税收征收管理法》第三十二条规定，自滞纳税款之日起，按日加收滞纳税款万分之五的滞纳金。那么能否定性为偷税呢？由于接受虚开的目的是偷税，如果无法证明其有接受虚开的主观故意，那么想证明有偷税的主观故意则难度更大，因此建议慎重定性偷税。

综上所述，虚开和偷税两类行为既有联系，又相互独立，在实际执行过程中，应当透过现象准确把握核心本质，才能真正做到不枉不纵，过罚相当。

七、无法定性善意取得或虚开，应当如何处理

对于增值税专用发票的善意取得和恶意取得，相关税务处理的探讨文章已经很多，但是在税收实践中还有另一种情况出现——“无法定性”。具体来说，既找不到适用《国家税务总局关于纳税人取得虚开的增值税专用发票处理问题的通知》（国税发〔1997〕134 号）恶意接受虚开的证据，又不完全符合《国家税务总局关于纳税人善意取得虚开的增值税专用发票处理问题的通知》（国税发〔2000〕187 号）关于善意取得的四个条件，处于善意取得和虚开的“灰色地带”，应当如何处理。

案例

2021 年 3 月，甲企业取得上游企业乙企业开具的 10 份增值税专票，金额 1000 万元，进项税额 130 万元，已经抵扣结束。2021 年 8 月，甲企业所在地的稽查局接到乙企业所在地税务局开具的《已证实虚开通知单》，通过调查未发现有资金回流，甲企业货物入库单、出库单、购货合同、销售合同一应俱全，甲企业货物的购买方经过检查也没有问题。在询问笔录中，甲企业始终坚持自己的交易真实。但是，甲企业和乙企业购货的运输流上存在疑问，合同约定运费由甲企业负担，但是没有查到相关发票。甲企业称运费实际是由乙企业支付，自己没有运费发票。乙企业已经走逃失联，无法查实。甲企业以前的会计离职，无法找到。稽查部门对甲企业应当

如何处理？

（一）无法定性善意取得，也无法定性虚开，增值税应当如何处理

在没有证据证明甲企业明知的情况下，需要证明其是否明知对方虚开，交易是否真实存在，因此应当推定其不知道对方虚开。这里的货物运输费用与合同约定矛盾，相关人员无法找到，货物交易的真实性就存在疑点。由于无法同时符合“购货方与销售方存在真实的交易，销售方使用的是其所在省（自治区、直辖市和计划单列市）的专用发票，专用发票注明的销售方名称、印章、货物数量、金额及税额等全部内容与实际相符，且没有证据表明购货方知道销售方提供的专用发票是以非法手段获得”四个条件，就无法定性为善意取得。但是，仅凭运输发票一个疑点，缺乏其他确凿的证据，定性为恶意取得难以形成完整的闭环证据链。

在实际税务处理中，存在以下两种方式。

第一种方式，直接定性善意取得。部分税务局认为，善意和恶意是截然对立的关系，非此即彼。既然定不了恶意，那么自然就是善意。对此，直接采取逻辑推演方式，由于没有证据表明购货方知道销售方提供的专用发票是以非法手段获得的，因此既然无法证明对方恶意取得，就直接倒推出对方善意取得。实际上，国家税务总局文件对于善意取得规定了四个条件，必须同时具备才能构成善意取得。仅仅符合一个条件就定性善意取得，如果后期又出现其他证据，那么执法风险如何规避？根据常理度之，谁会相信购买方居然不知道是购买谁的货物，如果货物出了质量问题，怎么办？

对于上述问题，有人提出，出于打击虚开发票的目的，也不一定对所有的“没有证据表明取得的发票是销售方非法获得的”情形，一律按照善意取得，不按照偷税处理。《关于纳税人取得虚开的增值税专用发票处理问题的通知》（国税发〔1997〕134号）规定：“购货方从销售方取得第三方开具的专用发票，或者从销货地以外的地区取得专用发票，申报抵扣税

款或者申请出口退税的，按偷税、骗税处理，依照《中华人民共和国税收征收管理法》追缴税款，处以偷税、骗税罚款。”

能否按照偷税处理？当然可以，但是要看主观故意的证据是否具备。在本案中仅仅存在运输发票的疑点，未能取得其主观故意的证据，定性为偷税的依据不足。

《关于呼和浩特市昌隆食品有限公司有关涉税行为定性问题的复函》（国税办函〔2007〕513 号）指出：“《中华人民共和国税收征收管理法》未具体规定纳税人自我纠正少缴税行为的性质问题，在处理此类情况时，仍应按《中华人民共和国税收征收管理法》关于偷税应当具备主观故意、客观手段和行为后果的规定进行是否偷税的定性。”

税务机关在实施检查前，纳税人自我纠正属补报补缴少缴的税款，不能证明纳税人存在偷税的主观故意，不应定性为偷税。

《关于税务检查期间补正申报补缴税款是否影响偷税行为定性有关问题的批复》（税总函〔2013〕196 号）指出：“纳税人未在法定的期限内缴纳税款，且其行为符合《中华人民共和国税收征收管理法》第六十三条规定的构成要件的，即构成偷税，逾期后补缴税款不影响行为的定性。”

纳税人在稽查局进行税务检查前主动补正申报、补缴税款，并且税务机关没有证据证明纳税人具有偷税主观故意的，不按偷税处理。

第二种方式，回避定性，进项税额转出，加收滞纳金。部分税务机关认为，此类案件定善意不能，定恶意不可，定性不准会带来诸多税收风险。因为《已证实虚开通知单》作为只能证明委托方查处的发票属于虚开，并不能证明该发票的接受方具有税务违法行为。只有税务机关按照《税务稽查案件办理程序规定》（国家税务总局令第 52 号）立案检查作出的相关处理决定才能明确行政相对人的具体权利和义务。因此，稽查部门只能将涉案《已证实虚开通知单》作为作出补缴税款及收取滞纳金决定的证据之一。实践中，不少稽查部门依据《国家税务总局关于纳税人虚开增值税专用发票征补税款问题的公告》（国家税务总局公告 2012 年第 33 号）

“纳税人取得虚开的增值税专用发票，不得作为增值税合法有效的扣税凭证抵扣其进项税额”，对纳税人要求补税，加收滞纳金，也就是当成笔者所说的“非善非恶取得”处理。

接受虚开发票对进项税额作出转出处理自然是绝对正确的，但是适用的这份文件是否准确呢？首先来看国家税务总局2012年第33号公告：“纳税人虚开增值税专用发票，未就其虚开金额申报并缴纳增值税的，应按照其虚开金额补缴增值税；已就其虚开金额申报并缴纳增值税的，不再按照其虚开金额补缴增值税。税务机关对纳税人虚开增值税专用发票的行为，应按《中华人民共和国税收征收管理法》及《中华人民共和国发票管理办法》的有关规定给予处罚。纳税人取得虚开的增值税专用发票，不得作为增值税合法有效的扣税凭证抵扣其进项税额。”

从其语义来解释，“纳税人取得虚开的增值税专用发票，不得作为增值税合法有效的扣税凭证抵扣其进项税额”这句话是针对“纳税人虚开增值税专用发票……不再按照其虚开金额补缴增值税”而言的，是对其进一步的补充和完善。也就是针对虚开方而言，重申虚开方接受的虚开发票不得抵扣。因此，稽查部门不能将其扩大至接受虚开方，否则会出现“关公战秦琼”的错乱感。

那么，对于虚开方接受虚开发票的行为如何处理？其实，《中华人民共和国增值税暂行条例》第九条有规定：“纳税人购进货物、劳务、服务、无形资产、不动产，取得的增值税扣税凭证不符合法律、行政法规或者国务院税务主管部门有关规定的，其进项税额不得从销项税额中抵扣。”

有人担心，这种不定善意取得或者恶意取得的处理是否合适？税务稽查部门办理的是行政案件而非刑事案件，行政案件对相关证据的要求是排除合理怀疑，受制于技术手段和法律权利，不能用刑事案件的证据要求去要求行政案件。如果证据确凿，大胆定性善意取得就毫无疑问；如果在不完全符合的条件下强行定性善意取得，则会“按下葫芦浮起瓢”，带来新的税收执法风险。

（二）如果无法定性善意取得或者虚开，企业所得税应当如何处理

探讨这个问题的分析思路之前，笔者先讲一个古代故事：古代有个人叫张乖崖，是崇阳县的县令。一次，他看见一个管理仓库的小吏从仓库出来时，顺手将仓库里的一枚铜钱放进了自己的口袋。他立即派人把这个小吏抓来追问，并且下令用棍棒拷打。小吏心里不服，大声嚷道："一枚铜钱有什么了不起？为什么对我这么凶狠啊！"张乖崖听了，就拿起笔写了一条批语："一日一钱，千日千钱，绳锯木断，水滴石穿。"意思是：一天一个铜钱，一千日就是一千个铜钱，这就像用绳子锯木头、水滴石头一样，日久天长，木头也会被锯断，石头也会被滴穿。然后，他下令将这个小吏斩首。

按照现代法律观点，张乖崖实为酷吏。"一日一钱"是事实依据，"千日千钱"只是张乖崖自己的主观推理，把主观推理当成客观事实，最后只能是枉法裁判，如何让人心悦诚服？具体到税收上，对于不同的税种管理要求，要注意政策的适用范围，不能直接将某一税种的管理要求类推为适用于其他税种。

如果定性非善非恶所得，根据《中华人民共和国企业所得税法》第八条（也就是"万能八条"）："企业实际发生的与取得收入有关的、合理的支出，包括成本、费用、税金、损失和其他支出，准予在计算应纳税所得额时扣除。笔者认为应当可以税前扣除。"有人提出，既然无法定性为善意取得，货物的真实性交易就无法保证，企业所得税税前就不得扣除，二者应当是环环相扣的因果关系。此言其实大谬。因为这种观点将增值税的善意取得，直接在所得税上推理适用。

实际上，善意取得属于增值税的独有概念，企业所得税上并无此概念。增值税、所得税均有独立的评判真实交易的标准，二者之间存在一定的重合，如有合同、有出入记录等，但是也有各自独立的部分，比如增值税要求"三流一致"，二者不能完全等同。因此，增值税定性为虚开不得抵扣，是大家认识一致的。但是否可以因此直接断言，相应的成本支出一

律不能所得税税前扣除？笔者认为还是要以事实为依据，将有货虚开与无货虚开分开处理。

首先，论善意、恶意取得，取得的虚开发票属于不合规发票，一律不得凭票作税前扣除。依据《企业所得税税前扣除凭证管理办法》（以下简称《办法》）第十二条规定："企业取得私自印制、伪造、变造、作废、开票方非法取得、虚开、填写不规范等不符合规定的发票（以下简称'不合规发票'），以及取得不符合国家法律、法规等相关规定的其他外部凭证（以下简称'不合规其他外部凭证'），不得作为税前扣除凭证。"同时，要及时换开发票，才能实现1000万元购货成本税前扣除。依据《办法》第十三条规定："企业应当取得而未取得发票、其他外部凭证或者取得不合规发票、不合规其他外部凭证的，若支出真实且已实际发生，应当在当年度汇算清缴期结束前，要求对方补开、换开发票、其他外部凭证。补开、换开后的发票、其他外部凭证符合规定的，可以作为税前扣除凭证。"

其次，如果是无货虚开，那么属于恶意取得的自然不用说，相关成本也没有真实发生，所得税税前不得扣除。如果是有货虚开，则需要区分以下情形。

第一，如果是有货虚开，定性为善意取得，则增值税进项税额转出，发票必须按照《办法》第十二条、第十三条规定，换开发票实现税前扣除。如果无发票更换，就按照《办法》第十四条、第十五条处理。

《办法》第十四条规定："企业在补开、换开发票、其他外部凭证过程中，因对方注销、撤销、依法被吊销营业执照、被税务机关认定为非正常户等特殊原因无法补开、换开发票、其他外部凭证的，可凭以下资料证实支出真实性后，其支出允许税前扣除：（一）无法补开、换开发票、其他外部凭证原因的证明资料（包括工商注销、机构撤销、列入非正常经营户、破产公告等证明资料）；（二）相关业务活动的合同或者协议；（三）采用非现金方式支付的付款凭证；（四）货物运输的证明资料；（五）货物入库、出库内部凭证；（六）企业会计核算记录以及其他资料。前款第一项至第三项为必备资料。”

《办法》第十五条规定：“汇算清缴期结束后，税务机关发现企业应当取得而未取得发票、其他外部凭证或者取得不合规发票、不合规其他外部凭证并且告知企业的，企业应当自被告知之日起60日内补开、换开符合规定的发票、其他外部凭证。其中，因对方特殊原因无法补开、换开发票、其他外部凭证的，企业应当按照本办法第十四条的规定，自被告知之日起60日内提供可以证实其支出真实性的相关资料。”

第二，如果是有货虚开，定性为恶意取得，则企业所得税税前能否扣除？很多人难以理解，企业恶意取得专票动机不纯，诚信都出现了问题，也能作企业所得税税前扣除？其实，恶意取得只是增值税的概念，所得税并没有划分善意和恶意。对于企业而言，只要购货的交易成本真实发生，而且与实际经营有关，就应当允许所得税进行税前扣除，相关法条见上述规定。

第三，如果是有货虚开，定性为恶意不能，定性为善意不够，则能否作所得税税前扣除？按照法律举轻以明重的原则，如果是有货虚开而恶意取得都可以扣除，那么无法确定虚开而不允许税前扣除合理吗？

第四，案例中，如果定性为善意取得，则转出的130万元进项税额能否作所得税前扣除？这是一个十分令人头疼的问题。根据《中华人民共和国企业所得税法释义》规定：“企业发生的税金是企业为取得经营收入实际发生的必要的、正常的支出，与企业发生的成本、费用性质相同，是企业取得经营收入实际发生的经济负担，符合税前扣除的基本原则。这里的税金一般是指纳税人缴纳的消费税、资源税和城市维护建设税、教育费附加等产品销售税金及附加，以及发生的房产税、车船使用税、土地使用税、印花税等，但不包括由消费者在价外负担的增值税。”但是这里的税金采用会计上的概念，应当计入损益表；增值税作为价外税计入应缴税费，不在损益表反映。

本书认为，按照现行增值税管理要求，如果定性为善意取得，理论上就应当重新取得发票抵扣。但是，在实际操作中，上游企业因为虚开被追究刑事责任，让相关企业重新开具发票十分困难，企业本身因为取得虚开发票导致进项无法抵扣，如果所得税税前再不得以扣除，势必造成企业更大的负担。

【补充资料】

（1）2018年12月4日，最高人民法院发布《人民法院充分发挥审判职能作用保护产权和企业家合法权益典型案例（第二批）》，其中第一个典型案例就是张某强虚开增值税专用发票案。

◎典型意义

本案张某强借用其他企业名义为其企业开具增值税专用发票，虽不符合当时的税收法律规定，但张某强并不具有偷逃税收的目的，其行为未对国家造成税收损失，不具有社会危害性。一审法院在法定刑之下判决其承担刑事责任，并报最高人民法院核准。虽然对于本案判决结果，被告人并未上诉，但是最高人民法院基于刑法的谦抑性要求认为，本案不应定罪处罚，故未核准一审判决，并撤销一审判决，将本案发回重审。最终，本案一审法院宣告张某强无罪，切实保护了民营企业家的合法权益。本典型案例对于指导全国法院在司法审判中按照罪刑法定、疑罪从无原则，以发展的眼光看待民营企业发展中的不规范问题，具有重要的指导意义。

◎基本案情

2004年，被告人张某强与他人合伙成立个体企业某龙骨厂，张某强负责生产经营活动。因某龙骨厂系小规模纳税人，无法为购货单位开具增值税专用发票，张某强遂以他人开办的鑫源公司名义对外签订销售合同。2006年至2007年，张某强先后与六家公司签订轻钢龙骨销售合同，购货单位均将货款汇入鑫源公司账户，鑫源公司为上述六家公司开具增值税专用发票共计53张，价税合计4457701.36元，税额647700.18元。基于以上事实，某州市人民检察院指控被告人张某强犯虚开增值税专用发票罪。

◎裁判结果

某州市人民法院一审认定被告人张某强构成虚开增值税专用发票罪，在法定刑以下判处张某强有期徒刑三年，缓刑五年，并处罚金人民币五万元。张某强在法定期限内没有上诉，检察院未抗诉。某州市人民法院依法逐级报请最高人民法院核准。

最高人民法院经复核认为，被告人张某强以其他单位名义对外签订销售合同，由该单位收取货款、开具增值税专用发票，不具有骗取国家税款的目的，未造成国家税款损失，其行为不构成虚开增值税专用发票罪，某州市人民法院认定张某强构成虚开增值税专用发票罪属适用法律错误。据此，最高人民法院裁定：不核准并撤销某州市人民法院一审刑事判决，将本案发回重审。该案经某州市人民法院重审后，依法宣告张某强无罪。

[案例出处：中华人民共和国最高人民法院（2016）最高法刑核51732773号刑事裁定书。]

（2）2019年1月17日，最高人民检察院发布《首批涉民营企业司法保护典型案例》，四个典型案例中有两个涉及虚开犯罪行为。

①吴某、黄某、廖某虚开增值税专用发票案——依法及时变更强制措施，帮助民营企业恢复生产经营。

◎基本案情

被告人吴某系广州市A机械设备有限公司（以下简称“A公司”）法定代表人，被告人黄某、廖某系A公司股东，三人另系B机械设备有限公司（以下简称“B公司”）实际控制人。因涉嫌虚开增值税专用发票罪，三人在侦查阶段均被采取逮捕措施。

2011年至2016年，被告人吴某伙同黄某、廖某经过密谋，在没有货物实际交易的情况下，由吴某联系并指使张某等人（均另案处理），为A公司虚开广州C贸易有限公司等17家公司的增值税专用发票用于抵扣税款，获取的不当利益用于A公司的日常运营以及被告人吴某、黄某、廖某三个股东的利润分配。经鉴定，A公司接受上述17家公司虚开的增值税专用发票271张，金额人民币1977万余元，税额人民币336万余元，价税合计人民币2314万余元。案发后，吴某作为A公司负责人自动投案，如实交代犯罪事实，黄某、廖某到案后如实交代自己知道的犯罪事实。

◎**处理意见**

经综合评估，广州市越秀区检察院决定对已经逮捕的两名从犯黄某、廖某变更为取保候审。最终，黄某、廖某向税务机关全额补缴了税款。经到B公司实地考察，该企业恢复了正常经营，员工反映良好。鉴于吴某、黄某、廖某三人有自首、坦白、案发后积极补缴税款、认罪认罚等情节，提出了从宽处理的量刑建议。

◎**指导意义**

办理涉民营企业案件要全面综合考虑办案效果，既要保证依法惩治犯罪，尽可能地挽回国家损失，又要积极采取措施，帮助企业恢复生产经营，做到法律效果和社会效果的有机统一。

②江苏A建设有限公司等七家公司及其经营者虚开发票系列案——对处于从属地位，被动实施共同犯罪的民营企业，依法从宽处理。

◎**基本案情**

涉案单位江苏A建设有限公司（以下简称“A公司”）等7家公司均为民营企业，经营建筑工程相关业务。许某等7人分别是以上7家公司负责人，分别于2018年4月25日至5月2日被取保候审。

在无真实经营业务的情况下，7家工程承揽企业以收取6%～11%开票费的方式，为房地产开发商虚开建筑业统一发票、增值税普通发票，虚开金额共计3亿余元。许某等7人在公安机关立案前投案自首，主动上缴违法所得、缴纳罚款。

◎**处理意见**

具有自首、坦白等法定从轻或减轻处罚情节，没有在虚开发票过程中偷逃税款，案发后均积极上缴违法所得、缴纳罚款，在犯罪中处于从属地位，系开发商利用项目发包、资金结算形成的优势地位要求其实施共同犯罪，具有被动性。依据《中华人民共和国刑事诉讼法》第一百七十七条第二款规定，昆山市人民检察院于2018年12月19日对A公司等7家公司及许某等7人作出不起诉决定。

◎**指导意义**

检察机关办理涉民营企业经济犯罪案件，要注意保护和促进市场经济秩序良性发展。对于偷逃税款、虚开发票等严重破坏合法、健康的市场经济秩序，破坏公开、公平、公正的市场竞争秩序的犯罪行为，应当依法追究刑事责任，维护合法经营、公平竞争的市场环境。

附录二　税务检查证据专题

一、行政执法证据种类的收集与固定

根据《中华人民共和国行政诉讼法》第三十三条规定，证据包括书证、物证、视听资料、证人证言、当事人的陈述、鉴定结论、勘验笔录和现场笔录。

（一）书证的收集与固定

按照《最高人民法院关于行政诉讼证据若干问题的规定》（法释〔2002〕21号，以下简称《若干规定》）第十条、第十七条和《税务稽查案件办理程序规定》第十七条、第十八条的规定，书证的收集与固定应符合以下要求。

（1）需要提取与案件有关资料原件的，以专用收据提取有关资料。

（2）不能取得原件的，或稽查对象以外的单位和个人提供的书证属于复印件的，可以照相、影印和复制，但必须注明原件的出处，由原件保存单位（个人）签注“本件由我单位提供，与原件核对无误，原件存于我处”字样，并由其签章或者押印；拒绝签章或者押印的，应当邀请有关基层组织（如街道办事处等）或公证处代表人等作为见证人到场，制作现场笔录，在现场笔录上记明拒签事由和日期，由稽查人员、见证人签名或者盖章。

（3）收集的报表、会计账簿、图纸、专业技术资料、科技文献等书证，应当附有说明出处等相关信息的材料并盖章和押印。

（4）外文书证或者外国语视听资料，应当附有由具有翻译资质的机构翻译的或者其他翻译准确的中文译本，由翻译机构盖章或者翻译人员签名。

（二）物证的收集与固定

按照《若干规定》第十一条、第十四条的规定，物证的收集与固定应符合以下要求。

（1）应收集原物，如收集原物确有困难的，可以收集与原物核对无误的复制件或证明该物证的照片、录像等其他具有证明效力的证据。

（2）原物数量较多的，可收集、调取其中具有代表性的一部分，并辅以照片、录像、现场笔录等加以佐证。

（3）收集物证时，还要注意与鉴定结论相结合。

（三）录像资料和录音资料收集与固定的要求

按照《若干规定》第十二条、第五十七条、第七十一条的规定，录像资料和录音资料的收集与固定应符合以下要求。

（1）尽可能调取有关资料的原始载体，即录音、录像、计算机储存资料等信息载体。调取原始载体确有困难的，可提供复制件，需注明制作方法、制作时间、制作人和证明对象等内容。

（2）通过拍摄、录音等方式取得（包括采用偷拍、偷录、窃听等手段获取，但不能侵害他人合法权益）。

（3）对取得的视听资料，应保持事实的完整性、真实性，不得进行剪辑、拼接等。

（4）声音资料应当附有该声音内容的文字记录。

（5）录制的原始音像制品可复制几个复制品后办理公证，封存备查，保证原始音像制品不会多次使用后出现磨损和音像失真。

（四）电子证据的收集和固定

按照《若干规定》第十二条、第四十条、第六十四条、第七十一条的规定要求，一般可以采取以下方式收集与固定电子证据。

（1）一般取证。对电子证据在未经伪饰、修改、破坏等情形下进行的取证。

①打印。直接将有关内容打印在纸张上，再按照提取书证的方法予以保管、固定，并注明打印的时间、数据信息在计算机中的位置（如存放于哪个文件夹中等）和取证人员等内容。

②拷贝。拷贝之后，应当及时检查拷贝的质量，防止因保存方式不当等原因导致的拷贝不成功或感染病毒。在取证同时应取得备份证据，然后将其中备份证据的存储介质封存，由纳税人注明“该数据出自我单位电脑中，未经修改，数据真实”，写明“年、月、日”，盖章封存，稽查人员将封存的电子数据存储介质带回单位保存。

③拍照、摄像。可采用拍照、摄像的方法对其进行提取和固定，也可同时对取证全程进行拍照、摄像。

④公证。对操作计算机的步骤、计算机型号、打开计算机和进入页面的程序，以及计算机中出现的内容进行复制等全过程进行现场监督，对现场情况进行拍照或录像，由公证人员出具公证书。

（2）特殊取证。这里主要指在不能顺利获取电子证据情况时，如被加密、删改、破坏的情况下，由专业技术人员协助进行的电子证据收集和固定活动。

①解密。找到相应的密码文件后，由专业人员选用相应的解除密码口令软件。解密后，将对案件有价值的文件进行一般取证。在解密过程中，可采取录像方式。

②恢复。使用软件恢复工具，恢复已被修改、破坏的证据后，再进行一般取证。

（五）证人证言的收集与固定

按照《若干规定》第十条、第十三条、第二十二条、第二十三条、第二十五条、第四十二条、第四十六条、第五十七条、第七十一条的规定，证人证言的收集与固定应符合以下要求。

（1）《调查（询问）笔录》应逐项填写清楚以下内容：询问的时间、

地点，询问调查人、记录人（录入人），被询问人姓名、性别、年龄、工作单位、职务、住址，以及重要在场人的姓名、工作单位、职务等。

（2）正文部分采用问答形式。记录询问内容要真实、准确、详细、具体，不能随意取舍。

（3）稽查人员应就调查了解的事实进行询问，询问措辞应做到意思表达清晰、明确，不要使用暗示或隐喻性的言辞，并应告知不如实提供情况其应当承担的法律责任。

（4）涉及重要事实、情节、数字、日期等问题时，应要求被询问人准确回答，避免含糊。

（5）对证人提供的物证、书证，或询问人提问时出示的证据，都要在记录中反映并记明证据的来源。

（6）《调查（询问）笔录》应用钢笔、毛笔书写或打印。

（7）应由证人本人签章或者押印，证人没有书写能力请人代写、代打印的，由代写人、代打印人向本人宣读，本人认为无误的，由本人及代写人、代打印人共同签章或者押印。

（8）证人认为证言有遗漏或差错的，应允许其补充或更正。更改证言的，应当注明更改原因，并在更改处由被询问人押印，但税务机关不退还原件。

（9）采用手书、计算机打印等多种方式固定证据的，均应当有稽查人员、被询问人、陈述人、谈话人签名或者盖章。

（10）证人证言中要有证人的签名、盖章（押印）和出具日期，以及证明证人身份的文件。

（六）当事人陈述的收集与固定

当事人陈述的收集与固定要求与证人证言的要求基本相同，参见“（五）证人证言的收集与固定”。

（七）鉴定意见的收集与固定

按照《若干规定》第十四条、第六十二条、第六十三条的有关规定，鉴定结论应符合以下要求。

（1）委托人和委托鉴定的事项，向鉴定部门提交的相关材料。

（2）进行鉴定的时间、地点。

（3）鉴定的依据和使用的科学技术手段。

（4）对鉴定情况和结果进行的论证。

（5）鉴定部门和鉴定人对鉴定资格的说明，并应有鉴定人、复核人签名和鉴定部门盖章。

（6）明确的鉴定结论。通过分析获得的鉴定结论，鉴定人应当说明分析过程。

按照《若干规定》第三十条规定，对上述鉴定内容欠缺或鉴定结论不明确的，税务机关可要求鉴定部门予以说明、补充鉴定或重新鉴定。

（八）勘验笔录、现场笔录的收集和固定

按照《若干规定》第十五条的规定，勘验笔录、现场笔录应符合以下要求。

（1）必须由稽查人员当场制作，不得由他人代为制作，也不得事后补作。

（2）应当全面、客观。应当载明时间、地点和事件等内容。

（3）制作完毕由稽查人员和当事人签名，如当事人拒绝签名或者不能签名的，应当注明原因，有其他人在现场的，可由其他人签名。

二、具体违法行为所需证据

根据《中华人民共和国税收征收管理法》第十四条规定，本法所称“税务机关”是指各级税务局、税务分局、税务所和按照国务院规定设立的并向社会公告的税务机构。

根据《中华人民共和国税收征收管理法实施细则》第九条规定，《中华人民共和国税收征收管理法》第十四条所称“按照国务院规定设立的并向社会公告的税务机构”，是指省以下税务局的稽查局。稽查局专司偷税、逃避追缴欠税、骗税、抗税案件的查处。

（一）证明偷税行为成立的证据

1. 主体证据方面

（1）各类登记证照等书证（包括登记、变更、注销等书证）。如工商登记、税务登记、事业社团登记等，特殊行业还应取得特许经营批准文书：包括纳税人领取的由工商行政管理部门或者其他主管部门核发的加载法人和其他组织统一社会信用代码的相关证件；属于增值税一般纳税人的，应取得增值税一般纳税人证明；属于自然人、个体工商户的，应取得个人的居民身份证或护照等复印件。

（2）其他主体资格书证。纳税人银行账号、享受税收减免的批文等，法定代表人、主要负责人、财务人员、直接责任人等相关人员的身份证明。

2. 客观行为证据方面

客观行为证据主要围绕纳税人、扣缴义务人的偷税手段收集证据：以账务检查为切入点，结合稽查对象的供应、生产、销售、运输等部门信息，核实其纳税申报的真实性；通过现场检查、询问、协查等方法，以及到有关政府职能部门、业务相关单位等取得证据。

（1）伪造、变造、隐匿和擅自销毁账簿、记账凭证行为的证据。

1）伪造、变造账簿、记账凭证行为的证据。取得伪造、变造账簿、记账凭证的原件或经稽查对象确认的复印件。对真实反映其经营状况的账簿、会计凭证、业务合同、物流凭据、资金往来等相关资料也应作为证据一并提取；需要对证据进行司法鉴定的，应提请司法部门做司法鉴定。其中，物流凭据包括出库单据、入库单据、送货单据、存货盘点表、日销单、账外账等；资金往来凭据包括进账单、对账单、现金或银行结算凭据等。

2）隐匿账簿、记账凭证行为的证据。可从进货渠道核查进货量，从资金流向核查销货量，再通过库存盘点确定其实际销售收入，并取得物流凭据、资金往来凭据、存货盘点凭据等证据。

3）擅自销毁账簿、记账凭证行为的证据。可制作询问笔录、取得证人证言；有销毁现场的，应制作现场笔录；以照相、录像、录音等方式提取销毁账簿、记账凭证的残骸等视听资料；从公安等部门取得销毁账簿、记账凭证的案件资料。

4）其他证据的收集。取得当事人陈述或收集相关人员（包括法定代表人、经办人、财务人员、仓库管理员、运输人员等）的证人证言或制作询问笔录；纳税申报资料；纳税人相关的会议记录、电子数据等其他证据；纳税人是增值税一般纳税人的，还应取得其账外经营部分的合法抵扣凭证。

（2）在账簿上多列支出或不列、少列收入行为的证据。

在提取账簿证据时，收集和固定纳税人多列支出、少列收入等违反税收政策内容的账页。

1）多列支出行为的证据。

①通过扩大产品材料成本多列支出的，应取得反映其材料假出库、变更原材料计价方法、职工发放资金计入材料采购成本等的相关账簿凭证资料。

②通过税前列支购置、建造固定资产，超标、超范围计提固定资产折旧等手段多列支出的，应取得反映其固定资产折旧方法、折旧率、当期应计提固定资产折旧数额、不得提取的固定资产折旧数额等的相关账簿凭证资料。

③通过违规摊销多列支出的，应取得反映纳税人缩短待摊费用摊销期限、改变低值易耗品核算方法、违规摊销开办费等的相关账簿凭证资料。

④将专用基金支出计入成本多列支出的，应取得反映其将专用基金支出列入成本费用的相关账簿凭证资料。

⑤以白条、假发票虚列各类费用支出，超标列支各类费用支出等手段多列支出的，应提取相关账簿凭证资料；需要对证据进行鉴定的，应提请

相关部门做鉴定。

⑥其他多列支出行为的证据。

2）不列、少列收入行为的证据。

①对于账外经营的应税收入或将应税收入挂在往来账户不按规定结转收入，应取得反映其真实业务状况的会计凭据、资金收支单据、货物出入库单据及业务合同、协议等相关资料。

②对于少计应税收入的行为，应取得分解销售收入，价外收入不作销售处理，出售来料加工剩余材料及出售用来料加工、剩余材料加工的产品不计销售收入，将产品或半成品自用、对外投资、对外捐赠、以物易物、用于职工福利商品未申报纳税等行为的会计凭证、资金收支单据、货物出入库单据及业务合同、协议等相关资料。

③少计“营业外收入”或“其他业务收入”的，应取得反映其固定资产清理净收益、罚没收入、固定资产变价收入、固定资产出租收入、转让无形资产收入等少计收入行为的会计凭证、资金收支单据及合同、协议等相关资料。

（3）经税务机关通知申报而拒不申报行为的证据。

1）主管税务机关下达的《责令限期改正通知书》和送达回证。

2）税务登记证（法人统一社会信用代码证书）或扣缴登记。纳税人、扣缴义务人已办理税务登记或扣缴登记的，认定为“经税务机关通知申报”；未依法办理税务登记或扣缴登记的，提取税务机关在法定或依法确定的纳税申报期限期满后依法书面通知其申报的通知书复印件。

3）证明纳税人、扣缴义务人经税务机关通知申报而拒不申报行为的当事人陈述，制作询问笔录。

（4）采取虚假纳税申报行为的证据。

1）纳税人、扣缴义务人报送的与事实不符的纳税申报表、财务会计报表及其他纳税资料。

2）反映纳税人虚假申报的账簿、报表等资料。在提取时，可视情况只提取反映虚假申报内容的账页和虚假申报期间账上反映月计、累计发生额、余额情况的账页。

3）纳税人非法取得或取得不符合有关规定发票的证据。收集纳税人不按规定作纳税调整的证据时，一方面应提取相关业务会计处理的资料，另一方面可以结合询问笔录对所提取的上述证据加以固定。

4）其他反映虚假纳税申报行为的证据。

3. 行为结果证据方面

纳税人、扣缴义务人的偷税行为少缴纳税款的证据，包括偷税当期的申报资料，反映应缴纳税款的询问笔录等。

（二）证明虚开行为成立的证据

1. 虚开增值税专用发票

（1）主体证据方面。与偷税行为主体证据方面的取证相同。

（2）客观行为证据方面。

1）开票方证据。

①纳税人发票领用情况的相关证明材料。

②纳税申报表、税收缴款书、进项抵扣凭证。

③票、货、款是否一致的证据，包括开票单位与受票单位相关的账册凭证、资金来源明细账、现金存款明细账、银行存款明细账，现金收款或者银行收款凭据、货物进出凭据、生产过程资料、货物出入库单据、运输单据（包括运输合同、运输费用支出凭证、运输发票等）及相关合同、协议，核实涉嫌虚开发票是否在经营范围内填开。

④收集当事人陈述、申辩材料及开票单位与受票单位有关人员（包括法定代表人、业务经办人、财务人员及仓库管理员、运输部门人员等）的证言材料，制作询问笔录。证言应能说明代开、虚开、接受虚开或介绍虚开增值税专用发票的动机、目的、手段，受票单位（个人）的基本情况，如何结识受票单位（个人），是否有中间人及其基本情况，虚开发票的动议、决策过程及参与人员，与受票单位（个人）、中间人等协商过程及具

体内容；填开及交接过程；收取开票手续费情况等。

⑤委托的行业协会等出具的证明无真实交易的鉴定结论。根据稽查对象的行业，委托相关行业协会对稽查对象的生产能力等情况（如设备数量、工人效率、运输能力等），实施勘查，制作鉴定结论，确定销售业务的真实性。

⑥通过对受票单位协查，取得虚开发票的已申报抵扣证据。

⑦到涉嫌虚开发票单位的生产经营场所调查其实际生产能力、生产规模及经营状况，综合判断是否与涉嫌虚开的发票所反映的生产能力相符合，并通过拍照、摄像等方式固定证据。

⑧其他与虚开增值税专用发票有关的证据。

2）受票方证据。

◎**【接受虚开不可抵扣增值税发票的处理】**

【第一种情况】有真实交易接受虚开可抵扣增值税发票的处理。

在拟定性为有真实交易接受虚开可抵扣增值税发票稽查案件中，原则上应调查并取得下列能够证明交易真实性的证据材料（包括但不限于）。

第一类：能够证明“真实交易”的证据材料。

①交易合同或者协议（或当事人自述材料、情况说明、询问笔录等其他能够证明交易的材料）。

②支付的付款凭证和检查与真实交易方资金流向的证据。

③企业会计核算记录。

④能够证明交易发生的其他资料（如货物入库、出库凭证或货物运输的证明；交易发生的商业理由以及交易过程、结果、验收记录等资料）。

⑤向真实交易的销售方调查情况（如询问笔录、销售方陈述、销售方的收款情况等）。

其中，第①~④项为必备项。

第二类：能够证明“明知”的证据材料。

①检查与开票方资金流向的证据（如单笔资金回流对应或接近对应、

多笔资金回流总额与开票总额接近、支付开票手续费、虚假现金支付、虚假结算、虚假承兑汇票、无正当理由长期挂账未支付及涉案人员证实交易资金虚假以及无真实交易或票货不一致的言词证据等材料）。其中，支付虚开发票“开票费”情况，包括是否已支付“开票费”，开票前如何协商确定获利分配数额或比例，开票方、中间人分配比例，受票方实际支付数额比例，支付方式（现金、汇票等）、支付次数、支付时间、支付地点等，资金流向，现金或者票据实际交接双方当事人，资金使用情况等。

②能够证明受票方明知销售方与开票方不一致或直接从第三方取得虚开的可抵扣增值税发票，用于抵扣税款、申请出口退税和成本扣除行为的其他证据材料。

【第二种情况】无真实交易接受虚开可抵扣增值税发票的处理。

在拟定性为无真实交易接受虚开可抵扣增值税发票稽查案件中，原则上应调查并取得下列能够证明无真实交易的证据材料（包括但不限于）。

①能够证明无真实交易的证据材料（如单笔资金回流对应或接近对应、多笔资金回流总额与开票总额接近、支付开票手续费、虚假现金支付、虚假结算、虚假承兑汇票、无正当理由长期挂账未支付及涉案人员证实交易资金虚假以及无真实交易或票货不一致的言辞证据等材料）。其中，支付虚开发票“开票费”情况，包括是否已支付“开票费”，开票前如何协商确定获利分配数额或比例，开票方、中间人分配比例，受票方实际支付数额比例，支付方式（现金、汇票等）、支付次数、支付时间、支付地点等，资金流向，现金或者票据实际交接双方当事人，资金使用情况等。

②能够证明虚构业务为自己、让他人为自己虚开发票或要求销售方开票金额多于实际交易金额虚开可抵扣增值税发票，用于抵扣税款、申请出口退税和成本扣除行为的其他证据材料。

3）行为结果证据。

受票方取得虚开发票，并已据此申报抵扣税款的证据。

◎【虚开农产品收购和销售发票证据】

①主体证据方面。与偷税行为主体证据方面的取证基本相同。

②客观行为证据方面。

a. 开票单位发票领购簿，其他相关证明材料。

b. 开票单位与受票单位之间有无真实业务往来的证据，包括相关的货物往来、资金往来账簿、资金收支单据、货物出入库单据、货物运输单据及相关合同、协议的复印件，并进行比对，取得票、货、款是否一致的证据。

c. 取得当事人陈述或收集相关人员（包括法定代表人、具体经办人、财务人员及仓库管理员、运输部门人员等）的证人证言，并制作询问笔录。证言应能说明虚开农产品收购凭证的动机、目的、手段，虚开行为的策划者和策划过程，填开及交接过程等。

d. 必要时，请公安机关出具收购发票上填写的出售人的身份证鉴定结论，确定收购业务的真实性。

e. 出具收购发票上填写的出售人的证人证言，内容包括农产品的种植面积、饲养数量、捕捞数量、季节性特点等（必要时邀请出售人当地政府机关人员作为见证人），确定收购业务的真实性。

f. 委托的行业协会等出具的证明无真实交易的鉴定结论。根据稽查对象的行业，委托相关行业协会对稽查对象的收购行为、生产能力等情况（如设备数量、工人效率、运输能力等），实施勘查，制作鉴定结论，确定收购业务的真实性。

g. 有关政府部门的公文，如生态环境局等出具的证明文件，确定稽查对象是否利用收购的农产品从事过生产，确定收购业务的真实性。

h. 纳税申报及缴纳税款资料的复印件，核实受票单位是否已抵扣税款。

i. 相关账册凭证，货物出库单、过磅单、运输发票及相关合同、协议等。

③行为结果证据。受票单位根据虚开抵扣税款的普通发票，骗取抵扣税款的证据。受票方取得虚开发票，并已据此申报抵扣税款的证据。

（3）证明善意取得形成成立的证据。

1）善意接受虚开可抵扣增值税发票的处理。

①行政定性标准。善意接受虚开可抵扣增值税发票应同时满足以下条件：

a. 受票方与销售方存在真实的交易。

b. 销售方使用的是其所在省（自治区、直辖市和计划单列市）的增值税发票。

c. 增值税发票注明的销售方名称、印章，货物（及劳务）数量、金额及税额等全部内容与实际相符（如取得增值税电子发票应符合现行要求）。

d. 且没有证据表明受票方知道销售方提供的专用发票是以非法手段获得的。

②调查取证要求。在拟定性为善意接受虚开可抵扣增值税发票稽查案件中，原则上应调查并取得下列能够证明交易真实性的证据材料（包括但不限于）。

a. 交易合同或者协议（或当事人自述材料、情况说明、询问笔录等其他能够证明交易的材料）。

b. 支付的付款凭证且未发现资金回流至受票方及关联人员。

c. 企业会计核算记录。

d. 能够证明交易发生的其他资料（如货物入库、出库凭证或货物运输的证明；交易发生的商业理由以及交易过程、结果、验收记录等资料）。

2）善意接受虚开不可抵扣增值税发票的处理。

①行政定性标准。参照善意接受虚开可抵扣增值税发票的行政定性标准。

②调查取证要求。参照善意接受虚开可抵扣增值税发票的调查取证标准。

（三）证明出口骗税行为成立的证据。

涉及出口骗税的开票企业主要是出口供货企业、涉农或即征即退纳税企业等。

为骗取出口退税，达到逃避检查目的，一些犯罪团伙采取产、供、销“一条龙”方式，操纵全产业链式虚开骗税。故意在不同地区设立有进出口经营权的外贸企业、出口供货企业（国内供货企业）和上游涉农（或即征即退）原材料生产企业。由出口供货企业开具增值税专用发票给下游外贸出口企业，假报货物出口，骗取国家出口退税，出口供货企业再利用原材料生产企业开具的增值税专用发票将虚开产生的销项税金予以抵扣，再由原材料生产企业通过虚开农产品收购发票将销项税金予以抵扣，达到无税而骗税目的。

1. 证据的内容

在查处违规取得或骗取出口货物退（免）税违法案件时，税务机关应依法取得主体方面、客体方面、主观方面和客观方面的证据。

（1）主体方面的证据。

1）当事人为单位的，应取得下列证据。

①法人统一社会信用代码证书、银行账号证明、设立或者开业证明、法定代表人证明等，当事人具有自营出口资格的，应取得自营出口资格证明。

②有关人员身份证明，包括法定代表人、实际投资者、实际经营决策者、财务主管、财务会计人员、直接责任人员等的有效身份证明。

③当事人为股份制企业的，应取得企业成立的章程、股东名册、出资额和投资比例。

④当事人属于增值税一般纳税人的，应取得增值税一般纳税人资格认定证明。

⑤当事人享受税收优惠政策的，应取得享受税收优惠政策的证书或证明。

⑥当事人被吊销统一社会信用代码证书的，应取得工商管理机关和税

收管理机关吊销其统一社会信用代码证书的证明材料。

⑦当事人已注销统一社会信用代码证书的，应取得工商管理机关和税收管理机关注销的证明材料。

⑧当事人已关闭但未注销统一社会信用代码证书的，应取得有关部门的证明材料。

⑨当事人其他主体方面的相关证据。

2）当事人为个体工商户的，应取得下列证据。

①统一社会信用代码证书、银行账号证明、设立或者开业证明，以及业主、实际投资者、财务会计人员、直接责任人员等的有效身份证明。

②属于增值税一般纳税人的，应取得增值税一般纳税人资格认定证明。

③当事人被吊销或已关闭统一社会信用代码证书的，参照单位证据的要求取得相关的证明材料。

④当事人其他主体方面的相关证据。

3）当事人为自然人的，应取得下列证据。

①户口簿、居民身份证、户口底卡、工作证、护照或者其他有效证明。

②当事人为未办理统一社会信用代码证书个人的，应取得主管部门的相关证明以及询问笔录等证据。

③当事人其他主体方面的相关证据。

4）当事人为扣缴义务人的，应取得下列证据。当事人为扣缴义务人的，除上述主体方面的相关证据外，还应收集能够证明其具有法定扣缴税款义务的证据材料，如委托代收（代扣）税款合同、协议书等。

（2）客体方面的证据。客体方面的证据是指当事人通过违规取得或骗取的国家出口退税款的证据。

1）税务机关的证据。

①已退税款资料，主要包括税务机关已核准且已从国库退税的税款数

额证明以及税款退库凭单等。

②未退税款资料，主要包括税务机关已经核准但尚未从国库退库或者企业已经申报但税务机关尚未核准退税的资料、证明等。

③其他有关的证据。

2）国库的证据。国库包括国家在进出口企业所在地设立的金库或支库。主要是查清当事人是否已在国库取得所骗取的出口退（免）税等情况，并取得相关的证据。

①当地国库退库资料，主要包括出口退税企业的税收通用缴款书（第三联）、税收（出口货物专用）缴款书（第四联）、税收收入退还书（第二联）等。

②其他有关的证据。

（3）主观方面的证据。主观方面的证据是带有当事人主观意识色彩的，受当事人主观意识影响的证据，当事人主观方面的证据主要包括以下几种。

1）违法单位主观方面的证据。

①单位的法定代表人和直接负责的主管人员主观方面的证据。一是能够证明单位的法定代表人和直接负责的主管人员明知单位没有出口货物生产、销售或出口货物的实际销售价格，而授意、指使或者放任财务或其他人员伪造、变造虚假的出口货物生产、出口报关、出口收汇和申请出口退税资料，在账簿上进行虚假的会计核算，进行骗取出口退（免）税活动，或明知国家出口退（免）税的规定而实施了违规取得出口退（免）税行为的书证、物证、证人证言、当事人陈述、视听资料等证据。

二是单位的法定代表人和直接负责的人员在证明违规取得或骗取出口退（免）税行为成立的货物出口报关、财务报表、纳税申报、出口收汇和申请出口退（免）税等资料上签字的，可以认定其具有违规取得或骗取出口退（免）税的主观故意。

②单位的其他有关责任人员主观方面的证据。能够证明单位的其他有

关责任人员明知单位没有出口货物生产、销售或出口货物的实际销售价格，并且实施了某项具体的伪造、变造虚假的出口货物生产、出口报关、出口收汇和申请出口退（免）税资料，在账簿上进行虚假的会计核算，进行骗取出口退（免）税活动；或明知国家出口退（免）税的规定而实施了违规取得出口退（免）税行为的书证、物证、证人证言、当事人陈述、视听资料等证据。

③反映单位意志的相关证据。一是能够证明违规取得或骗取出口退（免）税行为是以单位名义实施，或者由单位集体研究决定，或者由单位负责人或被授权的其他人员决定、同意的有关书证、物证、证人证言、当事人陈述、视听资料等证据。

二是违法所得归单位所有，或者部分归单位所有的相关证据，包括违规取得或骗取的出口退（免）税归单位占有、使用、收益、处分等相关证据。

2）其他涉案单位主观方面的证据。能够证明其明知是骗取出口退（免）税违法行为，并且实施了某项具体的伪造、变造虚假的出口货物生产、出口报关、出口收汇和申请出口退（免）税资料，在账簿上进行虚假的会计核算，进行骗取出口退（免）税活动；或明知国家出口退（免）税的规定而实施了违规取得出口退（免）税行为的书证、物证、证人证言、当事人陈述、视听资料等证据。

3）其他有关当事人主观方面的证据。

（4）客观方面的证据。客观方面的证据是指不受当事人主观意识影响的证据。它是通过观察、测量或试验获得并且能被验证的，与客观事物有关的或与客观论证体系要素的存在和实施有关的定性或定量的信息、记录或事实陈述，证明其是真实信息、客观事实。

在出口退税业务中需要注意的客观方面取证事项。

第一，出口业务的来源情况，主要包括何人、何时、何地，以何种方式或者通过何种途径与外贸企业取得联系，外贸企业何人参与接洽业务，供货企业的名称、地址，参与人员的姓名、住址、联系方式，中间介绍人以及策划虚假出口业务等详细情况。

第二，出口业务签约情况，主要包括外商如何确定、是否见过外商、外商是何人联系、外商基本情况、合同经办人与出口企业的关系、实际货物出口人、出口业务协商及“出口合同”协商和签约、是否签订双重合同等详细情况。

第三，出口货物购销情况，主要包括出口货物的货源如何确定，供货企业如何确定，是否见过供货企业有关人员，是否到供货企业实地考察，是否见过出口货物，如何验收货物，货物交接直至出境的运输单位，交接人、交接地点、交接时间、交接方式、交接手续，以及自营出口生产企业的生产能力、货物采购、委托加工、货物出入库等详细情况。

第四，进销项发票开具情况，主要包括销项发票的领购，购买发票或假发票的来源、数量和金额，虚开进项发票的来源、数量和金额，进项发票的开票人，取得进项发票的交接人、交接地点、交接时间、交接方式和交接手续，以及购买发票支付的费用、虚开进项发票支付开票费的比例等详细情况。

第五，相关资金往来情况，主要包括以企业或个人名义在商业银行或者其他金融机构开设账户、出口货物生产及购销过程中相关款项的结算方式和资金往来，虚开发票开票费的收付、票面款项及返还款项等详细情况。

第六，货物出口报关情况，主要包括何人、何时、何地，以何种运输方式、手续或者手段到何海关报关；是否与海关内部人员相互通谋、伪造、变造报关单证情况；海关人员、报关员、报关行是否明知报关单证系伪造、变造；企业自身是否有报关员，为何不由自己的报关员报关，确定报关员、报关行的基本情况；报关手续费的计算、支付和兑现；以及其他出口报关等详细情况。

第七，外汇来源情况，主要包括外汇的来源，境内收汇人，何时从境外何账户汇款、汇入何账户，何人通知外汇到账，汇款具体数额、币种，以及地下外汇黑市、“黄牛”买卖外汇等详细情况。

第八，结汇情况，主要包括何人、何时、何地，以何种手续或者手段到何外汇管理部门结汇，是否与外汇管理部门内部人员相互通谋，是否伪造、变造结汇单证，如何伪造、变造，外汇管理人员是否明知结汇单证系伪造、变造，以及收汇资金流向等详细情况。

第九，申报退（免）税情况，主要包括如何取得有关出口退（免）税资料，何人、何时以何资料单证、何名义（代理还是自营）到何税务机关申请出口退（免）税、申报出口退（免）税数额，如何向税务机关申报，税务机关批准出口退（免）税及实际出口退（免）税数额，以及涉案单位和涉案人最终获利等详细情况。

第十，涉案人联系情况，主要包括与有关人员是否保持联系，联系方式，联系内容等详细情况。

附录三　涉税法律法规、部门规章专题

中共中央办公厅　国务院办公厅印发《关于进一步深化税收征管改革的意见》

近年来，我国税收制度改革不断深化，税收征管体制持续优化，纳税服务和税务执法的规范性、便捷性、精准性不断提升。为深入推进税务领域“放管服”改革，完善税务监管体系，打造市场化法治化国际化营商环境，更好服务市场主体发展，现就进一步深化税收征管改革提出如下意见。

一、总体要求

（一）指导思想。以习近平新时代中国特色社会主义思想为指导，全面贯彻党的十九大和十九届二中、三中、四中、五中全会精神，围绕把握新发展阶段、贯彻新发展理念、构建新发展格局，深化税收征管制度改革，着力建设以服务纳税人缴费人为中心、以发票电子化改革为突破口、以税收大数据为驱动力的具有高集成功能、高安全性能、高应用效能的智慧税务，深入推进精确执法、精细服务、精准监管、精诚共治，大幅提高税法遵从度和社会满意度，明显降低征纳成本，充分发挥税收在国家治理中的基础性、支柱性、保障性作用，为推动高质量发展提供有力支撑。

（二）工作原则。坚持党的全面领导，确保党中央、国务院决策部署不折不扣落实到位；坚持依法治税，善于运用法治思维和法治方式深化改革，不断优化税务执法方式，着力提升税收法治化水平；坚持为民便民，进一步完善利企便民服务措施，更好满足纳税人缴费人合理需求；坚持问题导向，着力补短板强弱项，切实解决税收征管中的突出问题；坚持改革创新，深化税务领域“放管服”改革，推动税务执法、服务、监管的理念和方式手段等全方位变革；坚持系统观念，统筹推进各项改革措施，整体性集成式提升税收治理效能。

（三）主要目标。到2022年，在税务执法规范性、税费服务便捷性、税务监管精准性上取得重要进展。到2023年，基本建成“无风险不打扰、有违法要追究、全过程强智控”的税务执法新体系，实现从经验式执法向科学精确执法转变；基本建成“线下服务无死角、线上服务不打烊、定制服务广覆盖”的税费服务新体系，实现从无差别服务向精细化、智能化、个性化服务转变；基本建成以“双随机、一公开”监管和“互联网+监管”为基本手段、以重点监管为补充、以“信用+风险”监管为基础的税务监管新体系，实现从“以票管税”向“以数治税”分类精准监管转变。到2025年，深化税收征管制度改革取得显著成效，基本建成功能强大的智慧税务，形成国内一流的智能化行政应用系统，全方位提高税务执法、服务、监管能力。

二、全面推进税收征管数字化升级和智能化改造

（四）加快推进智慧税务建设。充分运用大数据、云计算、人工智能、移动互联网等现代信息技术，着力推进内外部涉税数据汇聚联通、线上线下有机贯通，驱动税务执法、服务、监管制度创新和业务变革，进一步优化组织体系和资源配置。2022年基本实现法人税费信息“一户式”、自然人税费信息“一人式”智能归集，2023年基本实现税务机关信息“一局式”、税务人员信息“一员式”智能归集，深入推进对纳税人缴费人行为的自动分析管理、对税务人员履责的全过程自控考核考评、对税务决策信息和任务的自主分类推送。2025年实现税务执法、服务、监管与大数据智

能化应用深度融合、高效联动、全面升级。

（五）稳步实施发票电子化改革。2021 年建成全国统一的电子发票服务平台，24 小时在线免费为纳税人提供电子发票申领、开具、交付、查验等服务。制定出台电子发票国家标准，有序推进铁路、民航等领域发票电子化，2025 年基本实现发票全领域、全环节、全要素电子化，着力降低制度性交易成本。

（六）深化税收大数据共享应用。探索区块链技术在社会保险费征收、房地产交易和不动产登记等方面的应用，并持续拓展在促进涉税涉费信息共享等领域的应用。不断完善税收大数据云平台，加强数据资源开发利用，持续推进与国家及有关部门信息系统互联互通。2025 年建成税务部门与相关部门常态化、制度化数据共享协调机制，依法保障涉税涉费必要信息获取；健全涉税涉费信息对外提供机制，打造规模大、类型多、价值高、颗粒度细的税收大数据，高效发挥数据要素驱动作用。完善税收大数据安全治理体系和管理制度，加强安全态势感知平台建设，常态化开展数据安全风险评估和检查，健全监测预警和应急处置机制，确保数据全生命周期安全。加强智能化税收大数据分析，不断强化税收大数据在经济运行研判和社会管理等领域的深层次应用。

三、不断完善税务执法制度和机制

（七）健全税费法律法规制度。全面落实税收法定原则，加快推进将现行税收暂行条例上升为法律。完善现代税收制度，更好发挥税收作用，促进建立现代财税体制。推动修订税收征收管理法、反洗钱法、发票管理办法等法律法规和规章。加强非税收入管理法制化建设。

（八）严格规范税务执法行为。坚持依法依规征税收费，做到应收尽收。同时，坚决防止落实税费优惠政策不到位、征收“过头税费”及对税收工作进行不当行政干预等行为。全面落实行政执法公示、执法全过程记录、重大执法决定法制审核制度，推进执法信息网上录入、执法程序网上流转、执法活动网上监督、执法结果网上查询，2023年基本建成税务执法质量智能控制体系。不断完善税务执法及税费服务相关工作规范，持续健全行政处罚裁量基准制度。

（九）不断提升税务执法精确度。创新行政执法方式，有效运用说服教育、约谈警示等非强制性执法方式，让执法既有力度又有温度，做到宽严相济、法理相融。坚决防止粗放式、选择性、“一刀切”执法。准确把握一般涉税违法与涉税犯罪的界限，做到依法处置、罚当其责。在税务执法领域研究推广“首违不罚”清单制度。坚持包容审慎原则，积极支持新产业、新业态、新模式健康发展，以问题为导向完善税务执法，促进依法纳税和公平竞争。

（十）加强税务执法区域协同。推进区域间税务执法标准统一，实现执法信息互通、执法结果互认，更好服务国家区域协调发展战略。简化企业涉税涉费事项跨省迁移办理程序，2022年基本实现资质异地共认。持续扩大跨省经营企业全国通办涉税涉费事项范围，2025年基本实现全国通办。

（十一）强化税务执法内部控制和监督。2022年基本构建起全面覆盖、全程防控、全员有责的税务执法风险信息化内控监督体系，将税务执法风险防范措施嵌入信息系统，实现事前预警、事中阻断、事后追责。强化内外部审计监督和重大税务违法案件“一案双查”，不断完善对税务执法行为的常态化、精准化、机制化监督。

四、大力推行优质高效智能税费服务

（十二）确保税费优惠政策直达快享。2021年实现征管操作办法与税费优惠政策同步发布、同步解读，增强政策落实的及时性、确定性、一致性。进一步精简享受优惠政策办理流程和手续，持续扩大“自行判别、自行申报、事后监管”范围，确保便利操作、快速享受、有效监管。2022年实现依法运用大数据精准推送优惠政策信息，促进市场主体充分享受政策红利。

（十三）切实减轻办税缴费负担。积极通过信息系统采集数据，加强部门间数据共享，着力减少纳税人缴费人重复报送。全面推行税务证明事项告知承诺制，拓展容缺办理事项，持续扩大涉税资料由事前报送改为留存备查的范围。

（十四）全面改进办税缴费方式。2021 年基本实现企业税费事项能网上办理，个人税费事项能掌上办理。2022 年建成全国统一规范的电子税务局，不断拓展"非接触式""不见面"办税缴费服务。逐步改变以表单为载体的传统申报模式，2023 年基本实现信息系统自动提取数据、自动计算税额、自动预填申报，纳税人缴费人确认或补正后即可线上提交。

（十五）持续压减纳税缴费次数和时间。落实《优化营商环境条例》，对标国际先进水平，大力推进税（费）种综合申报，依法简并部分税种征期，减少申报次数和时间。扩大部门间数据共享范围，加快企业出口退税事项全环节办理速度，2022 年税务部门办理正常出口退税的平均时间压缩至 6 个工作日以内，对高信用级别企业进一步缩短办理时间。

（十六）积极推行智能型个性化服务。全面改造提升 12366 税费服务平台，加快推动向以 24 小时智能咨询为主转变，2022 年基本实现全国咨询"一线通答"。运用税收大数据智能分析识别纳税人缴费人的实际体验、个性需求等，精准提供线上服务。持续优化线下服务，更好满足特殊人员、特殊事项的服务需求。

（十七）维护纳税人缴费人合法权益。完善纳税人缴费人权利救济和税费争议解决机制，畅通诉求有效收集、快速响应和及时反馈渠道。探索实施大企业税收事先裁定并建立健全相关制度。健全纳税人缴费人个人信息保护等制度，依法加强税费数据查询权限和留痕等管理，严格保护纳税人缴费人及扣缴义务人的商业秘密、个人隐私等，严防个人信息泄露和滥用等。税务机关和税务人员违反有关法律法规规定、因疏于监管造成重大损失的，依法严肃追究责任。

五、精准实施税务监管

（十八）建立健全以“信用+风险”为基础的新型监管机制。健全守信激励和失信惩戒制度，充分发挥纳税信用在社会信用体系中的基础性作用。建立健全纳税缴费信用评价制度，对纳税缴费信用高的市场主体给予更多便利。在全面推行实名办税缴费制度基础上，实行纳税人缴费人动态信用等级分类和智能化风险监管，既以最严格的标准防范逃避税，又避免影响企业正常生产经营。健全以“数据集成+优质服务+提醒纠错+依法查处”为主要内容的自然人税费服务与监管体系。依法加强对高收入高净值人员的税费服务与监管。

（十九）加强重点领域风险防控和监管。对逃避税问题多发的行业、地区和人群，根据税收风险适当提高“双随机、一公开”抽查比例。对隐瞒收入、虚列成本、转移利润以及利用“税收洼地”、“阴阳合同”和关联交易等逃避税行为，加强预防性制度建设，加大依法防控和监督检查力度。

（二十）依法严厉打击涉税违法犯罪行为。充分发挥税收大数据作用，依托税务网络可信身份体系对发票开具、使用等进行全环节即时验证和监控，实现对虚开骗税等违法犯罪行为惩处从事后打击向事前事中精准防范转变。健全违法查处体系，充分依托国家“互联网+监管”系统多元数据汇聚功能，精准有效打击“假企业”虚开发票、“假出口”骗取退税、“假申报”骗取税费优惠等行为，保障国家税收安全。对重大涉税违法犯罪案件，依法从严查处曝光并按照有关规定纳入企业和个人信用记录，共享至全国信用信息平台。

六、持续深化拓展税收共治格局

（二十一）加强部门协作。大力推进会计核算和财务管理信息化，通过电子发票与财政支付、金融支付和各类单位财务核算系统、电子档案管理信息系统的衔接，加快推进电子发票无纸化报销、入账、归档、存储。

持续深化“银税互动”，助力解决小微企业融资难、融资贵问题。加强情报交换、信息通报和执法联动，积极推进跨部门协同监管。

（二十二）加强社会协同。积极发挥行业协会和社会中介组织作用，支持第三方按市场化原则为纳税人提供个性化服务，加强对涉税中介组织的执业监管和行业监管。大力开展税费法律法规的普及宣传，持续深化青少年税收法治教育，发挥税法宣传教育的预防和引导作用，在全社会营造诚信纳税的浓厚氛围。

（二十三）强化税收司法保障。公安部门要强化涉税犯罪案件查办工作力量，做实健全公安派驻税务联络机制。实行警税双方制度化、信息化、常态化联合办案，进一步畅通行政执法与刑事执法衔接工作机制。检察机关发现负有税务监管相关职责的行政机关不依法履责的，应依法提出检察建议。完善涉税司法解释，明晰司法裁判标准。

（二十四）强化国际税收合作。深度参与数字经济等领域的国际税收规则和标准制定，持续推动全球税收治理体系建设。落实防止税基侵蚀和利润转移行动计划，严厉打击国际逃避税，保护外资企业合法权益，维护我国税收利益。不断完善“一带一路”税收征管合作机制，支持发展中国家提高税收征管能力。进一步扩大和完善税收协定网络，加大跨境涉税争议案件协商力度，实施好对所得避免双重征税的双边协定，为高质量引进来和高水平走出去提供支撑。

七、强化税务组织保障

（二十五）优化征管职责和力量。强化市县税务机构在日常性服务、涉税涉费事项办理和风险应对等方面的职责，适当上移全局性、复杂性税费服务和管理职责。不断优化业务流程，合理划分业务边界，科学界定岗位职责，建立健全闭环管理机制。加大人力资源向风险管理、税费分析、大数据应用等领域倾斜力度，增强税务稽查执法力量。

（二十六）加强征管能力建设。坚持更高标准、更高要求，着力建设德才兼备的高素质税务执法队伍，加大税务领军人才和各层次骨干人才培养力度。高质量建设和应用学习兴税平台，促进学习日常化、工作学习化。

（二十七）改进提升绩效考评。在实现税务执法、税费服务、税务监管行为全过程记录和数字化智能归集基础上，推动绩效管理渗入业务流程、融入岗责体系、嵌入信息系统，对税务执法等实施自动化考评，将法治素养和依法履职情况作为考核评价干部的重要内容，促进工作质效持续提升。

八、认真抓好贯彻实施

（二十八）加强组织领导。各地区各有关部门要增强“四个意识”、坚定“四个自信”、做到“两个维护”，切实履行职责，密切协调配合，确保各项任务落地见效。税务总局要牵头组织实施，积极研究解决工作推进中遇到的重大问题，加强协调沟通，抓好贯彻落实。地方各级党委和政府要按照税务系统实行双重领导管理体制的要求，在依法依规征税收费、落实减税降费、推进税收共治、强化司法保障、深化信息共享、加强税法普及、强化经费保障等方面提供支持。

（二十九）加强跟踪问效。在税务领域深入推行“好差评”制度，适时开展监督检查和评估总结，减轻基层负担，促进执法方式持续优化、征管效能持续提升。

（三十）加强宣传引导。税务总局要会同有关部门认真做好宣传工作，准确解读便民利企政策措施，及时回应社会关切，正确引导社会预期，营造良好舆论氛围。

（新华社北京2021年3月24日电）

《中华人民共和国行政处罚法》及官方解读

◎《中华人民共和国行政处罚法》

（1996 年 3 月 17 日第八届全国人民代表大会第四次会议通过　根据 2009 年 8 月 27 日第十一届全国人民代表大会常务委员会第十次会议《关于修改部分法律的决定》第一次修正　根据 2017 年 9 月 1 日第十二届全国人民代表大会常务委员会第二十九次会议《关于修改〈中华人民共和国法官法〉等八部法律的决定》第二次修正　2021 年 1 月 22 日第十三届全国人民代表大会常务委员会第二十五次会议修订）

目　录

第一章　总　则
第二章　行政处罚的种类和设定
第三章　行政处罚的实施机关
第四章　行政处罚的管辖和适用
第五章　行政处罚的决定
　　第一节　一般规定
　　第二节　简易程序
　　第三节　普通程序
　　第四节　听证程序
第六章　行政处罚的执行
第七章　法律责任
第八章　附　则

第一章　总　则

第一条　为了规范行政处罚的设定和实施，保障和监督行政机关有效实施行政管理，维护公共利益和社会秩序，保护公民、法人或者其他组织的合法权益，根据宪法，制定本法。

第二条 行政处罚是指行政机关依法对违反行政管理秩序的公民、法人或者其他组织，以减损权益或者增加义务的方式予以惩戒的行为。

第三条 行政处罚的设定和实施，适用本法。

第四条 公民、法人或者其他组织违反行政管理秩序的行为，应当给予行政处罚的，依照本法由法律、法规、规章规定，并由行政机关依照本法规定的程序实施。

第五条 行政处罚遵循公正、公开的原则。

设定和实施行政处罚必须以事实为依据，与违法行为的事实、性质、情节以及社会危害程度相当。

对违法行为给予行政处罚的规定必须公布；未经公布的，不得作为行政处罚的依据。

第六条 实施行政处罚，纠正违法行为，应当坚持处罚与教育相结合，教育公民、法人或者其他组织自觉守法。

第七条 公民、法人或者其他组织对行政机关所给予的行政处罚，享有陈述权、申辩权；对行政处罚不服的，有权依法申请行政复议或者提起行政诉讼。

公民、法人或者其他组织因行政机关违法给予行政处罚受到损害的，有权依法提出赔偿要求。

第八条 公民、法人或者其他组织因违法行为受到行政处罚，其违法行为对他人造成损害的，应当依法承担民事责任。

违法行为构成犯罪，应当依法追究刑事责任的，不得以行政处罚代替刑事处罚。

第二章 行政处罚的种类和设定

第九条 行政处罚的种类：

（一）警告、通报批评；

（二）罚款、没收违法所得、没收非法财物；

（三）暂扣许可证件、降低资质等级、吊销许可证件；

（四）限制开展生产经营活动、责令停产停业、责令关闭、限制从业；

（五）行政拘留；

（六）法律、行政法规规定的其他行政处罚。

第十条 法律可以设定各种行政处罚。

限制人身自由的行政处罚，只能由法律设定。

第十一条 行政法规可以设定除限制人身自由以外的行政处罚。

法律对违法行为已经作出行政处罚规定，行政法规需要作出具体规定的，必须在法律规定的给予行政处罚的行为、种类和幅度的范围内规定。

法律对违法行为未作出行政处罚规定，行政法规为实施法律，可以补充设定行政处罚。拟补充设定行政处罚的，应当通过听证会、论证会等形式广泛听取意见，并向制定机关作出书面说明。行政法规报送备案时，应当说明补充设定行政处罚的情况。

第十二条 地方性法规可以设定除限制人身自由、吊销营业执照以外的行政处罚。

法律、行政法规对违法行为已经作出行政处罚规定，地方性法规需要作出具体规定的，必须在法律、行政法规规定的给予行政处罚的行为、种类和幅度的范围内规定。

法律、行政法规对违法行为未作出行政处罚规定，地方性法规为实施法律、行政法规，可以补充设定行政处罚。拟补充设定行政处罚的，应当通过听证会、论证会等形式广泛听取意见，并向制定机关作出书面说明。地方性法规报送备案时，应当说明补充设定行政处罚的情况。

第十三条 国务院部门规章可以在法律、行政法规规定的给予行政处罚的行为、种类和幅度的范围内作出具体规定。

尚未制定法律、行政法规的，国务院部门规章对违反行政管理秩序的行为，可以设定警告、通报批评或者一定数额罚款的行政处罚。罚款的限额由国务院规定。

第十四条 地方政府规章可以在法律、法规规定的给予行政处罚的行为、种类和幅度的范围内作出具体规定。

尚未制定法律、法规的，地方政府规章对违反行政管理秩序的行为，可以设定警告、通报批评或者一定数额罚款的行政处罚。罚款的限额由省、自治区、直辖市人民代表大会常务委员会规定。

第十五条 国务院部门和省、自治区、直辖市人民政府及其有关部门应当定期组织评估行政处罚的实施情况和必要性，对不适当的行政处罚事项及种类、罚款数额等，应当提出修改或者废止的建议。

第十六条 除法律、法规、规章外，其他规范性文件不得设定行政处罚。

第三章 行政处罚的实施机关

第十七条 行政处罚由具有行政处罚权的行政机关在法定职权范围内实施。

第十八条 国家在城市管理、市场监管、生态环境、文化市场、交通运输、应急管理、农业等领域推行建立综合行政执法制度，相对集中行政处罚权。

国务院或者省、自治区、直辖市人民政府可以决定一个行政机关行使有关行政机关的行政处罚权。

限制人身自由的行政处罚权只能由公安机关和法律规定的其他机关行使。

第十九条 法律、法规授权的具有管理公共事务职能的组织可以在法定授权范围内实施行政处罚。

第二十条 行政机关依照法律、法规、规章的规定，可以在其法定权限内书面委托符合本法第二十一条规定条件的组织实施行政处罚。行政机关不得委托其他组织或者个人实施行政处罚。

委托书应当载明委托的具体事项、权限、期限等内容。委托行政机关和受委托组织应当将委托书向社会公布。

委托行政机关对受委托组织实施行政处罚的行为应当负责监督，并对该行为的后果承担法律责任。

受委托组织在委托范围内，以委托行政机关名义实施行政处罚；不得再委托其他组织或者个人实施行政处罚。

第二十一条　受委托组织必须符合以下条件：

（一）依法成立并具有管理公共事务职能；

（二）有熟悉有关法律、法规、规章和业务并取得行政执法资格的工作人员；

（三）需要进行技术检查或者技术鉴定的，应当有条件组织进行相应的技术检查或者技术鉴定。

第四章　行政处罚的管辖和适用

第二十二条　行政处罚由违法行为发生地的行政机关管辖。法律、行政法规、部门规章另有规定的，从其规定。

第二十三条　行政处罚由县级以上地方人民政府具有行政处罚权的行政机关管辖。法律、行政法规另有规定的，从其规定。

第二十四条　省、自治区、直辖市根据当地实际情况，可以决定将基层管理迫切需要的县级人民政府部门的行政处罚权交由能够有效承接的乡镇人民政府、街道办事处行使，并定期组织评估。决定应当公布。

承接行政处罚权的乡镇人民政府、街道办事处应当加强执法能力建设，按照规定范围、依照法定程序实施行政处罚。

有关地方人民政府及其部门应当加强组织协调、业务指导、执法监督，建立健全行政处罚协调配合机制，完善评议、考核制度。

第二十五条　两个以上行政机关都有管辖权的，由最先立案的行政机关管辖。

对管辖发生争议的，应当协商解决，协商不成的，报请共同的上一级行政机关指定管辖；也可以直接由共同的上一级行政机关指定管辖。

第二十六条　行政机关因实施行政处罚的需要，可以向有关机关提出协助请求。协助事项属于被请求机关职权范围内的，应当依法予以协助。

第二十七条 违法行为涉嫌犯罪的，行政机关应当及时将案件移送司法机关，依法追究刑事责任。对依法不需要追究刑事责任或者免予刑事处罚，但应当给予行政处罚的，司法机关应当及时将案件移送有关行政机关。

行政处罚实施机关与司法机关之间应当加强协调配合，建立健全案件移送制度，加强证据材料移交、接收衔接，完善案件处理信息通报机制。

第二十八条 行政机关实施行政处罚时，应当责令当事人改正或者限期改正违法行为。

当事人有违法所得，除依法应当退赔的外，应当予以没收。违法所得是指实施违法行为所取得的款项。法律、行政法规、部门规章对违法所得的计算另有规定的，从其规定。

第二十九条 对当事人的同一个违法行为，不得给予两次以上罚款的行政处罚。同一个违法行为违反多个法律规范应当给予罚款处罚的，按照罚款数额高的规定处罚。

第三十条 不满十四周岁的未成年人有违法行为的，不予行政处罚，责令监护人加以管教；已满十四周岁不满十八周岁的未成年人有违法行为的，应当从轻或者减轻行政处罚。

第三十一条 精神病人、智力残疾人在不能辨认或者不能控制自己行为时有违法行为的，不予行政处罚，但应当责令其监护人严加看管和治疗。间歇性精神病人在精神正常时有违法行为的，应当给予行政处罚。尚未完全丧失辨认或者控制自己行为能力的精神病人、智力残疾人有违法行为的，可以从轻或者减轻行政处罚。

第三十二条 当事人有下列情形之一，应当从轻或者减轻行政处罚：

（一）主动消除或者减轻违法行为危害后果的；

（二）受他人胁迫或者诱骗实施违法行为的；

（三）主动供述行政机关尚未掌握的违法行为的；

（四）配合行政机关查处违法行为有立功表现的；

（五）法律、法规、规章规定其他应当从轻或者减轻行政处罚的。

第三十三条 违法行为轻微并及时改正，没有造成危害后果的，不予行政处罚。初次违法且危害后果轻微并及时改正的，可以不予行政处罚。

当事人有证据足以证明没有主观过错的，不予行政处罚。法律、行政法规另有规定的，从其规定。

对当事人的违法行为依法不予行政处罚的，行政机关应当对当事人进行教育。

第三十四条 行政机关可以依法制定行政处罚裁量基准，规范行使行政处罚裁量权。行政处罚裁量基准应当向社会公布。

第三十五条 违法行为构成犯罪，人民法院判处拘役或者有期徒刑时，行政机关已经给予当事人行政拘留的，应当依法折抵相应刑期。

违法行为构成犯罪，人民法院判处罚金时，行政机关已经给予当事人罚款的，应当折抵相应罚金；行政机关尚未给予当事人罚款的，不再给予罚款。

第三十六条 违法行为在二年内未被发现的，不再给予行政处罚；涉及公民生命健康安全、金融安全且有危害后果的，上述期限延长至五年。法律另有规定的除外。

前款规定的期限，从违法行为发生之日起计算；违法行为有连续或者继续状态的，从行为终了之日起计算。

第三十七条 实施行政处罚，适用违法行为发生时的法律、法规、规章的规定。但是，作出行政处罚决定时，法律、法规、规章已被修改或者废止，且新的规定处罚较轻或者不认为是违法的，适用新的规定。

第三十八条 行政处罚没有依据或者实施主体不具有行政主体资格的，行政处罚无效。

违反法定程序构成重大且明显违法的，行政处罚无效。

第五章　行政处罚的决定

第一节　一般规定

第三十九条　行政处罚的实施机关、立案依据、实施程序和救济渠道等信息应当公示。

第四十条　公民、法人或者其他组织违反行政管理秩序的行为，依法应当给予行政处罚的，行政机关必须查明事实；违法事实不清、证据不足的，不得给予行政处罚。

第四十一条　行政机关依照法律、行政法规规定利用电子技术监控设备收集、固定违法事实的，应当经过法制和技术审核，确保电子技术监控设备符合标准、设置合理、标志明显，设置地点应当向社会公布。

电子技术监控设备记录违法事实应当真实、清晰、完整、准确。行政机关应当审核记录内容是否符合要求；未经审核或者经审核不符合要求的，不得作为行政处罚的证据。

行政机关应当及时告知当事人违法事实，并采取信息化手段或者其他措施，为当事人查询、陈述和申辩提供便利。不得限制或者变相限制当事人享有的陈述权、申辩权。

第四十二条　行政处罚应当由具有行政执法资格的执法人员实施。执法人员不得少于两人，法律另有规定的除外。

执法人员应当文明执法，尊重和保护当事人合法权益。

第四十三条　执法人员与案件有直接利害关系或者有其他关系可能影响公正执法的，应当回避。

当事人认为执法人员与案件有直接利害关系或者有其他关系可能影响公正执法的，有权申请回避。

当事人提出回避申请的，行政机关应当依法审查，由行政机关负责人决定。决定作出之前，不停止调查。

第四十四条　行政机关在作出行政处罚决定之前，应当告知当事人拟作出的行政处罚内容及事实、理由、依据，并告知当事人依法享有的陈述、申辩、要求听证等权利。

第四十五条 当事人有权进行陈述和申辩。行政机关必须充分听取当事人的意见，对当事人提出的事实、理由和证据，应当进行复核；当事人提出的事实、理由或者证据成立的，行政机关应当采纳。

行政机关不得因当事人陈述、申辩而给予更重的处罚。

第四十六条 证据包括：

（一）书证；

（二）物证；

（三）视听资料；

（四）电子数据；

（五）证人证言；

（六）当事人的陈述；

（七）鉴定意见；

（八）勘验笔录、现场笔录。

证据必须经查证属实，方可作为认定案件事实的根据。

以非法手段取得的证据，不得作为认定案件事实的根据。

第四十七条 行政机关应当依法以文字、音像等形式，对行政处罚的启动、调查取证、审核、决定、送达、执行等进行全过程记录，归档保存。

第四十八条 具有一定社会影响的行政处罚决定应当依法公开。

公开的行政处罚决定被依法变更、撤销、确认违法或者确认无效的，行政机关应当在三日内撤回行政处罚决定信息并公开说明理由。

第四十九条 发生重大传染病疫情等突发事件，为了控制、减轻和消除突发事件引起的社会危害，行政机关对违反突发事件应对措施的行为，依法快速、从重处罚。

第五十条 行政机关及其工作人员对实施行政处罚过程中知悉的国家秘密、商业秘密或者个人隐私，应当依法予以保密。

第二节 简易程序

第五十一条 违法事实确凿并有法定依据，对公民处以二百元以下、对法人或者其他组织处以三千元以下罚款或者警告的行政处罚的，可以当场作出行政处罚决定。法律另有规定的，从其规定。

第五十二条 执法人员当场作出行政处罚决定的，应当向当事人出示执法证件，填写预定格式、编有号码的行政处罚决定书，并当场交付当事人。当事人拒绝签收的，应当在行政处罚决定书上注明。

前款规定的行政处罚决定书应当载明当事人的违法行为，行政处罚的种类和依据、罚款数额、时间、地点，申请行政复议、提起行政诉讼的途径和期限以及行政机关名称，并由执法人员签名或者盖章。

执法人员当场作出的行政处罚决定，应当报所属行政机关备案。

第五十三条 对当场作出的行政处罚决定，当事人应当依照本法第六十七条至第六十九条的规定履行。

第三节 普通程序

第五十四条 除本法第五十一条规定的可以当场作出的行政处罚外，行政机关发现公民、法人或者其他组织有依法应当给予行政处罚的行为的，必须全面、客观、公正地调查，收集有关证据；必要时，依照法律、法规的规定，可以进行检查。

符合立案标准的，行政机关应当及时立案。

第五十五条 执法人员在调查或者进行检查时，应当主动向当事人或者有关人员出示执法证件。当事人或者有关人员有权要求执法人员出示执法证件。执法人员不出示执法证件的，当事人或者有关人员有权拒绝接受调查或者检查。

当事人或者有关人员应当如实回答询问，并协助调查或者检查，不得拒绝或者阻挠。询问或者检查应当制作笔录。

第五十六条 行政机关在收集证据时，可以采取抽样取证的方法；在证据可能灭失或者以后难以取得的情况下，经行政机关负责人批准，可以先行登记保存，并应当在七日内及时作出处理决定，在此期间，当事人或者有关人员不得销毁或者转移证据。

第五十七条　调查终结，行政机关负责人应当对调查结果进行审查，根据不同情况，分别作出如下决定：

（一）确有应受行政处罚的违法行为的，根据情节轻重及具体情况，作出行政处罚决定；

（二）违法行为轻微，依法可以不予行政处罚的，不予行政处罚；

（三）违法事实不能成立的，不予行政处罚；

（四）违法行为涉嫌犯罪的，移送司法机关。

对情节复杂或者重大违法行为给予行政处罚，行政机关负责人应当集体讨论决定。

第五十八条　有下列情形之一，在行政机关负责人作出行政处罚的决定之前，应当由从事行政处罚决定法制审核的人员进行法制审核；未经法制审核或者审核未通过的，不得作出决定：

（一）涉及重大公共利益的；

（二）直接关系当事人或者第三人重大权益，经过听证程序的；

（三）案件情况疑难复杂、涉及多个法律关系的；

（四）法律、法规规定应当进行法制审核的其他情形。

行政机关中初次从事行政处罚决定法制审核的人员，应当通过国家统一法律职业资格考试取得法律职业资格。

第五十九条　行政机关依照本法第五十七条的规定给予行政处罚，应当制作行政处罚决定书。行政处罚决定书应当载明下列事项：

（一）当事人的姓名或者名称、地址；

（二）违反法律、法规、规章的事实和证据；

（三）行政处罚的种类和依据；

（四）行政处罚的履行方式和期限；

（五）申请行政复议、提起行政诉讼的途径和期限；

（六）作出行政处罚决定的行政机关名称和作出决定的日期。

行政处罚决定书必须盖有作出行政处罚决定的行政机关的印章。

第六十条 行政机关应当自行政处罚案件立案之日起九十日内作出行政处罚决定。法律、法规、规章另有规定的，从其规定。

第六十一条 行政处罚决定书应当在宣告后当场交付当事人；当事人不在场的，行政机关应当在七日内依照《中华人民共和国民事诉讼法》的有关规定，将行政处罚决定书送达当事人。

当事人同意并签订确认书的，行政机关可以采用传真、电子邮件等方式，将行政处罚决定书等送达当事人。

第六十二条 行政机关及其执法人员在作出行政处罚决定之前，未依照本法第四十四条、第四十五条的规定向当事人告知拟作出的行政处罚内容及事实、理由、依据，或者拒绝听取当事人的陈述、申辩，不得作出行政处罚决定；当事人明确放弃陈述或者申辩权利的除外。

第四节　听证程序

第六十三条 行政机关拟作出下列行政处罚决定，应当告知当事人有要求听证的权利，当事人要求听证的，行政机关应当组织听证：

（一）较大数额罚款；

（二）没收较大数额违法所得、没收较大价值非法财物；

（三）降低资质等级、吊销许可证件；

（四）责令停产停业、责令关闭、限制从业；

（五）其他较重的行政处罚；

（六）法律、法规、规章规定的其他情形。

当事人不承担行政机关组织听证的费用。

第六十四条 听证应当依照以下程序组织：

（一）当事人要求听证的，应当在行政机关告知后五日内提出；

（二）行政机关应当在举行听证的七日前，通知当事人及有关人员听证的时间、地点；

（三）除涉及国家秘密、商业秘密或者个人隐私依法予以保密外，听证公开举行；

（四）听证由行政机关指定的非本案调查人员主持；当事人认为主持人与本案有直接利害关系的，有权申请回避；

（五）当事人可以亲自参加听证，也可以委托一至二人代理；

（六）当事人及其代理人无正当理由拒不出席听证或者未经许可中途退出听证的，视为放弃听证权利，行政机关终止听证；

（七）举行听证时，调查人员提出当事人违法的事实、证据和行政处罚建议，当事人进行申辩和质证；

（八）听证应当制作笔录，笔录应当交当事人或者其代理人核对无误后签字或者盖章，当事人或者其代理人拒绝签字或者盖章的，由听证主持人在笔录中注明。

第六十五条　听证结束后，行政机关应当根据听证笔录，依照本法第五十七条的规定，作出决定。

第六章　行政处罚的执行

第六十六条　行政处罚决定依法作出后，当事人应当在行政处罚决定书载明的期限内，予以履行。

当事人确有经济困难，需要延期或者分期缴纳罚款的，经当事人申请和行政机关批准，可以暂缓或者分期缴纳。

第六十七条　作出罚款决定的行政机关应当与收缴罚款的机构分离。

除依照本法第六十八条、第六十九条的规定当场收缴的罚款外，作出行政处罚决定的行政机关及其执法人员不得自行收缴罚款。

当事人应当自收到行政处罚决定书之日起十五日内，到指定的银行或者通过电子支付系统缴纳罚款。银行应当收受罚款，并将罚款直接上缴国库。

第六十八条　依照本法第五十一条的规定当场作出行政处罚决定，有下列情形之一，执法人员可以当场收缴罚款：

（一）依法给予一百元以下罚款的；

（二）不当场收缴事后难以执行的。

第六十九条 在边远、水上、交通不便地区，行政机关及其执法人员依照本法第五十一条、第五十七条的规定作出罚款决定后，当事人到指定的银行或者通过电子支付系统缴纳罚款确有困难，经当事人提出，行政机关及其执法人员可以当场收缴罚款。

第七十条 行政机关及其执法人员当场收缴罚款的，必须向当事人出具国务院财政部门或者省、自治区、直辖市人民政府财政部门统一制发的专用票据；不出具财政部门统一制发的专用票据的，当事人有权拒绝缴纳罚款。

第七十一条 执法人员当场收缴的罚款，应当自收缴罚款之日起二日内，交至行政机关；在水上当场收缴的罚款，应当自抵岸之日起二日内交至行政机关；行政机关应当在二日内将罚款缴付指定的银行。

第七十二条 当事人逾期不履行行政处罚决定的，作出行政处罚决定的行政机关可以采取下列措施：

（一）到期不缴纳罚款的，每日按罚款数额的百分之三加处罚款，加处罚款的数额不得超出罚款的数额；

（二）根据法律规定，将查封、扣押的财物拍卖、依法处理或者将冻结的存款、汇款划拨抵缴罚款；

（三）根据法律规定，采取其他行政强制执行方式；

（四）依照《中华人民共和国行政强制法》的规定申请人民法院强制执行。

行政机关批准延期、分期缴纳罚款的，申请人民法院强制执行的期限，自暂缓或者分期缴纳罚款期限结束之日起计算。

第七十三条 当事人对行政处罚决定不服，申请行政复议或者提起行政诉讼的，行政处罚不停止执行，法律另有规定的除外。

当事人对限制人身自由的行政处罚决定不服，申请行政复议或者提起行政诉讼的，可以向作出决定的机关提出暂缓执行申请。符合法律规定情形的，应当暂缓执行。

当事人申请行政复议或者提起行政诉讼的，加处罚款的数额在行政复议或者行政诉讼期间不予计算。

第七十四条　除依法应当予以销毁的物品外，依法没收的非法财物必须按照国家规定公开拍卖或者按照国家有关规定处理。

罚款、没收的违法所得或者没收非法财物拍卖的款项，必须全部上缴国库，任何行政机关或者个人不得以任何形式截留、私分或者变相私分。

罚款、没收的违法所得或者没收非法财物拍卖的款项，不得同作出行政处罚决定的行政机关及其工作人员的考核、考评直接或者变相挂钩。除依法应当退还、退赔的外，财政部门不得以任何形式向作出行政处罚决定的行政机关返还罚款、没收的违法所得或者没收非法财物拍卖的款项。

第七十五条　行政机关应当建立健全对行政处罚的监督制度。县级以上人民政府应当定期组织开展行政执法评议、考核，加强对行政处罚的监督检查，规范和保障行政处罚的实施。

行政机关实施行政处罚应当接受社会监督。公民、法人或者其他组织对行政机关实施行政处罚的行为，有权申诉或者检举；行政机关应当认真审查，发现有错误的，应当主动改正。

第七章　法律责任

第七十六条　行政机关实施行政处罚，有下列情形之一，由上级行政机关或者有关机关责令改正，对直接负责的主管人员和其他直接责任人员依法给予处分：

（一）没有法定的行政处罚依据的；

（二）擅自改变行政处罚种类、幅度的；

（三）违反法定的行政处罚程序的；

（四）违反本法第二十条关于委托处罚的规定的；

（五）执法人员未取得执法证件的。

行政机关对符合立案标准的案件不及时立案的，依照前款规定予以处理。

第七十七条 行政机关对当事人进行处罚不使用罚款、没收财物单据或者使用非法定部门制发的罚款、没收财物单据的，当事人有权拒绝，并有权予以检举，由上级行政机关或者有关机关对使用的非法单据予以收缴销毁，对直接负责的主管人员和其他直接责任人员依法给予处分。

第七十八条 行政机关违反本法第六十七条的规定自行收缴罚款的，财政部门违反本法第七十四条的规定向行政机关返还罚款、没收的违法所得或者拍卖款项的，由上级行政机关或者有关机关责令改正，对直接负责的主管人员和其他直接责任人员依法给予处分。

第七十九条 行政机关截留、私分或者变相私分罚款、没收的违法所得或者财物的，由财政部门或者有关机关予以追缴，对直接负责的主管人员和其他直接责任人员依法给予处分；情节严重构成犯罪的，依法追究刑事责任。

执法人员利用职务上的便利，索取或者收受他人财物、将收缴罚款据为己有，构成犯罪的，依法追究刑事责任；情节轻微不构成犯罪的，依法给予处分。

第八十条 行政机关使用或者损毁查封、扣押的财物，对当事人造成损失的，应当依法予以赔偿，对直接负责的主管人员和其他直接责任人员依法给予处分。

第八十一条 行政机关违法实施检查措施或者执行措施，给公民人身或者财产造成损害、给法人或者其他组织造成损失的，应当依法予以赔偿，对直接负责的主管人员和其他直接责任人员依法给予处分；情节严重构成犯罪的，依法追究刑事责任。

第八十二条 行政机关对应当依法移交司法机关追究刑事责任的案件不移交，以行政处罚代替刑事处罚，由上级行政机关或者有关机关责令改正，对直接负责的主管人员和其他直接责任人员依法给予处分；情节严重构成犯罪的，依法追究刑事责任。

第八十三条 行政机关对应当予以制止和处罚的违法行为不予制止、处罚，致使公民、法人或者其他组织的合法权益、公共利益和社会秩序遭受损害的，对直接负责的主管人员和其他直接责任人员依法给予处分；情节严重构成犯罪的，依法追究刑事责任。

第八章 附 则

第八十四条 外国人、无国籍人、外国组织在中华人民共和国领域内有违法行为，应当给予行政处罚的，适用本法，法律另有规定的除外。

第八十五条 本法中“二日”“三日”“五日”“七日”的规定是指工作日，不含法定节假日。

第八十六条 本法自2021年7月15日起施行。

◎《中华人民共和国行政处罚法》官方解读

全国人大常委会法制工作委员会副主任许安标在第十三届全国人民代表大会常务委员会第二十次会议上作出了关于《中华人民共和国行政处罚法》的说明。

一、修改的必要性和起草过程

行政处罚是行政机关有效实施行政管理，保障法律、法规贯彻施行的重要手段。现行行政处罚法于1996年由第八届全国人大第四次会议通过，2009年和2017年先后两次作了个别条文修改，对行政处罚的种类、设定和实施作了基本规定。该法颁布施行以来，对增强行政机关及其工作人员依法行政理念，依法惩处各类行政违法行为，推动解决乱处罚问题，保护公民、法人和其他组织合法权益发挥了重要作用，积累了宝贵经验，同时，执法实践中也提出了一些新问题。党的十八大以来，以习近平同志为核心的党中央推进全面依法治国，深化行政执法体制改革，建立权责统一、权威高效的行政执法体制；完善行政执法程序，坚持严格规范公正文明执法。为贯彻落实党中央重大改革决策部署，推进国家治理体系和治理能力现代化，加强法治政府建设，完善行政处罚制度，解决执法实践中遇到的突出问题，有必要修改行政处罚法。

党的十八大以来，先后有近两百名全国人大代表、政协委员提出修改行政处罚法的议案、建议和提案，有关方面也陆续提出修改行政处罚法的意见和建议。行政处罚法修改被列入十三届全国人大常委会立法规划。法制工作委员会于2018年启动行政处罚法的修改工作，先后到北京、江西、广东、内蒙古、天津、河南等地进行调研，多次召开国务院部门、地方人大、政府法制机构、专家学者、律师和企业座谈会，听取各方面的意见和建议。通过上海虹桥街道基层立法联系点走访基层执法部门了解实际情况，委托部分国务院部门、地方人大、基层立法联系点收集法律实施过程中存在的突出问题。通过课题委托、专题研究等方式，认真研究相关问题。在广泛征求意见和深入研究的基础上，2019年10月形成修改草案征求意见稿，书面征求国务院部门、31个省（区、市）和部分设区的市人大常委会法制工作机构，以及基层立法联系点、部分高等院校、科研单位的意见。召开座谈会，专门听取部分省、直辖市人大常委会法制工作机构主要负责同志意见。2020年1月，分别召开由中央政法委、中央改革办、中央依法治国办、中央编办以及部分国务院部门、法院系统同志参加的座谈会，再次征求意见。根据各方面意见，对征求意见稿进一步修改完善，形成了行政处罚法修订草案。

二、修改的指导思想和主要考虑

修改工作坚持以习近平新时代中国特色社会主义思想为指导，深入贯彻党的十九大和十九届二中、三中、四中全会精神，全面贯彻习近平总书记全面依法治国新理念新思想新战略，适应推进全面依法治国的需要，落实完善行政执法体制、严格规范公正文明执法的改革要求，推进国家治理体系和治理能力现代化。

根据各方面意见，修改工作把握以下几点：一是贯彻落实党中央重大决策部署，立法主动适应改革需要，体现和巩固行政执法领域中取得的重大改革成果。二是坚持问题导向，适应实践需要，扩大地方的行政处罚设定权限，加大重点领域行政处罚力度。三是坚持权由法定的法治原则，增加综合行政执法，赋予乡镇街道行政处罚权，完善行政处罚程序，严格行政执法责任，更好地保障严格规范公正文明执法。四是把握通用性，从行政处罚法是行政处罚领域的通用规范出发，认真总结实践经验，发展和完善行政处罚的实体和程序规则，为单行法律、法规设定行政处罚和行政机关实施行政处罚提供基本遵循。

三、修改的主要内容

（一）关于行政处罚的定义和种类

现行行政处罚法第八条列举了七项行政处罚种类。一些意见反映，行政处罚法未对行政处罚进行界定，所列举的处罚种类较少，不利于行政执法实践和法律的实施。据此，作以下修改：一是增加行政处罚的定义，明确行政处罚是指行政机关在行政管理过程中，对违反行政管理秩序的公民、法人或者其他组织，以依法减损权利或者增加义务的方式予以惩戒的行为。二是将现行单行法律、法规中已经明确规定，行政执法实践中常用的行政处罚种类纳入本法，增加规定通报批评、降低资质等级、不得申请行政许可、限制开展生产经营活动、限制从业、责令停止行为、责令作出行为等行政处罚种类。

（二）关于地方性法规设定行政处罚的权限

现行行政处罚法第十一条规定："地方性法规可以设定除限制人身自由、吊销企业营业执照以外的行政处罚。""法律、行政法规对违法行为已经作出行政处罚规定，地方性法规需要作出具体规定的，必须在法律、行政法规规定的给予行政处罚的行为、种类和幅度的范围内规定。"多年来，一些地方人大同志反映，现行行政处罚法中有关地方性法规设定行政处罚的规定限制过严，地方保障法律、法规实施的手段受限，建议扩大地方性法规的行政处罚设定权限。为充分发挥地方性法规在地方治理中的作用，增加规定：地方性法规为实施法律、行政法规，对法律、行政法规未规定的违法行为可以补充设定行政处罚。地方性法规拟补充设定行政处罚的，应当通过听证会、论证会等形式听取意见，并向制定机关作出说明。

（三）关于行政处罚实施主体

根据党和国家机构改革和行政执法体制改革要求，明确综合行政执法的法律地位，增加规定：国家在城市管理、市场监管、生态环境、文化市场、交通运输、农业等领域实行综合行政执法，相对集中行政处罚权，由一个行政机关统一实施相关领域的行政处罚。同时，根据基层整合审批服务执法力量改革要求，推进行政执法权限和力量向基层延伸和下沉，增加规定：省、自治区、直辖市根据当地实际情况，可以决定符合条件的乡镇人民政府、街道办事处对其管辖区域内的违法行为行使有关县级人民政府部门的部分行政处罚权。

（四）关于行政处罚的适用

经过多年的执法实践，行政处罚的适用规则不断发展完善，在总结实践经验基础上，作以下补充完善：一是明确行政机关实施行政处罚时，有违法所得的，应当予以没收。二是规范行政处罚自由裁量权行使，完善从轻、减轻的法定情形，增加规定当事人有证据证明没有主观过错的，不予行政处罚，法律、行政法规有特别规定的，依照其规定；行政机关可以依法制定行政处罚裁量基准。三是加大重点领域执法力度，对涉及公民生命健康安全的违法行为的追责期限由两年延长至五年。四是增加“从旧兼从轻”适用规则，行政处罚的依据适用违法行为发生时的法律、法规和规章的规定，但是新的法律、法规和规章的规定更有利于当事人的，适用新的法律、法规和规章的规定。五是完善行政处罚决定无效制度，行政处罚没有法定依据或者实施主体不具有行政主体资格的，行政处罚无效；不遵守法定程序构成重大且明显违法的，行政处罚无效。六是明确行政处罚证据种类和适用规则，规定证据必须经查证属实，方可作为认定案件事实的根据；以非法手段取得的证据，不得作为认定案件事实的根据。七是进一步明确适用范围，外国人、无国籍人、外国组织在中华人民共和国领域内有违法行为，应当给予行政处罚的，适用本法，法律另有规定的除外。

（五）关于行政处罚的程序

为推进严格规范公正文明执法，巩固行政执法公示制度、行政执法全过程记录制度、重大执法决定法制审核制度“三项制度”改革成果，进一步完善行政处罚程序，作以下修改：一是明确公示要求，增加规定行政处罚的实施机关、立案依据、实施程序和救济渠道等信息应当公示；行政处罚决定应当依法公开。二是体现全程记录，增加规定行政机关应当依法以文字、音像等形式，对行政处罚的启动、调查取证、审核、决定、送达、执行等进行全过程记录，归档保存。三是细化法制审核程序，列明适用情形，明确未经法制审核或者审核未通过的不得作出行政处罚决定。四是规范非现场执法，增加规定行政机关依照法律、行政法规规定利用电子技术监控设备收集、固定违法事实的，应当经过法制和技术审核，确保设置合理、标准合格、标志明显，设置地点应当向社会公布，并对记录内容和方便当事人查询作出相应规定。五是进一步完善回避制度，细化回避情形，明确对回避申请应当依法审查，但不停止调查或者实施行政处罚。六是增加规定发生重大传染病疫情等突发事件，为了控制、减轻和消除突发事件引起的社会危害，行政机关对违反突发事件应对措施的行为，依法从重处罚，并可以简化程序。七是适应行政执法实际需要，将适用简易程序的罚款数额由五十元以下和一千元以下，分别提高至二百元以下和三千元以下。八是增加立案程序，除当场作出的行政处罚外，行政机关认为符合立案标准的，应当立案。九是完善听证程序，扩大适用范围，适当延长申请期限，明确行政机关应当结合听证笔录作出决定。

（六）关于行政处罚的执行

为保障行政处罚决定的依法履行，补充完善执行制度，作以下修改：一是适应行政执法实际需要，将行政机关当场收缴的罚款数额由二十元以下提高至一百元以下。二是与行政强制法相衔接，完善行政处罚的强制执行程序，规定当事人逾期不履行行政处罚决定的，行政机关可以根据法律规定实施行政强制执行。三是明确行政机关批准延期、分期缴纳罚款的，申请人民法院强制执行的期限，自暂缓或者分期缴纳罚款期限结束之日起计算。四是明确当事人申请行政复议或者提起行政诉讼的，加处罚款的数额在行政复议或者行政诉讼期间不予计算。

（七）关于执法监督

为贯彻落实行政执法责任制和责任追究制度，强化对行政处罚行为的监督，作以下修改：一是增加规定罚款、没收违法所得或者没收非法财物拍卖的款项，不得同作出行政处罚决定的行政机关及其工作人员的考核、考评直接或者变相挂钩。二是增加规定县级以上人民政府应当定期组织开展行政执法评议、考核，加强对行政处罚的监督检查，规范和保障行政处罚的实施。

《最高人民法院关于行政诉讼证据若干问题的规定》

（法释〔2002〕21号）

（2002年6月4日最高人民法院审判委员会第1224次会议通过）

为准确认定案件事实，公正、及时地审理行政案件，根据《中华人民共和国行政诉讼法》（以下简称行政诉讼法）等有关法律规定，结合行政审判实际，制定本规定。

一、举证责任分配和举证期限

第一条　根据行政诉讼法第三十二条和第四十三条的规定，被告对作出的具体行政行为负有举证责任，应当在收到起诉状副本之日起十日内，提供据以作出被诉具体行政行为的全部证据和所依据的规范性文件。被告不提供或者无正当理由逾期提供证据的，视为被诉具体行政行为没有相应的证据。

被告因不可抗力或者客观上不能控制的其他正当事由，不能在前款规定的期限内提供证据的，应当在收到起诉状副本之日起十日内向人民法院提出延期提供证据的书面申请。人民法院准许延期提供的，被告应当在正当事由消除后十日内提供证据。逾期提供的，视为被诉具体行政行为没有相应的证据。

第二条　原告或者第三人提出其在行政程序中没有提出的反驳理由或者证据的，经人民法院准许，被告可以在第一审程序中补充相应的证据。

第三条　根据行政诉讼法第三十三条的规定，在诉讼过程中，被告及其诉讼代理人不得自行向原告和证人收集证据。

第四条　公民、法人或者其他组织向人民法院起诉时，应当提供其符合起诉条件的相应的证据材料。

在起诉被告不作为的案件中，原告应当提供其在行政程序中曾经提出申请的证据材料。但有下列情形的除外：

（一）被告应当依职权主动履行法定职责的；

（二）原告因被告受理申请的登记制度不完备等正当事由不能提供相关证据材料并能够作出合理说明的。

被告认为原告起诉超过法定期限的，由被告承担举证责任。

第五条 在行政赔偿诉讼中，原告应当对被诉具体行政行为造成损害的事实提供证据。

第六条 原告可以提供证明被诉具体行政行为违法的证据。原告提供的证据不成立的，不免除被告对被诉具体行政行为合法性的举证责任。

第七条 原告或者第三人应当在开庭审理前或者人民法院指定的交换证据之日提供证据。因正当事由申请延期提供证据的，经人民法院准许，可以在法庭调查中提供。逾期提供证据的，视为放弃举证权利。

原告或者第三人在第一审程序中无正当事由未提供而在第二审程序中提供的证据，人民法院不予接纳。

第八条 人民法院向当事人送达受理案件通知书或者应诉通知书时，应当告知其举证范围、举证期限和逾期提供证据的法律后果，并告知因正当事由不能按期提供证据时应当提出延期提供证据的申请。

第九条 根据行政诉讼法第三十四条第一款的规定，人民法院有权要求当事人提供或者补充证据。

对当事人无争议，但涉及国家利益、公共利益或者他人合法权益的事实，人民法院可以责令当事人提供或者补充有关证据。

二、提供证据的要求

第十条 根据行政诉讼法第三十一条第一款第（一）项的规定，当事人向人民法院提供书证的，应当符合下列要求：

（一）提供书证的原件，原本、正本和副本均属于书证的原件。提供原件确有困难的，可以提供与原件核对无误的复印件、照片、节录本；

（二）提供由有关部门保管的书证原件的复制件、影印件或者抄录件的，应当注明出处，经该部门核对无异后加盖其印章；

（三）提供报表、图纸、会计账册、专业技术资料、科技文献等书证的，应当附有说明材料；

（四）被告提供的被诉具体行政行为所依据的询问、陈述、谈话类笔录，应当有行政执法人员、被询问人、陈述人、谈话人签名或者盖章。

法律、法规、司法解释和规章对书证的制作形式另有规定的，从其规定。

第十一条　根据行政诉讼法第三十一条第一款第（二）项的规定，当事人向人民法院提供物证的，应当符合下列要求：

（一）提供原物。提供原物确有困难的，可以提供与原物核对无误的复制件或者证明该物证的照片、录像等其他证据；

（二）原物为数量较多的种类物的，提供其中的一部分。

第十二条　根据行政诉讼法第三十一条第一款第（三）项的规定，当事人向人民法院提供计算机数据或者录音、录像等视听资料的，应当符合下列要求：

（一）提供有关资料的原始载体，提供原始载体确有困难的，可以提供复制件；

（二）注明制作方法、制作时间、制作人和证明对象等；

（三）声音资料应当附有该声音内容的文字记录。

第十三条　根据行政诉讼法第三十一条第一款第（四）项的规定，当事人向人民法院提供证人证言的，应当符合下列要求：

（一）写明证人的姓名、年龄、性别、职业、住址等基本情况；

（二）有证人的签名，不能签名的，应当以盖章等方式证明；

（三）注明出具日期；

（四）附有居民身份证复印件等证明证人身份的文件。

第十四条　根据行政诉讼法第三十一条第一款第（六）项的规定，被告向人民法院提供的在行政程序中采用的鉴定结论，应当载明委托人和委托鉴定的事项、向鉴定部门提交的相关材料、鉴定的依据和使用的科学技术手段、鉴定部门和鉴定人鉴定资格的说明，并应有鉴定人的签名和鉴定部门的盖章。通过分析获得的鉴定结论，应当说明分析过程。

第十五条 根据行政诉讼法第三十一条第一款第（七）项的规定，被告向人民法院提供的现场笔录，应当载明时间、地点和事件等内容，并由执法人员和当事人签名。当事人拒绝签名或者不能签名的，应当注明原因。有其他人在现场的，可由其他人签名。法律、法规和规章对现场笔录的制作形式另有规定的，从其规定。

第十六条 当事人向人民法院提供的在中华人民共和国领域外形成的证据，应当说明来源，经所在国公证机关证明，并经中华人民共和国驻该国使领馆认证，或者履行中华人民共和国与证据所在国订立的有关条约中规定的证明手续。

当事人提供的在中华人民共和国香港特别行政区、澳门特别行政区和台湾地区内形成的证据，应当具有按照有关规定办理的证明手续。

第十七条 当事人向人民法院提供外文书证或者外国语视听资料的，应当附有由具有翻译资质的机构翻译的或者其他翻译准确的中文译本，由翻译机构盖章或者翻译人员签名。

第十八条 证据涉及国家秘密、商业秘密或者个人隐私的，提供人应当作出明确标注，并向法庭说明，法庭予以审查确认。

第十九条 当事人应当对其提交的证据材料分类编号，对证据材料的来源、证明对象和内容作简要说明，签名或者盖章，注明提交日期。

第二十条 人民法院收到当事人提交的证据材料，应当出具收据，注明证据的名称、份数、页数、件数、种类等以及收到的时间，由经办人员签名或者盖章。

第二十一条 对于案情比较复杂或者证据数量较多的案件，人民法院可以组织当事人在开庭前向对方出示或者交换证据，并将交换证据的情况记录在卷。

三、调取和保全证据

第二十二条　根据行政诉讼法第三十四条第二款的规定，有下列情形之一的，人民法院有权向有关行政机关以及其他组织、公民调取证据：

（一）涉及国家利益、公共利益或者他人合法权益的事实认定的；

（二）涉及依职权追加当事人、中止诉讼、终结诉讼、回避等程序性事项的。

第二十三条　原告或者第三人不能自行收集，但能够提供确切线索的，可以申请人民法院调取下列证据材料：

（一）由国家有关部门保存而须由人民法院调取的证据材料；

（二）涉及国家秘密、商业秘密、个人隐私的证据材料；

（三）确因客观原因不能自行收集的其他证据材料。

人民法院不得为证明被诉具体行政行为的合法性，调取被告在作出具体行政行为时未收集的证据。

第二十四条　当事人申请人民法院调取证据的，应当在举证期限内提交调取证据申请书。

调取证据申请书应当写明下列内容：

（一）证据持有人的姓名或者名称、住址等基本情况；

（二）拟调取证据的内容；

（三）申请调取证据的原因及其要证明的案件事实。

第二十五条　人民法院对当事人调取证据的申请，经审查符合调取证据条件的，应当及时决定调取；不符合调取证据条件的，应当向当事人或者其诉讼代理人送达通知书，说明不准许调取的理由。当事人及其诉讼代理人可以在收到通知书之日起三日内向受理申请的人民法院书面申请复议一次。

人民法院应当在收到复议申请之日起五日内作出答复。人民法院根据当事人申请，经调取未能取得相应证据的，应当告知申请人并说明原因。

第二十六条 人民法院需要调取的证据在异地的，可以书面委托证据所在地人民法院调取。受托人民法院应当在收到委托书后，按照委托要求及时完成调取证据工作，送交委托人民法院。受托人民法院不能完成委托内容的，应当告知委托的人民法院并说明原因。

第二十七条 当事人根据行政诉讼法第三十六条的规定向人民法院申请保全证据的，应当在举证期限届满前以书面形式提出，并说明证据的名称和地点、保全的内容和范围、申请保全的理由等事项。

当事人申请保全证据的，人民法院可以要求其提供相应的担保。

法律、司法解释规定诉前保全证据的，依照其规定办理。

第二十八条 人民法院依照行政诉讼法第三十六条规定保全证据的，可以根据具体情况，采取查封、扣押、拍照、录音、录像、复制、鉴定、勘验、制作询问笔录等保全措施。

人民法院保全证据时，可以要求当事人或者其诉讼代理人到场。

第二十九条 原告或者第三人有证据或者有正当理由表明被告据以认定案件事实的鉴定结论可能有错误，在举证期限内书面申请重新鉴定的，人民法院应予准许。

第三十条 当事人对人民法院委托的鉴定部门作出的鉴定结论有异议申请重新鉴定，提出证据证明存在下列情形之一的，人民法院应予准许：

（一）鉴定部门或者鉴定人不具有相应的鉴定资格的；

（二）鉴定程序严重违法的；

（三）鉴定结论明显依据不足的；

（四）经过质证不能作为证据使用的其他情形。

对有缺陷的鉴定结论，可以通过补充鉴定、重新质证或者补充质证等方式解决。

第三十一条 对需要鉴定的事项负有举证责任的当事人，在举证期限内无正当理由不提出鉴定申请、不预交鉴定费用或者拒不提供相关材料，致使对案件争议的事实无法通过鉴定结论予以认定的，应当对该事实承担举证不能的法律后果。

第三十二条　人民法院对委托或者指定的鉴定部门出具的鉴定书，应当审查是否具有下列内容：

（一）鉴定的内容；

（二）鉴定时提交的相关材料；

（三）鉴定的依据和使用的科学技术手段；

（四）鉴定的过程；

（五）明确的鉴定结论；

（六）鉴定部门和鉴定人鉴定资格的说明；

（七）鉴定人及鉴定部门签名盖章。

前款内容欠缺或者鉴定结论不明确的，人民法院可以要求鉴定部门予以说明、补充鉴定或者重新鉴定。

第三十三条　人民法院可以依当事人申请或者依职权勘验现场。

勘验现场时，勘验人必须出示人民法院的证件，并邀请当地基层组织或者当事人所在单位派人参加。当事人或其成年亲属应当到场，拒不到场的，不影响勘验的进行，但应当在勘验笔录中说明情况。

第三十四条　审判人员应当制作勘验笔录，记载勘验的时间、地点、勘验人、在场人、勘验的经过和结果，由勘验人、当事人、在场人签名。

勘验现场时绘制的现场图，应当注明绘制的时间、方位、绘制人姓名和身份等内容。

当事人对勘验结论有异议的，可以在举证期限内申请重新勘验，是否准许由人民法院决定。

四、证据的对质辨认和核实

第三十五条　证据应当在法庭上出示，并经庭审质证。未经庭审质证的证据，不能作为定案的依据。

当事人在庭前证据交换过程中没有争议并记录在卷的证据，经审判人员在庭审中说明后，可以作为认定案件事实的依据。

第三十六条 经合法传唤，因被告无正当理由拒不到庭而需要依法缺席判决的，被告提供的证据不能作为定案的依据，但当事人在庭前交换证据中没有争议的证据除外。

第三十七条 涉及国家秘密、商业秘密和个人隐私或者法律规定的其他应当保密的证据，不得在开庭时公开质证。

第三十八条 当事人申请人民法院调取的证据，由申请调取证据的当事人在庭审中出示，并由当事人质证。

人民法院依职权调取的证据，由法庭出示，并可就调取该证据的情况进行说明，听取当事人意见。

第三十九条 当事人应当围绕证据的关联性、合法性和真实性，针对证据有无证明效力以及证明效力大小，进行质证。

经法庭准许，当事人及其代理人可以就证据问题相互发问，也可以向证人、鉴定人或者勘验人发问。

当事人及其代理人相互发问，或者向证人、鉴定人、勘验人发问时，发问的内容应当与案件事实有关联，不得采用引诱、威胁、侮辱等语言或者方式。

第四十条 对书证、物证和视听资料进行质证时，当事人应当出示证据的原件或者原物。但有下列情况之一的除外：

（一）出示原件或者原物确有困难并经法庭准许可以出示复制件或者复制品；

（二）原件或者原物已不存在，可以出示证明复制件、复制品与原件、原物一致的其他证据。

视听资料应当当庭播放或者显示，并由当事人进行质证。

第四十一条 凡是知道案件事实的人，都有出庭作证的义务。有下列情形之一的，经人民法院准许，当事人可以提交书面证言：

（一）当事人在行政程序或者庭前证据交换中对证人证言无异议的；

（二）证人因年迈体弱或者行动不便无法出庭的；

（三）证人因路途遥远、交通不便无法出庭的；

（四）证人因自然灾害等不可抗力或者其他意外事件无法出庭的；

（五）证人因其他特殊原因确实无法出庭的。

第四十二条 不能正确表达意志的人不能作证。

根据当事人申请，人民法院可以就证人能否正确表达意志进行审查或者交由有关部门鉴定。必要时，人民法院也可以依职权交由有关部门鉴定。

第四十三条 当事人申请证人出庭作证的，应当在举证期限届满前提出，并经人民法院许可。人民法院准许证人出庭作证的，应当在开庭审理前通知证人出庭作证。

当事人在庭审过程中要求证人出庭作证的，法庭可以根据审理案件的具体情况，决定是否准许以及是否延期审理。

第四十四条 有下列情形之一，原告或者第三人可以要求相关行政执法人员作为证人出庭作证：

（一）对现场笔录的合法性或者真实性有异议的；

（二）对扣押财产的品种或者数量有异议的；

（三）对检验的物品取样或者保管有异议的；

（四）对行政执法人员的身份的合法性有异议的；

（五）需要出庭作证的其他情形。

第四十五条 证人出庭作证时，应当出示证明其身份的证件。法庭应当告知其诚实作证的法律义务和作伪证的法律责任。

出庭作证的证人不得旁听案件的审理。法庭询问证人时，其他证人不得在场，但组织证人对质的除外。

第四十六条 证人应当陈述其亲历的具体事实。证人根据其经历所作的判断、推测或者评论，不能作为定案的依据。

第四十七条 当事人要求鉴定人出庭接受询问的，鉴定人应当出庭。鉴定人因正当事由不能出庭的，经法庭准许，可以不出庭，由当事人对其书面鉴定结论进行质证。

鉴定人不能出庭的正当事由，参照本规定第四十一条的规定。

对于出庭接受询问的鉴定人，法庭应当核实其身份、与当事人及案件的关系，并告知鉴定人如实说明鉴定情况的法律义务和故意作虚假说明的法律责任。

第四十八条 对被诉具体行政行为涉及的专门性问题，当事人可以向法庭申请由专业人员出庭进行说明，法庭也可以通知专业人员出庭说明。必要时，法庭可以组织专业人员进行对质。

当事人对出庭的专业人员是否具备相应专业知识、学历、资历等专业资格等有异议的，可以进行询问。由法庭决定其是否可以作为专业人员出庭。

专业人员可以对鉴定人进行询问。

第四十九条 法庭在质证过程中，对与案件没有关联的证据材料，应予排除并说明理由。

法庭在质证过程中，准许当事人补充证据的，对补充的证据仍应进行质证。

法庭对经过庭审质证的证据，除确有必要外，一般不再进行质证。

第五十条 在第二审程序中，对当事人依法提供的新的证据，法庭应当进行质证；当事人对第一审认定的证据仍有争议的，法庭也应当进行质证。

第五十一条 按照审判监督程序审理的案件，对当事人依法提供的新的证据，法庭应当进行质证；因原判决、裁定认定事实的证据不足而提起再审所涉及的主要证据，法庭也应当进行质证。

第五十二条 本规定第五十条和第五十一条中的“新的证据”是指以下证据：

（一）在一审程序中应当准予延期提供而未获准许的证据；

（二）当事人在一审程序中依法申请调取而未获准许或者未取得，人民法院在第二审程序中调取的证据；

（三）原告或者第三人提供的在举证期限届满后发现的证据。

五、证据的审核认定

第五十三条 人民法院裁判行政案件，应当以证据证明的案件事实为依据。

第五十四条 法庭应当对经过庭审质证的证据和无需质证的证据进行逐一审查和对全部证据综合审查，遵循法官职业道德，运用逻辑推理和生活经验，进行全面、客观和公正地分析判断，确定证据材料与案件事实之间的证明关系，排除不具有关联性的证据材料，准确认定案件事实。

第五十五条 法庭应当根据案件的具体情况，从以下方面审查证据的合法性：

（一）证据是否符合法定形式；

（二）证据的取得是否符合法律、法规、司法解释和规章的要求；

（三）是否有影响证据效力的其他违法情形。

第五十六条 法庭应当根据案件的具体情况，从以下方面审查证据的真实性：

（一）证据形成的原因；

（二）发现证据时的客观环境；

（三）证据是否为原件、原物，复制件、复制品与原件、原物是否相符；

（四）提供证据的人或者证人与当事人是否具有利害关系；

（五）影响证据真实性的其他因素。

第五十七条 下列证据材料不能作为定案依据：

（一）严重违反法定程序收集的证据材料；

（二）以偷拍、偷录、窃听等手段获取侵害他人合法权益的证据材料；

（三）以利诱、欺诈、胁迫、暴力等不正当手段获取的证据材料；

（四）当事人无正当事由超出举证期限提供的证据材料；

（五）在中华人民共和国领域以外或者在中华人民共和国香港特别行政区、澳门特别行政区和台湾地区形成的未办理法定证明手续的证据材料；

（六）当事人无正当理由拒不提供原件、原物，又无其他证据印证，且对方当事人不予认可的证据的复制件或者复制品；

（七）被当事人或者他人进行技术处理而无法辨明真伪的证据材料；

（八）不能正确表达意志的证人提供的证言；

（九）不具备合法性和真实性的其他证据材料。

第五十八条 以违反法律禁止性规定或者侵犯他人合法权益的方法取得的证据，不能作为认定案件事实的依据。

第五十九条 被告在行政程序中依照法定程序要求原告提供证据，原告依法应当提供而拒不提供，在诉讼程序中提供的证据，人民法院一般不予采纳。

第六十条 下列证据不能作为认定被诉具体行政行为合法的依据：

（一）被告及其诉讼代理人在作出具体行政行为后或者在诉讼程序中自行收集的证据；

（二）被告在行政程序中非法剥夺公民、法人或者其他组织依法享有的陈述、申辩或者听证权利所采用的证据；

（三）原告或者第三人在诉讼程序中提供的、被告在行政程序中未作为具体行政行为依据的证据。

第六十一条 复议机关在复议程序中收集和补充的证据，或者作出原具体行政行为的行政机关在复议程序中未向复议机关提交的证据，不能作为人民法院认定原具体行政行为合法的依据。

第六十二条 对被告在行政程序中采纳的鉴定结论，原告或者第三人提出证据证明有下列情形之一的，人民法院不予采纳：

（一）鉴定人不具备鉴定资格；

（二）鉴定程序严重违法；

（三）鉴定结论错误、不明确或者内容不完整。

第六十三条 证明同一事实的数个证据，其证明效力一般可以按照下列情形分别认定：

（一）国家机关以及其他职能部门依职权制作的公文文书优于其他书证；

（二）鉴定结论、现场笔录、勘验笔录、档案材料以及经过公证或者登记的书证优于其他书证、视听资料和证人证言；

（三）原件、原物优于复制件、复制品；

（四）法定鉴定部门的鉴定结论优于其他鉴定部门的鉴定结论；

（五）法庭主持勘验所制作的勘验笔录优于其他部门主持勘验所制作的勘验笔录；

（六）原始证据优于传来证据；

（七）其他证人证言优于与当事人有亲属关系或者其他密切关系的证人提供的对该当事人有利的证言；

（八）出庭作证的证人证言优于未出庭作证的证人证言；

（九）数个种类不同、内容一致的证据优于一个孤立的证据。

第六十四条 以有形载体固定或者显示的电子数据交换、电子邮件以及其他数据资料，其制作情况和真实性经对方当事人确认，或者以公证等其他有效方式予以证明的，与原件具有同等的证明效力。

第六十五条 在庭审中一方当事人或者其代理人在代理权限范围内对另一方当事人陈述的案件事实明确表示认可的，人民法院可以对该事实予以认定。但有相反证据足以推翻的除外。

第六十六条 在行政赔偿诉讼中，人民法院主持调解时当事人为达成调解协议而对案件事实的认可，不得在其后的诉讼中作为对其不利的证据。

第六十七条 在不受外力影响的情况下，一方当事人提供的证据，对方当事人明确表示认可的，可以认定该证据的证明效力；对方当事人予以否认，但不能提供充分的证据进行反驳的，可以综合全案情况审查认定该证据的证明效力。

第六十八条 下列事实法庭可以直接认定：

（一）众所周知的事实；

（二）自然规律及定理；

（三）按照法律规定推定的事实；

（四）已经依法证明的事实；

（五）根据日常生活经验法则推定的事实。

前款（一）、（三）、（四）、（五）项，当事人有相反证据足以推翻的除外。

第六十九条 原告确有证据证明被告持有的证据对原告有利，被告无正当事由拒不提供的，可以推定原告的主张成立。

第七十条 生效的人民法院裁判文书或者仲裁机构裁决文书确认的事实，可以作为定案依据。但是如果发现裁判文书或者裁决文书认定的事实有重大问题的，应当中止诉讼，通过法定程序予以纠正后恢复诉讼。

第七十一条 下列证据不能单独作为定案依据：

（一）未成年人所作的与其年龄和智力状况不相适应的证言；

（二）与一方当事人有亲属关系或者其他密切关系的证人所作的对该当事人有利的证言，或者与一方当事人有不利关系的证人所作的对该当事人不利的证言；

（三）应当出庭作证而无正当理由不出庭作证的证人证言；

（四）难以识别是否经过修改的视听资料；

（五）无法与原件、原物核对的复制件或者复制品；

（六）经一方当事人或者他人改动，对方当事人不予认可的证据材料；

（七）其他不能单独作为定案依据的证据材料。

第七十二条 庭审中经过质证的证据，能够当庭认定的，应当当庭认定；不能当庭认定的，应当在合议庭合议时认定。

人民法院应当在裁判文书中阐明证据是否采纳的理由。

第七十三条 法庭发现当庭认定的证据有误，可以按照下列方式纠正：

（一）庭审结束前发现错误的，应当重新进行认定；

（二）庭审结束后宣判前发现错误的，在裁判文书中予以更正并说明理由，也可以再次开庭予以认定；

（三）有新的证据材料可能推翻已认定的证据的，应当再次开庭予以认定。

六、附则

第七十四条 证人、鉴定人及其近亲属的人身和财产安全受法律保护。

人民法院应当对证人、鉴定人的住址和联系方式予以保密。

第七十五条 证人、鉴定人因出庭作证或者接受询问而支出的合理费用，由提供证人、鉴定人的一方当事人先行支付，由败诉一方当事人承担。

第七十六条 证人、鉴定人作伪证的，依照行政诉讼法第四十九条第一款第（二）项的规定追究其法律责任。

第七十七条 诉讼参与人或者其他人有对审判人员或者证人、鉴定人、勘验人及其近亲属实施威胁、侮辱、殴打、骚扰或者打击报复等妨碍行政诉讼行为的，依照行政诉讼法第四十九条第一款第（三）项、第（五）项或者第（六）项的规定追究其法律责任。

第七十八条 对应当协助调取证据的单位和个人，无正当理由拒不履行协助义务的，依照行政诉讼法第四十九条第一款第（五）项的规定追究其法律责任。

第七十九条 本院以前有关行政诉讼的司法解释与本规定不一致的，以本规定为准。

第八十条 本规定自2002年10月1日起施行。2002年10月1日尚未审结的一审、二审和再审行政案件不适用本规定。

本规定施行前已经审结的行政案件，当事人以违反本规定为由申请再审的，人民法院不予支持。

本规定施行后按照审判监督程序决定再审的行政案件，适用本规定。

《中华人民共和国刑法》涉税犯罪条款

（1997 年 3 月 14 日第八届全国人大第五次会议修订，自 1997 年 10 月 1 日所订，2009 年 2 月 28 日第十一届全国人大常委会七次会议通过）

第六节 危害税收征管罪

第二百零一条 【逃税罪】纳税人采取欺骗、隐瞒手段进行虚假纳税申报或者不申报，逃避缴纳税款数额较大并且占应纳税额百分之十以上的，处三年以下有期徒刑或者拘役，并处罚金；数额巨大并且占应纳税额百分之三十以上的，处三年以上七年以下有期徒刑，并处罚金。

扣缴义务人采取前款所列手段，不缴或者少缴已扣、已收税款，数额较大的，依照前款的规定处罚。

对多次实施前两款行为，未经处理的，按照累计数额计算。

有第一款行为，经税务机关依法下达追缴通知后，补缴应纳税款，缴纳滞纳金，已受行政处罚的，不予追究刑事责任；但是，五年内因逃避缴纳税款受过刑事处罚或者被税务机关给予二次以上行政处罚的除外。

第二百零二条 【抗税罪】以暴力、威胁方法拒不缴纳税款的，处三年以下有期徒刑或者拘役，并处拒缴税款一倍以上五倍以下罚金；情节严重的，处三年以上七年以下有期徒刑，并处拒缴税款一倍以上五倍以下罚金。

第二百零三条 【逃避追缴欠税罪】纳税人欠缴应纳税款，采取转移或者隐匿财产的手段，致使税务机关无法追缴欠缴的税款，数额在一万元以上不满十万元的，处三年以下有期徒刑或者拘役，并处或者单处欠缴税款一倍以上五倍以下罚金；数额在十万元以上的，处三年以上七年以下有期徒刑，并处欠缴税款一倍以上五倍以下罚金。

第二百零四条 【骗取出口退税罪】【逃税罪】以假报出口或者其他欺骗手段，骗取国家出口退税款，数额较大的，处五年以下有期徒刑或者拘役，并处骗取税款一倍以上五倍以下罚金；数额巨大或者有其他严重情节的，处五年以上十年以下有期徒刑，并处骗取税款一倍以上五倍以下罚金；数额特别巨大或者有其他特别严重情节的，处十年以上有期徒刑或者无期徒刑，并处骗取税款一倍以上五倍以下罚金或者没收财产。

纳税人缴纳税款后，采取前款规定的欺骗方法，骗取所缴纳的税款的，依照本法第二百零一条的规定定罪处罚；骗取税款超过所缴纳的税款部分，依照前款的规定处罚。

第二百零五条 【虚开增值税专用发票、用于骗取出口退税、抵扣税款发票罪】虚开增值税专用发票或者虚开用于骗取出口退税、抵扣税款的其他发票的，处三年以下有期徒刑或者拘役，并处二万元以上二十万元以下罚金；虚开的税款数额较大或者有其他严重情节的，处三年以上十年以下有期徒刑，并处五万元以上五十万元以下罚金；虚开的税款数额巨大或者有其他特别严重情节的，处十年以上有期徒刑或者无期徒刑，并处五万元以上五十万元以下罚金或者没收财产。

单位犯本条规定之罪的，对单位判处罚金，并对其直接负责的主管人员和其他直接责任人员，处三年以下有期徒刑或者拘役；虚开的税款数额较大或者有其他严重情节的，处三年以上十年以下有期徒刑；虚开的税款数额巨大或者有其他特别严重情节的，处十年以上有期徒刑或者无期徒刑。

虚开增值税专用发票或者虚开用于骗取出口退税、抵扣税款的其他发票，是指有为他人虚开、为自己虚开、让他人为自己虚开、介绍他人虚开行为之一的。

第二百零五条之一 【虚开发票罪】虚开本法第二百零五条规定以外的其他发票，情节严重的，处二年以下有期徒刑、拘役或者管制，并处罚金；情节特别严重的，处二年以上七年以下有期徒刑，并处罚金。

单位犯前款罪的，对单位判处罚金，并对其直接负责的主管人员和其他直接责任人员，依照前款的规定处罚。

第二百零六条　【伪造、出售伪造的增值税专用发票罪】伪造或者出售伪造的增值税专用发票的，处三年以下有期徒刑、拘役或者管制，并处二万元以上二十万元以下罚金；数量较大或者有其他严重情节的，处三年以上十年以下有期徒刑，并处五万元以上五十万元以下罚金；数量巨大或者有其他特别严重情节的，处十年以上有期徒刑或者无期徒刑，并处五万元以上五十万元以下罚金或者没收财产。

单位犯本条规定之罪的，对单位判处罚金，并对其直接负责的主管人员和其他直接责任人员，处三年以下有期徒刑、拘役或者管制；数量较大或者有其他严重情节的，处三年以上十年以下有期徒刑；数量巨大或者有其他特别严重情节的，处十年以上有期徒刑或者无期徒刑。

第二百零七条　【非法出售增值税专用发票罪】非法出售增值税专用发票的，处三年以下有期徒刑、拘役或者管制，并处二万元以上二十万元以下罚金；数量较大的，处三年以上十年以下有期徒刑，并处五万元以上五十万元以下罚金；数量巨大的，处十年以上有期徒刑或者无期徒刑，并处五万元以上五十万元以下罚金或者没收财产。

第二百零八条　【非法购买增值税专用发票、购买伪造的增值税专用发票罪】非法购买增值税专用发票或者购买伪造的增值税专用发票的，处五年以下有期徒刑或者拘役，并处或者单处二万元以上二十万元以下罚金。

【虚开增值税专用发票罪，出售伪造的增值税专用发票罪，非法出售增值税专用发票罪】非法购买增值税专用发票或者购买伪造的增值税专用发票又虚开或者出售的，分别依照本法第二百零五条、第二百零六条、第二百零七条的规定定罪处罚。

第二百零九条　【非法制造、出售非法制造的用于骗取出口退税、抵扣税款发票罪】伪造、擅自制造或者出售伪造、擅自制造的可以用于骗取出口退税、抵扣税款的其他发票的，处三年以下有期徒刑、拘役或者管制，并处二万元以上二十万元以下罚金；数量巨大的，处三年以上七年以下有期徒刑，并处五万元以上五十万元以下罚金；数量特别巨大的，处七年以上有期徒刑，并处五万元以上五十万元以下罚金或者没收财产。

【非法制造、出售非法制造的发票罪】伪造、擅自制造或者出售伪造、擅自制造的前款规定以外的其他发票的，处二年以下有期徒刑、拘役或者管制，并处或者单处一万元以上五万元以下罚金；情节严重的，处二年以上七年以下有期徒刑，并处五万元以上五十万元以下罚金。

【非法出售用于骗取出口退税、抵扣税款发票罪】非法出售可以用于骗取出口退税、抵扣税款的其他发票的，依照第一款的规定处罚。

【非法出售发票罪】非法出售第三款规定以外的其他发票的，依照第二款的规定处罚。

第二百一十条 【盗窃罪】盗窃增值税专用发票或者可以用于骗取出口退税、抵扣税款的其他发票的，依照本法第二百六十四条的规定定罪处罚。

【诈骗罪】使用欺骗手段骗取增值税专用发票或者可以用于骗取出口退税、抵扣税款的其他发票的，依照本法第二百六十六条的规定定罪处罚。

第二百一十条之一 【持有伪造的发票罪】明知是伪造的发票而持有，数量较大的，处二年以下有期徒刑、拘役或者管制，并处罚金；数量巨大的，处二年以上七年以下有期徒刑，并处罚金。

单位犯前款罪的，对单位判处罚金，并对其直接负责的主管人员和其他直接责任人员，依照前款的规定处罚。

第二百一十一条 【单位犯危害税收征管罪的处罚规定】单位犯本节第二百零一条、第二百零三条、第二百零四条、第二百零七条、第二百零八条、第二百零九条规定之罪的，对单位判处罚金，并对其直接负责的主管人员和其他直接责任人员，依照各该条的规定处罚。

第二百一十二条 【税收征缴优先原则】犯本节第二百零一条至第二百零五条规定之罪，被判处罚金、没收财产的，在执行前，应当先由税务机关追缴税款和所骗取的出口退税款。

《最高人民检察院　公安部关于公安机关管辖的刑事案件立案追诉标准的规定（二）》涉税相关条款

（最高人民检察院，公安部2022年4月29日联合发布修订）

第五十二条　【逃税案（刑法第二百零一条）】逃避缴纳税款，涉嫌下列情形之一的，应予立案追诉：

（一）纳税人采取欺骗、隐瞒手段进行虚假纳税申报或者不申报，逃避缴纳税款，数额在十万元以上并且占各税种应纳税总额百分之十以上，经税务机关依法下达追缴通知后，不补缴应纳税款、不缴纳滞纳金或者不接受行政处罚的；

（二）纳税人五年内因逃避缴纳税款受过刑事处罚或者被税务机关给予二次以上行政处罚，又逃避缴纳税款，数额在十万元以上并且占各税种应纳税总额百分之十以上的；

（三）扣缴义务人采取欺骗、隐瞒手段，不缴或者少缴已扣、已收税款，数额在十万元以上的。

纳税人在公安机关立案后再补缴应纳税款、缴纳滞纳金或者接受行政处罚的，不影响刑事责任的追究。

第五十三条　【抗税案（刑法第二百零二条）】以暴力、威胁方法拒不缴纳税款，涉嫌下列情形之一的，应予立案追诉：

（一）造成税务工作人员轻微伤以上的；

（二）以给税务工作人员及其亲友的生命、健康、财产等造成损害为威胁，抗拒缴纳税款的；

（三）聚众抗拒缴纳税款的；

（四）以其他暴力、威胁方法拒不缴纳税款的。

第五十四条　【逃避追缴欠税案（刑法第二百零三条）】纳税人欠缴应纳税款，采取转移或者隐匿财产的手段，致使税务机关无法追缴欠缴的税款，数额在一万元以上的，应予立案追诉。

第五十五条　【骗取出口退税案（刑法第二百零四条）】以假报出口或者其他欺骗手段，骗取国家出口退税款，数额在十万元以上的，应予立案追诉。

第五十六条　【虚开增值税专用发票、用于骗取出口退税、抵扣税款发票案（刑法第二百零五条）】虚开增值税专用发票或者虚开用于骗取出口退税、抵扣税款的其他发票，虚开的税款数额在十万元以上或者造成国家税款损失数额在五万元以上的，应予立案追诉。

第五十七条　【虚开发票案（刑法第二百零五条之一）】虚开刑法第二百零五条规定以外的其他发票，涉嫌下列情形之一的，应予立案追诉：

（一）虚开发票金额累计在五十万元以上的；

（二）虚开发票一百份以上且票面金额在三十万元以上的；

（三）五年内因虚开发票受过刑事处罚或者二次以上行政处罚，又虚开发票，数额达到第一、二项标准百分之六十以上的。

第五十八条　【伪造、出售伪造的增值税专用发票案（刑法第二百零六条）】伪造或者出售伪造的增值税专用发票，涉嫌下列情形之一的，应予立案追诉：

（一）票面税额累计在十万元以上的；

（二）伪造或者出售伪造的增值税专用发票十份以上且票面税额在六万元以上的；

（三）非法获利数额在一万元以上的。

第五十九条　【非法出售增值税专用发票案（刑法第二百零七条）】非法出售增值税专用发票，涉嫌下列情形之一的，应予立案追诉：

（一）票面税额累计在十万元以上的；

（二）非法出售增值税专用发票十份以上且票面税额在六万元以上的；

（三）非法获利数额在一万元以上的。

第六十条　【非法购买增值税专用发票、购买伪造的增值税专用发票案（刑法第二百零八条第一款）】非法购买增值税专用发票或者购买伪造的增值税专用发票，涉嫌下列情形之一的，应予立案追诉：

（一）非法购买增值税专用发票或者购买伪造的增值税专用发票二十份以上且票面税额在十万元以上的；

（二）票面税额累计在二十万元以上的。

第六十一条 【非法制造、出售非法制造的用于骗取出口退税、抵扣税款发票案（刑法第二百零九条第一款）】伪造、擅自制造或者出售伪造、擅自制造的用于骗取出口退税、抵扣税款的其他发票，涉嫌下列情形之一的，应予立案追诉：

（一）票面可以退税、抵扣税额累计在十万元以上的；

（二）伪造、擅自制造或者出售伪造、擅自制造的发票十份以上且票面可以退税、抵扣税额在六万元以上的；

（三）非法获利数额在一万元以上的。

第六十二条 【非法制造、出售非法制造的发票案（刑法第二百零九条第二款）】伪造、擅自制造或者出售伪造、擅自制造的不具有骗取出口退税、抵扣税款功能的其他发票，涉嫌下列情形之一的，应予立案追诉：

（一）伪造、擅自制造或者出售伪造、擅自制造的不具有骗取出口退税、抵扣税款功能的其他发票一百份以上且票面金额累计在三十万元以上的；

（二）票面金额累计在五十万元以上的；

（三）非法获利数额在一万元以上的。

第六十三条 【非法出售用于骗取出口退税、抵扣税款发票案（刑法第二百零九条第三款）】非法出售可以用于骗取出口退税、抵扣税款的其他发票，涉嫌下列情形之一的，应予立案追诉：

（一）票面可以退税、抵扣税额累计在十万元以上的；

（二）非法出售用于骗取出口退税、抵扣税款的其他发票十份以上且票面可以退税、抵扣税额在六万元以上的；

（三）非法获利数额在一万元以上的。

第六十四条　【非法出售发票案（刑法第二百零九条第四款）】非法出售增值税专用发票、用于骗取出口退税、抵扣税款的其他发票以外的发票，涉嫌下列情形之一的，应予立案追诉：

（一）非法出售增值税专用发票、用于骗取出口退说、抵扣税款的其他发票以外的发票一百份以上且票面金额累计在三十万元以上的；

（二）票面金额累计在五十万元以上的；

（三）非法获利数额在一万元以上的。

第六十五条　【持有伪造的发票案（刑法第二百一十条之一）】明知是伪造的发票而持有，涉嫌下列情形之一的，应予立案追诉：

（一）持有伪造的增值税专用发票或者可以用于骗取出口退税、抵扣税款的其他发票五十份以上且票面税额累计在二十五万元以上的；

（二）持有伪造的增值税专用发票或者可以用于骗取出口退税、抵扣税款的其他发票票面税额累计在五十万元以上的；

（三）持有伪造的第一项规定以外的其他发票一百份以上且票面金额在五十万元以上的；

（四）持有伪造的第一项规定以外的其他发票票面金额累计在一百万元以上的。

《最高人民检察院、全国整顿和规范市场经济秩序领导小组办公室、公安部、监察部关于在行政执法中及时移送涉嫌犯罪案件的意见》

（高检会〔2006〕2号）

各省、自治区、直辖市人民检察院、整顿和规范市场经济秩序领导小组办公室、公安厅（局）、监察厅（局），新疆生产建设兵团人民检察院、整顿和规范市场经济秩序领导小组办公室、公安局、监察局：

为了完善行政执法与刑事司法相衔接工作机制，加大对破坏社会主义市场经济秩序犯罪、妨害社会管理秩序犯罪以及其他犯罪的打击力度，根据《中华人民共和国刑事诉讼法》、国务院《行政执法机关移送涉嫌犯罪案件的规定》等有关规定，现就在行政执法中及时移送涉嫌犯罪案件提出如下意见：

一、行政执法机关在查办案件过程中，对符合刑事追诉标准、涉嫌犯罪的案件，应当制作《涉嫌犯罪案件移送书》，及时将案件向同级公安机关移送，并抄送同级人民检察院。对未能及时移送并已作出行政处罚的涉嫌犯罪案件，行政执法机关应当于作出行政处罚十日以内向同级公安机关、人民检察院抄送《行政处罚决定书》副本，并书面告知相关权利人。

现场查获的涉案货值或者案件其他情节明显达到刑事追诉标准、涉嫌犯罪的，应当立即移送公安机关查处。

二、任何单位和个人发现行政执法机关不按规定向公安机关移送涉嫌犯罪案件，向公安机关、人民检察院、监察机关或者上级行政执法机关举报的，公安机关、人民检察院、监察机关或者上级行政执法机关应当根据有关规定及时处理，并向举报人反馈处理结果。

三、人民检察院接到控告、举报或者发现行政执法机关不移送涉嫌犯罪案件，经审查或者调查后认为情况基本属实的，可以向行政执法机关查询案件情况、要求行政执法机关提供有关案件材料或者派员查阅案卷材料，行政执法机关应当配合。确属应当移送公安机关而不移送的，人民检察院应当向行政执法机关提出移送的书面意见，行政执法机关应当移送。

四、行政执法机关在查办案件过程中，应当妥善保存案件的相关证据。对易腐烂、变质、灭失等不宜或者不易保管的涉案物品，应当采取必要措施固定证据；对需要进行检验、鉴定的涉案物品，应当由有关部门或者机构依法检验、鉴定，并出具检验报告或者鉴定结论。

行政执法机关向公安机关移送涉嫌犯罪的案件，应当附涉嫌犯罪案件的调查报告、涉案物品清单、有关检验报告或者鉴定结论及其他有关涉嫌犯罪的材料。

五、对行政执法机关移送的涉嫌犯罪案件，公安机关应当及时审查，自受理之日起十日以内作出立案或者不立案的决定；案情重大、复杂的，可以在受理之日起三十日以内作出立案或者不立案的决定。公安机关作出立案或者不立案决定，应当书面告知移送案件的行政执法机关、同级人民检察院及相关权利人。

公安机关对不属于本机关管辖的案件，应当在二十四小时以内转送有管辖权的机关，并书面告知移送案件的行政执法机关、同级人民检察院及相关权利人。

六、行政执法机关对公安机关决定立案的案件，应当自接到立案通知书之日起三日以内将涉案物品以及与案件有关的其他材料移送公安机关，并办理交接手续；法律、行政法规另有规定的，依照其规定办理。

七、行政执法机关对公安机关不立案决定有异议的，在接到不立案通知书后的三日以内，可以向作出不立案决定的公安机关提请复议，也可以建议人民检察院依法进行立案监督。

公安机关接到行政执法机关提请复议书后，应当在三日以内作出复议决定，并书面告知提请复议的行政执法机关。行政执法机关对公安机关不立案的复议决定仍有异议的，可以在接到复议决定书后的三日以内，建议人民检察院依法进行立案监督。

八、人民检察院接到行政执法机关提出的对涉嫌犯罪案件进行立案监督的建议后，应当要求公安机关说明不立案理由，公安机关应当在七日以内向人民检察院作出书面说明。对公安机关的说明，人民检察院应当进行审查，必要时可以进行调查，认为公安机关不立案理由成立的，应当将审查结论书面告知提出立案监督建议的行政执法机关；认为公安机关不立案理由不能成立的，应当通知公安机关立案。公安机关接到立案通知书后应当在十五日以内立案，同时将立案决定书送达人民检察院，并书面告知行政执法机关。

九、公安机关对发现的违法行为，经审查，没有犯罪事实，或者立案侦查后认为犯罪情节显著轻微，不需要追究刑事责任，但依法应当追究行政责任的，应当及时将案件移送行政执法机关，有关行政执法机关应当依法作出处理，并将处理结果书面告知公安机关和人民检察院。

十、行政执法机关对案情复杂、疑难，性质难以认定的案件，可以向公安机关、人民检察院咨询，公安机关、人民检察院应当认真研究，在七日以内回复意见。对有证据表明可能涉嫌犯罪的行为人可能逃匿或者销毁证据，需要公安机关参与、配合的，行政执法机关可以商请公安机关提前介入，公安机关可以派员介入。对涉嫌犯罪的，公安机关应当及时依法立案侦查。

十一、对重大、有影响的涉嫌犯罪案件，人民检察院可以根据公安机关的请求派员介入公安机关的侦查，参加案件讨论，审查相关案件材料，提出取证建议，并对侦查活动实施法律监督。

十二、行政执法机关在依法查处违法行为过程中，发现国家工作人员贪污贿赂或者国家机关工作人员渎职等违纪、犯罪线索的，应当根据案件的性质，及时向监察机关或者人民检察院移送。监察机关、人民检察院应当认真审查，依纪、依法处理，并将处理结果书面告知移送案件线索的行政执法机关。

十三、监察机关依法对行政执法机关查处违法案件和移送涉嫌犯罪案件工作进行监督，发现违纪、违法问题的，依照有关规定进行处理。发现涉嫌职务犯罪的，应当及时移送人民检察院。

十四、人民检察院依法对行政执法机关移送涉嫌犯罪案件情况实施监督，发现行政执法人员徇私舞弊，对依法应当移送的涉嫌犯罪案件不移送，情节严重，构成犯罪的，应当依照刑法有关的规定追究其刑事责任。

十五、国家机关工作人员以及在依照法律、法规规定行使国家行政管理职权的组织中从事公务的人员，或者在受国家机关委托代表国家机关行使职权的组织中从事公务的人员，或者虽未列入国家机关人员编制但在国家机关中从事公务的人员，利用职权干预行政执法机关和公安机关执法，阻挠案件移送和刑事追诉，构成犯罪的，人民检察院应当依照刑法关于渎职罪的规定追究其刑事责任。国家行政机关和法律、法规授权的具有管理公共事务职能的组织以及国家行政机关依法委托的组织及其工勤人员以外的工作人员，利用职权干预行政执法机关和公安机关执法，阻挠案件移送和刑事追诉，构成违纪的，监察机关应当依法追究其纪律责任。

十六、在查办违法犯罪案件工作中，公安机关、监察机关、行政执法机关和人民检察院应当建立联席会议、情况通报、信息共享等机制，加强联系，密切配合，各司其职，相互制约，保证准确有效地执行法律。

十七、本意见所称行政执法机关，是指依照法律、法规或者规章的规定，对破坏社会主义市场经济秩序、妨害社会管理秩序以及其他违法行为具有行政处罚权的行政机关，以及法律、法规授权的具有管理公共事务职能、在法定授权范围内实施行政处罚的组织，不包括公安机关、监察机关。

《行政执法机关移送涉嫌犯罪案件的规定》

（中华人民共和国国务院令第310号公布）

［2001年7月9日中华人民共和国国务院令第310号公布，

根据2020年8月7日《国务院关于修改

〈行政执法机关移送涉嫌犯罪案件的规定〉的决定》

（中华人民共和国国务院令第730号）修订］

第一条 为了保证行政执法机关向公安机关及时移送涉嫌犯罪案件，依法惩罚破坏社会主义市场经济秩序罪、妨害社会管理秩序罪以及其他罪，保障社会主义建设事业顺利进行，制定本规定。

第二条 本规定所称行政执法机关，是指依照法律、法规或者规章的规定，对破坏社会主义市场经济秩序、妨害社会管理秩序以及其他违法行为具有行政处罚权的行政机关，以及法律、法规授权的具有管理公共事务职能、在法定授权范围内实施行政处罚的组织。

第三条 行政执法机关在依法查处违法行为过程中，发现违法事实涉及的金额、违法事实的情节、违法事实造成的后果等，根据刑法关于破坏社会主义市场经济秩序罪、妨害社会管理秩序罪等罪的规定和最高人民法院、最高人民检察院关于破坏社会主义市场经济秩序罪、妨害社会管理秩序罪等罪的司法解释以及最高人民检察院、公安部关于经济犯罪案件的追诉标准等规定，涉嫌构成犯罪，依法需要追究刑事责任的，必须依照本规定向公安机关移送。

知识产权领域的违法案件，行政执法机关根据调查收集的证据和查明的案件事实，认为存在犯罪的合理嫌疑，需要公安机关采取措施进一步获取证据以判断是否达到刑事案件立案追诉标准的，应当向公安机关移送。

第四条 行政执法机关在查处违法行为过程中，必须妥善保存所收集的与违法行为有关的证据。

行政执法机关对查获的涉案物品，应当如实填写涉案物品清单，并按照国家有关规定予以处理。对易腐烂、变质等不宜或者不易保管的涉案物品，应当采取必要措施，留取证据；对需要进行检验、鉴定的涉案物品，应当由法定检验、鉴定机构进行检验、鉴定，并出具检验报告或者鉴定结论。

第五条 行政执法机关对应当向公安机关移送的涉嫌犯罪案件，应当立即指定2名或者2名以上行政执法人员组成专案组专门负责，核实情况后提出移送涉嫌犯罪案件的书面报告，报经本机关正职负责人或者主持工作的负责人审批。

行政执法机关正职负责人或者主持工作的负责人应当自接到报告之日起3日内作出批准移送或者不批准移送的决定。决定批准的，应当在24小时内向同级公安机关移送；决定不批准的，应当将不予批准的理由记录在案。

第六条 行政执法机关向公安机关移送涉嫌犯罪案件，应当附有下列材料：

（一）涉嫌犯罪案件移送书；

（二）涉嫌犯罪案件情况的调查报告；

（三）涉案物品清单；

（四）有关检验报告或者鉴定结论；

（五）其他有关涉嫌犯罪的材料。

第七条 公安机关对行政执法机关移送的涉嫌犯罪案件，应当在涉嫌犯罪案件移送书的回执上签字；其中，不属于本机关管辖的，应当在24小时内转送有管辖权的机关，并书面告知移送案件的行政执法机关。

第八条 公安机关应当自接受行政执法机关移送的涉嫌犯罪案件之日起3日内，依照刑法、刑事诉讼法以及最高人民法院、最高人民检察院关于立案标准和公安部关于公安机关办理刑事案件程序的规定，对所移送的案件进行审查。认为有犯罪事实，需要追究刑事责任，依法决定立案的，应当书面通知移送案件的行政执法机关；认为没有犯罪事实，或者犯罪事实显著轻微，不需要追究刑事责任，依法不予立案的，应当说明理由，并书面通知移送案件的行政执法机关，相应退回案卷材料。

第九条　行政执法机关接到公安机关不予立案的通知书后，认为依法应当由公安机关决定立案的，可以自接到不予立案通知书之日起3日内，提请作出不予立案决定的公安机关复议，也可以建议人民检察院依法进行立案监督。

作出不予立案决定的公安机关应当自收到行政执法机关提请复议的文件之日起3日内作出立案或者不予立案的决定，并书面通知移送案件的行政执法机关。移送案件的行政执法机关对公安机关不予立案的复议决定仍有异议的，应当自收到复议决定通知书之日起3日内建议人民检察院依法进行立案监督。

公安机关应当接受人民检察院依法进行的立案监督。

第十条　行政执法机关对公安机关决定不予立案的案件，应当依法作出处理；其中，依照有关法律、法规或者规章的规定应当给予行政处罚的，应当依法实施行政处罚。

第十一条　行政执法机关对应当向公安机关移送的涉嫌犯罪案件，不得以行政处罚代替移送。

行政执法机关向公安机关移送涉嫌犯罪案件前已经作出的警告，责令停产停业，暂扣或者吊销许可证、暂扣或者吊销执照的行政处罚决定，不停止执行。

依照行政处罚法的规定，行政执法机关向公安机关移送涉嫌犯罪案件前，已经依法给予当事人罚款的，人民法院判处罚金时，依法折抵相应罚金。

第十二条　行政执法机关对公安机关决定立案的案件，应当自接到立案通知书之日起3日内将涉案物品以及与案件有关的其他材料移交公安机关，并办结交接手续；法律、行政法规另有规定的，依照其规定。

第十三条 公安机关对发现的违法行为，经审查，没有犯罪事实，或者立案侦查后认为犯罪事实显著轻微，不需要追究刑事责任，但依法应当追究行政责任的，应当及时将案件移送同级行政执法机关，有关行政执法机关应当依法作出处理。

第十四条 行政执法机关移送涉嫌犯罪案件，应当接受人民检察院和监察机关依法实施的监督。

任何单位和个人对行政执法机关违反本规定，应当向公安机关移送涉嫌犯罪案件而不移送的，有权向人民检察院、监察机关或者上级行政执法机关举报。

第十五条 行政执法机关违反本规定，隐匿、私分、销毁涉案物品的，由本级或者上级人民政府，或者实行垂直管理的上级行政执法机关，对其正职负责人根据情节轻重，给予降级以上的处分；构成犯罪的，依法追究刑事责任。

对前款所列行为直接负责的主管人员和其他直接责任人员，比照前款的规定给予处分；构成犯罪的，依法追究刑事责任。

第十六条 行政执法机关违反本规定，逾期不将案件移送公安机关的，由本级或者上级人民政府，或者实行垂直管理的上级行政执法机关，责令限期移送，并对其正职负责人或者主持工作的负责人根据情节轻重，给予记过以上的处分；构成犯罪的，依法追究刑事责任。

行政执法机关违反本规定，对应当向公安机关移送的案件不移送，或者以行政处罚代替移送的，由本级或者上级人民政府，或者实行垂直管理的上级行政执法机关，责令改正，给予通报；拒不改正的，对其正职负责人或者主持工作的负责人给予记过以上的处分；构成犯罪的，依法追究刑事责任。

对本条第一款、第二款所列行为直接负责的主管人员和其他直接责任人员，分别比照前两款的规定给予处分；构成犯罪的，依法追究刑事责任。

第十七条　公安机关违反本规定，不接受行政执法机关移送的涉嫌犯罪案件，或者逾期不作出立案或者不予立案的决定的，除由人民检察院依法实施立案监督外，由本级或者上级人民政府责令改正，对其正职负责人根据情节轻重，给予记过以上的处分；构成犯罪的，依法追究刑事责任。

对前款所列行为直接负责的主管人员和其他直接责任人员，比照前款的规定给予处分；构成犯罪的，依法追究刑事责任。

第十八条　有关机关存在本规定第十五条、第十六条、第十七条所列违法行为，需要由监察机关依法给予违法的公职人员政务处分的，该机关及其上级主管机关或者有关人民政府应当依照有关规定将相关案件线索移送监察机关处理。

第十九条　行政执法机关在依法查处违法行为过程中，发现公职人员有贪污贿赂、失职渎职或者利用职权侵犯公民人身权利和民主权利等违法行为，涉嫌构成职务犯罪的，应当依照刑法、刑事诉讼法、监察法等法律规定及时将案件线索移送监察机关或者人民检察院处理。

第二十条　本规定自公布之日起施行。

《最高人民法院关于审理骗取出口退税刑事案件具体应用法律若干问题的解释》

（法释〔2002〕30号）

（《最高人民法院关于审理骗取出口退税刑事案件具体应用法律若干问题的解释》已于2002年9月9日由最高人民法院审判委员会第1241次会议通过。现予公布，自2002年9月23日起施行）

为依法惩治骗取出口退税犯罪活动，根据《中华人民共和国刑法》的有关规定，现就审理骗取出口退税刑事案件具体应用法律的若干问题解释如下：

第一条 刑法第二百零四条规定的“假报出口”，是指以虚构已税货物出口事实为目的，具有下列情形之一的行为：

（一）伪造或者签订虚假的买卖合同；

（二）以伪造、变造或者其他非法手段取得出口货物报关单、出口收汇核销单、出口货物专用缴款书等有关出口退税单据、凭证；

（三）虚开、伪造、非法购买增值税专用发票或者其他可以用于出口退税的发票；

（四）其他虚构已税货物出口事实的行为。

第二条 具有下列情形之一的，应当认定为刑法第二百零四条规定的“其他欺骗手段”：

（一）骗取出口货物退税资格的；

（二）将未纳税或者免税货物作为已税货物出口的；

（三）虽有货物出口，但虚构该出口货物的品名、数量、单价等要素，骗取未实际纳税部分出口退税款的；

（四）以其他手段骗取出口退税款的。

第三条 骗取国家出口退税款5万元以上的，为刑法第二百零四条规定的“数额较大”；骗取国家出口退税款 50 万元以上的，为刑法第二百零四条规定的“数额巨大”；骗取国家出口退税款 250 万元以上的，为刑法第二百零四条规定的“数额特别巨大”。

第四条　具有下列情形之一的，属于刑法第二百零四条规定的“其他严重情节”：

（一）造成国家税款损失 30 万元以上并且在第一审判决宣告前无法追回的；

（二）因骗取国家出口退税行为受过行政处罚，两年内又骗取国家出口退税款数额在 30 万元以上的；

（三）情节严重的其他情形。

第五条　具有下列情形之一的，属于刑法第二百零四条规定的“其他特别严重情节”：

（一）造成国家税款损失 150 万元以上并且在第一审判决宣告前无法追回的；

（二）因骗取国家出口退税行为受过行政处罚，两年内又骗取国家出口退税款数额在 150 万元以上的；

（三）情节特别严重的其他情形。

第六条　有进出口经营权的公司、企业，明知他人意欲骗取国家出口退税款，仍违反国家有关进出口经营的规定，允许他人自带客户、自带货源、自带汇票并自行报关，骗取国家出口退税款的，依照刑法第二百零四条第一款、第二百一十一条的规定定罪处罚。

第七条　实施骗取国家出口退税行为，没有实际取得出口退税款的，可以比照既遂犯从轻或者减轻处罚。

第八条　国家工作人员参与实施骗取出口退税犯罪活动的，依照刑法第二百零四条第一款的规定从重处罚。

第九条　实施骗取出口退税犯罪，同时构成虚开增值税专用发票罪等其他犯罪的，依照刑法处罚较重的规定定罪处罚。

《最高人民法院关于审理偷税抗税刑事案件具体应用法律若干问题的解释》

（法释〔2002〕33号）

（2002年11月4日最高人民法院审判委员会第1254次会议通过）

为依法惩处偷税、抗税犯罪活动，根据刑法的有关规定，现就审理偷税、抗税刑事案件具体应用法律的若干问题解释如下：

第一条 纳税人实施下列行为之一，不缴或者少缴应纳税款，偷税数额占应纳税额的百分之十以上且偷税数额在一万元以上的，依照刑法第二百零一条第一款的规定定罪处罚：

（一）伪造、变造、隐匿、擅自销毁账簿、记账凭证；

（二）在账簿上多列支出或者不列、少列收入；

（三）经税务机关通知申报而拒不申报纳税；

（四）进行虚假纳税申报；

（五）缴纳税款后，以假报出口或者其他欺骗手段，骗取所缴纳的税款。（2009年刑法修正案七改为逃税罪）

扣缴义务人实施前款行为之一，不缴或者少缴已扣、已收税款，数额在一万元以上且占应缴税额百分之十以上的，依照刑法第二百零一条第一款的规定定罪处罚。扣缴义务人书面承诺代纳税人支付税款的，应当认定扣缴义务人"已扣、已收税款"。

实施本条第一款、第二款规定的行为，偷税数额在五万元以下，纳税人或者扣缴义务人在公安机关立案侦查以前已经足额补缴应纳税款和滞纳金，犯罪情节轻微，不需要判处刑罚的，可以免予刑事处罚。

第二条 纳税人伪造、变造、隐匿、擅自销毁用于记账的发票等原始凭证的行为，应当认定为刑法第二百零一条第一款规定的伪造、变造、隐匿、擅自销毁记账凭证的行为。

具有下列情形之一的，应当认定为刑法第二百零一条第一款规定的

“经税务机关通知申报”（2009 年刑法修正案七将偷税罪改为逃税罪）：

（一）纳税人、扣缴义务人已经依法办理税务登记或者扣缴税款登记的；

（二）依法不需要办理税务登记的纳税人，经税务机关依法书面通知其申报的；

（三）尚未依法办理税务登记、扣缴税款登记的纳税人、扣缴义务人，经税务机关依法书面通知其申报的。

刑法第二百零一条第一款规定的“虚假的纳税申报”，是指纳税人或者扣缴义务人向税务机关报送虚假的纳税申报表、财务报表、代扣代缴、代收代缴税款报告表或者其他纳税申报资料，如提供虚假申请，编造减税、免税、抵税、先征收后退还税款等虚假资料等。

刑法第二百零一条第三款规定的“未经处理”，是指纳税人或者扣缴义务人在五年内多次实施偷税行为，但每次偷税数额均未达到刑法第二百零一条规定的构成犯罪的数额标准，且未受行政处罚的情形。

纳税人、扣缴义务人因同一偷税犯罪行为受到行政处罚，又被移送起诉的，人民法院应当依法受理。依法定罪并判处罚金的，行政罚款折抵罚金。

第三条 偷税数额，是指在确定的纳税期间，不缴或者少缴各税种税款的总额。

偷税数额占应纳税额的百分比，是指一个纳税年度中的各税种偷税总额与该纳税年度应纳税总额的比例。不按纳税年度确定纳税期的其他纳税人，偷税数额占应纳税额的百分比，按照行为人最后一次偷税行为发生之日前一年中各税种偷税总额与该年纳税总额的比例确定。纳税义务存续期间不足一个纳税年度的，偷税数额占应纳税额的百分比，按照各税种偷税总额与实际发生纳税义务期间应当缴纳税款总额的比例确定。

偷税行为跨越若干个纳税年度，只要其中一个纳税年度的偷税数额及百分比达到刑法第二百零一条第一款规定的标准，即构成偷税罪。各纳税年度的偷税数额应当累计计算，偷税百分比应当按照最高的百分比确定。

第四条　两年内因偷税受过二次行政处罚，又偷税且数额在一万元以上的，应当以偷税罪定罪处罚。

第五条　实施抗税行为具有下列情形之一的，属于刑法第二百零二条规定的“情节严重”：

（一）聚众抗税的首要分子；

（二）抗税数额在十万元以上的；

（三）多次抗税的；

（四）故意伤害致人轻伤的；

（五）具有其他严重情节。

第六条　实施抗税行为致人重伤、死亡，构成故意伤害罪、故意杀人罪的，分别依照刑法第二百三十四条第二款、第二百三十二条的规定定罪处罚。

与纳税人或者扣缴义务人共同实施抗税行为的，以抗税罪的共犯依法处罚。

《最高人民法院关于在司法机关对当事人虚开增值税专用发票罪立案侦查之后刑事判决之前，税务机关又以同一事实以偷税为由对同一当事人能否作出行政处罚问题的答复》

（2008 年 9 月 19 日〔2008〕行他字第 1 号）

山东省高级人民法院：

你院《关于枣庄永帮橡胶有限公司诉山东省枣庄市国家税务局税务行政处罚一案的请示》收悉。经研究，答复如下：

根据《行政执法机关移送涉嫌犯罪案件的规定》第三条、第五条、第八条、第十一条的规定，税务机关在移送公安机关之前已经给予当事人罚款处罚的，法院在判处罚金时应当折抵罚金。

税务机关在发现涉嫌犯罪并移送公安机关进行刑事侦查后，不再针对同一违法行为作出行为罚和申诫罚以外的行政处罚；刑事被告人构成涉税犯罪并被处以人身和财产的刑罚后，税务机关不应再作出罚款的行政处罚。

如当事人行为不构成犯罪，则公安机关应将案件退回税务机关，税务机关可依法追究当事人的行政违法责任。

此复。

《最高人民法院研究室〈关于如何认定以“挂靠”有关公司名义实施经营活动并让有关公司为自己虚开增值税专用发票行为的性质〉征求意见的复函》

（法研〔2015〕58 号）

公安部经济犯罪侦查局：

贵局《关于如何认定以“挂靠”有关公司名义实施经营活动并让有关公司为自己虚开增值税专用发票行为的性质的函》（公经财税〔2015〕40 号）收悉，经研究，现提出如下意见：

一、挂靠方以挂靠形式向受票方实际销售货物，被挂靠方向受票方开具增值税专用发票的，不属于刑法第二百零五条规定的“虚开增值税专用发票”。

主要考虑：

（1）由挂靠方适用被挂靠方的经营资格进行经营活动，并向挂靠方支付挂靠费的经营方式在实践中客观存在，且带有一定普遍性。相关法律并未明确禁止以挂靠形式从事经营活动。

（2）虚开增值税专用发票罪是行政犯，对相关入罪要件的判断，应当依据、参照相关行政法规、部门规章等，而根据《国家税务总局关于纳税人对外开具增值税专用发票有关问题的公告》（国家税务总局公告 2014 年第 39 号），挂靠方以挂靠形式向受票方实际销售货物，被挂靠方向受票方开具增值税专用发票的，不属于虚开。

二、行为人利用他人的名义从事经营活动，并以他人名义开具增值税专用发票的，即便行为人与该他人之间不存在挂靠关系，但如行为人进行了实际的经营活动，主观上并无骗取扣税款的故意，客观上也未造成国家增值税款损失的，不宜认定为刑法第二百零五条规定的“虚开增值税专用发票”；符合逃税罪等其他犯罪构成条件的，可以其他犯罪论处。

主要考虑：

（1）虚开增值税发票罪的危害实质在于通过虚开行为骗取抵扣税款，对于有实际交易存在的代开行为，如行为人主观上并无骗取的扣税款的故意，客观上未造成国家增值税款损失的，不宜以虚开增值税专用发票罪论处。虚开增值税专用发票罪的法定最高刑为无期徒刑，系严重犯罪，如将该罪理解为行为犯，只要虚开增值税专用发票，侵犯增值税专用发票管理秩序的，即构成犯罪并要判处重刑，也不符合罪刑责相适应原则。

（2）1996 年 10 月 17 日《关于适用〈全国人民代表大会常务委员会关于惩治虚开、伪造和非法出售增值税专用发票犯罪的决定〉的若干问题的解释》（该文件已废止）虽然未被废止，但该解释制定于 1997 年刑法施行前，根据我院《关于认真学习宣传贯彻修订的〈中华人民共和国刑法〉的通知》（法发〔1997〕3 号）第五条“修订的刑法实施后，对已明令废止的全国人大常委会有关决定和补充规定，最高人民法院原作出的有关司法解释不再适用，但是如果修订的刑法有关条文实质内容没有变化的，人民法院在刑事审判工作中，在没有新的司法解释前，可参照执行。其他对于与修订的刑法规定相抵触的司法解释，不再适用”的规定，应当根据现行刑法第二百零五条关于虚开增值税专用发票罪的规定，合理选择该解释中可以继续参照适用的条文。其中，该解释中关于“进行了实际经营活动，但让他人为自己代开增值税专用发票”也属于虚开的规定，与虚开增值税专用发票罪的规定不符，不应继续适用；如继续适用该解释的上述规定，则对于挂靠代开案件也要以犯罪论处，显然有失妥当。

（3）《刑事审判参考》曾刊登“芦才兴虚开抵扣税款发票案”。该案例提出，虚开可以用于抵扣税款的发票冲减营业额偷逃税款的行为。主观上明知所虚开的运输发票均不用于抵扣税款，客观上使用虚开发票冲减营业额的方法偷逃应纳税款，其行为不符合虚开用于抵扣税款发票罪的构成要件，属于偷税行为。2001 年福建高院请示的泉州市松苑绵涤实业有限公司等虚开增值税专用发票案，被告单位不以抵扣税款为目的，而是为了显示公司实力以达到在与外商谈判中处于有利地位的目的而虚开增值税发票。我院答复认为该公司的行为不构成犯罪。

以上意见供参考。

最高人民法院研究室

二〇一五年六月十一日

《最高人民检察院关于充分发挥检察职能服务保障“六稳”“六保”的意见》相关条款

6. 依法维护有利于对外开放的法治化营商环境。充分认识“稳外贸”“稳外资”“稳投资”对稳定宏观经济、扩大对外开放的重大意义，有效维护相关领域的市场秩序。一是围绕自贸试验区、海南自由贸易港、粤港澳大湾区建设等重大战略，依法惩治侵害外国投资者和外商投资企业合法权益，以及扰乱投资秩序、妨害项目推进的各类犯罪，保障外商投资法顺利施行，营造安全、透明的投资环境。二是聚焦当前对外贸易、外商投资领域的新形势，依法惩治利用外贸合同诈骗，虚开出口退税、抵扣税款发票，骗取出口退税以及对外贸易经营活动中的走私、逃汇骗汇等犯罪，促进稳住外贸基本盘，保障外贸产业链、供应链、资金流畅通运转。三是依法慎重处理企业涉税案件。注意把握一般涉税违法行为与以骗取国家税款为目的的涉税犯罪的界限，对于有实际生产经营活动的企业为虚增业绩、融资、贷款等非骗税目的且没有造成税款损失的虚开增值税专用发票行为，不以虚开增值税专用发票罪定性处理，依法作出不起诉决定的，移送税务机关给予行政处罚。

《税务行政复议规则》

（国家税务总局令第21号公布，国家税务总局令第39号、
国家税务总局令第44号修正）

第一章　总　则

第一条　为了进一步发挥行政复议解决税务行政争议的作用，保护公民、法人和其他组织的合法权益，监督和保障税务机关依法行使职权，根据《中华人民共和国行政复议法》（以下简称“行政复议法”）、《中华人民共和国税收征收管理法》和《中华人民共和国行政复议法实施条例》（以下简称“行政复议法实施条例”），结合税收工作实际，制定本规则。

第二条　公民、法人和其他组织（以下简称“申请人”）认为税务机关的具体行政行为侵犯其合法权益，向税务行政复议机关申请行政复议，税务行政复议机关办理行政复议事项，适用本规则。

第三条　本规则所称税务行政复议机关（以下简称“行政复议机关”），指依法受理行政复议申请、对具体行政行为进行审查并作出行政复议决定的税务机关。

第四条　行政复议应当遵循合法、公正、公开、及时和便民的原则。

行政复议机关应当树立依法行政观念，强化责任意识和服务意识，认真履行行政复议职责，坚持有错必纠，确保法律正确实施。

第五条　行政复议机关在申请人的行政复议请求范围内，不得作出对申请人更为不利的行政复议决定。

第六条　申请人对行政复议决定不服的，可以依法向人民法院提起行政诉讼。

第七条　行政复议机关受理行政复议申请，不得向申请人收取任何费用。

第八条　各级税务机关行政首长是行政复议工作第一责任人，应当切

实履行职责，加强对行政复议工作的组织领导。

第九条　行政复议机关应当为申请人、第三人查阅案卷资料、接受询问、调解、听证等提供专门场所和其他必要条件。

第十条　各级税务机关应当加大对行政复议工作的基础投入，推进行政复议工作信息化建设，配备调查取证所需的照相、录音、录像和办案所需的电脑、扫描、投影、传真、复印等设备，保障办案交通工具和相应经费。

第二章　税务行政复议机构和人员

第十一条　各级行政复议机关负责法制工作的机构（以下简称“行政复议机构”）依法办理行政复议事项，履行下列职责：

（一）受理行政复议申请。

（二）向有关组织和人员调查取证，查阅文件和资料。

（三）审查申请行政复议的具体行政行为是否合法和适当，起草行政复议决定。

（四）处理或者转送对本规则第十五条所列有关规定的审查申请。

（五）对被申请人违反行政复议法及其实施条例和本规则规定的行为，依照规定的权限和程序向相关部门提出处理建议。

（六）研究行政复议工作中发现的问题，及时向有关机关或者部门提出改进建议，重大问题及时向行政复议机关报告。

（七）指导和监督下级税务机关的行政复议工作。

（八）办理或者组织办理行政诉讼案件应诉事项。

（九）办理行政复议案件的赔偿事项。

（十）办理行政复议、诉讼、赔偿等案件的统计、报告、归档工作和重大行政复议决定备案事项。

（十一）其他与行政复议工作有关的事项。

第十二条　各级行政复议机关可以成立行政复议委员会，研究重大、疑难案件，提出处理建议。

行政复议委员会可以邀请本机关以外的具有相关专业知识的人员参加。

第十三条 行政复议工作人员应当具备与履行行政复议职责相适应的品行、专业知识和业务能力。

税务机关中初次从事行政复议的人员，应当通过国家统一法律职业资格考试取得法律职业资格。

第三章 税务行政复议范围

第十四条 行政复议机关受理申请人对税务机关下列具体行政行为不服提出的行政复议申请：

（一）征税行为，包括确认纳税主体、征税对象、征税范围、减税、免税、退税、抵扣税款、适用税率、计税依据、纳税环节、纳税期限、纳税地点和税款征收方式等具体行政行为，征收税款、加收滞纳金，扣缴义务人、受税务机关委托的单位和个人作出的代扣代缴、代收代缴、代征行为等。

（二）行政许可、行政审批行为。

（三）发票管理行为，包括发售、收缴、代开发票等。

（四）税收保全措施、强制执行措施。

（五）行政处罚行为：

1. 罚款；

2. 没收财物和违法所得；

3. 停止出口退税权。

（六）不依法履行下列职责的行为：

1. 颁发税务登记；

2. 开具、出具完税凭证、外出经营活动税收管理证明；

3. 行政赔偿；

4. 行政奖励；

5. 其他不依法履行职责的行为。

（七）资格认定行为。

（八）不依法确认纳税担保行为。

（九）政府信息公开工作中的具体行政行为。

（十）纳税信用等级评定行为。

（十一）通知出入境管理机关阻止出境行为。

（十二）其他具体行政行为。

第十五条　申请人认为税务机关的具体行政行为所依据的下列规定不合法，对具体行政行为申请行政复议时，可以一并向行政复议机关提出对有关规定的审查申请；申请人对具体行政行为提出行政复议申请时不知道该具体行政行为所依据的规定的，可以在行政复议机关作出行政复议决定以前提出对该规定的审查申请：

（一）国家税务总局和国务院其他部门的规定。

（二）其他各级税务机关的规定。

（三）地方各级人民政府的规定。

（四）地方人民政府工作部门的规定。

前款中的规定不包括规章。

第四章　税务行政复议管辖

第十六条　对各级税务局的具体行政行为不服的，向其上一级税务局申请行政复议。

对计划单列市税务局的具体行政行为不服的，向国家税务总局申请行政复议。

第十七条　对税务所（分局）、各级税务局的稽查局的具体行政行为不服的，向其所属税务局申请行政复议。

第十八条　对国家税务总局的具体行政行为不服的，向国家税务总局申请行政复议。对行政复议决定不服，申请人可以向人民法院提起行政诉讼，也可以向国务院申请裁决。国务院的裁决为最终裁决。

第十九条　对下列税务机关的具体行政行为不服的，按照下列规定申请行政复议：

（一）对两个以上税务机关以共同的名义作出的具体行政行为不服的，向共同上一级税务机关申请行政复议；对税务机关与其他行政机关以共同的名义作出的具体行政行为不服的，向其共同上一级行政机关申请行政复议。

（二）对被撤销的税务机关在撤销以前所作出的具体行政行为不服的，向继续行使其职权的税务机关的上一级税务机关申请行政复议。

（三）对税务机关作出逾期不缴纳罚款加处罚款的决定不服的，向作出行政处罚决定的税务机关申请行政复议。但是对已处罚款和加处罚款都不服的，一并向作出行政处罚决定的税务机关的上一级税务机关申请行政复议。

申请人向具体行政行为发生地的县级地方人民政府提交行政复议申请的，由接受申请的县级地方人民政府依照行政复议法第十五条、第十八条的规定予以转送。

第五章　税务行政复议申请人和被申请人

第二十条　合伙企业申请行政复议的，应当以核准登记的企业为申请人，由执行合伙事务的合伙人代表该企业参加行政复议；其他合伙组织申请行政复议的，由合伙人共同申请行政复议。

前款规定以外的不具备法人资格的其他组织申请行政复议的，由该组织的主要负责人代表该组织参加行政复议；没有主要负责人的，由共同推选的其他成员代表该组织参加行政复议。

第二十一条　股份制企业的股东大会、股东代表大会、董事会认为税务具体行政行为侵犯企业合法权益的，可以以企业的名义申请行政复议。

第二十二条　有权申请行政复议的公民死亡的，其近亲属可以申请行政复议；有权申请行政复议的公民为无行为能力人或者限制行为能力人，其法定代理人可以代理申请行政复议。

有权申请行政复议的法人或者其他组织发生合并、分立或终止的，承受其权利义务的法人或者其他组织可以申请行政复议。

第二十三条 行政复议期间，行政复议机关认为申请人以外的公民、法人或者其他组织与被审查的具体行政行为有利害关系的，可以通知其作为第三人参加行政复议。

行政复议期间，申请人以外的公民、法人或者其他组织与被审查的税务具体行政行为有利害关系的，可以向行政复议机关申请作为第三人参加行政复议。

第三人不参加行政复议，不影响行政复议案件的审理。

第二十四条 非具体行政行为的行政管理相对人，但其权利直接被该具体行政行为所剥夺、限制或者被赋予义务的公民、法人或其他组织，在行政管理相对人没有申请行政复议时，可以单独申请行政复议。

第二十五条 同一行政复议案件申请人超过 5 人的，应当推选 1 至 5 名代表参加行政复议。

第二十六条 申请人对具体行政行为不服申请行政复议的，作出该具体行政行为的税务机关为被申请人。

第二十七条 申请人对扣缴义务人的扣缴税款行为不服的，主管该扣缴义务人的税务机关为被申请人；对税务机关委托的单位和个人的代征行为不服的，委托税务机关为被申请人。

第二十八条 税务机关与法律、法规授权的组织以共同的名义作出具体行政行为的，税务机关和法律、法规授权的组织为共同被申请人。

税务机关与其他组织以共同名义作出具体行政行为的，税务机关为被申请人。

第二十九条 税务机关依照法律、法规和规章规定，经上级税务机关批准作出具体行政行为的，批准机关为被申请人。

申请人对经重大税务案件审理程序作出的决定不服的，审理委员会所在税务机关为被申请人。

第三十条 税务机关设立的派出机构、内设机构或者其他组织，未经法律、法规授权，以自己名义对外作出具体行政行为的，税务机关为被申请人。

第三十一条 申请人、第三人可以委托1至2名代理人参加行政复议。申请人、第三人委托代理人的，应当向行政复议机构提交授权委托书。授权委托书应当载明委托事项、权限和期限。公民在特殊情况下无法书面委托的，可以口头委托。口头委托的，行政复议机构应当核实并记录在卷。申请人、第三人解除或者变更委托的，应当书面告知行政复议机构。

被申请人不得委托本机关以外人员参加行政复议。

第六章 税务行政复议申请

第三十二条 申请人可以在知道税务机关作出具体行政行为之日起60日内提出行政复议申请。

因不可抗力或者被申请人设置障碍等原因耽误法定申请期限的，申请期限的计算应当扣除被耽误时间。

第三十三条 申请人对本规则第十四条第（一）项规定的行为不服的，应当先向行政复议机关申请行政复议；对行政复议决定不服的，可以向人民法院提起行政诉讼。

申请人按照前款规定申请行政复议的，必须依照税务机关根据法律、法规确定的税额、期限，先行缴纳或者解缴税款和滞纳金，或者提供相应的担保，才可以在缴清税款和滞纳金以后或者所提供的担保得到作出具体行政行为的税务机关确认之日起60日内提出行政复议申请。

申请人提供担保的方式包括保证、抵押和质押。作出具体行政行为的税务机关应当对保证人的资格、资信进行审查，对不具备法律规定资格或者没有能力保证的，有权拒绝。作出具体行政行为的税务机关应当对抵押人、出质人提供的抵押担保、质押担保进行审查，对不符合法律规定的抵押担保、质押担保，不予确认。

第三十四条 申请人对本规则第十四条第（一）项规定以外的其他具体行政行为不服，可以申请行政复议，也可以直接向人民法院提起行政诉讼。

申请人对税务机关作出逾期不缴纳罚款加处罚款的决定不服的，应当先缴纳罚款和加处罚款，再申请行政复议。

第三十五条 本规则第三十二条第一款规定的行政复议申请期限的计算，依照下列规定办理：

（一）当场作出具体行政行为的，自具体行政行为作出之日起计算。

（二）载明具体行政行为的法律文书直接送达的，自受送达人签收之日起计算。

（三）载明具体行政行为的法律文书邮寄送达的，自受送达人在邮件签收单上签收之日起计算；没有邮件签收单的，自受送达人在送达回执上签名之日起计算。

（四）具体行政行为依法通过公告形式告知受送达人的，自公告规定的期限届满之日起计算。

（五）税务机关作出具体行政行为时未告知申请人，事后补充告知的，自该申请人收到税务机关补充告知的通知之日起计算。

（六）被申请人能够证明申请人知道具体行政行为的，自证据材料证明其知道具体行政行为之日起计算。

税务机关作出具体行政行为，依法应当向申请人送达法律文书而未送达的，视为该申请人不知道该具体行政行为。

第三十六条 申请人依照行政复议法第六条第（八）项、第（九）项、第（十）项的规定申请税务机关履行法定职责，税务机关未履行的，行政复议申请期限依照下列规定计算：

（一）有履行期限规定的，自履行期限届满之日起计算。

（二）没有履行期限规定的，自税务机关收到申请满60日起计算。

第三十七条 税务机关作出的具体行政行为对申请人的权利、义务可能产生不利影响的，应当告知其申请行政复议的权利、行政复议机关和行政复议申请期限。

第三十八条 申请人书面申请行政复议的，可以采取当面递交、邮寄或者传真等方式提出行政复议申请。

有条件的行政复议机关可以接受以电子邮件形式提出的行政复议申请。

对以传真、电子邮件形式提出行政复议申请的，行政复议机关应当审核确认申请人的身份、复议事项。

第三十九条 申请人书面申请行政复议的，应当在行政复议申请书中载明下列事项：

（一）申请人的基本情况，包括公民的姓名、性别、出生年月、身份证件号码、工作单位、住所、邮政编码、联系电话；法人或者其他组织的名称、住所、邮政编码、联系电话和法定代表人或者主要负责人的姓名、职务。

（二）被申请人的名称。

（三）行政复议请求、申请行政复议的主要事实和理由。

（四）申请人的签名或者盖章。

（五）申请行政复议的日期。

第四十条 申请人口头申请行政复议的，行政复议机构应当依照本规则第三十九条规定的事项，当场制作行政复议申请笔录，交申请人核对或者向申请人宣读，并由申请人确认。

第四十一条 有下列情形之一的，申请人应当提供证明材料：

（一）认为被申请人不履行法定职责的，提供要求被申请人履行法定职责而被申请人未履行的证明材料。

（二）申请行政复议时一并提出行政赔偿请求的，提供受具体行政行为侵害而造成损害的证明材料。

（三）法律、法规规定需要申请人提供证据材料的其他情形。

第四十二条 申请人提出行政复议申请时错列被申请人的，行政复议机关应当告知申请人变更被申请人。申请人不变更被申请人的，行政复议机关不予受理，或者驳回行政复议申请。

第四十三条　申请人向行政复议机关申请行政复议，行政复议机关已经受理的，在法定行政复议期限内申请人不得向人民法院提起行政诉讼；申请人向人民法院提起行政诉讼，人民法院已经依法受理的，不得申请行政复议。

第七章　税务行政复议受理

第四十四条　行政复议申请符合下列规定的，行政复议机关应当受理：

（一）属于本规则规定的行政复议范围。

（二）在法定申请期限内提出。

（三）有明确的申请人和符合规定的被申请人。

（四）申请人与具体行政行为有利害关系。

（五）有具体的行政复议请求和理由。

（六）符合本规则第三十三条和第三十四条规定的条件。

（七）属于收到行政复议申请的行政复议机关的职责范围。

（八）其他行政复议机关尚未受理同一行政复议申请，人民法院尚未受理同一主体就同一事实提起的行政诉讼。

第四十五条　行政复议机关收到行政复议申请以后，应当在5日内审查，决定是否受理。对不符合本规则规定的行政复议申请，决定不予受理，并书面告知申请人。

对不属于本机关受理的行政复议申请，应当告知申请人向有关行政复议机关提出。

行政复议机关收到行政复议申请以后未按照前款规定期限审查并作出不予受理决定的，视为受理。

第四十六条　对符合规定的行政复议申请，自行政复议机构收到之日起即为受理；受理行政复议申请，应当书面告知申请人。

第四十七条　行政复议申请材料不齐全、表述不清楚的，行政复议机构可以自收到该行政复议申请之日起5日内书面通知申请人补正。补正通知应当载明需要补正的事项和合理的补正期限。无正当理由逾期不补正的，视为申请人放弃行政复议申请。

补正申请材料所用时间不计入行政复议审理期限。

第四十八条 上级税务机关认为行政复议机关不予受理行政复议申请的理由不成立的，可以督促其受理；经督促仍然不受理的，责令其限期受理。

上级税务机关认为行政复议申请不符合法定受理条件的，应当告知申请人。

第四十九条 上级税务机关认为有必要的，可以直接受理或者提审由下级税务机关管辖的行政复议案件。

第五十条 对应当先向行政复议机关申请行政复议，对行政复议决定不服再向人民法院提起行政诉讼的具体行政行为，行政复议机关决定不予受理或者受理以后超过行政复议期限不作答复的，申请人可以自收到不予受理决定书之日起或者行政复议期满之日起15日内，依法向人民法院提起行政诉讼。

依照本规则第八十三条规定延长行政复议期限的，以延长以后的时间为行政复议期满时间。

第五十一条 行政复议期间具体行政行为不停止执行；但是有下列情形之一的，可以停止执行：

（一）被申请人认为需要停止执行的。

（二）行政复议机关认为需要停止执行的。

（三）申请人申请停止执行，行政复议机关认为其要求合理，决定停止执行的。

（四）法律规定停止执行的。

第八章 税务行政复议证据

第五十二条 行政复议证据包括以下类别：

（一）书证；

（二）物证；

（三）视听资料；

（四）电子数据；

（五）证人证言；

（六）当事人的陈述；

（七）鉴定意见；

（八）勘验笔录、现场笔录。

第五十三条　在行政复议中，被申请人对其作出的具体行政行为负有举证责任。

第五十四条　行政复议机关应当依法全面审查相关证据。行政复议机关审查行政复议案件，应当以证据证明的案件事实为依据。定案证据应当具有合法性、真实性和关联性。

第五十五条　行政复议机关应当根据案件的具体情况，从以下方面审查证据的合法性：

（一）证据是否符合法定形式。

（二）证据的取得是否符合法律、法规、规章和司法解释的规定。

（三）是否有影响证据效力的其他违法情形。

第五十六条　行政复议机关应当根据案件的具体情况，从以下方面审查证据的真实性：

（一）证据形成的原因。

（二）发现证据时的环境。

（三）证据是否为原件、原物，复制件、复制品与原件、原物是否相符。

（四）提供证据的人或者证人与行政复议参加人是否具有利害关系。

（五）影响证据真实性的其他因素。

第五十七条　行政复议机关应当根据案件的具体情况，从以下方面审查证据的关联性：

（一）证据与待证事实是否具有证明关系。

（二）证据与待证事实的关联程度。

（三）影响证据关联性的其他因素。

第五十八条 下列证据材料不得作为定案依据：

（一）违反法定程序收集的证据材料。

（二）以偷拍、偷录和窃听等手段获取侵害他人合法权益的证据材料。

（三）以利诱、欺诈、胁迫和暴力等不正当手段获取的证据材料。

（四）无正当事由超出举证期限提供的证据材料。

（五）无正当理由拒不提供原件、原物，又无其他证据印证，且对方不予认可的证据的复制件、复制品。

（六）无法辨明真伪的证据材料。

（七）不能正确表达意志的证人提供的证言。

（八）不具备合法性、真实性的其他证据材料。

行政复议机构依据本规则第十一条第（二）项规定的职责所取得的有关材料，不得作为支持被申请人具体行政行为的证据。

第五十九条 在行政复议过程中，被申请人不得自行向申请人和其他有关组织或者个人收集证据。

第六十条 行政复议机构认为必要时，可以调查取证。

行政复议工作人员向有关组织和人员调查取证时，可以查阅、复制和调取有关文件和资料，向有关人员询问。调查取证时，行政复议工作人员不得少于2人，并应当向当事人和有关人员出示证件。被调查单位和人员应当配合行政复议工作人员的工作，不得拒绝、阻挠。

需要现场勘验的，现场勘验所用时间不计入行政复议审理期限。

第六十一条 申请人和第三人可以查阅被申请人提出的书面答复、作出具体行政行为的证据、依据和其他有关材料，除涉及国家秘密、商业秘密或者个人隐私外，行政复议机关不得拒绝。

第九章 税务行政复议审查和决定

第六十二条 行政复议机构应当自受理行政复议申请之日起7日内，将行政复议申请书副本或者行政复议申请笔录复印件发送被申请人。被申请人应当自收到申请书副本或者申请笔录复印件之日起10日内提出书面答复，并提交当初作出具体行政行为的证据、依据和其他有关材料。

对国家税务总局的具体行政行为不服申请行政复议的案件，由原承办具体行政行为的相关机构向行政复议机构提出书面答复，并提交当初作出具体行政行为的证据、依据和其他有关材料。

第六十三条 行政复议机构审理行政复议案件，应当由2名以上行政复议工作人员参加。

第六十四条 行政复议原则上采用书面审查的办法，但是申请人提出要求或者行政复议机构认为有必要时，应当听取申请人、被申请人和第三人的意见，并可以向有关组织和人员调查了解情况。

第六十五条 对重大、复杂的案件，申请人提出要求或者行政复议机构认为必要时，可以采取听证的方式审理。

第六十六条 行政复议机构决定举行听证的，应当将举行听证的时间、地点和具体要求等事项通知申请人、被申请人和第三人。

第三人不参加听证的，不影响听证的举行。

第六十七条 听证应当公开举行，但是涉及国家秘密、商业秘密或者个人隐私的除外。

第六十八条 行政复议听证人员不得少于2人，听证主持人由行政复议机构指定。

第六十九条 听证应当制作笔录。申请人、被申请人和第三人应当确认听证笔录内容。

行政复议听证笔录应当附卷，作为行政复议机构审理案件的依据之一。

第七十条 行政复议机关应当全面审查被申请人的具体行政行为所依据的事实证据、法律程序、法律依据和设定的权利义务内容的合法性、适当性。

第七十一条 申请人在行政复议决定作出以前撤回行政复议申请的，经行政复议机构同意，可以撤回。

申请人撤回行政复议申请的，不得再以同一事实和理由提出行政复议申请。但是，申请人能够证明撤回行政复议申请违背其真实意思表示的除外。

第七十二条 行政复议期间被申请人改变原具体行政行为的，不影响行政复议案件的审理。但是，申请人依法撤回行政复议申请的除外。

第七十三条 申请人在申请行政复议时，依据本规则第十五条规定一并提出对有关规定的审查申请的，行政复议机关对该规定有权处理的，应当在30日内依法处理；无权处理的，应当在7日内按照法定程序逐级转送有权处理的行政机关依法处理，有权处理的行政机关应当在60日内依法处理。处理期间，中止对具体行政行为的审查。

第七十四条 行政复议机关审查被申请人的具体行政行为时，认为其依据不合法，本机关有权处理的，应当在30日内依法处理；无权处理的，应当在7日内按照法定程序逐级转送有权处理的国家机关依法处理。处理期间，中止对具体行政行为的审查。

第七十五条 行政复议机构应当对被申请人的具体行政行为提出审查意见，经行政复议机关负责人批准，按照下列规定作出行政复议决定：

（一）具体行政行为认定事实清楚，证据确凿，适用依据正确，程序合法，内容适当的，决定维持。

（二）被申请人不履行法定职责的，决定其在一定期限内履行。

（三）具体行政行为有下列情形之一的，决定撤销、变更或者确认该具体行政行为违法；决定撤销或者确认该具体行政行为违法的，可以责令被申请人在一定期限内重新作出具体行政行为：

1. 主要事实不清、证据不足的；

2. 适用依据错误的；

3. 违反法定程序的；

4. 超越职权或者滥用职权的；

5. 具体行政行为明显不当的。

（四）被申请人不按照本规则第六十二条的规定提出书面答复，提交当初作出具体行政行为的证据、依据和其他有关材料的，视为该具体行政行为没有证据、依据，决定撤销该具体行政行为。

第七十六条 行政复议机关责令被申请人重新作出具体行政行为的，被申请人不得以同一事实和理由作出与原具体行政行为相同或者基本相同的具体行政行为；但是行政复议机关以原具体行政行为违反法定程序决定撤销的，被申请人重新作出具体行政行为的除外。

行政复议机关责令被申请人重新作出具体行政行为的，被申请人不得作出对申请人更为不利的决定；但是行政复议机关以原具体行政行为主要事实不清、证据不足或适用依据错误决定撤销的，被申请人重新作出具体行政行为的除外。

第七十七条 有下列情形之一的，行政复议机关可以决定变更：

（一）认定事实清楚，证据确凿，程序合法，但是明显不当或者适用依据错误的。

（二）认定事实不清，证据不足，但是经行政复议机关审理查明事实清楚，证据确凿的。

第七十八条 有下列情形之一的，行政复议机关应当决定驳回行政复议申请：

（一）申请人认为税务机关不履行法定职责申请行政复议，行政复议机关受理以后发现该税务机关没有相应法定职责或者在受理以前已经履行法定职责的。

（二）受理行政复议申请后，发现该行政复议申请不符合行政复议法及其实施条例和本规则规定的受理条件的。

上级税务机关认为行政复议机关驳回行政复议申请的理由不成立的，应当责令限期恢复受理。行政复议机关审理行政复议申请期限的计算应当扣除因驳回耽误的时间。

第七十九条 行政复议期间，有下列情形之一的，行政复议中止：

（一）作为申请人的公民死亡，其近亲属尚未确定是否参加行政复议的。

（二）作为申请人的公民丧失参加行政复议的能力，尚未确定法定代理人参加行政复议的。

（三）作为申请人的法人或者其他组织终止，尚未确定权利义务承受人的。

（四）作为申请人的公民下落不明或者被宣告失踪的。

（五）申请人、被申请人因不可抗力，不能参加行政复议的。

（六）行政复议机关因不可抗力原因暂时不能履行工作职责的。

（七）案件涉及法律适用问题，需要有权机关作出解释或者确认的。

（八）案件审理需要以其他案件的审理结果为依据，而其他案件尚未审结的。

（九）其他需要中止行政复议的情形。

行政复议中止的原因消除以后，应当及时恢复行政复议案件的审理。

行政复议机构中止、恢复行政复议案件的审理，应当告知申请人、被申请人、第三人。

第八十条 行政复议期间，有下列情形之一的，行政复议终止：

（一）申请人要求撤回行政复议申请，行政复议机构准予撤回的。

（二）作为申请人的公民死亡，没有近亲属，或者其近亲属放弃行政复议权利的。

（三）作为申请人的法人或者其他组织终止，其权利义务的承受人放弃行政复议权利的。

（四）申请人与被申请人依照本规则第八十七条的规定，经行政复议机构准许达成和解的。

（五）行政复议申请受理以后，发现其他行政复议机关已经先于本机关受理，或者人民法院已经受理的。

依照本规则第七十九条第一款第（一）项、第（二）项、第（三）项规定中止行政复议，满60日行政复议中止的原因未消除的，行政复议终止。

第八十一条　行政复议机关责令被申请人重新作出具体行政行为的，被申请人应当在60日内重新作出具体行政行为；情况复杂，不能在规定期限内重新作出具体行政行为的，经行政复议机关批准，可以适当延期，但是延期不得超过30日。

公民、法人或者其他组织对被申请人重新作出的具体行政行为不服，可以依法申请行政复议，或者提起行政诉讼。

第八十二条　申请人在申请行政复议时可以一并提出行政赔偿请求，行政复议机关对符合国家赔偿法的规定应当赔偿的，在决定撤销、变更具体行政行为或者确认具体行政行为违法时，应当同时决定被申请人依法赔偿。

申请人在申请行政复议时没有提出行政赔偿请求的，行政复议机关在依法决定撤销、变更原具体行政行为确定的税款、滞纳金、罚款和对财产的扣押、查封等强制措施时，应当同时责令被申请人退还税款、滞纳金和罚款，解除对财产的扣押、查封等强制措施，或者赔偿相应的价款。

第八十三条　行政复议机关应当自受理申请之日起60日内作出行政复议决定。情况复杂，不能在规定期限内作出行政复议决定的，经行政复议机关负责人批准，可以适当延期，并告知申请人和被申请人；但是延期不得超过30日。

行政复议机关作出行政复议决定，应当制作行政复议决定书，并加盖行政复议机关印章。

行政复议决定书一经送达，即发生法律效力。

第八十四条　被申请人应当履行行政复议决定。

被申请人不履行、无正当理由拖延履行行政复议决定的，行政复议机关或者有关上级税务机关应当责令其限期履行。

第八十五条 申请人、第三人逾期不起诉又不履行行政复议决定的，或者不履行最终裁决的行政复议决定的，按照下列规定分别处理：

（一）维持具体行政行为的行政复议决定，由作出具体行政行为的税务机关依法强制执行，或者申请人民法院强制执行。

（二）变更具体行政行为的行政复议决定，由行政复议机关依法强制执行，或者申请人民法院强制执行。

第十章 税务行政复议和解与调解

第八十六条 对下列行政复议事项，按照自愿、合法的原则，申请人和被申请人在行政复议机关作出行政复议决定以前可以达成和解，行政复议机关也可以调解：

（一）行使自由裁量权作出的具体行政行为，如行政处罚、核定税额、确定应税所得率等。

（二）行政赔偿。

（三）行政奖励。

（四）存在其他合理性问题的具体行政行为。

行政复议审理期限在和解、调解期间中止计算。

第八十七条 申请人和被申请人达成和解的，应当向行政复议机构提交书面和解协议。和解内容不损害社会公共利益和他人合法权益的，行政复议机构应当准许。

第八十八条 经行政复议机构准许和解终止行政复议的，申请人不得以同一事实和理由再次申请行政复议。

第八十九条 调解应当符合下列要求：

（一）尊重申请人和被申请人的意愿。

（二）在查明案件事实的基础上进行。

（三）遵循客观、公正和合理原则。

（四）不得损害社会公共利益和他人合法权益。

第九十条　行政复议机关按照下列程序调解：

（一）征得申请人和被申请人同意。

（二）听取申请人和被申请人的意见。

（三）提出调解方案。

（四）达成调解协议。

（五）制作行政复议调解书。

第九十一条　行政复议调解书应当载明行政复议请求、事实、理由和调解结果，并加盖行政复议机关印章。行政复议调解书经双方当事人签字，即具有法律效力。

调解未达成协议，或者行政复议调解书不生效的，行政复议机关应当及时作出行政复议决定。

第九十二条　申请人不履行行政复议调解书的，由被申请人依法强制执行，或者申请人民法院强制执行。

第十一章　税务行政复议指导和监督

第九十三条　各级税务复议机关应当加强对履行行政复议职责的监督。行政复议机构负责对行政复议工作进行系统督促、指导。

第九十四条　各级税务机关应当建立健全行政复议工作责任制，将行政复议工作纳入本单位目标责任制。

第九十五条　各级税务机关应当按照职责权限，通过定期组织检查、抽查等方式，检查下级税务机关的行政复议工作，并及时向有关方面反馈检查结果。

第九十六条　行政复议期间行政复议机关发现被申请人和其他下级税务机关的相关行政行为违法或者需要做好善后工作的，可以制作行政复议意见书。有关机关应当自收到行政复议意见书之日起60日内将纠正相关行政违法行为或者做好善后工作的情况报告行政复议机关。

行政复议期间行政复议机构发现法律、法规和规章实施中带有普遍性的问题，可以制作行政复议建议书，向有关机关提出完善制度和改进行政执法的建议。

第九十七条 省以下各级税务机关应当定期向上一级税务机关提交行政复议、应诉、赔偿统计表和分析报告，及时将重大行政复议决定报上一级行政复议机关备案。

第九十八条 行政复议机构应当按照规定将行政复议案件资料立卷归档。

行政复议案卷应当按照行政复议申请分别装订立卷，一案一卷，统一编号，做到目录清晰、资料齐全、分类规范、装订整齐。

第九十九条 行政复议机构应当定期组织行政复议工作人员业务培训和工作交流，提高行政复议工作人员的专业素质。

第一百条 行政复议机关应当定期总结行政复议工作。对行政复议工作中做出显著成绩的单位和个人，依照有关规定表彰和奖励。

第十二章 附 则

第一百零一条 行政复议机关、行政复议机关工作人员和被申请人在税务行政复议活动中，违反行政复议法及其实施条例和本规则规定的，应当依法处理。

第一百零二条 外国人、无国籍人、外国组织在中华人民共和国境内向税务机关申请行政复议，适用本规则。

第一百零三条 行政复议机关在行政复议工作中可以使用行政复议专用章。行政复议专用章与行政复议机关印章在行政复议中具有同等效力。

第一百零四条 行政复议期间的计算和行政复议文书的送达，依照民事诉讼法关于期间、送达的规定执行。

本规则关于行政复议期间有关“5 日”“7 日”的规定指工作日，不包括法定节假日。

第一百零五条 本规则自 2010 年 4 月 1 日起施行，2004 年 2 月 24 日国家税务总局公布的《税务行政复议规则（暂行）》（国家税务总局令第 8 号）同时废止。

《税务稽查案件办理程序规定》

（国家税务总局令第52号）

第一章　总　则

第一条　为了贯彻落实中共中央办公厅、国务院办公厅印发的《关于进一步深化税收征管改革的意见》，保障税收法律、行政法规的贯彻实施，规范税务稽查案件办理程序，强化监督制约机制，保护纳税人、扣缴义务人和其他涉税当事人合法权益，根据《中华人民共和国税收征收管理法》（以下简称税收征管法）、《中华人民共和国税收征收管理法实施细则》（以下简称税收征管法实际细则）等法律、行政法规，制定本规定。

第二条　稽查局办理税务稽查案件适用本规定。

第三条　办理税务稽查案件应当以事实为根据，以法律为准绳，坚持公平、公正、公开、效率的原则。

第四条　税务稽查由稽查局依法实施。稽查局主要职责是依法对纳税人、扣缴义务人和其他涉税当事人履行纳税义务、扣缴义务情况及涉税事项进行检查处理，以及围绕检查处理开展的其他相关工作。稽查局具体职责由国家税务总局依照税收征管法、税收征管法实施细则和国家有关规定确定。

第五条　稽查局办理税务稽查案件时，实行选案、检查、审理、执行分工制约原则。

第六条　稽查局应当在税务局向社会公告的范围内实施税务稽查。上级税务机关可以根据案件办理的需要指定管辖。

税收法律、行政法规和国家税务总局规章对税务稽查管辖另有规定的，从其规定。

第七条　税务稽查管辖有争议的，由争议各方本着有利于案件办理的原则逐级协商解决；不能协商一致的，报请共同的上级税务机关决定。

第八条 税务稽查人员具有税收征管法实施细则规定回避情形的，应当回避。

被查对象申请税务稽查人员回避或者税务稽查人员自行申请回避的，由稽查局局长依法决定是否回避。稽查局局长发现税务稽查人员具有规定回避情形的，应当要求其回避。稽查局局长的回避，由税务局局长依法审查决定。

第九条 税务稽查人员对实施税务稽查过程中知悉的国家秘密、商业秘密或者个人隐私、个人信息，应当依法予以保密。

纳税人、扣缴义务人和其他涉税当事人的税收违法行为不属于保密范围。

第十条 税务稽查人员应当遵守工作纪律，恪守职业道德，不得有下列行为：

（一）违反法定程序、超越权限行使职权；

（二）利用职权为自己或者他人牟取利益；

（三）玩忽职守，不履行法定义务；

（四）泄露国家秘密、工作秘密，向被查对象通风报信、泄露案情；

（五）弄虚作假，故意夸大或者隐瞒案情；

（六）接受被查对象的请客送礼等影响公正执行公务的行为；

（七）其他违法违纪行为。

税务稽查人员在执法办案中滥用职权、玩忽职守、徇私舞弊的，依照有关规定严肃处理；涉嫌犯罪的，依法移送司法机关处理。

第十一条 税务稽查案件办理应当通过文字、音像等形式，对案件办理的启动、调查取证、审核、决定、送达、执行等进行全过程记录。

第二章 选 案

第十二条 稽查局应当加强稽查案源管理，全面收集整理案源信息，合理、准确地选择待查对象。案源管理依照国家税务总局有关规定执行。

第十三条 待查对象确定后，经稽查局局长批准实施立案检查。

必要时，依照法律法规的规定，稽查局可以在立案前进行检查。

第十四条　稽查局应当统筹安排检查工作，严格控制对纳税人、扣缴义务人的检查次数。

第三章　检　查

第十五条　检查前，稽查局应当告知被查对象检查时间、需要准备的资料等，但预先通知有碍检查的除外。

检查应当由两名以上具有执法资格的检查人员共同实施，并向被查对象出示税务检查证件、出示或者送达税务检查通知书，告知其权利和义务。

第十六条　检查应当依照法定权限和程序，采取实地检查、调取账簿资料、询问、查询存款账户或者储蓄存款、异地协查等方法。

对采用电子信息系统进行管理和核算的被查对象，检查人员可以要求其打开该电子信息系统，或者提供与原始电子数据、电子信息系统技术资料一致的复制件。被查对象拒不打开或者拒不提供的，经稽查局局长批准，可以采用适当的技术手段对该电子信息系统进行直接检查，或者提取、复制电子数据进行检查，但所采用的技术手段不得破坏该电子信息系统原始电子数据，或者影响该电子信息系统正常运行。

第十七条　检查应当依照法定权限和程序收集证据材料。收集的证据必须经查证属实，并与证明事项相关联。

不得以下列方式收集、获取证据材料：

（一）严重违反法定程序收集；

（二）以违反法律强制性规定的手段获取且侵害他人合法权益；

（三）以利诱、欺诈、胁迫、暴力等手段获取。

第十八条　调取账簿、记账凭证、报表和其他有关资料时，应当向被查对象出具调取账簿资料通知书，并填写调取账簿资料清单交其核对后签章确认。

调取纳税人、扣缴义务人以前会计年度的账簿、记账凭证、报表和其他有关资料的，应当经县以上税务局局长批准，并在3个月内完整退还；调取纳税人、扣缴义务人当年的账簿、记账凭证、报表和其他有关资料的，应当经设区的市、自治州以上税务局局长批准，并在30日内退还。

退还账簿资料时，应当由被查对象核对调取账簿资料清单，并签章确认。

第十九条 需要提取证据材料原件的，应当向当事人出具提取证据专用收据，由当事人核对后签章确认。对需要退还的证据材料原件，检查结束后应当及时退还，并履行相关签收手续。需要将已开具的纸质发票调出查验时，应当向被查验的单位或者个人开具发票换票证；需要将空白纸质发票调出查验时，应当向被查验的单位或者个人开具调验空白发票收据。经查无问题的，应当及时退还，并履行相关签收手续。

提取证据材料复制件的，应当由当事人或者原件保存单位（个人）在复制件上注明"与原件核对无误"及原件存放地点，并签章。

第二十条 询问应当由两名以上检查人员实施。除在被查对象生产、经营、办公场所询问外，应当向被询问人送达询问通知书。

询问时应当告知被询问人有关权利义务。询问笔录应当交被询问人核对或者向其宣读；询问笔录有修改的，应当由被询问人在改动处捺指印；核对无误后，由被询问人在尾页结束处写明"以上笔录我看过（或者向我宣读过），与我说的相符"，并逐页签章、捺指印。被询问人拒绝在询问笔录上签章、捺指印的，检查人员应当在笔录上注明。

第二十一条 当事人、证人可以采取书面或者口头方式陈述或者提供证言。当事人、证人口头陈述或者提供证言的，检查人员应当以笔录、录音、录像等形式进行记录。笔录可以手写或者使用计算机记录并打印，由当事人或者证人逐页签章、捺指印。

当事人、证人口头提出变更陈述或者证言的，检查人员应当就变更部分重新制作笔录，注明原因，由当事人或者证人逐页签章、捺指印。当事人、证人变更书面陈述或者证言的，变更前的笔录不予退回。

第二十二条 制作录音、录像等视听资料的，应当注明制作方法、制作时间、制作人和证明对象等内容。

调取视听资料时，应当调取有关资料的原始载体；难以调取原始载体的，可以调取复制件，但应当说明复制方法、人员、时间和原件存放处等事项。

对声音资料，应当附有该声音内容的文字记录；对图像资料，应当附有必要的文字说明。

第二十三条 以电子数据的内容证明案件事实的，检查人员可以要求当事人将电子数据打印成纸质资料，在纸质资料上注明数据出处、打印场所、打印时间或者提供时间，注明“与电子数据核对无误”，并由当事人签章。

需要以有形载体形式固定电子数据的，检查人员应当与提供电子数据的个人、单位的法定代表人或者财务负责人或者经单位授权的其他人员一起将电子数据复制到存储介质上并封存，同时在封存包装物上注明制作方法、制作时间、制作人、文件格式及大小等，注明“与原始载体记载的电子数据核对无误”，并由电子数据提供人签章。

收集、提取电子数据，检查人员应当制作现场笔录，注明电子数据的来源、事由、证明目的或者对象，提取时间、地点、方法、过程，原始存储介质的存放地点以及对电子数据存储介质的签封情况等。进行数据压缩的，应当在笔录中注明压缩方法和完整性校验值。

第二十四条 检查人员实地调查取证时，可以制作现场笔录、勘验笔录，对实地调查取证情况予以记录。

制作现场笔录、勘验笔录，应当载明时间、地点和事件等内容，并由检查人员签名和当事人签章。

当事人经通知不到场或者拒绝在现场笔录、勘验笔录上签章的，检查人员应当在笔录上注明原因；如有其他人员在场，可以由其签章证明。

第二十五条 检查人员异地调查取证的，当地税务机关应当予以协助；发函委托相关稽查局调查取证的，必要时可以派人参与受托地稽查局的调查取证，受托地稽查局应当根据协查请求，依照法定权限和程序调查。

需要取得境外资料的，稽查局可以提请国际税收管理部门依照有关规定程序获取。

第二十六条 查询从事生产、经营的纳税人、扣缴义务人存款账户，应当经县以上税务局局长批准，凭检查存款账户许可证明向相关银行或者其他金融机构查询。

查询案件涉嫌人员储蓄存款的，应当经设区的市、自治州以上税务局局长批准，凭检查存款账户许可证明向相关银行或者其他金融机构查询。

第二十七条 被查对象有下列情形之一的，依照税收征管法和税收征管法实施细则有关逃避、拒绝或者以其他方式阻挠税务检查的规定处理：

（一）提供虚假资料，不如实反映情况，或者拒绝提供有关资料的；

（二）拒绝或者阻止税务机关记录、录音、录像、照相和复制与案件有关的情况和资料的；

（三）在检查期间转移、隐匿、销毁有关资料的；

（四）有不依法接受税务检查的其他情形的。

第二十八条 税务机关有根据认为从事生产、经营的纳税人有逃避纳税义务行为，可以在规定的纳税期之前，责令限期缴纳应纳税款；在限期内发现纳税人有明显的转移、隐匿其应纳税的商品、货物以及其他财产或者应纳税收入迹象的，可以责成纳税人提供纳税担保。如果纳税人不能提供纳税担保，经县以上税务局局长批准，可以依法采取税收强制措施。

检查从事生产、经营的纳税人以前纳税期的纳税情况时，发现纳税人有逃避纳税义务行为，并有明显的转移、隐匿其应纳税的商品、货物以及其他财产或者应纳税收入迹象的，经县以上税务局局长批准，可以依法采取税收强制措施。

第二十九条 稽查局采取税收强制措施时，应当向纳税人、扣缴义务人、纳税担保人交付税收强制措施决定书，告知其采取税收强制措施的内容、理由、依据以及依法享有的权利、救济途径，并履行法律、法规规定的其他程序。

采取冻结纳税人在开户银行或者其他金融机构的存款措施时，应当向纳税人开户银行或者其他金融机构交付冻结存款通知书，冻结其相当于应纳税款的存款；并于作出冻结决定之日起 3 个工作日内，向纳税人交付冻结决定书。

采取查封、扣押商品、货物或者其他财产措施时，应当向纳税人、扣缴义务人、纳税担保人当场交付查封、扣押决定书，填写查封商品、货物或者其他财产清单或者出具扣押商品、货物或者其他财产专用收据，由当事人核对后签章。查封清单、扣押收据一式二份，由当事人和稽查局分别保存。

采取查封、扣押有产权证件的动产或者不动产措施时，应当依法向有关单位送达税务协助执行通知书，通知其在查封、扣押期间不再办理该动产或者不动产的过户手续。

第三十条　按照本规定第二十八条第二款采取查封、扣押措施的，期限一般不得超过 6 个月；重大案件有下列情形之一，需要延长期限的，应当报国家税务总局批准：

（一）案情复杂，在查封、扣押期限内确实难以查明案件事实的；

（二）被查对象转移、隐匿、销毁账簿、记账凭证或者其他证据材料的；

（三）被查对象拒不提供相关情况或者以其他方式拒绝、阻挠检查的；

（四）解除查封、扣押措施可能使纳税人转移、隐匿、损毁或者违法处置财产，从而导致税款无法追缴的。

除前款规定情形外采取查封、扣押、冻结措施的，期限不得超过 30 日；情况复杂的，经县以上税务局局长批准，可以延长，但是延长期限不得超过 30 日。

第三十一条 有下列情形之一的，应当依法及时解除税收强制措施：

（一）纳税人已按履行期限缴纳税款、扣缴义务人已按履行期限解缴税款、纳税担保人已按履行期限缴纳所担保税款的；

（二）税收强制措施被复议机关决定撤销的；

（三）税收强制措施被人民法院判决撤销的；

（四）其他法定应当解除税收强制措施的。

第三十二条 解除税收强制措施时，应当向纳税人、扣缴义务人、纳税担保人送达解除税收强制措施决定书，告知其解除税收强制措施的时间、内容和依据，并通知其在规定时间内办理解除税收强制措施的有关事宜：

（一）采取冻结存款措施的，应当向冻结存款的纳税人开户银行或者其他金融机构送达解除冻结存款通知书，解除冻结；

（二）采取查封商品、货物或者其他财产措施的，应当解除查封并收回查封商品、货物或者其他财产清单；

（三）采取扣押商品、货物或者其他财产措施的，应当予以返还并收回扣押商品、货物或者其他财产专用收据。

税收强制措施涉及协助执行单位的，应当向协助执行单位送达税务协助执行通知书，通知解除税收强制措施相关事项。

第三十三条 有下列情形之一，致使检查暂时无法进行的，经稽查局局长批准后，中止检查：

（一）当事人被有关机关依法限制人身自由的；

（二）账簿、记账凭证及有关资料被其他国家机关依法调取且尚未归还的；

（三）与税收违法行为直接相关的事实需要人民法院或者其他国家机关确认的；

（四）法律、行政法规或者国家税务总局规定的其他可以中止检查的。

中止检查的情形消失，经稽查局局长批准后，恢复检查。

第三十四条　有下列情形之一，致使检查确实无法进行的，经稽查局局长批准后，终结检查：

（一）被查对象死亡或者被依法宣告死亡或者依法注销，且有证据表明无财产可抵缴税款或者无法确定税收义务承担主体的；

（二）被查对象税收违法行为均已超过法定追究期限的；

（三）法律、行政法规或者国家税务总局规定的其他可以终结检查的。

第三十五条　检查结束前，检查人员可以将发现的税收违法事实和依据告知被查对象。

被查对象对违法事实和依据有异议的，应当在限期内提供说明及证据材料。被查对象口头说明的，检查人员应当制作笔录，由当事人签章。

第四章　审　理

第三十六条　检查结束后，稽查局应当对案件进行审理。符合重大税务案件标准的，稽查局审理后提请税务局重大税务案件审理委员会审理。

重大税务案件审理依照国家税务总局有关规定执行。

第三十七条　案件审理应当着重审核以下内容：

（一）执法主体是否正确；

（二）被查对象是否准确；

（三）税收违法事实是否清楚，证据是否充分，数据是否准确，资料是否齐全；

（四）适用法律、行政法规、规章及其他规范性文件是否适当，定性是否正确；

（五）是否符合法定程序；

（六）是否超越或者滥用职权；

（七）税务处理、处罚建议是否适当；

（八）其他应当审核确认的事项或者问题。

第三十八条　有下列情形之一的，应当补正或者补充调查：

（一）被查对象认定错误的；

（二）税收违法事实不清、证据不足的；

（三）不符合法定程序的；

（四）税务文书不规范、不完整的；

（五）其他需要补正或者补充调查的。

第三十九条 拟对被查对象或者其他涉税当事人作出税务行政处罚的，应当向其送达税务行政处罚事项告知书，告知其依法享有陈述、申辩及要求听证的权利。税务行政处罚事项告知书应当包括以下内容：

（一）被查对象或者其他涉税当事人姓名或者名称、有效身份证件号码或者统一社会信用代码、地址，没有统一社会信用代码的，以税务机关赋予的纳税人识别号代替；

（二）认定的税收违法事实和性质；

（三）适用的法律、行政法规、规章及其他规范性文件；

（四）拟作出的税务行政处罚；

（五）当事人依法享有的权利；

（六）告知书的文号、制作日期、税务机关名称及印章；

（七）其他相关事项。

第四十条 被查对象或者其他涉税当事人可以书面或者口头提出陈述、申辩意见。对当事人口头提出陈述、申辩意见，应当制作陈述申辩笔录，如实记录，由陈述人、申辩人签章。

应当充分听取当事人的陈述、申辩意见；经复核，当事人提出的事实、理由或者证据成立的，应当采纳。

第四十一条 被查对象或者其他涉税当事人按照法律、法规、规章要求听证的，应当依法组织听证。

听证依照国家税务总局有关规定执行。

第四十二条 经审理，区分下列情形分别作出处理：

（一）有税收违法行为，应当作出税务处理决定的，制作税务处理决定书；

（二）有税收违法行为，应当作出税务行政处罚决定的，制作税务行政处罚决定书；

（三）税收违法行为轻微，依法可以不予税务行政处罚的，制作不予税务行政处罚决定书；

（四）没有税收违法行为的，制作税务稽查结论。

税务处理决定书、税务行政处罚决定书、不予税务行政处罚决定书、税务稽查结论引用的法律、行政法规、规章及其他规范性文件，应当注明文件全称、文号和有关条款。

第四十三条 税务处理决定书应当包括以下主要内容：

（一）被查对象姓名或者名称、有效身份证件号码或者统一社会信用代码、地址，没有统一社会信用代码的，以税务机关赋予的纳税人识别号代替；

（二）检查范围和内容；

（三）税收违法事实及所属期间；

（四）处理决定及依据；

（五）税款金额、缴纳期限及地点；

（六）税款滞纳时间、滞纳金计算方法、缴纳期限及地点；

（七）被查对象不按期履行处理决定应当承担的责任；

（八）申请行政复议或者提起行政诉讼的途径和期限；

（九）处理决定书的文号、制作日期、税务机关名称及印章。

第四十四条 税务行政处罚决定书应当包括以下主要内容：

（一）被查对象或者其他涉税当事人姓名或者名称、有效身份证件号码或者统一社会信用代码、地址。没有统一社会信用代码的，以税务机关赋予的纳税人识别号代替；

（二）检查范围和内容；

（三）税收违法事实、证据及所属期间；

（四）行政处罚种类和依据；

（五）行政处罚履行方式、期限和地点；

（六）当事人不按期履行行政处罚决定应当承担的责任；

（七）申请行政复议或者提起行政诉讼的途径和期限；

（八）行政处罚决定书的文号、制作日期、税务机关名称及印章。

税务行政处罚决定应当依法公开。公开的行政处罚决定被依法变更、撤销、确认违法或者确认无效的，应当在3个工作日内撤回原行政处罚决定信息并公开说明理由。

第四十五条 不予税务行政处罚决定书应当包括以下主要内容：

（一）被查对象或者其他涉税当事人姓名或者名称、有效身份证件号码或者统一社会信用代码、地址，没有统一社会信用代码的，以税务机关赋予的纳税人识别号代替；

（二）检查范围和内容；

（三）税收违法事实及所属期间；

（四）不予税务行政处罚的理由及依据；

（五）申请行政复议或者提起行政诉讼的途径和期限；

（六）不予行政处罚决定书的文号、制作日期、税务机关名称及印章。

第四十六条 税务稽查结论应当包括以下主要内容：

（一）被查对象姓名或者名称、有效身份证件号码或者统一社会信用代码、地址。没有统一社会信用代码的，以税务机关赋予的纳税人识别号代替；

（二）检查范围和内容；

（三）检查时间和检查所属期间；

（四）检查结论；

（五）结论的文号、制作日期、税务机关名称及印章。

第四十七条 稽查局应当自立案之日起90日内作出行政处理、处罚决定或者无税收违法行为结论。案情复杂需要延期的，经税务局局长批准，可以延长不超过90日；特殊情况或者发生不可抗力需要继续延期的，应当经上一级税务局分管副局长批准，并确定合理的延长期限。但下列时间不计算在内：

（一）中止检查的时间；

（二）请示上级机关或者征求有权机关意见的时间；

（三）提请重大税务案件审理的时间；

（四）因其他方式无法送达，公告送达文书的时间；

（五）组织听证的时间；

（六）纳税人、扣缴义务人超期提供资料的时间；

（七）移送司法机关后，税务机关需根据司法文书决定是否处罚的案件，从司法机关接受移送到司法文书生效的时间。

第四十八条　税收违法行为涉嫌犯罪的，填制涉嫌犯罪案件移送书，经税务局局长批准后，依法移送公安机关，并附送以下资料：

（一）涉嫌犯罪案件情况的调查报告；

（二）涉嫌犯罪的主要证据材料复制件；

（三）其他有关涉嫌犯罪的材料。

第五章　执　行

第四十九条　稽查局应当依法及时送达税务处理决定书、税务行政处罚决定书、不予税务行政处罚决定书、税务稽查结论等税务文书。

第五十条　具有下列情形之一的，经县以上税务局局长批准，稽查局可以依法强制执行，或者依法申请人民法院强制执行：

（一）纳税人、扣缴义务人未按照规定的期限缴纳或者解缴税款、滞纳金，责令限期缴纳逾期仍未缴纳的；

（二）经稽查局确认的纳税担保人未按照规定的期限缴纳所担保的税款、滞纳金，责令限期缴纳逾期仍未缴纳的；

（三）当事人对处罚决定逾期不申请行政复议也不向人民法院起诉、又不履行的；

（四）其他可以依法强制执行的。

第五十一条 当事人确有经济困难，需要延期或者分期缴纳罚款的，可向稽查局提出申请，经税务局局长批准后，可以暂缓或者分期缴纳。

第五十二条 作出强制执行决定前，应当制作并送达催告文书，催告当事人履行义务，听取当事人陈述、申辩意见。经催告，当事人逾期仍不履行行政决定，且无正当理由的，经县以上税务局局长批准，实施强制执行。

实施强制执行时，应当向被执行人送达强制执行决定书，告知其实施强制执行的内容、理由及依据，并告知其享有依法申请行政复议或者提起行政诉讼的权利。

催告期间，对有证据证明有转移或者隐匿财物迹象的，可以作出立即强制执行决定。

第五十三条 稽查局采取从被执行人开户银行或者其他金融机构的存款中扣缴税款、滞纳金、罚款措施时，应当向被执行人开户银行或者其他金融机构送达扣缴税收款项通知书，依法扣缴税款、滞纳金、罚款，并及时将有关凭证送达被执行人。

第五十四条 拍卖、变卖被执行人商品、货物或者其他财产，以拍卖、变卖所得抵缴税款、滞纳金、罚款的，在拍卖、变卖前应当依法进行查封、扣押。

稽查局拍卖、变卖被执行人商品、货物或者其他财产前，应当制作拍卖/变卖抵税财物决定书，经县以上税务局局长批准后送达被执行人，予以拍卖或者变卖。

拍卖或者变卖实现后，应当在结算并收取价款后3个工作日内，办理税款、滞纳金、罚款的入库手续，并制作拍卖/变卖结果通知书，附拍卖/变卖查封、扣押的商品、货物或者其他财产清单，经稽查局局长审核后，送达被执行人。

以拍卖或者变卖所得抵缴税款、滞纳金、罚款和拍卖、变卖等费用后，尚有剩余的财产或者无法进行拍卖、变卖的财产的，应当制作返还商品、货物或者其他财产通知书，附返还商品、货物或者其他财产清单，送达被执行人，并自办理税款、滞纳金、罚款入库手续之日起3个工作日内退还被执行人。

第五十五条 执行过程中发现涉嫌犯罪的，依照本规定第四十八条处理。

第五十六条 执行过程中发现有下列情形之一的，经稽查局局长批准后，中止执行：

（一）当事人死亡或者被依法宣告死亡，尚未确定可执行财产的；

（二）当事人进入破产清算程序尚未终结的；

（三）可执行财产被司法机关或者其他国家机关依法查封、扣押、冻结，致使执行暂时无法进行的；

（四）可供执行的标的物需要人民法院或者仲裁机构确定权属的；

（五）法律、行政法规和国家税务总局规定其他可以中止执行的。

中止执行情形消失后，经稽查局局长批准，恢复执行。

第五十七条 当事人确无财产可供抵缴税款、滞纳金、罚款或者依照破产清算程序确实无法清缴税款、滞纳金、罚款，或者有其他法定终结执行情形的，经税务局局长批准后，终结执行。

第五十八条 税务处理决定书、税务行政处罚决定书等决定性文书送达后，有下列情形之一的，稽查局可以依法重新作出：

（一）决定性文书被人民法院判决撤销的；

（二）决定性文书被行政复议机关决定撤销的；

（三）税务机关认为需要变更或者撤销原决定性文书的；

（四）其他依法需要变更或者撤销原决定性文书的。

第六章 附 则

第五十九条 本规定相关税务文书的式样，由国家税务总局规定。

第六十条 本规定所称签章，区分以下情况确定：

（一）属于法人或者其他组织的，由相关人员签名，加盖单位印章并注明日期；

（二）属于个人的，由个人签名并注明日期。

本规定所称“以上”“日内”，均含本数。

第六十一条 本规定自2021年8月11日起施行。《税务稽查工作规程》（国税发〔2009〕157号印发，国家税务总局公告2018年第31号修改）同时废止。

关于《税务稽查案件办理程序规定》的解读

国家税务总局办公厅

为贯彻落实中办、国办印发的《关于进一步深化税收征管改革的意见》(以下简称《意见》),深入推进精确执法、精细服务、精准监管、精诚共治,落实2021年新修订的行政处罚法等法律法规,切实保护行政相对人合法权益,更好发挥税务稽查维护经济税收秩序、维护国家税收安全、维护社会公平正义的职能作用,国家税务总局对《税务稽查工作规程》(国税发〔2009〕157号印发,国家税务总局公告2018年第31号修改,以下简称《规程》)进行了修订,并更名为《税务稽查案件办理程序规定》(以下简称《规定》),以部门规章的形式发布施行。现将有关问题解读如下:

一、修改的必要性

《规程》自颁布实施以来,在规范执法行为、维护税收秩序、促进依法纳税等方面发挥了积极作用。近年来,党中央、国务院对进一步深化税收征管改革、优化税务执法方式作出新部署、提出新要求,税务稽查工作面临新形势新任务,有必要对《规程》进行修订完善。

(一)进一步深化税收征管改革的需要

《意见》从严格规范税务执法行为、完善税务执法制度和机制、不断提升税务执法精确度、强化执法内部监督等方面提出了一系列明确要求。稽查执法作为税务执法的重要方面,需要按照《意见》要求从制度层面进一步规范。《规定》出台既是落实《意见》的重要举措,也是保障《意见》落实的重要制度性建设安排。

(二)进一步优化税务执法方式的需要

2021年修订的行政处罚法对税务执法提出了一系列新要求,近年来出台或修订的行政强制法、行政诉讼法等法律法规需要通过建立完善税务执法相关制度规定予以衔接和落实。同时，贯彻落实依法行政要求，推进依法治税，做到权力法定、权责明晰，加强对权力运行的监督制约，需要持续健全税务稽查执法制度规定。

（三）进一步完善税收法制建设的需要

近年来，社会法治环境、税务机构改革、稽查执法实际等方面发生深刻变化，尤其是税收征管体制改革后形成的集约型税务稽查组织体系需要通过健全稽查工作制度加以保障。同时，随着稽查执法工作日益规范化、制度化，实践中一些合法合规、成熟定型的做法也需要以制度形式加以固定，推动税收法制建设与时俱进。

二、修订的基本原则

《规定》是规范税务稽查执法的基础性制度，与经济社会生产生活和行政相对人权益密切相关。本次修订重点把握以下原则：

一是提升稽查执法制度依据的法律层级。原《规程》为规范性文件，《规定》升级为部门规章。通过提升稽查执法基础性制度的法律层级，进一步加大对稽查执法的规范力度，提高稽查法治化水平。

二是注重保护行政相对人合法权益。围绕稽查执法工作中与行政相对人密切相关的执法环节，依据相关法律法规进一步完善稽查执法制度机制，全流程规范稽查执法行为，充分保障行政相对人的知情权、陈述申辩权等合法权益，推动提高税法遵从度和社会满意度。

三是切实解决稽查执法中出现的新问题。坚持问题导向，应对稽查执法过程中出现的新情况、新问题，以及涉税违法手段的新变化、新趋势，进一步完善稽查案件办理流程，细化制度规定，明确工作要求，为稽查执法工作在新形势下有效开展提供制度保障。

三、修订的主要内容

《规定》分六章（总则、选案、检查、审理、执行、附则）共六十一条。主要修订内容包括：

（一）进一步明确立法目的。在第一条将“为了贯彻落实中共中央办公厅、国务院办公厅印发的《关于进一步深化税收征管改革的意见》”作为《规定》修订的目的之一，明确将贯彻落实《意见》部署作为税务稽查执法的总体要求。

（二）进一步完善立法宗旨。在第一条增加“保护纳税人、扣缴义务人和其他涉税当事人合法权益”的立法宗旨。坚持以人为本的执法理念，将注重保护税务行政相对人合法权益的原则要求贯穿于稽查案件办理全过程。

（三）增加对行政相对人个人信息的保护。在第九条明确“对实施税务稽查过程中知悉的个人信息应当依法予以保密”。落实民法典有关规定，防止稽查执法中泄露当事人个人信息，进一步提高稽查执法的合法性和规范性。

（四）明确行政执法全过程记录要求。新增第十一条“税务稽查案件办理应当通过文字、音像等形式，对案件办理的启动、调查取证、审核、决定、送达、执行等进行全过程记录。”贯彻落实国务院关于全面推行执法全过程记录制度等“三项制度”的工作要求，进一步促进税务稽查严格规范公正文明执法。

（五）细化提取电子数据的程序。在第二十三条增加“收集、提取电子数据，检查人员应当制作现场笔录，注明电子数据的来源、事由、证明目的或者对象，提取时间、地点、方法、过程，原始存储介质的存放地点以及对电子数据存储介质的签封情况等。进行数据压缩的，应当在笔录中注明压缩方法和完整性校验值”的规定。依据行政处罚法、税收征收管理法等相关法律规定，进一步规范电子数据提取的具体规定和操作要求，适应实际执法中提取电子证据的需要，保障电子数据取证工作合法合规。

（六）细化保障行政相对人知情权和陈述申辩权的相关规定。在第十五条、第二十条明确实施检查和进行询问时对当事人要“告知其权利和义务”，在第四十条增加“应当充分听取当事人的陈述、申辩意见；经复核，当事人提出的事实、理由或者证据成立的，应当采纳”的规定，落实行政处罚法等法律法规的要求，充分保障当事人的知情权、陈述申辩权等合法权益。

（七）将证据纳入处罚决定书的填写范围。在第四十四条增加行政处罚决定书应当包括“税收违法证据”，与行政处罚法有关规定相衔接，强化证据填写要求，确保税务行政处罚决定文书证据充分、事实清楚。

（八）增加税务行政处罚决定公开和撤回程序规定。与行政处罚法有关规定相衔接，在第四十四条明确税务行政处罚决定应当依法公开和税务行政处罚决定依法撤回的程序要求，完善税务行政处罚决定工作流程。

（九）明确税务稽查案件办理期限。落实行政处罚法有关规定，在第四十七条明确“稽查局应当自立案之日起 90 日内作出行政处理、处罚决定或者无税收违法行为结论。案情复杂需要延期的，经税务局局长批准，可以延长不超过 90 日；特殊情况或者发生不可抗力需要继续延期的，应当经上一级税务局分管副局长批准，并确定合理的延长期限”，既保障疑难、复杂案件查处，又强化监督制约，提高办案效率。

（十）增加暂缓或延期缴纳罚款的规定。新增第五十一条“当事人确有经济困难，需要延期或者分期缴纳罚款的，可向稽查局提出申请，经税务局局长批准后，可以暂缓或者分期缴纳。”落实行政处罚法有关要求，充分考虑当事人的实际困难，做到税务稽查执法既有力度又有温度，推动提升税法遵从度和社会满意度。

（十一）明确实施税收强制执行前的催告程序。在第五十二条明确“作出强制执行决定前，应当制作并送达催告文书，催告当事人履行义务，听取当事人陈述、申辩意见。经催告，当事人逾期仍不履行行政决定，且无正当理由的，经县以上税务局局长批准，实施强制执行。”落实行政强制法有关规定，进一步完善执法程序，提高稽查执法的合法性和正当性。

（十二）完善处理处罚决定重新作出工作机制。新增第五十八条“税务处理决定书、税务行政处罚决定书等决定性文书送达后，有下列情形之一的，稽查局可以依法重新作出：（一）决定性文书被人民法院判决撤销的；（二）决定性文书被行政复议机关决定撤销的；（三）税务机关认为需要变更或者撤销原决定性文书的；（四）其他依法需要变更或者撤销原决定性文书的。”依据行政处罚法、行政诉讼法、行政复议法相关规定，健全税务稽查重新作出处理处罚工作机制，进一步完善稽查执法工作流程。

《重大税务案件审理办法》

（国家税务总局令第34号公布，国家税务总局令第51号修正）

第一章　总　则

第一条　为贯彻落实中共中央办公厅、国务院办公厅印发的《关于进一步深化税收征管改革的意见》，推进税务机关科学民主决策，强化内部权力制约，优化税务执法方式，严格规范执法行为，推进科学精确执法，保护纳税人缴费人等税务行政相对人合法权益，根据《中华人民共和国行政处罚法》《中华人民共和国税收征收管理法》，制定本办法。

第二条　省以下各级税务局开展重大税务案件审理工作适用本办法。

第三条　重大税务案件审理应当以事实为根据、以法律为准绳，遵循合法、合理、公平、公正、效率的原则，注重法律效果和社会效果相统一。

第四条　参与重大税务案件审理的人员应当严格遵守国家保密规定和工作纪律，依法为纳税人缴费人等税务行政相对人的商业秘密、个人隐私和个人信息保密。

第二章　审理机构和职责

第五条　省以下各级税务局设立重大税务案件审理委员会（以下简称审理委员会）。

审理委员会由主任、副主任和成员单位组成，实行主任负责制。

审理委员会主任由税务局局长担任，副主任由税务局其他领导担任。审理委员会成员单位包括政策法规、税政业务、纳税服务、征管科技、大企业税收管理、税务稽查、督察内审部门。各级税务局可以根据实际需要，增加其他与案件审理有关的部门作为成员单位。

第六条　审理委员会履行下列职责：

（一）拟定本机关审理委员会工作规程、议事规则等制度；

（二）审理重大税务案件；

（三）指导监督下级税务局重大税务案件审理工作。

第七条　审理委员会下设办公室，办公室设在政策法规部门，办公室主任由政策法规部门负责人兼任。

第八条　审理委员会办公室履行下列职责：

（一）组织实施重大税务案件审理工作；

（二）提出初审意见；

（三）制作审理会议纪要和审理意见书；

（四）办理重大税务案件审理工作的统计、报告、案卷归档；

（五）承担审理委员会交办的其他工作。

第九条　审理委员会成员单位根据部门职责参加案件审理，提出审理意见。

稽查局负责提交重大税务案件证据材料、拟作税务处理处罚意见、举行听证。

稽查局对其提交的案件材料的真实性、合法性、准确性负责。

第十条　参与重大税务案件审理的人员有法律法规规定的回避情形的，应当回避。

重大税务案件审理参与人员的回避，由其所在部门的负责人决定；审理委员会成员单位负责人的回避，由审理委员会主任或其授权的副主任决定。

第三章　审理范围

第十一条　本办法所称重大税务案件包括：

（一）重大税务行政处罚案件，具体标准由各省、自治区、直辖市和计划单列市税务局根据本地情况自行制定，报国家税务总局备案；

（二）根据《重大税收违法案件督办管理暂行办法》督办的案件；

（三）应监察、司法机关要求出具认定意见的案件；

（四）拟移送公安机关处理的案件；

（五）审理委员会成员单位认为案情重大、复杂，需要审理的案件；

（六）其他需要审理委员会审理的案件。

有下列情形之一的案件，不属于重大税务案件审理范围：

（一）公安机关已就税收违法行为立案的；

（二）公安机关尚未就税收违法行为立案，但被查对象为走逃（失联）企业，并且涉嫌犯罪的；

（三）国家税务总局规定的其他情形。

第十二条 本办法第十一条第一款第三项规定的案件经审理委员会审理后，应当将拟处理意见报上一级税务局审理委员会备案。备案5日后可以作出决定。

第十三条 稽查局应当在每季度终了后5日内将稽查案件审理情况备案表送审理委员会办公室备案。

第四章 提请和受理

第十四条 稽查局应当在内部审理程序终结后5日内，将重大税务案件提请审理委员会审理。

当事人按照法律、法规、规章有关规定要求听证的，由稽查局组织听证。

第十五条 稽查局提请审理委员会审理案件，应当提交以下案件材料：

（一）重大税务案件审理案卷交接单；

（二）重大税务案件审理提请书；

（三）税务稽查报告；

（四）税务稽查审理报告；

（五）听证材料；

（六）相关证据材料。

重大税务案件审理提请书应当写明拟处理意见，所认定的案件事实应当标明证据指向。

证据材料应当制作证据目录。

稽查局应当完整移交证据目录所列全部证据材料，不能当场移交的应当注明存放地点。

第十六条　审理委员会办公室收到稽查局提请审理的案件材料后，应当在重大税务案件审理案卷交接单上注明接收部门和收到日期，并由接收人签名。

对于证据目录中列举的不能当场移交的证据材料，必要时，接收人在签收前可以到证据存放地点现场查验。

第十七条　审理委员会办公室收到稽查局提请审理的案件材料后，应当在5日内进行审核。

根据审核结果，审理委员会办公室提出处理意见，报审理委员会主任或其授权的副主任批准：

（一）提请审理的案件属于本办法规定的审理范围，提交了本办法第十五条规定的材料的，建议受理；

（二）提请审理的案件属于本办法规定的审理范围，但未按照本办法第十五条的规定提交相关材料的，建议补正材料；

（三）提请审理的案件不属于本办法规定的审理范围的，建议不予受理。

第五章　审理程序

第一节　一般规定

第十八条　重大税务案件应当自批准受理之日起30日内作出审理决定，不能在规定期限内作出审理决定的，经审理委员会主任或其授权的副主任批准，可以适当延长，但延长期限最多不超过15日。

补充调查、请示上级机关或征求有权机关意见、拟处理意见报上一级税务局审理委员会备案的时间不计入审理期限。

第十九条　审理委员会审理重大税务案件，应当重点审查：

（一）案件事实是否清楚；

（二）证据是否充分、确凿；

（三）执法程序是否合法；

（四）适用法律是否正确；

（五）案件定性是否准确；

（六）拟处理意见是否合法适当。

第二十条 审理委员会成员单位应当认真履行职责，根据本办法第十九条的规定提出审理意见，所出具的审理意见应当详细阐述理由、列明法律依据。

审理委员会成员单位审理案件，可以到审理委员会办公室或证据存放地查阅案卷材料，向稽查局了解案件有关情况。

第二十一条 重大税务案件审理采取书面审理和会议审理相结合的方式。

第二节 书面审理

第二十二条 审理委员会办公室自批准受理重大税务案件之日起5日内，将重大税务案件审理提请书及必要的案件材料分送审理委员会成员单位。

第二十三条 审理委员会成员单位自收到审理委员会办公室分送的案件材料之日起10日内，提出书面审理意见送审理委员会办公室。

第二十四条 审理委员会成员单位认为案件事实不清、证据不足，需要补充调查的，应当在书面审理意见中列明需要补充调查的问题并说明理由。

审理委员会办公室应当召集提请补充调查的成员单位和稽查局进行协调，确需补充调查的，由审理委员会办公室报审理委员会主任或其授权的副主任批准，将案件材料退回稽查局补充调查。

第二十五条 稽查局补充调查不应超过30日，有特殊情况的，经稽查局局长批准可以适当延长，但延长期限最多不超过30日。

稽查局完成补充调查后，应当按照本办法第十五条、第十六条的规定重新提交案件材料、办理交接手续。

稽查局不能在规定期限内完成补充调查的，或者补充调查后仍然事实不清、证据不足的，由审理委员会办公室报请审理委员会主任或其授权的副主任批准，终止审理。

第二十六条 审理过程中，稽查局发现本办法第十一条第二款规定情形的，书面告知审理委员会办公室。审理委员会办公室报请审理委员会主任或其授权的副主任批准，可以终止审理。

第二十七条 审理委员会成员单位认为案件事实清楚、证据确凿，但法律依据不明确或者需要处理的相关事项超出本机关权限的，按规定程序请示上级税务机关或者征求有权机关意见。

第二十八条 审理委员会成员单位书面审理意见一致，或者经审理委员会办公室协调后达成一致意见的，由审理委员会办公室起草审理意见书，报审理委员会主任批准。

第三节 会议审理

第二十九条 审理委员会成员单位书面审理意见存在较大分歧，经审理委员会办公室协调仍不能达成一致意见的，由审理委员会办公室向审理委员会主任或其授权的副主任报告，提请审理委员会会议审理。

第三十条 审理委员会办公室提请会议审理的报告，应当说明成员单位意见分歧、审理委员会办公室协调情况和初审意见。

审理委员会办公室应当将会议审理时间和地点提前通知审理委员会主任、副主任和成员单位，并分送案件材料。

第三十一条 成员单位应当派员参加会议，三分之二以上成员单位到会方可开会。审理委员会办公室以及其他与案件相关的成员单位应当出席会议。

案件调查人员、审理委员会办公室承办人员应当列席会议。必要时，审理委员会可要求调查对象所在地主管税务机关参加会议。

第三十二条 审理委员会会议由审理委员会主任或其授权的副主任主

持。首先由稽查局汇报案情及拟处理意见。审理委员会办公室汇报初审意见后，各成员单位发表意见并陈述理由。

审理委员会办公室应当做好会议记录。

第三十三条 经审理委员会会议审理，根据不同情况，作出以下处理：

（一）案件事实清楚、证据确凿、程序合法、法律依据明确的，依法确定审理意见；

（二）案件事实不清、证据不足的，由稽查局对案件重新调查；

（三）案件执法程序违法的，由稽查局对案件重新处理；

（四）案件适用法律依据不明确，或者需要处理的有关事项超出本机关权限的，按规定程序请示上级机关或征求有权机关的意见。

第三十四条 审理委员会办公室根据会议审理情况制作审理纪要和审理意见书。

审理纪要由审理委员会主任或其授权的副主任签发。会议参加人员有保留意见或者特殊声明的，应当在审理纪要中载明。

审理意见书由审理委员会主任签发。

第六章 执行和监督

第三十五条 稽查局应当按照重大税务案件审理意见书制作税务处理处罚决定等相关文书，加盖稽查局印章后送达执行。

文书送达后 5 日内，由稽查局送审理委员会办公室备案。

第三十六条 重大税务案件审理程序终结后，审理委员会办公室应当将相关证据材料退回稽查局。

第三十七条 各级税务局督察内审部门应当加强对重大税务案件审理工作的监督。

第三十八条 审理委员会办公室应当加强重大税务案件审理案卷的归档管理，按照受理案件的顺序统一编号，做到一案一卷、资料齐全、卷面整洁、装订整齐。

需要归档的重大税务案件审理案卷包括税务稽查报告、税务稽查审理报告以及有关文书。

第三十九条 各省、自治区、直辖市和计划单列市税务局应当于每年1月31日之前，将本辖区上年度重大税务案件审理工作开展情况和重大税务案件审理统计表报送国家税务总局。

第七章 附 则

第四十条 各级税务局办理的其他案件，需要移送审理委员会审理的，参照本办法执行。特别纳税调整案件按照有关规定执行。

第四十一条 各级税务局在重大税务案件审理工作中可以使用重大税务案件审理专用章。

第四十二条 本办法规定期限的最后一日为法定休假日的，以休假日期满的次日为期限的最后一日；在期限内有连续3日以上法定休假日的，按休假日天数顺延。

本办法有关"5日"的规定指工作日，不包括法定休假日。

第四十三条 各级税务局应当按照国家税务总局的规划和要求，积极推动重大税务案件审理信息化建设。

第四十四条 各级税务局应当加大对重大税务案件审理工作的基础投入，保障审理人员和经费，配备办案所需的录音录像、文字处理、通信等设备，推进重大税务案件审理规范化建设。

第四十五条 各省、自治区、直辖市和计划单列市税务局可以依照本办法制定具体实施办法。

第四十六条 本办法自2015年2月1日起施行。《国家税务总局关于印发〈重大税务案件审理办法（试行）〉的通知》（国税发〔2001〕21号）同时废止。

关于《国家税务总局关于修改〈重大税务案件审理办法〉的决定》的解读

国家税务总局办公厅

现对《国家税务总局关于修改〈重大税务案件审理办法〉的决定》解读如下：

一、为什么要修改《办法》?

为贯彻落实全面推进依法治国要求，推动依法治税工作，2014年税务总局制定《办法》，自2015年2月1日开始实施。《办法》的发布实施，切实加强了税务系统重大税务案件审理，有效规范税务机关执法，有力保护税务行政相对人合法权益。近年来，我国税收制度改革不断深化，税收征管体制持续优化，为进一步深化税收征管改革，中共中央办公厅、国务院办公厅印发了《关于进一步深化税收征管改革的意见》（以下简称《意见》)，其中对税收执法提出了新要求。为贯彻落实《意见》，不断优化税务执法方式，严格规范税务执法行为，进一步提高重大税务案件审理质量，推进科学精确执法，更好地保护纳税人缴费人合法权益，税务总局对《办法》部分条款进行修改完善。

二、《办法》主要修改了哪些内容?

（一）调整《办法》制定目的

重大税务案件审理是贯彻落实《意见》关于优化税务执法方式、严格规范税务执法行为等要求的具体举措，有利于以集体审理方式提高案件审理质量、提升税务机关精准执法的能力和水平。为了将《意见》有关要求在重大税务案件审理中落到实处，更好地保护纳税人缴费人等税务行政相对人的合法权益，将《办法》第一条修改为“为贯彻落实中共中央办公厅、国务院办公厅印发的《关于进一步深化税收征管改革的意见》，推进税务机关科学民主决策，强化内部权力制约，优化税务执法方式，严格规范执法行为，推进科学精确执法，保护纳税人缴费人等税务行政相对人合法权益，根据《中华人民共和国行政处罚法》《中华人民共和国税收征收管理法》，制定本办法”。

（二）修改保密规定

2021 年 1 月 1 日起施行的《中华人民共和国民法典》第一千零三十九条规定，“国家机关、承担行政职能的法定机构及其工作人员对于履行职责过程中知悉的自然人的隐私和个人信息，应当予以保密，不得泄露或者向他人非法提供”。同时，《意见》也明确了健全纳税人缴费人个人信息保护等制度，严防个人信息泄露和滥用等要求。为与《中华人民共和国民法典》第一千零三十九条有关规定相衔接，落实《意见》关于保护纳税人缴费人个人信息有关要求，将《办法》第四条修改为“参与重大税务案件审理的人员应当严格遵守国家保密规定和工作纪律，依法为纳税人缴费人等税务行政相对人的商业秘密、个人隐私和个人信息保密”。

（三）调整审理范围

一是根据国家监察体制改革后组建国家监察委员会的情况，将《办法》第十一条第一款第三项“应司法、监察机关要求出具认定意见的案件”修改为“应监察、司法机关要求出具认定意见的案件”，调整监察机关和司法机关的顺序。

二是为落实《意见》关于进一步畅通行政执法与刑事司法衔接工作机制，依法严厉打击涉税违法犯罪行为，打造法治化营商环境的要求，在《办法》第十一条中增加一款，作为第二款：“有下列情形之一的案件，不属于重大税务案件审理范围：（一）公安机关已就税收违法行为立案的；（二）公安机关尚未就税收违法行为立案，但被查对象为走逃（失联）企业，并且涉嫌犯罪的；（三）国家税务总局规定的其他情形”。这些案件不纳入重大税务案件审理范围，税务稽查部门按照有关规定对其进行审理后，依法移送公安机关处理，有利于进一步优化税收法治环境。

为与上述修改内容相衔接，对《办法》相关条款作出如下修改：一是将第十二条中的“本办法第十一条第三项”修改为“本办法第十一条第一款第三项”。二是增加一条作为第二十六条：“审理过程中，稽查局发现本办法第十一条第二款规定情形的，书面告知审理委员会办公室。审理委员会办公室报请审理委员会主任或其授权的副主任批准，可以终止审理。”

（四）修改组织听证有关表述

为与2021年1月22日十三届全国人大常委会第二十五次会议修订通过的《中华人民共和国行政处罚法》第六十三条第一款关于“行政机关拟作出下列行政处罚决定，应当告知当事人有要求听证的权利，当事人要求听证的，行政机关应当组织听证：……（六）法律、法规、规章规定的其他情形”的规定相衔接，将《办法》第十四条第二款修改为“当事人按照法律、法规、规章有关规定要求听证的，由稽查局组织听证”。即纳税人缴费人等税务行政相对人按照法律、法规及其他规章有关规定要求听证的，稽查局应按规定组织听证，切实保障税务行政相对人要求听证的权利。

（五）明确审理期限的执行口径

为进一步明确关于审理期限的执行口径，与《中华人民共和国税收征收管理法实施细则》有关规定保持一致，将《办法》第十八条第二款修改为“补充调查、请示上级机关或征求有权机关意见、拟处理意见报上一级税务局审理委员会备案的时间不计入审理期限”。将《办法》第四十一条修改为“本办法规定期限的最后一日为法定休假日的，以休假日期满的次日为期限的最后一日；在期限内有连续3日以上法定休假日的，按休假日天数顺延。本办法有关‘5日’的规定指工作日，不包括法定休假日。”（现为第四十二条）

（六）调整审理文书

《办法》附件《重大税务案件审理文书范本》为税务机关内部审理程序使用，根据工作需要可能对其进行调整。为避免因仅调整文书范本而修改《办法》，删除《办法》附件文书范本，另行发布。